現代語訳 碧巌録 中

現代語訳

碧巌録

中

末木文美士 編
『碧巌録』研究会 訳

岩波書店

『碧巌録』研究会
末木文美士
伊藤文生
加治敏之
佐藤錬太郎
末木恭彦
高堂晃寿
馬淵昌也
横手裕

凡例

一　全十巻百則を三冊に分ける。上巻に第三巻三〇則まで、中巻に第七巻七〇則まで、下巻に最後まで収録する。
二　底本には宮内庁書陵部蔵瑞竜寺版を用いた。校本として、書陵部蔵玉峰刊本、『仏果碧巌破関撃節』(一夜本)、『碧巌録不二鈔』『碧巌録種電鈔』に記された福本・蜀本などを用いたが、一々相違を注記することはせずに、内容解釈上重要な相違に関してのみ、訳注の中に挙げた。
三　各則には、読者の便のために適宜標題を付した。
四　文字は原文も含めて、基本的に通用の新字体を用いたが、一部、旧字体や、底本の略字・異体字を生かしたものもある。原文は読みやすさを考えて、句読点を付し、適宜段落を分けた。本則・頌の著語は、〔　〕に入れて示した。また、原文の小字の注は〈　〉に入れて示した。
五　現代語訳は、正確であるとともに、できるだけ読みやすいように努力した。そのために、原文にない語句を(　)に補った場合がある。なお、訳語はある程度調整したが、無理な統一は図らなかった。原文の歴史性をかんがみ、訳文中には、現在では問題を含む語句や表現をあえて使用した場合がある。
六　注は語法や語彙、人物の説明や故事・古則の典拠・出典を示すことを主としたが、内容解釈にわたったところもある。ただし、解釈は一義的に定まらない場合がしばしばあり、あくまで一例である。同じ語彙・語法などが繰り返して現れる場合、煩を恐れて重複して注記しなかった場合がある。
七　注では、引用文献について、適宜略称を用いた。例えば、『景徳伝灯録』は『伝灯録』、『聯灯会要』は『会要』、

『五灯会元』は『会元』などと略した。『禅の語録』のシリーズ(筑摩書房)は、例えば、筑摩『雪竇頌古』のように記した。

八　注釈としては、主として、岐陽方秀『碧巌録不二鈔』(略称『不二鈔』)、大智実統『碧巌録種電鈔』(略称『種電鈔』)を用いた。特に、校訂に関しては『不二鈔』、内容解釈に関しては『種電鈔』に拠ったところが多い。近代のものとしては、加藤咄堂『碧巌録大講座』(略称『大講座』)を参考にした。

目次

巻第五

巻第六

巻第七

仏果圜悟禅師碧巌録 (中)

仏果圜悟禅師碧巌録　巻第四

第三十一則　麻谷《まよく》が二か所で錫杖《しやくじよう》を振る

垂示云、動則影現、覚則氷生。其或不動不覚、不免入野狐窟裏。透得徹、信得及、無糸毫障翳、如竜得水、似虎靠山。放行也瓦礫生光、把定也真金失色。古人公案、未免周遮。且道、評論什麼辺事。試挙看。

動けば影が現れ、意識が動けば氷が生じる。動きもせず、意識も動かなければ、野狐《やこ》の棲家に陥ってしまう。徹底して悟り、信じることができてこそ、微塵の妨げもない。竜が水を得、虎が山に靠《よ》るようなものだ。放せば瓦礫も光を発し、把えれば黄金も色を失う。古人の公案はどうしてもくどくどしてしまう。さて、どのことをあげつらっているのだろう。提起してみよう。

○動則影現、覚則氷生＝『会元』巻三・水潦章「問、如何是沙門行、師曰、動則影現、覚則氷生」。いたずらに動いたり、意識をはたらかせると、かえって本性を見失ってしまうこと。「氷生」は、心のはたらきが氷のように固まって動きがとれなくなること。

○入野狐窟裏＝エセ禅者の境地に陥る。

○如竜得水、似虎靠山＝所を得て本領を発揮すること。第八則垂示既出。

○放行也瓦礫生光、把定也真金失色＝『雪竇語録』巻一・住明州雪竇禅寺語「如来正法眼蔵、委在今日、放行也瓦礫生光、把定也真金失色、権柄在手、殺活臨時、其有作者、相共証拠」。
○周遮＝くどくどしている。第二四則頌評唱既出。

【本則】

挙。麻谷持錫到章敬。遶禅床三匝、振錫一下、卓然而立。〔曹渓様子、一模脱出。直得驚天動地〕
敬云、是是。〔泥裏洗土塊。賺殺一船人。是什麼語話。繫驢橛子〕
雪竇著語云、錯。〔放過則不可。猶較一著在〕
麻谷又到南泉。遶禅床三匝、振錫一下、卓然而立。〔依前泥裏洗土塊。再運前来。鰕跳不出斗〕
泉云、不是不是。〔何不承当。殺人不眨眼。是什麼語話〕
雪竇著語云、錯。〔放過不可〕
麻谷当時云、章敬道是、和尚為什麼道不是。〔主人公在什麼処。這漢元来取人舌頭。漏逗了也〕
泉云、章敬即是、是汝不是。〔也好殺人須見血、為人須為徹。瞞却多少人来〕
此是風力所転、終成敗壊。〔果然被他籠罩。争奈自己何〕

麻谷《まよく》が錫杖《しゃくじょう》を持って章敬《しょうけい》の所へやって来た。禅床を三回巡り、錫杖を一振りして、すっくと立った。〔曹渓《そうけい》(六祖)の有り様とそっくりだ。天地を驚かすことになった〕
章敬「よし、よし」。〔泥の中で土くれを洗っている。天下の人々をコケにしている。何の話だ。ロバつなぎの杭だ〕
雪竇《せっちょう》の著語「間違いだ」。〔緩めては駄目だ。もう一手というところだ〕
麻谷はまた南泉《なんせん》にやって来て、禅床を三回巡り、錫杖を一振りして、すっくと立った。〔やはり泥の中で土くれを洗

っている。又同じ事をした。鰕《えび》はますを飛び出せないぞ〕
南泉「いかん、いかん」。〔どうして認めない。人を殺して瞬きもしない。何の話だ〕
雪竇の著語「間違いだ」。〔緩めては駄目だ〕
麻谷はすぐさま言った、「章敬はよしと言いましたが、和尚は何故いかんとおっしゃるのですか」。〔御主人様はどこに居る。こいつは人の言葉を鵜呑みにしていたのだ。ぼろを出した〕
南泉「章敬はよい、お前がいかんのだ」。〔人を殺すならば血を見るまでやれ。人の為にするなら徹底してやれ。多くの人を騙している〕
これは風の力でそうなっているので、最後には壊れてしまう。〔やはり奴に丸め込まれてしまった。自分をどうにもできない〕

○この本則は、『伝灯録』巻七・章敬章に見える。なお、この公案は第二〇則本則評唱に既に引かれている。
○麻谷＝麻谷宝徹。馬祖の嗣。第二〇則本則評唱既出。
○錫＝錫杖。比丘が所持する杖。頭部に金属の環があり、振ると大きな音がする。
○章敬＝章敬懐暉。七五四―八一五。馬祖の嗣。第二〇則本則評唱既出。
○遶禅床三匝＝非常に無礼な態度。「禅床」は坐禅用の椅子。
○曹渓様子、一模脱出＝錫杖を持って禅床を三遍巡る行為が、永嘉が六祖に行った行為の繰り返しであることを指す。『伝灯録』巻五・永嘉章「後因左谿朗禅師激励、与東陽策禅師同詣曹谿。初到、振錫携瓶繞祖三匝。祖曰、夫沙門者具三千威儀八万細行、大徳自何方而来、生大我慢」。曹渓は六祖慧能。
○泥裏洗土塊＝章敬が麻谷の無礼をとがめず、認めてしまっていることを抑下する。
○賺殺一船人＝天下の人々をコケ扱いにする。章敬の語が麻谷一人でなく、多くの修行僧をも迷わせるものであることを言う。
○繋驢橛子＝自由を束縛するものの譬え。第一則本則著語既出。

○雪竇著語云、錯＝評唱に従えば、麻谷と章敬の両方を抑下している。評唱は他の解釈も挙げる。
○南泉＝南泉普願。七四八―八三四。馬祖の嗣。第一二則頌評唱既出。
○再運前来＝以前使った同じ手を使う。
○鰕跳不出斗＝枠から飛び出すことができない。第六則本則著語既出。
○殺人不眨眼＝南泉が麻谷を一言で截ち切っているからこう言う。
○主人公＝人間の根源的、絶対的な主体性を言う。
○這漢元来取人舌頭＝「取人舌頭」は人の言葉を鵜呑みにする。麻谷が章敬や南泉の言葉を繰り返しているに過ぎない事を指す。
○殺人須見血＝南泉の教えの徹底していることをほめる。
○風力所転＝『維摩経』方便品に「是身無作、風力所転」とある。「風」は地・水・火・風の四大を代表して言う。『維摩経』の意は、この身は作る主体がなく、四大の合成になるものだということであるが、ここでは麻谷の傲慢なふるまいも所詮は風に吹かれて回っているだけで、結局ボロを出してしまうことを言っている。「風」は四大のうちで動きをつかさどる。
○果然被他籠罩＝「籠罩」はつつみこむ、とりこむ。麻谷が南泉に籠罩されて、そこから抜け出せないことを言う。

〔評唱〕

古人行脚、偏歴叢林、直以此事為念、要辨他曲録木床上老和尚、具眼不具眼。古人一言相契即住、一言不契即去。

看他麻谷到章敬、遶禅床三匝、振錫一下、卓然而立。章敬云、是是。殺人刀、活人剣、須是本分作家。雪竇云、錯。落在両辺。你若去両辺会、不見雪竇意。佗卓然而立。且道、佗為什麼事。雪竇為什麼却道錯。什麼処是他錯処。章敬道、是。什麼処是是処。雪竇如坐読判語。

麻谷担箇是字、便去見南泉。依前遶禅床三匝、振錫一下、卓然而立。泉云、不是不是。殺人刀、活人剣、須是本分宗師。雪竇云、錯。章敬道、是是、南泉云、不是不是、為復是同是別。前頭道是、為什麼也錯。後頭道不是、為什麼也錯。若向章敬句下薦得、自救也不了。若向南泉句下薦得、可与祖仏為師。雖然恁麼、衲僧家須是自肯始得。莫一向取人口辯。

他問既一般、為什麼一箇道是、一箇道不是。若是通方作者、得大解脱底人、必須別有生涯。若是機境不忘底、決定滞在這両頭。若要明辨古今、坐断天下人舌頭、須是明取這両錯始得。及至後頭雪竇頌也只頌這両錯。雪竇要提活鱍鱍処、所以如此。若是皮下有血底漢、自然不向言句中作解会、不向繫驢橛上作道理。

古人は行脚《あんぎゃ》し、禅の道場を巡り歩くのに、根本の大事だけを考えており、椅子に坐った老和尚に目があるか否かを見分けようとしたのだ。古人は一言がぴたりと契《かな》えば留まり、一言がぴたりと契わなければ立ち去るのだ。

それ、麻谷は章敬に来て、禅床を三回巡り、錫杖を一振りして、すっくと立った。章敬「よし、よし」。人を殺す刀でもあり、活かす剣でもある。本性を体得したやり手に違いない。雪竇は「間違いだ」と言った。両側について言っている。お前がもし両側ということから理解するなら、雪竇の意は分からない。(麻谷は)すっくと立った。さてどういうことだ。雪竇は何故「間違いだ」などと言ったのだ。どこが間違いだ。章敬は「よし」と言った。どこがよしなのだ。雪竇はまるでいながらにして判決文を読むようだ。

麻谷はこの「よし」という言葉を担いで、南泉に会いに行った。やはり禅床を三回巡り、錫杖を一振りして、すっくと立った。南泉「いかん、いかん」。人を殺す刀でもあり、活かす剣でもある。本来の立場をつかんだ師匠に違いない。雪竇は「間違いだ」と言った。章敬は「よし、よし」と言い、南泉は「いかん、いかん」と言う。同じだろうか、違うのだろうか。前に「よし」と言うのは、何故間違いなのだろう。後に、「いかん」と言うのは、何故間違いなのだろう。もし章敬の言葉に合点すれば、自分を救うことすらできない。もし南泉の言葉に合点すれば、仏祖を先生とすることができる。こうではあるけれども、坊主は自分で納得しなければいけない。ひたすら人の言うことばかりなぞっていてはいけない。

彼の問いは同じなのに、何故片方は「よし」と言い、片方は「いかん」と言うのだ。もしその道に通じた達人で、立派に解脱した人ならば、きっと別に生き様があるはずだ。もし心身のはたらきを離れられない人ならば、きっとこの「よし」と「いかん」の両側に滞ってしまう。もし昔と今をはっきり見分け、世の中の人の舌を押え込んでしまおうとするのならば、この二つの「間違いだ」をはっきりさせなければならない。後の雪竇の頌に至っては、この二つの「間違いだ」を頌に歌っているばかりだ。雪竇はぴちぴちとしたところを提起しようとして、このようなのである。もし、皮膚の下に血の流れている人間ならば、自ずと言葉で理解したり、ロバつなぎの杭にとらわれて理屈をこね回したりしない。

○叢林＝禅の修行道場。禅僧が集団生活をするさまを樹木の林に喩える。
○曲録木床上老和尚＝「曲録木床」は禅僧の坐る椅子。第一五則頌評唱に「曲彔木牀」、第二〇則本則評唱に「曲彔木床」の形で出る。
○古人一言相契即住、一言不契即去＝『会元』巻三・五洩霊黙章「受具後遠謁石頭、便問、一言相契即住、一言不契即去。石頭拠坐、師便行頭随後。召曰、闍黎。師回首頭。曰、従生至死祇是這箇回頭転嚢作麼。師言下大悟、乃拗折拄杖而棲止了」。
○殺人刀、活人剣＝羅山道閑の語。第一二則垂示既出。
○落在両辺＝雪竇の「錯」と言う著語が章敬と麻谷の両者に対して言われていることを指す。
○你若去両辺会、不見雪竇意＝麻谷か章敬かという対立で見ているならば、根本のところは分からない。
○判語＝判決文。
○若向章敬句下…＝章敬の「是」は麻谷を認める第二義門の立場。それを否定する南泉の「不是」こそ第一義。
○薦得＝会得する。第七則頌評唱既出。

有者道、雪竇代麻谷下這両錯。有什麼交渉。殊不知、古人著語、鎖断要関。這辺也是、那辺也是、畢竟不在這両頭。

慶蔵主道、持錫遶禅床、是与不是倶錯。其実亦不在此。你不見、永嘉到曹渓、見六祖。遶禅床三匝、振錫一下、卓然而立。祖云、夫沙門者、具三千威儀、八万細行。大徳従何方而来、生大我慢。為什麼六祖却道、他生大我慢。此箇也不説是、也不説不是。是与不是都是繋驢橛。唯有雪竇下両錯、猶較些子。

あるものは言う、「雪竇は麻谷に代わってこの二つの『間違いだ』を下したのだ」と。何の関係もない。実は、古人が著語するのは、かなめの関門を閉ざしてしまうのだ。こちらもよくて、あちらもよくて、結局はこのどちらでもない。

慶蔵主《けいぞうす》は言っている、「錫杖を持って禅床を巡るのは、『よし』であろうと、『いかん』であろうと、間違いだ。実の所、ここにはないのである」。ほら、永嘉《ようか》が曹渓《そうけい》に来て六祖に会い、禅床を三回巡り、錫杖を一振りして、すっくと立った。六祖「僧には、三千の威儀と八万の細々した行いとがある。お前は、どこから来て、とてつもない思い上がりをしているのか」。何故六祖は「とてつもない思い上がりをしている」と言ったのだ。ここでは「よし」とも言っていないし、「いかん」とも言っていない。「よし」も「いかん」も皆ロバつなぎの杭だ。雪竇だけが二度「間違いだ」と言っているが、あと一歩のところだ。

○慶蔵主道…＝出典待考。慶蔵主は、圜悟が潙山喆の下で請益した先輩。第七則頌評唱既出。
○永嘉到曹渓見六祖…＝本則著語「曹渓様子一模脱出」注参照。永嘉は永嘉玄覚。六七五―七一三。慧能の嗣。『証道歌』『永嘉集』の作者。伝は『祖堂集』巻三、『伝灯録』巻五など。

○三千威儀八万細行＝威儀は威儀作法、僧として行うべき規範的な行為、細行はそれをさらに細分したもの。永嘉が無礼さをとがめる。
○大徳＝相手の僧に呼びかける語。
○我慢＝我に執着し、おごりたかぶること。

麻谷云、章敬道是、和尚為什麼道不是。這老漢不惜眉毛、漏逗不少。南泉道、章敬則是、是汝不是。南泉可謂見兎放鷹。慶蔵主云、南泉忒煞郎当、不是便休、更与佗出過道、此是風力所転、終成敗壊。円覚経云、我今此身、四大和合。所謂髪毛爪歯、皮肉筋骨、髄脳垢色、皆帰於地。唾涕膿血、皆帰於水。暖気帰火、動転帰風。四大各離、今者妄身、当在何処。佗麻谷持錫遶禅床、既是風力所転、終成敗壊。且道、畢竟発明心宗底事、在什麼処。到這裏、也須是生鉄鋳就底箇漢始得。

麻谷は言った、「章敬は『よし』と言いましたが、和尚は何故『いかん』とおっしゃるのですか」。この老いぼれ、眉毛を惜しまずに、随分とボロを出した。南泉「章敬はよい、お前がいかんのだ」。南泉は兎を見て鷹を放ったと言うことができる。慶蔵主は言っている、「南泉はひどく落ちぶれている。『いかん』で止めてしまえ。彼(麻谷)の為に言い過ぎをして、『これは風の力でそうなっているので、最後には壊れてしまう』と言っている」。『円覚経』に言っている、「私の現在のこの身は、(地・水・火・風の)四つの要素が和合しているのだ。いわゆる毛髪・爪・歯・皮肉・筋骨・脳髄などの穢れた肉体は、皆地に属する。唾・涕・膿・血は皆水に属する。暖かい空気は火に属する。動きは風に属する。四つの要素がばらばらになると、この仮妄の身はどこにあることになるのだろう」。あの麻谷が錫杖を持って禅床を回ったのは、風の力でそうなっているので、最後には壊れてしまうということだ。さて、結局心の根本の事を明らかにしているのはどこなのだろう。ここでは、銑鉄で鋳あげたような者でなければならない。

○不惜眉毛＝第二義門に下って説法する。第二七則垂示既出。
○見兎放鷹＝相手を見究め、ぴたりとした対応をする。
○慶蔵主云＝出典未詳。
○出過＝通常、超越する意に用いるが、それでは通じない。『禅語辞典』は「ヒントを与える(?)」とする。『種電鈔』では「過を出す」と取る。ここでは、行き過ぎる意にとる。一夜本には、この二字が無い。
○円覚経云＝『円覚経』「我今此身、四大和合、毛髪爪歯、皮肉筋骨、髄脳垢色、皆帰於地、唾涕膿血、津液涎沫、痰涙精気、大小便利、皆帰於水、暖気帰火、動転帰風、四大各離、今者妄身、当在何処」。
○生鉄鋳就底箇漢＝堅固なもの。第一九則本則評唱、第二五則頌評唱既出。

豈不見張拙秀才、参西堂蔵禅師、問云、山河大地是有是無、三世諸仏是有是無。蔵云、有。張拙秀才云、錯。蔵云、先輩曾参見什麼人来。拙云、参見径山和尚来。某甲凡有所問話、径山皆言無。蔵云、先輩有什麼眷属。拙云、有一山妻、両箇痴頑。又却問、径山有甚眷属。拙云、径山古仏、和尚莫謗渠好。蔵云、待先輩得似径山時、一切言無。張拙俛首而已。

ほら、張拙《ちょうせつ》秀才が、西堂智蔵《さいどうちぞう》禅師に参禅して、問うた、「山河大地はあるのですか、ないのですか。三世諸仏はあるのですか、ないのですか」。智蔵「ある」。張拙秀才「間違っている」。智蔵「あなたは誰に参禅していたのかな」。張拙「径山《きんざん》和尚に参禅していました。私が質問をするたびに、径山はいつも『ない』と言っておりました」。智蔵「あなたには家族がいるかな」。張拙「山の神一人に、餓鬼二人」。又問うた、「径山には家族がいるかな」。張拙「径山古仏を和尚はそしってはいけません」。智蔵「あなたが径山と同じようになったら、一切『ない』と言おう」。張拙は首うなだれるばかりだった。

○豈不見張拙秀才参西堂蔵禅師…＝この問答は『伝灯録』巻七・西堂智蔵章、『祖堂集』巻一五などに見える。ただし、張拙秀才の名は見えず、表現も多少異なる。尚、張拙秀才は、『不二鈔』に引く福本では、「一官員」に作る。

○張拙秀才＝張拙秀才は五代の居士。禅月大師貫休の指示を受け、石霜慶緒に参じ、大いに悟る。伝は、『会要』巻二一、『会元』巻六などに見える。「秀才」は科挙の合格者。

○西堂蔵禅師＝西堂智蔵。七三五—八一四。南康郡(江西省)虔化の人。馬祖道一に参じて印記を受ける。大宣教禅師または大覚禅師と勅諡される。伝は『贛州府志』巻一六・龔公山西堂勅諡大覚禅師重建大宝光塔碑銘、『祖堂集』巻一五、『伝灯録』巻七、『会要』巻五、『会元』巻三などに見える。

○先輩＝進士(科挙合格者)同士がたがいに敬意を払って呼ぶ呼称。

○径山和尚＝法欽。七一四—七九二。牛頭宗。呉郡(江蘇省)崑山の人。道欽とも言う。鶴林玄素の法をつぐ。餘杭(浙江省)の西山(径山)に住し、径山派の祖となる。大暦三年(七六八)入内し代宗に法を説き、国一大師の号と径山寺の名を賜る。伝記は『全唐文』巻五一二・碑銘、『祖堂集』巻三、『伝灯録』巻四、『会要』巻二、『会元』巻二などに見える。

○痴頑＝子供を言う。

大凡作家宗師、要与人解粘去縛、抽釘抜楔。不可只守一辺。左撥右転、右撥左転。但看仰山到中邑処謝戒。邑見来、於禅床上拍手云、和尚。仰山即東辺立、又西辺立、又於中心立、然後謝戒了、却退後立。邑云、什麼処得此三昧来。仰山云、於曹渓印子上脱将来。邑云、汝道、曹渓用此三昧接什麼人。仰云、接一宿覚。仰山又復問中邑云、和尚什麼処得此三昧来。邑云、我於馬祖処得此三昧来。似恁麼説話、豈不是挙一明三、見本逐末底漢。

常にやり手の師匠は人を囚われから解き放とうとする。一方を守るばかりではいけない。右に左に自在に動く。ほら、仰山《きょうざん》が中邑《ちゅうゆう》の所に受戒の御礼を言おうとした。中邑は来るのを見ると、禅床に坐ったまま手をたたいて言った、「和尚」。仰山はすぐ東に立ち、それから西に立ち、それから真ん中に立って、その後で受戒の御礼を言い、退いて立った。中邑「どこでこの三昧《ざんまい》を得た」。仰山「曹渓(六祖)の型からそっくり抜いてきました」。中邑「お前は曹渓がこの三昧で誰を教えたと言うのだ」。仰山「一宿覚《いっしゅくかく》を教えました」。仰山は又中邑に問うた、「和尚はどこでこの三昧を得られましたか」。中邑「わしは馬祖のところでこの三昧を得た」。

このようなやりとりのように、全く一を挙げて三を明らめ、根本を見て末端まで成し遂げる奴だ。

○仰山到中邑処謝戒…＝この問答は、『伝灯録』巻六・中邑章に見える。
○仰山＝仰山慧寂。八〇七―八八三。第一八則本則評唱既出。
○中邑＝中邑洪恩。生卒年不詳、唐代の人。馬祖道一の法嗣。朗州(湖南省常徳)中邑に住す。伝記は『伝灯録』巻六、『会要』巻五、『会元』巻三に見える。
○謝戒＝受戒した事を、戒師に謝すること。
○和尚＝『伝灯録』では「和和」に作る。「和和」は、小児の学語の声。目上である中邑が仰山を「和尚」と呼ぶのは不適切ではあるが、ここは底本に従った。
○於曹渓印子上脱将来＝曹渓の三昧そのまま。
○一宿覚＝永嘉玄覚のこと。六祖に参じた時、一晩の因縁で得法を許されたことから言う。
○見本逐末＝上の挙一明三と同じ方向の語で、根本を見て末端まで一時に取り押さえる。

竜牙示衆道、夫参学人、須透過祖仏始得。新豊和尚道、見祖仏言教、如生冤家、始有参学分。若透不得、即被祖仏瞞去。時有僧問、祖仏還有瞞人之心也無。牙云、汝道、江湖還有碍人之心也無。又云、江湖雖無碍人之心、自是時人過不得、所以江湖却成碍人去。不得道江湖不碍人。祖仏雖無瞞人之心、自是時人透不得、祖仏却成瞞人去。也不得道祖仏不瞞人。若透得祖仏過、此人即過却祖仏。也須是体得祖仏意、方与向上古人同。如未透得、儻学仏学祖、則万劫無有得期。又問、如何得不被祖仏瞞去。牙云、直須自悟去。
到這裏、須是如此始得。何故。為人須為徹、殺人須見血。南泉・雪竇是這般人、方敢拈弄。頌云、

竜牙《りゅうげ》は衆僧に教えて言った、「参禅して学ぶ者は仏祖を悟ってしまわなければいけない。新豊《しんぼう》和尚が言った、『仏祖の教えを見るのに、敵になったばかりのようであってこそ、参禅して学ぶ資格がある。もし悟れなければ、仏祖に騙されてしまう』」。この時ある僧が問うた、「仏祖にも人を騙す心があるのでしょうか」。竜牙「さて、河や湖に人を妨げる心があるか」。又言った、「河や湖に人を妨げる心はないのだけれど、世の人が通過できないので、そこで河や湖も人を妨げる事になる。河や湖は人を妨げないと言ってはならない。仏祖も人を騙す心はないのだけれど、世の人が悟れないので、仏祖も人を騙すことになる。仏祖は人を騙さないと言ってはならない。もし仏祖をすっかり明らかにするならば、この人は仏祖を通り過ぎたのである。仏祖の意を自分のものとしてこそ、始めて至高の古人と同じである。もし悟らなければ、たとえ仏祖を学んでも、一万劫たっても悟ることはできない」。又問う、「どうしたら仏祖に騙されないでしょうか」。竜牙「ただ自分で悟らなければいけない」。

こうなれば、このようでなければならない。何故か。人のためにするならば徹底しなければならず、人を殺すならば血を見なければならない。南泉や雪竇はそのような人であるから、思いきって提起したのである。頌に歌って、

○竜牙示衆道、夫参学人、…＝この話は、『伝灯録』巻一七・竜牙章に見える。
○竜牙＝竜牙居遁。八三五―九二三。洞山良价の嗣。第二〇則本則既出。

○新豊和尚＝洞山良介。八〇七—八六九。雲巌曇晟の嗣。第五則本則評唱既出。
○生冤家＝「生」は生々しい。「冤家」は仇、敵。古い敵に対する恨みは段々薄くなるが、敵になったばかりのものへの恨みは激しい。ひたむきに一事に没頭することに譬える。

【頌】

此錯彼錯、〔惜取眉毛。抛令而行。天上天下、唯我独尊〕
切忌拈却。〔両箇無孔鉄鎚。直饒千手大悲、也提不起。或若拈去、闍黎喫三十棒〕
四海浪平、〔天下人不敢動著。東西南北、一等家風。近日多雨水〕
百川潮落。〔浄躶躶、赤洒洒。且得自家安穏。直得海晏河清〕
古策風高十二門、〔何似這箇。杖頭無眼。切忌向拄杖頭上作活計〕
門門有路空蕭索。〔一物也無。賺你平生。覷著即瞎〕
非蕭索。〔果然。頼有転身処。已瞎了也。便打〕
作者好求無病薬。〔一死更不再活。十二時中、為什麼瞌睡。撈天摸地作什麼〕

この「間違いだ」も、あの「間違いだ」も、〔眉毛を惜しんでいる。法令どおりにやっている。天上にも天下にも私だけが尊い〕
決して取り去ってはいけない。〔二個の穴のないハンマーだ。たとえ千手観音でも持ち上げられない。もし取り去ろうとするならば、お前に三十棒をくらわそう〕
四海は波平らかに、〔世の中の人は敢えて動こうとはしない。東西南北どこも同じやりかただ。近ごろ雨が多い〕

百川は静かに流れていく。〔きれいさっぱり赤裸。自分の家で安らぐことになる。海は安らか、黄河は澄むことになる〕

古聖の杖は十二の門に威風堂々としている。〔これと較べてどうだ。杖のてっぺんに眼が無い。拄杖のてっぺんに暮らしをたてるのではない〕

門毎に道があるが、ひっそりかんとしている。〔一物とて無いのだ。いつもお前を騙している。見つめれば盲になる〕

ひっそりかんとはしていない。〔やはり。うまいことに身をかわした。盲になってしまっている。そこで打つ〕

やり手なら無病の薬を探すがよい。〔一度死んだら、二度と生き返れない。二六時中何故寝てばかりいる。天地を手探りしてどうする〕

○此錯彼錯＝本則に見える二つの雪竇の著語を指す。

○惜取眉毛＝余計な説法をしない。相手の能力に配慮せず、真理をずばりと提示する。第二七則垂示「不惜眉毛」注を参照。

○抛令而行＝二つの「錯」の威令が天下に行き渡っている。

○天上天下、唯我独尊＝釈尊が生誕の際に唱えたという句。第六則頌評唱既出。

○両箇無孔鉄鎚＝二つの「錯」にはとりつくしまもないこと。「無孔鉄鎚」は柄のないハンマー。第一四則頌既出。

○千手大悲＝千手観音。観音は大悲(広大な慈悲)を特徴とすることから、「大悲」といえば観音のこと。

○四海浪平＝二つの「錯」が発せられたことにより、世界中が平穏に治まる。

○近日多雨水＝恵みが世界中に及ぶことを言う。

○百川潮落＝「潮」は元来は海の潮の満ち引きであるが、詩語として川の水の満々と湛えた状態をも指す。「潮落」は、満々と湛えた川の水が、潮の引くように静かに流れて行く様子を指す。

○自家安穏＝帰家穏坐に同じ。本来の境地に安らぐこと。

○古策風高十二門＝評唱によれば麻谷持錫を頌す。「古策」は麻谷の拄杖。「十二門」は、評唱によれば、西王母の瑤池の十二門。

○何似這箇＝「何似」は、…と較べてどうか。後のものの方がすぐれているという含み。「…にいずれぞ」と訓読する。「這箇」は、『種電鈔』によれば、圜悟のはたらきを指す。
○杖頭無眼＝麻谷の錫杖には智慧の眼がない。なお、『不二鈔』引く福本によれば、この四字は無く、「活計」の下に「棒頭有眼、明如日、要識真金、火裏看」とある。
○非蕭索＝蕭索におさまりかえるのではなく、活処に進み出なければいけない。
○無病薬＝病に対処するのではない薬。応病与薬を超えた絶対の薬。杯渡「一鉢歌」に「薬是病病是薬、到頭両事須拈却、亦無薬亦無病、正是真如霊覚性」(『伝灯録』巻三〇)とある。

【評唱】

這一箇頌、似徳山見潙山公案相似。先将公案著両転語、穿作一串、然後頌出。此錯彼錯、切忌拈却。雪竇意云、此処一錯、彼処一錯、切忌拈却。拈却即乖。須是如此著這両錯、直得四海浪平、百川潮落。可煞清風明月。你若向這両錯下会得、更没一星事。山是山、水是水。長者自長、短者自短。五日一風、十日一雨。所以道、四海浪平、百川潮落。

この頌は、徳山《とくさん》が潙山《いさん》に会った公案に似ている。まず公案に二つの転機となる語を下しておいて、一つに貫き、それから頌に歌っている。

「この『間違いだ』も、あの『間違いだ』も、取り去ってはいけない」。雪竇の心はこうだ。ここの「間違いだ」も、あそこの「間違いだ」も、取り去ってはいけない。取り去れば背いてしまう。このようにこの二つの「間違いだ」を下してこそ、四海は波平らかに、百川は静かに流れていくことになるのだ。大層、風が清らかで月も明るい。お前がもしこの二つの「間違いだ」で理解するならば、ささいなことも無く、山は山、川は川、長いものはおのずから長く、短いものはおのずから短く、五日に一度風吹き、十日に一度雨降る。そこで、「四海は波平らかに、百川は静かに流れていく」と言う。

○徳山見潙山公案＝第四則本則を指す。

○両転語＝「転語」は、局面をがらりと転換させる言葉。通常「一転語」と言われるが（第八則本則評唱既出）、ここは「錯」が二度出るので「両転語」。

○五日一風、十日一雨＝自然が順行していること。第九則本則評唱「十日一風五日一雨」注参照。

後面頌麻谷持錫云、古策風高十二門。古人以鞭為策、衲僧家以拄杖為策。〈祖庭事苑中、古策挙錫杖経。〉西王母瑶池上、有十二朱門。古策即是拄杖。頭上清風、高於十二朱門。天子及帝釈所居之処、亦各有十二朱門。若是会得這両錯、拄杖頭上生光、古策也用不著。古人道、識得拄杖子、一生参学事畢。又道、不是標形虚事褫。如来宝杖親蹤跡。此之類也。到這裏、七顚八倒、於一切時中得大自在。門門有路空蕭索。雖有路、只是空蕭索。雪竇到此、自覚漏逗、更与你打破。然雖如是、也有非蕭索処。任是作者無病時、也須是先討些薬喫始得。

後に麻谷が錫杖を持っていることを頌に、「古聖の杖は十二の門に威風堂々としている」と歌った。古人は鞭を「策」と言うが、仏教の方では拄杖を「策」と言う。〈『祖庭事苑』には、「古策」に『錫杖経』を挙げている。〉西王母の瑶池には十二の赤い門がある。古策とは拄杖だ。頭上の清らかな風は十二の赤い門よりも高く吹く。天子や帝釈の居所にもそれぞれ十二の赤い門がある。もしこの二つの「間違いだ」を理解すれば、拄杖のてっぺんに光が生じ、古策でも使いきれない。古人が言っている、「拄杖が分かってしまえば、一生に参禅して学ぶことはおしまいだ」。又言っている、「形に現れたことを空しくやって行くのでない。如来の宝杖を自分で突くのだ」。このような類いなのだ。ここでは、どう転げ回っても、あらゆる時に自由自在になれるのだ。

「門ごとに道があるが、ひっそりかんとしている」。道はあるのだが、ただひっそりかんとしている。雪竇はここでボロをだしたと気が付いて、お前のために打ち破ったのだ。こうではあるけれども、ひっそりとしていないところもあるのだ。たとえやり手が無病であっても、まず薬を探して飲まなければいけない。

○古人以鞭為策＝『左伝』文公十三年「繞朝贈之以策」杜預集解「策馬檛也」。
○祖庭事苑中、古策挙錫杖経＝『祖庭事苑』巻二・十二門の解説に『錫杖経』が引かれている。
○西王母瑶池上、有十二朱門＝西王母はいにしえの仙人。崑崙の山に住む。瑶池は、神仙の居所。崑崙山にあり、いにしえ周の穆王がここで西王母に会ったと言う。
○識得拄杖子、一生参学事畢＝長慶慧稜の語。第一八則本則評唱既出。
○不是標形虚事褫、如来宝杖親蹤跡＝『証道歌』の語。「褫」は通常「持」に作る。
○七顚八倒＝ここでは悪い意味ではない。到るところにころがってゆくさま。
○任是…＝たとえ…でも。

第三十二則　定《じょう》上座が臨済《りんざい》に仏法の大意を問う

垂示云、十方坐断、千眼頓開。一句截流、万機寝削。還有同死同生底麼。見成公案、打畳不下、古人葛藤、試請挙看。

あらゆるところに坐り込んで、あらゆる眼をぱっと開く。一つの言葉であらゆる知見を断ち切り、あらゆるはたきが止んでしまう。(そんな人物と)生死をともにする者があろうか。目の前の公案を処理できないならば、古人の言葉を挙げてみよう。

○一句截流万機寝削＝「截流」は、截断衆流(第一則垂示既出)の意。「寝」は息滅《やむ》の意。この句は、風穴が鏡清と交わした問答中に見える語。この問答は、『広灯録』巻一五・風穴章に見え、第三八則本則評唱に引かれる。
○見成公案＝目の前に提示された問題。第九則本則著語既出。
○打畳＝整理収集する。第一九則本則評唱既出。

【本則】

挙。定上座問臨済、如何是仏法大意。〔多少人、到此茫然、猶有這箇在。訝郎当作什麼〕済下禅床、擒住与一掌、便托開。〔今日捉敗。老婆心切。天下衲僧跳不出〕

定佇立。〔已落鬼窟裏。蹉過了也。未免失却鼻孔〕
傍僧云、定上座、何不礼拝。〔冷地裏有人覷破。全得他力。東家人死、西家人助哀〕
定方礼拝、〔将勤補拙〕
忽然大悟。〔如暗得灯、如貧得宝。将錯就錯。且道、定上座見箇什麼、便礼拝〕

定上座《じょうじょうざ》が臨済《りんざい》に問うた、「何が仏法の大意ですか」。〔多くの人がここで茫然としているが、まだふっきれていないものがある。たるんでいてどうする〕
臨済は禅床を下りると、胸倉をつかんで平手打ちを食わして、突き放した。〔今日は引っ捕らえた。行き過ぎた親切心だ。世界中の禅坊主どもも飛び出すことができない〕
定上座は立ちすくんだ。〔幽霊の穴蔵に落ち込んでしまっている。擦れ違ってしまった。鼻を失うことを免れない〕
傍らの僧が言った、「定上座、どうして礼拝しないのですか」。〔物陰で見破っている。全く彼のお陰だ。東隣の人が死んで、西隣の人がお悔やみを言っている〕
定上座は礼拝するや、〔まめまめしさで不器用を補っている〕
突然大悟した。〔暗闇に灯を得たようなもの、貧乏人が宝物を手に入れたようなものだ。過ちと知りながら押し通している。さて、定上座は何を理解して礼拝したのだろうか〕

○この本則は、『臨済録』勘辨に出る。定上座は伝未詳。「上座」は有徳の僧。また、禅林で僧衆の第一座にある僧。
○臨済＝臨済義玄。?—八六七。黄檗希運の嗣。臨済宗の祖。
○猶有這箇在＝まだふっきれないものがある。「仏法の大意」などと言っているようでは、まだ執われが残っている。「没蹤跡」

に至り得ないことを批判する語。
○訝郎当＝郎当に同じ。第六六則本則評唱では「砑郎当」。だらしないさま、たるんださま。
○禅床＝座禅用の椅子。第四則本則評唱、第八則頌評唱等に既出。
○捉敗＝捉える。
○失却鼻孔＝面目まるつぶれ。第二八則頌評唱既出。
○冷地裏＝ひっそりとした所。表立たない所。一説に闇の中。
○全得他力＝「得力」はお蔭をこうむる、役立つ。第二五則本則既出。ここでは、定上座が傍らの僧に扶けられた事を言う。
○将勤補拙＝礼拝のまめまめしさで、茫然としたまずさを補っている。
○将錯就錯＝錯ちをそのまま押し通している。第八則本則著語既出。

〔評唱〕
看他恁麼直出直入、直往直来、乃是臨済正宗、有恁麼作用。若透得去、便可翻天作地、自得受用。定上座是這般漢、被臨済一掌、礼拝起来、便知落処。他是向北人、最朴直。既得之後、更不出世。後来全用臨済機、也不妨穎脱。

そら、このようにずばりと出入往来するのが臨済の本当の教えなのであり、このようなはたらきがある。もしすっかり明らかにしたならば、天地を逆転させ、自分で深い境地を享受できる。定上座はそのような人間だったので、臨済に平手打ちを食らい礼拝して立上がるや、勘どころが分かった。彼は北方の人間で、非常に朴訥であった。悟りを得てからも、教化に当たらなかったが、後に臨済のはたらきを全く自分のものとして、なかなか才気が抜きん出ていた。

○自得受用＝「受用」は悟りを享受する。第二六則本則評唱既出。なお、『不二鈔』によれば、「得」を「在」に作るテキストがある。
○落処＝帰着点。落ち着き所。第二則頌評唱などに既出。
○向北人＝「向」は接頭語。「向北」は北の意。
○出世＝出家者が修行を経て、再び世間に出て教化に当たること。特に、禅寺の住持となること。第六則本則評唱既出。
○穎脱＝才気が人に抜きん出る。第三〇則頌著語既出。

一日、路逢巌頭・雪峰・欽山三人。巌頭乃問、甚処来。定云、臨済。頭云、和尚万福。定云、已順世了也。巌頭云、某等三人、特去礼拝、福縁浅薄、又値帰寂。未審和尚在日、有何言句。請上座挙一両則看。定遂挙。臨済一日示衆云、赤肉団上有一無位真人、常従汝諸人面門出入。未証拠者看看。時有僧出問、如何是無位真人。済便擒住云、道道。僧擬議。済便托開云、無位真人、是什麼乾屎橛。便帰方丈。巌頭不覚吐舌。欽山云、何不道、非無位真人。被定擒住云、無位真人与非無位真人相去多少、速道、速道。山無語。直得面黄面青。巌頭・雪峰、近前礼拝云、這新戒不識好悪、触忤上座。望慈悲且放過。定云、若不是這両箇老漢、⿱祖土殺這尿床鬼子。

ある日、道で巌頭《がんとう》・雪峰《せっぽう》・欽山《きんざん》の三人に会った。巌頭が問うた、「どこから来られた」。定上座「臨済です」。巌頭「和尚はご機嫌よろしゅうあられますか」。定上座「既に身罷《みまか》られました」。巌頭「我ら三人、わざわざご挨拶に参ろうとしたのに、ご縁が薄くて、ご逝去にあってしまった。いったい、和尚は在世中に、どんなことを言っておられました。どうか上座よ、一、二則提起してみて下さい」。定上座はそこで提起して、「臨済がある日衆僧に教えて言った、

『生身の体に無位の真人がいる。常におまえ達の顔から出入りしている。まだ見届けていない者は見なさい』。この時ある僧が前に出て質問した、『何が無位の真人ですか』。臨済は胸倉をつかんで言った、『言え、言え』。僧は躊躇した。臨済は突き放して言った、『無位の真人は何と見事なカチカチの糞の棒だ』。そして、居室に帰った」。巌頭は思わず舌を出した。欽山「どうして非無位の真人と言わなかったのだ」。定上座は胸倉を把んで、言った、「無位の真人と非無位の真人とどれだけ違うのだ。さあ言え、さあ言え」。欽山は何も言えず、顔から血の気がうせてしまうばかりだった。巌頭と雪峰は進み出て礼拝して、「この若造は物の良しあしも知らないで、上座にたてつきました。慈悲をもって、お許し下さい」。定上座「この二人のおやじでなければ、この寝小便たれをつき殺してやったぞ」。

○一日、路逢巌・頭雪峰・欽山三人…＝この話は『宗門統要集』巻六・定上座章に見える。巌頭は巌頭全奯。第五則本則評唱既出。雪峰は雪峰義存。第五則本則既出。欽山は欽山文邃。第二二則本則評唱既出。
○万福＝御機嫌よろしゅうございます。第九則本則評唱既出。
○順世＝僧の死をいう。
○未審＝疑問を提示する語。第二則頌評唱などに既出。
○赤肉団上有一無位真人…＝この話は『臨済録』上堂に出る。「赤肉団」は、生身の肉体。一説に心臓。「無位真人」は、一切の枠にはまらない自由人。
○乾屎橛＝カチカチになった棒状の糞。第二三則頌著語既出。無位の真人など所詮無用の長物。
○吐舌＝感じいった時、恐れ入った時の面持ち。第一一則本則評唱既出。
○非無位真人＝ひとまずこう訳すが、「非」は「無位真人」の全体にかかる。「無位真人」という固定的理解を超出する。しかし、それもまた「非無位真人」に執することになり、定上座にとがめられる。
○面黄面青＝顔から血の気が引くさま。
○新戒＝新たに戒法を受けて得度した僧。初心者の意。

○触忤＝たてをつく。
○築殺＝つき殺す。
○尿床鬼子＝寝小便たれのガキ。手に負えない子供を「小鬼子」と言う。『臨済録』行録「這尿床鬼子」。

又在鎮州斎回、到橋上歇、逢三人座主。一人問、如何是禅河深処須窮底。定擒住、擬抛向橋下。時二座主連忙救云、休休。是伊触忤上座、且望慈悲。定云、若不是二座主、従他窮到底去。看他恁麼手段、全是臨済作用。更看雪竇頌出。云、

又、鎮州《ちんしゅう》で斎《とき》からの帰りに、橋の上で休んでいると、三人の講経僧に会った。一人が問うた、「何が禅の河の窮めなければならない奥所なのですか」。定上座は胸倉をつかんで橋の下に放り投げようとした。この時二人の講経僧は慌てて助けようとして、「おやめください、おやめください。こいつは上座にたてつきましたが、ご慈悲をお願いします」。定上座「お二方でなければ、こいつを河の底まで窮めさせてやるところだったが」。このような仕方を見れば、全く臨済のはたらきである。更に雪竇が頌に歌っているのをみよう。

○在鎮州斎回…＝この話も『宗門統要集』巻六に見える。鎮州は現在の河北省正定県。
○座主＝教家の学僧を指す。第一〇則本則評唱既出。
○禅河＝禅定のこと。『伝灯録』巻二五・徳詔章「云、恁麼即千聖同儔、古今不異。師云、禅河浪静、尋水迷源」。
○連忙＝慌てる。慌ただしく。
○従他窮到底去＝禅河の底まで窮めさせる意も掛けている。

【頌】

断際全機継後蹤、〔黄河従源頭濁了也。子承父業〕
持来何必在従容。〔在什麼処。争奈有如此人。無脚手人、還得他也無〕
巨霊擡手無多子、〔嚇殺人。少売弄。打一払子、更不再勘〕
分破華山千万重。〔乾坤大地、一時露出。堕也〕

黄檗《おうばく》の総てのはたらきは跡継ぎに引き継がれ、〔黄河は源から濁っているのだ。子が父の仕事を継いだ〕
持ち来ったら、どうしてゆったり構えていられよう。〔どこにいる。このような人がいるのはどうしようもない。手腕のない奴が手に入れられるだろうか〕
巨霊神が手を振り上げれば何の造作もない。〔ひどく驚かしやがって。自分をひけらかすなよ。払子《ほっす》を一振りしたら、もう二度とためさない〕
華山をたたき割って折り重なる山とした。〔天地が一斉に現れでた。おちたぞ〕

○断際＝宣宗皇帝が黄檗希運に贈った諡号。黄檗は臨済の師。第一一則本則既出。
○黄河従源頭濁了也＝黄檗に優れたはたらきがあるので、その嗣臨済もすぐれていること。
○子承父業＝第一八則本則著語既出。本則では、臨済が黄檗を嗣いだことを指す。
○争奈有如此人＝『不二鈔』によれば、福本蜀本は「争奈有此人還得也無」に作る。
○無脚手人、還得他也無＝「脚手」は手腕。臨済の様に手腕があれば黄檗を学び取ることが可能だが、それほどの手腕がなければどうにもならないの意。
○巨霊擡手無多子＝『芸文類聚』巻七に引く晋・郭縁生『述征記』「華山対河東首陽山、黄河流于二山之間。云本一山、巨霊所

開。今睹手跡於華岳、而脚跡在首陽山下」。ここでは臨済のはたらきを喩える。「無多子」は、面倒な子細がないこと。
○嚇殺＝「嚇」は驚かす意。「殺」は強めの辞。『虚堂録』巻六・仏祖讃・普化和尚「呈真嚇殺盤山」。
○少売弄＝「少」は禁止の辞。「売弄」は自分の力量をひけらかす。第二則本則著語既出。
○華山＝陝西省華陰県の南にある名山。
○堕也＝評唱から見ると、定上座の迷いがすっかり瓦解したことか。しかし、本書では「堕」がよい意味に用いられることはない。とすれば、臨済もいささかやりすぎて、ボロを出したというところか。

〔評唱〕

雪竇頌、断際全機継後蹤、持来何必在従容。黄檗大機大用、唯臨済独継其蹤。拈得将来、不容擬議。或若躊躇、便落陰界。楞厳経云、如我按指、海印発光。汝暫挙心、塵労先起。

巨霊擡手無多子、分破華山千万重、巨霊神有大神力、以手擘開太華、放水流入黄河。定上座疑情、如山堆岳積、被臨済一掌、直得瓦解氷消。

雪竇は頌に歌って、「黄檗の総てのはたらきは跡継ぎに引き継がれ、持ち来ったら、どうしてゆったり構えていられよう」。黄檗の優れたはたらきはただ臨済だけが跡を継いだ。提起して来ると、躊躇させなかった。もし躊躇すれば迷いの世界へ落ちてしまう。『楞厳《りょうごん》経』に言っている、「もし私が指で押せば、海印が光を発する。お前が少しでも心をはたらかせるならば、煩悩がまず起きる」。

「巨霊神が手を振り上げれば何の造作もない。華山をたたき割って折り重なる山とした」。巨霊神は物凄い神通力があり、手で太華山を押し開き、水を黄河に流れ入るようにした。定上座の疑問の気持ちは、大山のようにうずたかく積もっていたが、臨済に平手打ちを食らって、すっかり解けてしまったのだ。

○陰界＝身心を構成する色・受・想・行・識。五陰（五蘊）。または、五陰十八界。十八界は六種の対象と六種の感覚器官と六種の認識。いずれにしても迷いの物質・精神世界。第一二則頌評唱既出。
○楞厳経云＝『楞厳経』巻四の語。「海印」は、大海中に一切の事物を印を押したように映し出すように、悟りの世界に一切万物がありありと顕現すること。「挙心」は、心のありったけをささげる。全心全霊で当たる事。ただし、ここでは心をはたらかせる、というほどの意か。「塵労」は、煩悩のこと。

第三十三則　陳操《ちんそう》が資福《しふく》に会う

垂示云、東西不辨、南北不分、従朝至暮、従暮至朝。還道伊瞌睡麼、有時眼似流星。還道伊惺惺麼、有時呼南作北。且道、是有心、是無心、是道人、是常人。若向箇裏透得、始知落処、方知古人恁麼不恁麼。且道、是什麼時節。試挙看。

東西南北も分からないまま、朝から暮方、暮方から朝に至る。彼は眠っていると言えるであろうか、或る時は眼がキラリとするのに。彼は目覚めていると言えるであろうか、或る時は南を北と呼ぶのに。さて、心のはたらきが有るのだろうか、無いのだろうか。まことの修行者であろうか、凡人であろうか。もしここで悟れば、始めて究極のところが分かり、古人がこうであったかどうか分かる。さて、いつのことであろう。提起してみよう。

○東西不辨、南北不分＝『雪竇語録』巻二「上堂云、乾坤側、日月星辰一時黒、東西不辨南北不分底衲僧、向甚処見雪竇」。本来の無心の境地にあることを指す。
○還道伊瞌睡麼…＝眠っているかと思えば、流星のようにすばやい眼力を示し、目覚めているかと思えば、南と北を取り違えるような常識外れなことを言う。
○是有心、是無心＝「無心」は、一切の意識作用を滅した状態。「有心」は、無心の反対であるから、意識作用の働いている状態。
○道人＝真の修道者。『趙州録』上「師示衆云、八百箇作仏漢、覓一箇道人難得」。第二五則頌評唱にも見える。

○落処＝帰着点。第二則頌評唱既出。
○恁麼不恁麼＝『不二鈔』によれば福本は「恁麼却不恁麼、不恁麼却恁麼」（こうであればこうでなく、こうでなければこうである）に作る。

【本則】

挙。陳操尚書看資福。福見来、便画一円相。〔是精識精、是賊識賊。若不蘊藉、争識這漢。還見金剛圏麼〕操云、弟子恁麼来、早是不著便。何況更画一円相。〔今日撞著箇瞌睡漢。這老賊〕福便掩却方丈門。〔賊不打貧児家。已入它圏繢了也〕雪竇云、陳操只具一隻眼。〔雪竇頂門具眼。且道、他意在什麼処。也好与一円相。灼然竜頭蛇尾。当時好与一拶、教伊進亦無門、退亦無路。且道、更与他什麼一拶〕

陳操尚書《ちんそうしようしよ》が資福《しふく》に会おうとした。資福は来るのを見ると、空中に円を描いた。〔優れた者には優れた者が分かり、泥棒には泥棒が分かる。度量の大きな者でなければ、こやつが分かるだろうか。絶対抜け出られない檻が分かるか〕陳操「弟子がこのようにやって来たのに、はなからついていない。そのうえ空中に円を画くとは」。〔今日は居眠り野郎にぶつかってしまった。この悪党め〕資福は居室の扉を閉めてしまった。〔泥棒は貧乏人の家には押し込まない。奴の謀《はかりごと》に落ちてしまっている〕雪竇「陳操は片目しかもっていない」。〔雪竇は頭のてっぺんに眼を備えている。さて、彼はどういうつもりであろうか。空中に円を画いてやるがよい。明々白々竜頭蛇尾だ。その時一発食らわして、進むにも扉がなく、戻ろうにも道が無いようにさせるがよい。さて、彼にどういう一発をお見舞いしようか〕

○この本則の出典は不詳。最も古い記録としては、『宗門統要集』巻六・資福章に既に雪竇の語をも付して掲げてある。字句に少しの異同がある。
○陳操尚書＝睦州に参じた居士。第六則本則評唱既出。
○資福＝資福如宝。潙仰宗、唐末五代の人。袁州(江西省)仰山の西塔光穆の法嗣。吉州(江西省)資福寺に住す。伝記は『伝灯録』巻一二、『会要』巻一一、『会元』巻九等。なお、「看資福」の「看」は、相手の力量をためす意ともとれる。
○画一円相＝手で空中に円の形を画く。円相は、仰山が耽源より学んだという仰山系のお家芸。
○是精識精、是賊識賊＝同類には同類のことがよく分かる。それぞれ第八則頌著語、第八則本則著語に既出。両者連用の例も第二二則頌著語に見える。
○蘊藉＝十分に寛大博広である。物事を包みこむ。
○金剛圏＝堅固な金剛(ダイヤモンド)で作った檻。絶対に抜け出られない囲い。『普灯録』巻三・楊岐章「室中問僧、栗棘蓬、你作麼生呑、金剛圏、作麼生跳」。
○不著便＝ついていない。
○何況更画一円相＝『雪竇頌古』のテキストでは「何況」の二字を欠く。
○瞌睡漢＝『種電鈔』によると、陳操が本領を現していない事を指す。または、資福のとぼけた対応ぶりを言うか。
○賊不打貧児家＝泥棒は貧乏人の家には押し込まない。『会元』巻四・湖南祇林章「因僧問、十二年前為什麼降魔。林曰、賊不打貧児家。曰、十二年後為什麼降魔。林曰、賊不打貧児家」。相手が資福ほどの人物だからこそ、陳操も押入った。
○圏繢＝人を籠絡する。第五則本則評唱既出。
○一隻眼＝一切を見抜く眼(第五則本則評唱既出)の意もあるが、ここは片目の意。陳操を批判する。『種電鈔』によれば、陳操が把住はできるが、放行ができないこと。
○頂門具眼＝頭のてっぺんにある、知恵で一切を見抜く目。陳操を批判した雪竇こそ、真の一隻眼を有している。第三則頌評唱既出。

〔評唱〕

陳操尚書、与裴休・李翺同時。凡見一僧来、先請斎、襯銭三百、須是勘辨。一日雲門到。相看便問、儒書中即不問、三乗十二分教、自有座主、作麼生是衲僧家行脚事。雲門云、尚書曾問幾人来。操云、即今問上座。門云、即今且置、作麼生是教意。操云、黄巻赤軸。門云、這箇是文字語言、作麼生是教意。操云、口欲談而辞喪、心欲縁而慮亡。門云、口欲談而辞喪、為対有言。心欲縁而慮亡、為対妄想。作麼生是教意。操無語。門云、見説尚書看法華経、是否。操云、是。門云、経中道、一切治生産業、皆与実相不相違背。且道、非非想天、即今有幾人退位。操又無語。門云、尚書且莫草草。師僧家抛却三経五論、来入叢林、十年二十年、尚自不奈何。尚書又争得会。操礼拝云、某甲罪過。

陳操尚書は、裴休《はいきゅう》や李翺《りこう》と同じ頃の人である。僧が来るのを見ると、いつでもまず、食事を振る舞って、銭三百文を施したが、きっと相手を試すものであった。

ある日雲門《うんもん》がやって来たので、会うやいなや問うた、「儒学の書物はおくとして、三乗十二分教には講経僧がおります。禅坊主の行脚とはどのようなものですか」。雲門「尚書は幾人の人に尋ねてきましたか」。陳操「ただ今お前さんに問うているのです」。雲門「ただ今はさておいて、教えとはどのようなものでしょうか」。陳操「巻物に仕立てた経巻です」。雲門「これは文字に書かれた言葉です。教えとはどのようなものでしょうか」。陳操「口で言おうとすると、言葉がない。心に思い浮かべようとすると、思いが結ばない」。雲門「口で言おうとすると言葉がないのは、言葉と向かい合っているからです。心に思い浮かべようとすると思いが結ばないのは、妄想と向かい合っているからです。教えとはどのようなものでしょうか」。陳操は黙ってしまった。雲門「尚書は『法華経』を読んでおられるということですが、本当ですか」。陳操「本当です」。雲門「『法華経』に言っています、『あらゆる世渡りや労働は真実の姿に背くものではない』と。さて、非非想天からただ今幾人の人が(人間界に)退いているのでしょうか」。陳操はまた黙ってしまった。雲門「尚書はおろそかにしてはなりません。一人前の僧は三経五論を投げ捨て、禅道場に入ります。十年二十年してもまだどうにもなりません。尚書もどうしてものにできましょうか」。陳操は礼拝して言った、「私が誤っておりました」。

○裴休＝裴相国に同じ。第一一則本則評唱既出。
○李翺＝七七二―八四一。字は習之。隴西成紀(現在の甘粛省秦安市)の人。一説に趙郡の人。貞元の進士。官は山南東道節度使に至る。謚は文公。韓愈に古文を学び、初期の古文運動の実践者の一人。思想的・文学的に韓愈に近い。仏教の影響も濃く、その著『復性書』は宋学の先駆の一つとされる。
○襯＝布施をすること。
○一日雲門到…＝この話、『会元』巻一五・雲門章に見える。雲門は、雲門文偃。八六四―九四九。雪峰義存の嗣。
○三乗十二分教＝すべての仏典。第九則本則評唱既出。
○座主＝教家の学僧。第一〇則本則評唱既出。
○上座＝年長の有徳の僧の尊称。第四則本則評唱既出。
○黄巻赤軸＝巻物に仕立てた経巻。第九七則本則評唱にも見える。
○口欲談而辞喪、心欲縁而慮亡＝澄観『華厳経随疏演義鈔』巻一に「肇公云」として見えるが、現行の『肇論』には見えない。
○妄想＝真理に背いた顚倒の念。迷妄の心に生じ実体が無い。
○見説＝…と言われている。噂や評判を話題にするとき用いる。伝統的には「とくならく」と訓読される。
○一切治生産業、皆与実相不相違背＝『法華経』法師功徳品「諸所説法、随其義趣、皆与実相、不相違背。若説俗間経書、治世語言、資生業等、皆順正法」。

○非非想天＝非想非非想(処)天。無色界の第四天で、有頂天とも名付ける。外道は最高境位とするが、仏教はなお生死の境界とする。
○即今有幾人退位＝非想非非想天で修行すれば、阿羅漢果に達することができる。それなのに、わざわざ人間界まで降り下ってまで、実相を悟ろうとするほどの者はいくらもいない。
○草草＝なおざり。いいかげん。
○罪過＝謝りの言葉。

又一日与衆官登楼次、望見数僧来。一官人云、来者総是禅僧。操云、不是。官云、焉知不是。操云、待近来、与你勘過。僧至楼前、操驀召云、上座。僧挙頭。書謂衆官云、不信道。

唯有雲門一人、他勘不得。

また、ある日役人たちと楼閣に登った時、数人の僧がやって来るのが見えた。ある役人が言うのに、「来るのは皆禅坊主だ」。陳操「違う」。役人「どうして違うと分かるのだ」。陳操「近くに来たら、お前のために験してやろう」。僧たちが楼閣の前に来ると、陳操はいきなり呼び寄せて言った、「お前さんがた」。僧は顔を挙げた。陳操は役人に言った、「信じないかね」。

ただ雲門一人は、彼にも験せなかった。

○一日与衆官登楼次…＝この話は、『宗門統要集』巻六・陳操章、『会元』巻四・陳操章に見える。

他参見睦州来。一日去参資福。福見来、便画一円相。資福乃潙山・仰山下尊宿、尋常愛以境致接人。見陳操尚書、便画一円相。争奈操却是作家、不受人瞞、解自点検云、弟子恁麼来、早是不著便。那堪更画一円相。福掩却門。這般公案、謂之言中辨的、句裏蔵機。

彼は睦州《ぼくしゅう》に参禅に来ていて、ある日資福に参禅に行った。資福は来るのを見ると、空中に円を描いた。資福は潙《い》山《さん》・仰山《きょうざん》の系統の長老で、常々具体的な行動で人を教えた。陳操尚書が来るのを見ると、空中に円を描いた。陳操はやり手なので、騙されないのはいかんともしがたい。よく自分を確かめて言った、「弟子がこのようにやって来たのに、はなからついていない。そのうえ空中に円を描かれてはたまらない」。資福は扉を閉めてしまった。このような公案を、「一言で要所を言い当て、言葉の中に鋭い働きを隠している」と言うのだ。

○睦州＝睦州道明。黄檗の嗣。第六則本則評唱既出。
○潙山＝潙山霊佑。第四則本則既出。
○仰山＝仰山慧寂。第一八本則評唱既出。
○尊宿＝修行を積んだ僧に対する尊称。第六則本則評唱既出。
○境致＝具体的な行動で人を教化すること。ここでは一円相を描くこと。第二四則本則評唱既出。
○点検＝自分の行為を一つ一つ確かめる。第八則本則評唱既出。
○言中辨的、句裏蔵機＝一言のうちにツボを見て取り、一句のうちに全体のはたらきを含む。

雪竇道、陳操只具一隻眼。雪竇可謂頂門具眼。且道、意在什麼処。也好与一円相。若総恁麼地、衲僧家如何為人。我且問你、当時若是諸人作陳操時、堪下得箇什麼語、免得雪竇道、他只具一隻眼。所以雪竇踏翻頌云、

雪竇は言っている、「陳操は片目しかもっていない」。雪竇は頭のてっぺんに眼をそなえていると言える。さて、何を言おうとしているのであろうか。空中に円を画いてやるがよい。もしいつもこのようであるならば、禅坊主はどのように人のために計らってやるのであろうか。わしはちょっとお前たちにたずねてみよう、あの時もし皆が陳操であるなら、どんな語を下し、雪竇に「陳操は片目しかもっていない」と言われるのから逃れることができたであろうか。そこで、雪竇は一円相をひっくり返して頌に歌って言っている。

○踏翻＝足蹴にしてひっくり返すの意に解した。

【頌】

団団珠遶玉珊珊、〔三尺杖子攪黄河、須是碧眼胡僧始得。生鉄鋳就〕

馬載驢駞上鉄船。〔用許多作什麼。有什麼限。且与闍黎看〕

分付海山無事客、〔有人不要。若是無事客、也不消得。須是無事始得〕

釣鼇時下一圏攣。〔恁麼来、恁麼去。一時出不得。若是蝦蟆、堪作什麼。蝦蜆螺蚌、怎生奈何。須是釣鼇始得〕

雪竇復云、天下衲僧跳不出。〔兼身在内。一坑埋却。闍黎、還跳得出麼〕

丸い丸い真珠に取り巻かれて、玉はサラサラ。〔三尺の杖で黄河を掻き交ぜるのは、青い目の異人僧でなければだめだ。銑鉄で鋳上げてある〕

馬に載せロバに載せ鉄の船に積む。〔色々あってどうするのだ。何の限りがあるであろうか。ちょっとお前にくれてやろう〕
大世界の無為自然の者に与えて、〔要らぬ者もいる。もし、無為自然の者ならば必要がない。無為自然でなければならない〕
大亀を釣るときには鉤針にする。〔このように来て、このように去って行く。一気に出ることはできない。ガマならばどうできるであろうか。エビ・シジミ・ニナ・ドブガイではどうにもならない。大亀を釣るのでなければならない〕
雪竇がまた言っている、「世界中の禅坊主が跳び出せない」。〔同じ穴のむじなだ。一つ穴に埋めてしまおう。お前には跳び出せるかな〕

○団団珠遶玉珊珊＝「珠」は真珠。「珊珊」は玉の板が触れ合う音。この句は円相を歌う。
○三尺杖子攪黄河＝三尺の杖で黄河を掻き交ぜる。桁外れの力量を言う。『伝灯録』巻二三・徳山縁密章「僧問如何是透法身句。師曰、三尺杖子攪黄河」。
○須是碧眼胡僧始得＝この「碧眼胡僧」は達磨を指す。
○生鉄鋳就＝鉄で鋳造したように堅固。多くの場合は良い意味に用いる。第一九則本則評唱既出。
○馬載驢駝上鉄船＝珠玉を運ぶ様。「駞」は駄に通ず。物を背に載せる意。「鉄船」は絶対堅固な船。全く動かぬ本体。陳操に隙を見せぬ資福の退けぎわを指す。
○用許多作什麼＝宝石がたくさんあってどうするのだ。ただ一円相を用いるだけである事を言う。
○有什麼限、且与闍黎看＝「有什麼限」は宝石に限りがないこと。第二一則頌評唱参照。無限にあってどうしようもない。『不二鈔』によれば、福本は此の九字を「是他闍黎却有什麼限」に作る。
○分付海山無事客＝「分付」は与える、手渡す。第一四則頌著語既出。「海山」は、海上の理想の山。『会元』巻一四・芙容海階章「休言補陀巌上客、鶯声啼断海山雲」。『種電鈔』に「消息を絶する本分の玄境」と解する。「無事」は無為の世界に遊ぶこと。第九則本則評唱「無事禅」注参照。ただし、ここでは肯定的に用いられている。

○有人不要＝『種電鈔』によれば、圜悟自らを指す。わしはそんな珠玉などいらない。なお、『不二鈔』の底本は「不要」の二字を「不安」に作っている。

○釣鼇時下一圏攣＝「鼇」は海中の大亀。「圏攣」は諸説あるが、『禅語辞典』の「鉤針」という説に従った。

○一時出不得＝この一円相を一気に抜け出すことはできない。

○若是蝦蟆、堪作什麼＝跳びはねる蝦蟇を相手にしたならば、どういう手が打てる。

○兼身在内＝同じ穴のむじな。第一三則頌著語などにも見える。雪竇も円相の中にある。

〔評唱〕

団団珠遶玉珊珊、馬載驢駝上鉄船、雪竇当頭頌出、只頌箇円相。若会得去、如虎戴角相似。這箇些子、須是桶底脱、機関尽、得失是非、一時放却、更不要作道理会、也不得作玄妙会。畢竟作麼生会。這箇、須是馬載驢駝上鉄船、這裏看始得。

別処則不可分付、須是将去分付海山無事底客。你若肚裏有些子事、即承当不得。這裏須是有事無事、違情順境、若仏若祖、奈何他不得底人、方可承当。若有禅可参、有凡聖情量、決定承当他底不得。

承当得了、作麼生会他道、釣鼇時下一圏攣。釣鼇須是圏攣始得。所以風穴云、慣釣鯨鯢澄巨浸、却嗟蛙歩碾泥沙。又云、巨鼇莫載三山去、吾欲蓬萊頂上行。

雪竇復云、天下衲僧跳不出。若是巨鼇、終不作衲僧見解。若是衲僧、終不作巨鼇見解。

「丸い丸い真珠に取り巻かれて、玉はサラサラ。馬に載せロバに載せ鉄の船に積む」。雪竇はいきなり頌を歌い出したが、円相だけを頌に歌っている。もしわかれば、虎が角を戴くようなもの。このかんどころは、桶の底が抜けて、からくりのタネがわれ、得失も是非も皆捨て去らねばならず、道理による理解をしてもいけないし、玄妙として理解してもいけない。いったいどう理解するのであろう。これは「馬に載せロバに載せ鉄の船に積む」という、ここに見なければいけない。

他の所には与える訳にいかない。「大世界の無為自然の者に与える」ようにしなければいけない。お前がもし腹に少しでも何か有れば、受け止めることができない。ここでは有事であろうと無事であろうと、順境であろうと逆境であろうと、仏であろうが祖師であろうがどうにもできない者であって、始めて受け止められる。もし禅めかしたものがあったり、凡人や聖人の思慮分別を持っていると、決してそれを受け止めることができない。

受け止めることができたら、彼が「大亀を釣るときには鉤針にする」と言っているのをどう理解するのか。大亀を釣るには鉤針でなければならない。そこで、風穴《ふけつ》が言っている、「大鯨を釣り上げ大海を鎮めるのには慣れていても、蛙が泥の中をはいずり回るのには溜息をつく」。また、こうも言っている、「巨大海亀よ、三仙山を載せて行くな。私は蓬萊の山上に行きたいのだ」。

雪竇がまた言っている、「世界中の禅坊主が跳び出せない」。もし巨大海亀ならば、決して禅坊主の見方はしない。もし禅坊主ならば、決して巨大海亀の見方はしない。

○虎戴角＝羅山道閑の語。第五一則頌評唱にも見える。
○這箇些子＝このちょっとした勘どころ。
○違情順境＝「違情」は逆境の意に解した。
○風穴云、慣釣鯨鯢澄巨浸、却嗟蛙歩碾泥沙＝『伝灯録』巻一三・風穴章に見える風穴延沼の語。第三八則に本則として取り上げられている。詳しくは第三八則を参照。風穴は第一六則本則評唱既出。

○巨鼇莫載三山去、吾欲蓬萊頂上行＝李白の詩「懐仙歌」中の句。「三山」は、東海中に浮かぶ、神仙が住むと信じられた蓬萊・方丈・瀛州の三つの山。巨大な亀の背に載っていると信じられていた。
○若是巨鼇…＝巨鼇は巨鼇、衲僧は衲僧で、それぞれ自己の立場がある。

第三十四則　仰山《きょうざん》が山遊びを問う

【本則】

挙。仰山問僧、近離甚処。〔天下人一般。也要問過。因風吹火。不可不作常程〕

僧云、廬山。〔実頭人難得〕

山云、曾遊五老峰麼。〔因行不妨掉臂。何曾蹉過〕

僧云、不曾到。〔移一歩。面赤不如語直。也似忘前失後〕

山云、闍黎不曾遊山。〔太多事生。惜取眉毛好。這老漢著甚死急〕

雲門云、此語皆為慈悲之故、有落草之談。〔殺人刀、活人剣。両箇三箇。要知山上路、須是去来人〕

仰山《きょうざん》が僧に問うた、「どこから来た」。〔世の人と同じだ。問い詰めねばならぬ。風の勢いを借りて火を吹いている。ありきたりに考えるよりない〕

僧「廬山《ろざん》です」。〔真面目な人はなかなかいない〕

仰山「五老峰《ごろうほう》に行ったことがあるか」。〔なかなか大手を振って歩いている。擦れ違ったりしようか〕

僧「行ったことはありません」。〔一歩進んだ。顔を赤らめるより、正直に言え。また前も後ろも分からなくなってしまったようだ〕

仰山「お前さんは山遊びをしておらんな」。〔甚だおせっかいだ。眉毛を惜しみなさい。このおやじひどくむきになっ

ている〕

雲門《うんもん》「この言葉はみな慈悲の為に、程度を下げた話をしたのだ」。〔人を殺しも活かしもする剣だ。二三人いるぞ。山上の道を知りたいならば、通いなれた人に聞かねばならない〕

○この本則は、『雲門広録』巻中に見える。

○仰山＝仰山慧寂。八〇七－八八三。潙山霊祐の法嗣。第一八則本則評唱等に既出。

○問過＝たずねる。問い詰める。調べあげる。『伝灯録』巻八・古寺章「師云、浄地上不要点汚人家男女。丹霞云、幾不問過這老漢」。第四一則頌著語にも見える。

○因風吹火、不可不作常程＝「因風吹火」は風の勢いを借りて火をふく。労せずにできることを言う。『不二鈔』によれば、福本には「因風吹火」の四字及び「不作」の不の字がない。

○廬山＝江西省九江市の南にある景勝地。寺院も多く、又古来この山に隠棲した名士も多い。第一一則頌評唱既出。

○実頭＝実直、まじめ、律義。第四六則、第五一則それぞれの本則著語にも見える。

○曾遊五老峰麼＝「遊」字、下文評唱や筑摩『雪竇頌古』は「到」字に作る。五老峰は廬山を形成する山々の一つ。ここでは、単なる場所ではなく、本来の境地を含意しているが、僧はそれに気がつかない。

○因行不妨掉臂、何曾蹉過＝「因行掉臂」は歩くときはおのずと手を振る、自然の振るまい。「掉臂」だけで、辺り憚らずに行く、自由自在に動き回るの意がある。『不二鈔』によれば、福本には「因行不妨掉臂」の六字が無く、代わりに「蹉過」の下に「因風吹火」の四字がある。

○移一歩＝悟りに向って一歩進んだ。

○面赤不如語直＝赤面して嘘を言うよりも、本当の事を言ってしまう方がよい。顔を赤らめるよりも率直に言い切れ。

○太多事生＝「多事」は、余計な事に手を出す、おせっかいな。

○惜取眉毛＝余計な説法をするな。第三一則頌著語既出。又、第二七則垂示「不惜眉毛」注を参照。

○這老漢著甚死急＝「死急」はむきになる、ひどく焦る。第一五則本則評唱既出。「這老漢」は仰山を指す。

○雲門＝雲門文偃。八六四―九四九。雪峰義存の法嗣。第一則頌評唱既出。
○落草之談＝「落草」は落ちぶれること。レベルを下げて、わかりやすく説いた教示。
○両箇三箇＝第八則頌著語既出。ここでは、仰山・雲門・雪竇が皆落草の談をしていることを指す。
○要知山上路、須是去来人＝悟りへの道筋を知りたいならば、よくその消息に通じた人に問わねばならない。雲門こそがその人。

〔評唱〕
験人端的処、下口便知音。古人道、没量大人、向語脈裏転却。若是頂門具眼、挙著便知落処。看他一問一答、歴歴分明。

人のずばりのところを試そうとするには、口を開けば知己となる。古人が言っている、「すぐれた人物も言葉にっられてしまう」。頭のてっぺんに眼を備えていれば、取り上げたらすぐに勘どころが分かる。一問一答を見れば、歴然とはっきりしている。

○験人端的処、下口便知音＝雪竇とほぼ同時期(宋代)の禅僧、慧覚の語。第一〇則本則評唱既出。
○古人道、没量大人、向語脈裏転却＝『雲門広録』巻二・室中語要部「挙僧問玄沙、如何是学人自己。沙云、是你自己。師云、没量大人、被語脈裏転却」。第二九則本則著語「没量大人、語脈裏転却」注参照。
○頂門具眼＝智慧で一切を見抜く目。第三則頌評唱既出。
○挙著便知落処＝「挙著」は問題を提起する。第五則本則評唱既出。「落処」は帰着点、勘どころ。第一則本則評唱既出。ここに標出した表現も、既に第一〇則頌評唱に見えている。

雲門為什麼却道、此語皆為慈悲之故、有落草之談。古人到這裏、如明鏡当台、明珠在掌。胡来胡現、漢来漢現。一箇蠅子、也過他鑑不得。

且道、作麼生是慈悲之故、有落草之談。也不妨険峻。到這田地、也須是箇漢始可提掇。

□□□□、這僧親従廬山来。因什麼却道、闍黎不曾遊山。

潙山一日問仰山云、諸方若有僧来、汝将什麼験他。仰山云、某甲有験処。潙山云、子試挙看。仰云、某甲尋常見僧来、只挙払子、向伊道、諸方還有這箇麼。待伊有語、只向伊道、這箇即且置、那箇如何。潙山云、此是向上人牙爪。

豈不見馬祖問百丈、什麼処来。丈云、山下来。祖云、路上還逢著一人麼。丈云、不曾。祖云、為什麼不曾逢著。丈云、若逢著、即挙似和尚。祖云、那裏得這消息来。丈云、某甲罪過。祖云、却是老僧罪過。

仰山問僧、正相類此。当時待他道、曾到五老峰麼、這僧若是箇漢、但云禍事、却道不曾到。這僧既不作家、仰山何不拠令而行、免見後面許多葛藤、却云、闍黎不曾遊山。所以雲門道、此語皆為慈悲之故、有落草之談。若是出草之談、則不恁麼。

雲門はなぜ、「この言葉はみな慈悲の為に、程度を下げた話をしたのだ」と言ったのだろうか。古人はここでくもりの無い鏡が台にあるように、透き通った珠が手の上にあるように、胡人が来れば胡人が現れ、漢族が来れば漢族が現れる。一匹の蠅さえ映さずに終わることが無い。

さて、どのようなことが、慈悲の為に、程度を下げた話をするということなのだろう。やはりなかなかに聳え立っている。ここでは、ひとかどの男でなければ掌で受け支えることはできない。

この僧はみずから廬山から来た。何故、「お前さんは山遊びをしておらんな」と言ったのだろうか。

潙山《いさん》はある日仰山にたずねた、「方々からもし僧がやって来たら、お前はどうやって彼を試す」。仰山「私には試し方があります」。潙山「示してみろ」。仰山「私はいつも僧が来るのを見たら、払子《ほっす》を挙げて彼に言います、『世間にはやはりこれがあるか』。彼が何か言ったら、彼に、『これはさておき、あれはどうだ』とだけ言います」。潙山「これが至極の人の相手を捻り潰すはたらきなのだ」。

そら、馬祖《ばそ》が百丈《ひゃくじょう》に問うたであろう、「どこから来た」。百丈「山の下から来ました」。馬祖「道で誰かに逢ったか」。百丈「いいえ」。馬祖「何故逢わなかった」。百丈「もし逢ったならば、和尚に提起致します」。馬祖「どこからこの話はきたのじゃ」。百丈「私が悪うございました」。馬祖「いやわしが悪かった」。

仰山が僧にたずねたのはちょうどこれと同類である。この時、彼が「五老峰に行ったことがあるか」と言ったなら、この僧がちゃんとした者であれば、ただ「一大事だ」と言うだけであるのに、「行ったことはありません」と言った。この僧はやり手で無いのに、仰山はどうして決まりどおりにやって、その後の多くの言葉を出さずに済まさず、「お前さんは山遊びをしておらんな」と言ったのだろうか。そこで、雲門は「この言葉はみな慈悲の為に、程度を下げた話をしたのだ」と言ったのだ。もし、最高の境地で話をすれば、こうではない。

○明鏡当台、明珠在掌、胡来胡現、漢来漢現＝「明鏡当台」は、神秀、慧能の偈に基づく。第九則垂示既出。この表現自体も第二四則本則評唱に既に見えている。

○一箇蠅子、也過他鑑不得＝『種電鈔』の訓、「一箇の蠅子も也た他の鑑を過ぐること得ず」に従って解釈した。

○也須是箇漢始可提掇＝「箇漢」は箇人(第一一則本則評唱に見える)と同じ。一人前の男。「提掇」は、手で支える、提起する、握り持つ等の意がある。一説には、手の上に物を載せて重さを測る。

○□□□□…＝四字空格。一本に「雲門拈云」とするが、出典未詳。『種電鈔』は、「雲門拈云」の四字を、福本に従って削るとするが、『不二鈔』によれば福本にもあると言う。

○潙山一日問仰山云…＝『会元』巻九・仰山章「師因帰潙山省覲、潙問子既称善知識、争辨得諸方来者、知有不知有、有師承無師承、是義学是玄学。子試説看。師曰、慧寂有験処、但見僧来便竪起払子、問伊諸方還説這箇不説。又曰、這箇且置、諸方老宿意作麼生。潙嘆曰、此是住上宗門中牙爪」。
○諸方＝世間。第一則頌評唱などに既に見える。
○此是向上人牙爪＝『種電鈔』「向上人の来機を咬殺するの作略なり。仰山の禅元来此の如し。語に託して一著を示す」。
○馬祖問百丈…＝『百丈語録』に見える。馬祖は馬祖道一、第三則本則既出。百丈は百丈懐海。第二則頌評唱既出。
○罪過＝謝りの言葉。第三三則本則評唱既出。
○禍事＝一大事だ！　大変だ！　『臨済録』上堂「僧問、如何是剣刃上事。師云、禍事禍事」。
○出草之談＝「出草」は落草の反対で、低い次元・程度から抜け出す。

【頌】

出草入草、〔頭上漫漫、脚下漫漫。半開半合。他也恁麼、我也恁麼〕
誰解尋討。〔頂門具一隻眼。闍黎不解尋討〕
白雲重重、〔千重百匝。頭上安頭〕
紅日杲杲。〔破也。瞎。挙眼即錯〕
左顧無瑕、〔瞎漢。依前無事。你作許多伎倆、作什麼〕
右盼已老。〔一念万年。過〕
君不見寒山子、〔癩児牽伴〕
行太早、〔也不早〕
十年帰不得、〔即今在什麼処。灼然〕

忘却来時道。〔渠儂得自由。放過一著。便打。莫做這忘前失後好〕

叢《くさむら》を出たり入ったり、〔頭上にも果てしがなく、足下にも果てしがない。半ば開き、半ば閉じている。彼もこうだし、私もこうだ〕

誰もつきとめることができない。〔頭のてっぺんに一つ目がついている。お前さんにはつきとめることはできない〕

白い雲が折り重なるが、〔十重二十重だ。頭上に頭を重ねている〕

（そのうえには）太陽があかあかと照っている。〔破れたぞ。盲め。見上げれば、取りも直さず過ちだ〕

左を見れば傷はなく、〔盲め。やはり特別なことは何もないのだ。お前は色々技を繰り出してどうしようと言うのだ〕

右を見ればもう年老いている。〔一念が万年だ。過ぎ去った〕

そら、寒山子《かんざんし》は、〔癩病患者が仲間を引き連れて来た〕

早くに行き過ぎて、〔早くもない〕

十年帰るに帰れず、〔今はどこにいる。分かり切っている〕

来た時の道を忘れてしまった。〔彼は自由自在になっている。一手を緩めた。そこで打つ。このように前後も忘れてしまうなよ〕

○出草入草＝「入草」は、本則に出る「落草」に同じ。「出草」は、方便をやめて本来の境地を提示すること。ここでは、雲門が出草、仰山が入草であり、それを一句で言い切っている。

○他也恁麼、我也恁麼＝「他」は雪竇を指し、「我」は圜悟を指している。

○頂門具一隻眼＝一切を見抜く知恵の目をもっている。第三則頌評唱「頂門具眼」注を参照。

○闍黎不解尋討＝「闍黎」は雪竇を指す。

○白雲重重＝五老峰のありさまであると同時に、仰山・雲門の境地の高さを歌う。
○頭上安頭＝無用な重複をする。第二則頌評唱既出。『伝灯録』巻六・楽普章「今有一事問汝等、若道這箇是、即頭上安頭、若道這箇不是、即斬頭求活」。楽普は、楽普元安。八三四―八九八。
○左顧無瑕＝「瑕」字、一夜本「暇」に作る。筑摩『雪竇頌古』も「暇」で解釈している。しかし、『種電鈔』は、「到真箇太無心境界底人、左顧右眄共無心故、盡絶点瑕」と注を着けており、「瑕」で読んでいる。「已老」との対という点から考えれば、「無暇」の方がよいが、ここは底本通りに取っておく。著語の「依然無事」は「無瑕」に対して着けたものと見る方が解しやすい。
○右眄已老＝「老」とは平凡の域を遥かに超え出ている事を指す。
○一念万年＝三祖『信心銘』の語。
○寒山子、行太早、十年帰不得、忘却来時道＝この句は寒山の詩(評唱に引く)を踏まえる。
○癩児牽伴＝同類ゆえによく理解している。第一二則頌評唱既出。
○渠儂＝三人称の代名詞。第二六則頌著語既出。

〔評唱〕

出草入草、誰解尋討。雪竇却知他落処。到這裏、一手擡、一手搦。白雲重重、紅日杲杲。大似草茸茸、煙冪冪。到這裏、無一糸毫属凡、無一糸毫属聖。偏界不曾蔵、一一蓋覆不得。所謂無心境界。寒不聞寒、熱不聞熱。都盧是箇大解脱門、

「叢《くさむら》を出たり入ったり、誰もつきとめることができない」。雪竇はつぼを知っている。ここでは、一方で持ち上げ、一方で抑えている。

「白い雲が折り重なるが、(そのうえには)太陽があかあかと照っている」。「草はぼうぼう、霞はもやもや」とよく

似ている。ここでは、ほんの少しも凡にも属さないし、聖にも属さない。至るところ何も隠さず、何事も覆い隠せない。いわゆる無心の境界で、寒さも寒く感ぜず、暑さも暑く感じない。皆大いなる解脱の入り口である。

○一手擡、一手搦＝『会元』巻七・巌頭章「師曰、洞山老人不識好悪、錯下名言。我当時一手擡、一手搦」。第一六則垂示に既に見える。ここでは、雪竇が雲門を持ち上げ、仰山を抑えているように見えるが、実際にはどちらも同じということ。

○草茸茸煙冪冪＝第六則頌の句。

○徧界不曾蔵＝世界中あまねく、かって隠しだてしたことはない。常に堂々とあらわれ出ている。『伝灯録』巻一五・石霜章「師曰、我道徧界不曾蔵」。

○所謂無心境界＝「無心」は一切の意識作用を滅した状態。第三三則垂示既出。

○寒不聞寒、熱不聞熱＝この「聞」については待考。『不二鈔』によれば、福本・蜀本は「聞」を「同」に作る。ただし、第三五則本則評唱に「不聞熱」「不聞冷」という表現も見える。ここでは、そのまま「聞」で取り、仮に「感じる」と訳しておいた。あるいは、「聞」はそういう言葉を聞かないともとれる。

○都盧＝すべて。第一二則頌評唱既出。

左顧無暇、右盻已老。

懶瓚和尚、隠居衡山石室中。唐粛宗聞其名、遣使召之。使者至其室宣言、天子有詔、尊者当起謝恩。瓚方撥牛糞火、尋煨芋而食、寒涕垂頤、未嘗答。使者笑曰、且勧尊者拭涕。瓚曰、我豈有工夫為俗人拭涕耶。竟不起。使回奏。粛宗甚欽嘆之。

似這般清寥寥、白的的、不受人処分、直是把得定、如生鉄鋳就相似。

只如善道和尚、遭沙汰後、更不復作僧。人呼為石室行者。毎踏碓、忘移歩。僧問臨済、石室行者忘移歩、意旨如何。済云、没溺深坑。

法眼円成実性頌云、理極忘情謂、如何有喩斉。到頭霜夜月、任運落前渓。菓熟兼猿重、山長似路迷、挙頭残照在、元是住居西。


「左を見ても傷はなく、右を見ればもう年老いている」。

懶瓚《らんさん》和尚は、衡山《こうざん》の石室に隠れ住んでいた。唐の粛宗《しゆくそう》皇帝はその名声を聞き、使いを遣わし御召しになった。使者がその室に至り口上を述べた。「天子の詔です。尊者は起立して御恩に御礼しなさい」。懶瓚和尚は、ちょうど牛糞を燃やして、焼芋を探り出して食べていた。鼻水が顎まで流れたが答えなかった。使者は笑って、「まあ尊者、鼻水を拭きなさい」。懶瓚和尚「私にどうして俗人の為に鼻水を拭く暇があろうか」。ついに立ち上がらなかった。使者はかえって報告を申し上げた。粛宗はおおいにお誉めになられた。

このようにすっきりと人品澄明潔白ならば、人から指図を受けない。まさしくしっかりと把えていて、鉄で鋳造したもののようである。

例えば、善道《ぜんどう》和尚が朝廷の命令で還俗させられた後、再び僧となることはなかった。人々は石室行者《あんじや》と呼んだ。いつも碓を踏んでいて、足を動かすのを忘れてしまった。ある僧が臨済に問うた、「石室行者が足を動かしているのを忘れてしまった、そのこころは何ですか」。臨済「深い穴にすっぽり入り込んでいる」。

法眼《ほうげん》の「円成実性《えんじようじつしよう》の頌」にこう言っている、「真理の極みに思いも言葉も忘れてしまう。何も譬えたり比べたりするものはない。ついに凍てつく夜の月は、ただありありと前の谷川に光を落としている。木の実が熟して猿とともに重く、山は奥深く道に迷ったようだが、頭を挙げると夕映えが残り、なんと住まいの西だった」。

○懶瓚和尚、隠居衡山石室中…＝典拠待考。懶瓚和尚は明瓚和尚のこと。生卒年不詳。唐代の人。崇山普寂の法嗣。南岳に隠棲し、その脱俗怠惰のさまから懶瓚和尚（怠け者の瓚和尚）と呼ばれた。『宋高僧伝』巻一九、『伝灯録』巻三〇等に見える。
○衡山＝五岳の一つの南岳を言う。湖南省衡陽の近くにある。
○唐粛宗＝唐第七代皇帝。在位七五七―七六二。なお、玉峰刊本や『種電鈔』などでは「粛宗」を「徳宗」に作る。徳宗は第九代。在位七八〇―八〇五。
○清寥寥、白的的＝人品の澄明潔白のさま。
○生鉄鋳就＝堅固なさま。第一九則本則評唱、第三三則頌評唱既出。
○善道和尚、遭沙汰後、更不復作僧…＝『伝灯録』巻一四・石室善道章「師尋値沙汰、乃作行者、居于石室」。善道和尚は生卒年不詳。石頭希遷の弟子、潭州長髭曠の法嗣。長髭に受戒後、石頭に参じて大悟する。伝記は、他に『祖堂集』巻五、『会要』巻一九、『会元』巻五などに見える。
○沙汰＝官府で僧尼の善悪を吟味裁断して、悪い僧尼を還俗させることなどを言う。ここでは、会昌の廃仏（八四五）を指す。
○行者＝諸種の役僧の下で用務をするもの。中国では得度する前、有髪の者をいい、有髪はもとより妻帯する者もあった。
○僧問臨済…＝『臨済録』上堂「僧問、如何是剣刃上事。師云、禍事禍事。僧擬議、師便打。問、祇如石室行者踏碓、忘却移脚。向什麼処去。師云、没溺深泉」。
○法眼円成実性頌＝典拠未詳。第九〇則頌評唱にも見える。「法眼」は法眼文益。八八五―九五八。第七則本則既出。「円成実性」は唯識で説く三性の一。真理が完全に実現したあり方。

雪竇道、君不見寒山子、行太早、十年帰不得、忘却来時道。

寒山子詩云、欲得安身処、寒山可長保。微風吹幽松、近聴声愈好。下有班白人、喃喃読黄老。十年帰不得、忘却来時道。

永嘉又道、心是根、法是塵、両種猶如鏡上痕。痕垢尽時光始現、心法双忘、性即真。

到這裏、如痴似兀、方見此公案。若不到這田地、只在語言中走、有甚了日。

雪竇は言っている、「そら、寒山子は早くに行き過ぎて、十年帰るに帰れず、来た時の道を忘れてしまった」と。寒山子の詩に、「身を安んずる場所が欲しければ、ここ寒山はいつまでもこうしておくことができる。そよ風が奥深い松を吹き、そばで聴くとその音色は益々良い。下に白髪交じりの人が、ぶつぶつ黄老を読んでいる。十年帰るに帰れず、来た時の道を忘れてしまった」。

永嘉《ようか》も又言っている、「心は根付きの汚れ、対象は外からの汚れ、二つとも鏡の傷痕のようなもの。傷痕や汚れがなくなって、光は始めて現れる。心も対象もともに忘れてこそ、本性はまことなのだ」。

こうなると、愚か者のようであって始めてこの公案が分かる。もしこの境地に到達しなければ、ただ言葉の中を動き回るばかりで、いつまでたってもきりがない。

○寒山子詩云＝この詩は『寒山子詩集』に見える。
○嘮嘮＝騒がしい。ことばがくどくど途切れなく続く。『寒山子詩集』では「喃喃」に作る。
○黄老＝黄帝と老子。道教系の書物。
○永嘉又道＝永嘉『証道歌』の語。この引用の始めの三句は、第九則本則評唱既出。

第三十五則　文殊《もんじゅ》の前三三、後三三

垂示云、定竜蛇、分玉石、別緇素、決猶豫。若不是頂門上有眼、肘臂下有符、往往当頭蹉過。只如今見聞不昧、声色純真、且道、是皂是白、是曲是直。到這裏、作麼生辨。

竜と蛇、玉と石、黒布と白布、猶と豫を区別する。もし頭のてっぺんに眼があり、脇の下に御札をつけているのでなければ、いつも出合い頭に擦れちがってしまう。たとえば今はっきり見聞しており、音も形も交じり気なく本物ならば、さて、黒だろうか、白だろうか、曲がっているのだろうか、真っすぐなのだろうか。ここでどのように弁別するのか。

○猶豫＝ぐずぐずとためらうこと。一説に「猶」も「豫」も疑い深いけものの名という。ここも、竜蛇・玉石・緇素と並べてあるところから、猶と豫と解するのが適当。
○頂門上有眼＝知恵で一切を見抜く目をもつ。第三則頌評唱、第三三則本則著語「頂門具眼」注参照。
○肘臂下有符＝護身符を腋の下につける。第三則頌評唱「肘後有符」注参照。
○当頭蹉過＝『種電鈔』は「当面蹉過」で解釈している。その場合は、「面と向かいながら擦れ違ってしまう」の意。

【本則】

挙。文殊問無著、近離什麼処。〔不可不借問。也有這箇消息〕
無著云、南方。〔草窠裏出頭。何必搭向眉毛上。大方無外、為什麼却有南方〕
殊云、南方仏法、如何住持。〔若問別人則禍生。猶掛唇歯在〕
著云、末法比丘、少奉戒律。〔実頭人難得〕
殊云、多少衆。〔当時便与一喝。一摎摎倒了也〕
著云、或三百、或五百。〔尽是野狐精。果然漏逗〕
無著問文殊、此間如何住持。〔摎著、便回転鎗頭来也〕
殊云、凡聖同居、竜蛇混雑。〔敗欠不少。直得脚忙手乱〕
著云、多少衆。〔還我話頭来。也不得放過〕
殊云、前三三、後三三。〔顚言倒語。且道、是多少。千手大悲数不足〕

文殊《もんじゅ》が無著《むじゃく》に問うた、「どこから来た」。〔ちょっと問わねばならない。またこんな話だ〕
無著「南からです」。〔叢《くさむら》から頭を出した。いつも眉毛の上に担がなくともよい。宇宙は無限に広大だ。何故南があろうか〕
文殊「南では仏法をどのように行なっているのか」。〔もし他の人に問うたなら、災いが生じるだろう。まだペチャクチャするつもりだ〕
無著「末法の僧侶はほとんど戒律を守っておりません」。〔真面目な奴はめったにいない〕
文殊「どのくらいいる」。〔そこで一喝するんだ。一発くらわせば張り倒してしまえる〕
無著「三百人から五百人」。〔みんなエセ坊主だ。やはりボロが出た〕

無著が文殊に問うた、「ここではどのように行われていますか」。〔一発食らわしたら、矛先をかえて来た〕

文殊「凡人も聖人も一緒におり、竜も蛇もいっしょくたになっている」。〔随分としてやられた。ただあたふたするばかりだ〕

無著「どのくらいいますか」。〔話を出し直せ。緩めてはいけない〕

文殊「前三三、後三三」。〔言葉を逆さまにした。さてどれだけだ。千手観音でも数え切れない〕

○この本則は、断片が『祖堂集』巻一一・保福章や『伝灯録』に残るが、まとまった形で残るのは『雪竇頌古』が最古である。筑摩『雪竇頌古』は、恐らく『風穴録』によるであろうと推定している。なお、五台山に文殊菩薩がいるという信仰があり、唐代に盛んにここに巡礼して文殊の化身を拝もうという風習があった。

○無著＝牛頭宗六祖慧忠の法嗣。大暦二年(七六七)に五台山で文殊に会ったという(『宋高僧伝』巻二〇)。一説に、杭州竜泉院文喜。八二一—九〇〇。仰山慧寂の法嗣、呉越王の乞いにより杭州竜泉院に住し、乾寧四年(八九七)無著の号を賜う。伝記は『宋高僧伝』巻一二、『伝灯録』巻一二、『会元』巻九等に見える。評唱はこの説による。

○草窠裏出頭＝本分事をストレートに出さず、第二義的な立場から提起した。

○何必搭向眉毛上＝「搭」字、『種電鈔』は「担」に作る。「担向眉毛上」は、「眉毛を惜しむ」とほぼ同じ。第二義におりたつのもよいではないか。

○大方無外＝『老子』に基づく。第二三則垂示既出。

○住持＝仏法を保持し実践する。

○猶掛唇歯在＝まだペチャクチャやるつもりでいる。「在」は強調の助辞。

○実頭人難得＝「実頭」はまじめ、実直。第三四則本則著語既出。

○此間＝この場所、この所。

○還我語頭来＝話の原点に戻って出直せ。「還我」は私に対して提示せよ。

○前三三後三三＝元来は建物がびっしり建ち並ぶさまを言うか。『玄沙広録』巻中「前六後六」（前に六棟、後ろに六棟）と同じであろう。そこに修行僧が満ち溢れ、盛大な賑わいぶりであるが、内実は別である。なお、早くから「前三三後三三」の意味がわからなくなっていたことは、評唱に引く話で、無著が均提童子にその意味を問うていることからも知られる。
○顚言倒語＝話の筋道が通ずる訳がない。
○千手大悲数不足＝「千手大悲」は千手観音のこと。第三一則頌著語既出。千手観音でも数え切れないというのは、単に数が多いというだけでなく、数の観念を超出しているということ。

〔評唱〕

無著遊五台。至中路荒僻処、文殊化一寺、接他宿。遂問、近離甚処。著云、南方。殊云、南方仏法、如何住持。著云、末法比丘、少奉戒律。殊云、多少衆。著云、或三百、或五百。無著却問文殊、此間如何住持。殊云、凡聖同居、竜蛇混雑。著云、多少衆。殊云、前三三、後三三。却喫茶。文殊挙起玻璃盞子云、南方還有這箇麼。著云、無。殊云、尋常将什麼喫茶。著無語、遂辞去。文殊令均提童子送出門首。無著問童子云、適来道、前三三、後三三、是多少。童子云、大徳。著応喏。童子云、是多少。又問、此是何寺。童子指金剛後面。著回首、化寺童子悉隠不見、只是空谷。彼処後来謂之金剛窟。
後有僧問風穴、如何是清涼山中主。穴云、一句不違無著問、迄今猶作野盤僧。

無著が五台山に出掛けた。途中の荒れ果てた所へ来た時、文殊は一寺を幻出し、彼を迎え入れて泊めた。そして、問うた、「どこから来た」。無著「南からです」。文殊「南では仏法をどのように行っているのか」。無著「末法の僧侶はほとんど戒律を守っておりません」。文殊「どのくらいいる」。無著「三百人から五百人」。無著が文殊に問うた、「ここではどのように行われていますか」。文殊「凡人も聖人も一緒におり、竜も蛇もいっしょくたになっている」。

無著「どのくらいいますか」。文殊「前三三、後三三」。そして、茶を飲んだ。文殊はガラスの茶碗を持ち挙げて、「南にもこれがあるか」。無著「ありません」。文殊「普段何で茶を飲んでいる」。無著は何も言えず、そこで辞去した。文殊は均提《きんてい》童子に門まで送らせた。無著は童子に問うた、「たったいま、前三三後三三と申されましたが、どれだけなのですか」。童子「お坊さま」。無著は「はい」と答えた。童子「どれだけですか」。又問うた、「ここは何という寺ですか」。童子は金剛力士の後ろを指さした。無著が振り返ると、幻出した寺も童子も皆見えなくなり、空っぽの谷だけだった。ここを後に金剛窟と言った。

後にある僧が風穴《ふけつ》に問うた、「清涼山《しょうりょうざん》の主とはどのようでしょうか」。風穴「窮極の一句を答えるのに、(文殊は)無著の問いに対応しきれていない。今もまだ放浪僧のままだ」。

○無著遊五台…＝本則の典拠に関する注を参照。圜悟が引く話と似た形は、延一『広清涼伝』巻中、『会元』巻九・無著章などに見えるが、文言は少し異なる。前者は慧忠の法嗣の無著、後者は無著文喜の話とする。

○均提童子＝文殊の従者か。待考。

○適来＝ちょうど。「方纔」にほぼ同じ。

○後有僧問風穴…＝この問答は『伝灯録』巻一三・風穴章に見える。風穴は風穴延沼。第一六則本則評唱既出。

○清涼山中主＝「清涼山」は江西省の五台山の異称。「清涼山主」は文殊のこと。

○一句不遑無著問＝この箇所難解。「遑」には、「急」の意と、「暇」の意とがある。ここは、前者の意に取った。しかし、『種電鈔』は、後者の意に取っている。後者に従えば、「この言葉は無著の問いに汲々としている」となる。

○野盤僧＝「野盤」は野宿するという意味の俗語。『祖庭事苑』巻六に「野盤」とは「草宿」とある。住すべき寺がなく、放浪している僧。

若要参透、平平実実、脚踏実地、向無著言下薦得。自然居鑊湯炉炭中、亦不聞熱、居寒氷上、亦不聞冷。若要参透、使孤危峭峻、如金剛王宝剣、向文殊言下薦取。自然水灑不著、風吹不入。

不見漳州地蔵問僧、近離甚処。僧云、南方。蔵云、彼中仏法如何。僧云、商量浩浩地。蔵云、争似我這裏種田博飯喫。

且道、与文殊答処、是同是別。有底道、無著答処不是。文殊答処、也有竜有蛇、有凡有聖。有什麼交渉。還辨明得前三三後三三麼。前箭猶軽後箭深。

且道、是多少。若向這裏透得、千句万句、只是一句。若向此一句下截得断、把得住、相次間到這境界。

もし悟って平穏無事で、大地を踏みしめたいならば、無著の言葉をものにしろ。おのずと(地獄の)煮え湯や熱火の中でも熱く感ぜず、冷たい氷の上でも冷たく感じない。もし悟って一人飛び抜けて、金剛の宝剣のようでありたいならば、文殊の言葉をものにしろ。おのずと水も流れ込まなければ、風も吹き込まない。

そら、漳州地蔵《しょうしゅうじぞう》が僧に問うた、「どこから来た」。僧「南からです」。地蔵「南では仏法をどのように行っていますか」。僧「はてしもなく禅問答しております」。地蔵「わしがここで田を耕し飯の種にしているのには及ばないな」。

さて、文殊の答えと同じだろうか違っているだろうか。あるものは、「無著の答えはよろしくない。文殊の答えは、竜もいれば蛇もいる、凡人もいれば聖人もいる」と言うが、何も関係ない。前三三後三三をはっきり見て取ったか。前の矢はまだ浅いが、後の矢は深いぞ。

さて、どれだけだ。もしここを悟れば、千や万の言葉もただ一つの言葉だ。もしこの言葉について、断ち切り、しっかと把《つか》む事ができれば、間もなくこの境界に行き着く。

○平平実実＝あたりまえであること。第六則頌著語「平実処」注参照。
○鑊湯炉炭＝地獄の責め道具の一つ。第六則頌評唱既出。
○漳州地蔵問僧…＝『会元』巻八・羅漢桂琛章「見僧乃問、従甚処来。曰、南州。師曰、彼中仏法如何。曰、商量浩浩地。師曰、争如我這裏、裁田博飯喫」。「地蔵」は地蔵桂琛。八六七―九二八。雪峰義存の法嗣。玄沙師備にも参じその法も嗣ぐ。漳州（福建省）の地蔵院、後同じ漳州の羅漢院に住す。伝記は『宋高宋伝』巻一三、『伝灯録』巻二一、『会要』巻二六、『会元』巻八等。
○商量浩浩地＝「商量」は問答すること、「浩浩地」は広大で果てしないこと。
○争似＝直前に述べたことをうけて、それよりも…するに越した事はない、…には及ばない。
○種田博飯＝「博」は手に入れるの意。
○前箭猶軽後箭深＝前の言葉より、後の言葉の方がより深刻だ。「凡聖同居、竜蛇混雑」よりも、「前三三、後三三」の方が厳しい。第二九則本則著語既出。
○相次間＝間もなく、すぐに。

【頌】
千峰盤屈色如藍、〔還見文殊麼。〕
誰謂文殊是対談。〔設使普賢、也不顧。蹉過了也。〕
堪笑清涼多少衆、〔且道、笑什麼。已在言前。〕
前三三与後三三。〔試請脚下辨看。爛泥裏有刺。碗子落地、楪子成七片。〕

多くの峰々がうねり濃い青色、〔文殊が見えるか〕

誰が文殊が対談しているのだと言ったのだ。〔たとえ普賢でも相手にしない。すれ違ったぞ〕
清涼山にどれだけいるとはお笑い草だ、〔さて、何を笑った。言わずと知れたこと〕
前三三と後三三だ。〔試しに足元を明らかにしてみなさい。泥の中に刺がある。お椀が地に落ち、皿も粉々に砕け散った〕

○千峰盤屈色如藍＝五台山のたたずまいを歌う。「盤屈」は、うねりくねるさま。
○已在言前＝言うまでもなく知れたこと。第二六則頌著語既出。
○碗子落地、楪子成七片＝碗を落としたら、碗を載せる皿まで壊れた。第二八則頌著語既出。

〔評唱〕

千峰盤屈色如藍、誰謂文殊是対談。有者道、雪竇只是重拈一偏、不曾頌著。

只如僧問法眼、如何是曹源一滴水。眼云、是曹源一滴水。

又僧問瑯琊覚和尚、清浄本然、云何忽生山河大地。覚云、清浄本然、云何忽生山河大地。

不可也喚作重拈一偏。


「多くの峰々がうねり濃い青色、誰が文殊が対談しているのだと言ったのだ」。ある人は言う、「雪竇はもう一遍重ねて提起しているだけで、頌に歌ってはいないのだ」。

たとえば、ある僧が法眼《ほうげん》に問うた、「どんなものが曹渓《そうけい》の源泉の一滴ですか」。法眼「曹渓の源泉の一滴だ」。

また、ある僧が瑯琊《ろうや》山《さん》慧《え》覚《かく》和尚に問うた、「本性は清浄なのに、どうして山河大地を生み出すのですか」。慧覚「本性は清浄なのに、どうしてふっと山河大地を生み出すのだ」。

もう一遍重ねて提起していると言うことはできない。

○有者道…＝雪竇の頌が「前三三(与)後三三」と、文殊の言を繰り返しているところから、このような説が出てくるが、たとえ同じ言葉の繰り返しに見えても、実はそうでないことを、法眼や瑯琊の問答を引いて言う。
○僧問法眼、如何是曹源一滴水、…＝この公案は第七則本則評唱既出。「曹源」は、六祖慧能のいた曹渓の川の源泉。そこから、禅の根源をいう。
○僧問瑯琊覚和尚…＝この公案は『普灯録』巻三・長水子璿章や『従容録』第一〇〇則に見える。この問答は、『首楞厳経』「清浄本然なるに如何ぞ忽ち山河大地の有為の相を生ずる」の経文の意を問うたものである。瑯琊覚は、瑯琊慧覚。生卒年不詳。宋代の人。汾陽善昭の法を嗣ぎ、滁州(安徽省)琅琊山に住し、臨済の宗風を挙揚した。雪竇とほぼ同時期に禅道を鼓吹し、時人は二甘露門と称した。伝記は『広灯録』巻八、『続灯録』巻四、『会要』巻一二、『会元』巻一二等に見える。

明招独眼竜亦頌其意、有蓋天蓋地之機。道、廓周沙界勝伽藍、満目文殊是対談。言下不知開仏眼、回頭只見翠山巌。

廓周沙界勝伽藍、此指草窟化寺。所謂有権実双行之機。

満目文殊是対談、言下不知開仏眼、回頭只見翠山巌、正当恁麼時、喚作文殊・普賢・観音境界得麼。要且不是這箇道理。


明招独眼竜《めいしょうどくがんりゅう》もそのこころを頌に歌って、天地を覆うはたらきがある。「無数にある世界に満ち満ちているすばらしい伽藍《がらん》で、見渡す限り文殊が対談しているのだ。(文殊の)言葉に仏の眼を開くことに気付かず、振り返ればただ緑の山を見るばかり」。

「無数にある世界に満ち満ちているすばらしい伽藍で」、これは草深い岩屋に幻出された寺を指し、いわゆる方便と真実を二つながら行うはたらきがあるということである。

「見渡す限り文殊が対談しているのだ。（文殊の）言葉に仏の眼を開くことに気付かず、振り返ればただ緑の山を見るばかり」。まさしくこのような時、文殊や普賢や観音の境界と呼んでよいであろうか。つまるところこの道理ではないのだ。

○明招独眼竜亦頌其意…＝この偈は『仏眼禅師語録』（『古尊宿語録』巻二七）などに見える。明招独眼竜は、明招徳謙。生卒年不詳。唐末の人。青原下、羅山道閑の印記を受ける。明招山に住す。伝記は『伝灯録』巻二三、『会要』巻二五、『会元』巻五などに見える。
○沙界＝恒沙界、又は恒河沙界の略。恒河にある沙のように無量無数の多くの世界。
○勝伽藍＝すばらしい伽藍。『仏眼禅師語録』は、「勝」を「聖」に作る。
○仏眼＝諸法実相を見抜く仏の真実の眼。
○権実双行之機＝「化寺」は権（方便）、「廓周沙界」は実（真実）。

雪竇只改明招底用、却有針線。千峰盤屈色如藍、更不傷鋒犯手、句中有権有実、有理有事。誰謂文殊是対談、一夜対談、不知是文殊。後来、無著在五台山作典座。文殊毎於粥鍋上現、被無著拈攪粥篦便打。雖然如是、也是賊過後張弓。当時等他道、南方仏法如何住持、劈脊便棒、猶較些子。

堪笑清涼多少衆、雪竇笑中有刀。若会得這笑処、便見他道、前三三与後三三。

雪竇は明招のものを手を加えて使っているが、問題への糸口がある。「多くの峰々がうねり濃い青色」は、刃先に触れても手を傷付けない。言葉の中に方便も真実も条理も現象もある。「誰が文殊が対談しているのだと言ったのだ」。一晩対談して、文殊と気づかなかった。後に無著は、五台山で食事係となったが、文殊はいつも粥の鍋に現れて、無著に粥を掻き交ぜる篦《へら》で打たれた。こうではあるけれども、やはり泥棒を見て縄をなっているのである。あのとき、文殊が「南では仏法をどのように行なっているのか」と言ったら、背中めがけて棒で打てば、少しはましであったのに。

「清涼山にどれだけいるとはお笑い草だ」。雪竇は顔は笑っているが、心は物騒だ。もしこの笑いが会得できれば、「前三三と後三三だ」と言ったのも分かる。

○針線＝事物の糸口となる筋道。問題のありかに通じる筋道。
○後来無著在五台山作典座…＝『会元』巻九・無著章には、仰山の下、洪州観音院で典座を勤めたときの話として出ている。「典座」は食事係。
○劈脊＝背中めがけて。
○笑中有刀＝顔は笑っていても内心は物騒。

第三十六則　長沙《ちょうさ》の山遊び

【本則】

挙。長沙一日遊山、帰至門首。〔今日一日、只管落草。前頭也是落草、後頭也是落草〕

首座問、和尚什麼処去来。〔也要勘過這老漢、箭過新羅〕

沙云、遊山来。〔不可落草。敗欠不少。草裏漢〕

首座云、到什麼処来。〔拶。若有所至、未免落草。相牽入火坑〕

沙云、始随芳草去、又逐落花回。〔漏逗不少。元来只在荆棘林裏坐〕

座云、大似春意。〔相随来也。将錯就錯。一手擡、一手搦〕

沙云、也勝秋露滴芙蕖。〔土上加泥。前箭猶軽後箭深。有什麼了期〕

雪竇著語云、謝答話。〔一火弄泥団漢。三箇一状領過〕

長沙《ちょうさ》はある日、山遊びをして、門前まで帰ってきた。〔今日一日もっぱら草の中。前も草の中、後も草の中〕

首座《しゅそ》が問うた、「和尚はどこへ行ってきたのですか」。〔やはりこのおやじを調べあげなければならない。矢が新羅へ飛び去った〕

長沙「山遊びをしてきた」。〔草の中に落ち込んではいかん。ひどく打ち負かされた。落ちこぼれめ〕

首座「どこまで行ってきたのですか」。〔グサリ。もし行ったところがあるなら、やはりまだ草の中だ。一緒に火の燃

えさかる穴に入った〕
長沙「始めはかぐわしい草に誘われて行き、さらに散る花のあとについて帰った」。〔随分とボロをだした。いばらの林の中に坐っていただけではないか〕
首座「まるで春の気分ですね」。〔調子を合わせおった。自分の間違いを逆手に利用した。一方で持ち上げ、一方で抑えている〕
長沙「やはり秋の露が蓮の花に滴るのよりもよいぞ」。〔泥の上塗りだ。前の矢はまだよかったが、後の矢は深く刺さった。果てがない〕
雪竇は著語して言った、「お答えいただきありがとう」。〔泥団子をいじくる一塊の仲間だ。三人を同罪でしょっ引け〕

○この本則の出典未詳。
○長沙＝長沙景岑。生没年不詳。南泉普願の法嗣。初め長沙の鹿苑寺に住したが、その後は諸方を遊歴する。招賢大師と諡される。伝は『祖堂集』巻一七、『伝灯録』巻一〇、『宗門統要集』巻四、『会要』巻六、『会元』巻四など。
○門首＝門前、門先。第四則本則に既出。
○落草＝草むらの中に落ちることから、落ちぶれて乞食になったり山賊に身を落とすこと、転じて低い次元に転落することを言う。また敢えてそこへ降り立つ意にも用いる。また、第三四則本則に「遊山」「落草」がセットで出てくるのを参照。
○前頭・後頭＝「頭」は名詞や副詞につく接尾語。
○首座＝禅寺で衆僧の中で首位にある者。
○去来＝「来」は動作の現在完了を示す。「去来」で「行ってきた」。『詩詞曲語辞集釈』「来」に詳しい議論がある。
○草裏漢＝草の中でまごまごしている奴、山賊に身を落として山野に暮らす奴、落ちこぼれ野郎、いなかもの。第一六則本則などに既出。
○相牽入火坑＝『伝灯録』巻一四・丹霞天然章に「一盲引衆盲、相引入火坑」とみえる。

○漏逗＝破綻を露わす。第一則本則評唱等に既出。
○春意＝春ののどかさ、あるいは春の気配。
○相随来也＝お調子を合わせた。
○将錯就錯＝自分の過ちを強引に自己主張に転化する。第八則本則著語等に既出。前の二つの問は長沙にしてやられたが、まだ強引に食らいつく。
○一手擡、一手搦＝一方ではもちあげ、一方では抑える。第一六則垂示既出。長沙の境地をほめているように見えながら、所詮「春意」という枠内のものとおとしめている。
○也勝秋露滴芙蕖＝『伝灯録』巻二〇・杭州仏日章では「師曰、久居巌谷、不掛松蘿。夾山曰、此猶春意、秋意如何。師良久」と、春意より秋意を上とする。ここでは、今の遊山の自由な境地は、春意・秋意というようなパターン化を超えているということ。
○土上加泥＝無駄なことをする。第五則本則評唱等に既出。
○謝答話＝「也勝秋露滴芙蕖」という長沙の答を老婆心切の言い過ぎとして抑下する。「答話」は問いに答えること。第二則本則評唱等に既出。
○一火＝一伙に同じ。ひとかたまりの集団。長沙・首座・雪竇。

〔評唱〕

長沙鹿苑招賢大師、法嗣南泉、与趙州・紫胡輩同時。機鋒敏捷、有人問教、便与説教、要頌、便与頌。你若要作家相見、便与你作家相見。

仰山尋常機鋒、最為第一。一日同長沙翫月次、仰山指月云、人人尽有這箇、只是用不得。沙云、恰是、便倩你用那。仰山云、你試用看。沙一踏踏倒。仰山起云、師叔一似箇大虫。後来人号為岑大虫。

長沙鹿苑招賢大師《ろくおんしょうけん》は、南泉《なんせん》の法を嗣ぎ、趙州《じょうしゅう》・紫胡《しこ》と同時代の人である。機鋒は俊敏であり、ある人が教学について問えば教学を説いてやり、頌を求めれば頌を作ってやる。おまえがもしやり手とのお目見えを望むなら、やり手とお目見えさせてやる。

仰山《きょうざん》は日頃機鋒では第一であった。ある日長沙と月見をしていた時、仰山は月を指して言った、「人々には皆これがあるのに、ただはたらかせることができないだけなのです」。長沙「いかにも。ではお前さんがやってみてくれ」。仰山「あなたがやってみてください」。長沙は一蹴りで蹴倒した。仰山は起きあがって言った、「先生はまったく虎(大虫)のようです」。後に人々は(長沙を)岑《しん》大虫と呼んだ。

○南泉＝南泉普願。七四八―八三四。
○趙州＝趙州従諗。七七八―八九四。
○紫胡＝紫胡利蹤。八〇〇―八八〇。
○敏捷＝敏捷である、すばしこい。一夜本は「敏峻」に作る。
○仰山＝仰山慧寂。八〇七―八八三。
○一日同長沙…＝同様の話は『伝灯録』巻一〇・長沙章などに見える。但し「月」を「日」とする。
○這箇＝月のように円満究極の境地。
○恰是＝ふむ、なるほど、いかにも。軽いうなずきから強い肯定、同感までを意味する。
○倩你用那＝「倩」は、人に頼む、依頼する、代行してもらう。「那」は軽くなじるような語気。
○師叔＝法系上の叔父。
○一似＝…のようだ。「好象」に同じ。

因一日遊山帰、首座亦是他会下人、便問、和尚什麼処去来。沙云、遊山来。座云、到什麼処去来。沙云、始随芳草去、又逐落花回。須是坐断十方底人始得。古人出入、未嘗不以此事為念。看他賓主互換、当機直截、各不相饒。

既是遊山、為什麼却問道、到什麼処去来。若是如今禅和子便道、到夾山亭来。看他古人無糸毫道理計較、亦無住著処。所以道、始随芳草去、又逐落花回。首座便随他意向他道、大似春意。沙云、也勝秋露滴芙蕖。雪竇云、謝答話、代末後語也。也落両辺、畢竟不在這両辺。

ある日山遊びから帰ってきたが、首座もまた彼の門下だったので尋ねた、「和尚はどこへ行ってきたのですか」。長沙「山遊びをしてきた」。首座「どこまで行ってきたのですか」。長沙「始めはかぐわしい草に誘われて行き、さらに散る花のあとについて帰った」。天下を抑え込んだ人でなければこうはいかない。古人は日常の所作をするにも、『この事』を念頭に置かないことはなかった。主人と客人が互いに入れ替わり、核心をずばりと突き、各々容赦はしないのを見よ。

山遊びをした、というのに、どうして「どこまで行ってきたのですか」と問うたのか。今の禅坊主ならば、「夾山《かっさん》亭まで行ってきた」などと言うところだ。古人にはこねくりまわす理屈などすじほどもなく、またとらわれるものもない。だから、「始めはかぐわしい草に誘われて行き、さらに散る花のあとについて帰った」と言ったのだ。首座は彼の意に沿って言った、「まるで春の気分ですね」。長沙、「やはり秋の露が蓮の花に滴るのよりもよいぞ」。雪竇は、「お答えいただきありがとう」と言ったが、最後の言葉を代わりに述べたのである。やはり(主人と客人の)二元対立に陥っているが、畢竟この二つのところには(求めるものは)ないのだ。

○因一日遊山帰＝一夜本は「因遊山帰」に作る。

○出入＝出たり入ったりなどのごく日常的な行為。
○夾山亭＝未詳。圜悟が夾山住持の当時あった建物か。
○計較＝詮議だてする、あれこれひねくりまわす、画策する。

昔有張拙秀才、看千仏名経、乃問、百千諸仏、但聞其名。未審居何国土。還化物也無。沙云、黄鶴楼崔顥題詩後、秀才曾題也未。拙云、未曾題。沙云、得閑題取一篇也好。岑大虫平生為人、直得珠回玉転、要人当面便会。頌云、

その昔張拙《ちょうせつ》秀才がおり、『千仏名経』を読んで問うた、「百千の諸仏もただその名を聞くだけで、どこの世界にいるのかわかりません。いったい衆生を教化するのでしょうか」。長沙「黄鶴楼《こうかくろう》で崔顥《さいこう》が詩を書いてから、あなたは書きましたか」。張拙「書いていません」。長沙「暇をみて一篇書かれるのがよいでしょう」。岑大虫の日頃の接化は、もっぱら玉が転がるように自由円滑であり、人にまのあたりにわからせようとした。頌にこう言う。

○張拙秀才＝五代の居士。第三一則本則評唱に既出。以下の話は、『五灯会元』巻四・長沙景岑章に見えるが、張拙の名はなく、ただ「有秀才」となっている。
○千仏名経＝あるいは『仏名経』とも言う。第三則本則注参照。
○黄鶴楼…＝黄鶴楼は湖北省武漢市(武昌)にある楼閣。崔顥は、『旧唐書』巻一五、『新唐書』巻一八に伝あり。李白は黄鶴楼に来て詩を詠もうとしたが、すでにあった崔顥の詩に感嘆して作らずに去ったと伝えられる。また、『唐詩紀事』巻二一の崔顥章に、黄鶴楼の詩について、「世伝太白云、眼前有景道不得、崔顥題詩在上頭。遂作鳳凰台詩、以較勝負。恐不然」とある。千仏とて外にいるのではない。崔顥も張拙もみな千仏の一。長沙はそのことを張拙に気付かせようとする。

○珠回玉転＝真珠や玉がころころ転がるように円滑なこと。

【頌】

大地絶繊埃、〔豁開戸牖、当軒者誰。尽少這箇不得。天下太平〕

何人眼不開。〔頂門上放大光明始得。撒土撒沙作什麼〕

始随芳草去、〔漏逗不少。不是一回落草、頼値前頭已道了〕

又逐落花回。〔処処全真。且喜帰来。脚下泥深三尺〕

羸鶴翹寒木、〔左之右之添一句、更有許多閑事在〕

狂猿嘯古台。〔却因親著力。添一句也不得、減一句也不得〕

長沙無限意。〔便打。末後一句、道什麼。一坑埋却。堕在鬼窟裏〕

咄。〔草裏漢。賊過後張弓。更不可放過〕

大地には塵一つない、〔窓と戸は開けひろげてある。軒にいるのは誰だ。『これ』をまったくなくしてしまうことはできない。天下は太平だ〕

誰が眼を開かないだろうか。〔頭頂から大光明を放ってこそよい。土砂をまき散らしてどうするのだ〕

始めはかぐわしい草に誘われて行き、〔えらくボロをだした。一度草の中に落ち込んだだけではなく、幸い前にもう（長沙が）言ったことだ〕

さらに散る花のあとについて帰った。〔どこもかしこもまるごと真理だ。めでたくも帰ってきた。足もとの泥は三尺もの深さだ〕

瘦せ細った鶴が冬枯れの木につまだち、〔まわりをうろうろして一句をつけた。まだごたごたくだらぬことがあるのか〕

狂った猿が廃墟の丘に鳴く。〔今度は自ら全力を挙げて詠んだ。(もう)一句を加えてもいかん、一句を減らしてもいかんぞ〕

長沙の無限の意。〔(圜悟が)ビシッと打った。最後の一句は何を言ってるのか。一つ穴に埋めてしまえ。幽鬼の洞窟に落ちた〕

こらっ。〔落ちこぼれめ。賊が去ってから弓を張っている。決して見逃がすわけにはゆかぬ〕

○纖埃＝細かいちり。第五則頌「曹渓鏡裏絶塵埃」を参照。
○豁開戸牖＝あけすけ、まるみえ。第五則頌評唱既出。
○当軒者誰＝すべて開放された自由の境地に遊ぶ者は誰か。
○撒土撒沙＝雪竇の頌が本則を汚しているとの非難。「撒沙撒土」で第九則頌著語既出。
○処処全真＝どこでも真実まるごとの顕現。
○脚下泥深三尺＝足もとは泥まみれではたらきが滞っている。過度の為人を揶揄する語としても使う。
○羸鶴翹寒木＝「寒木」は葉が落ちてしまい、見るからにさむざむとした木のえだ、冬枯れの林という感じ。前の二句が本則を受けて春のうららかな情景であるのに対し、以下の二句は厳しい冬の情景。春景が処処全真の展開とすれば、冬の情景は虚飾をすべて剝ぎ取った孤絶の世界。
○左之右之＝周辺をうろつくばかり。
○閑事＝どうでもよいつまらぬ事。第二七則本則評唱既出。
○古台＝土台だけ残った廃墟。
○著力＝全力を尽くす、力をいれる、しっかりやる。

○長沙無限意＝長沙の春意は裏に冬の厳しさをも秘めている。
○末後一句＝いちばん最後の句であると同時に、ぎりぎりの究極の一句。

古人謂之猶在勝妙境界。

〔評唱〕

且道、這公案、与仰山問僧、近離甚処。僧云、廬山。仰云、曾到五老峰麼。僧云、不曾到。仰云、闍黎不曾遊山。辨緇素看。是同是別。到這裏、須是機関尽、意識忘、山河大地、草芥人畜、無些子滲漏。若不如此、古人謂之猶在勝妙境界。

さて、この公案と(前出の)「仰山《きょうざん》が僧に問うた、『どこから来た』。僧、『廬山です』。仰山『五老峰に行ったことがあるか』。僧『行ったことはありません』。仰山『お前さんは山遊びをしておらんな』」と白黒を見分けてみよ。同じか、違うか。こうなると、手だては尽き、心のはたらきは忘れさり、山河大地から草や芥、人畜に到るまで、わずかの煩悩のにじみもない。もしこうでないならば、それを古人は、「まだ非常に優れた境界にいる」と言ったのだ。

○仰山問僧……＝第三四則本則。
○機関＝からくり、計略、策略。修行者を導くのに示唆や指示を与えたりしてめぐらしてやる手だて。
○草芥＝草や芥。価値のないもの、卑しいもののたとえ。
○滲漏＝滲み漏る。にじみもれる煩悩のこと。
○古人謂之猶在勝妙境界＝「勝妙境界」は『大乗起信論』に見える語。ここでは、それをまだ至らぬものとする。

不見雲門道、直得山河大地無繊毫過患、猶為転句。不見一色、始是半提。更須知有全提時節、向上一竅、始解穏坐。若透得、依旧山是山、水是水。各住自位、各当本体、如大拍盲人相似。

ごらん、雲門は言った、「たとえ山河大地全てになんら問題がなくても、まだ真理から一転した言葉である。一切の対象物が見えなくなって、やっと半分を現わす。全部が現れる時もう一つ上の竅《あな》があることがわかって、はじめてくつろいで坐ることができるのだ」。もし突き抜けられれば、相変わらず山は山、川は川である。各々が自分の位置に落ちつき、それぞれがその本体にぴたりと合致している。まるで大いなるめくらだ。

○雲門道…＝『雲門広録』巻中に見える。
○直得＝たとい…であっても。
○過患＝あやまち。第六則頌評唱に既出。
○転句＝「転とは変転なり。本位より一転して出ず、故に本分全提に非ざるなり。有情無情、当体即ち是なるも、猶お是れ真の正句に非ず」(『蒺蔾苑』)。なお一夜本および『種電鈔』のテキストは「転物」に作る。
○半提＝半分だけの提示。
○全提＝全面的に提示・発動する。
○時節＝ある決定的な時点。
○向上一竅＝身体の九竅よりもう一つ上の次元ではたらく至上の竅。真理を見抜く第三の眼。
○穏坐＝帰家穏坐。本来の境地に立ち戻り、のんびりくつろぐ。
○依旧山是山、水是水＝第二則頌評唱、第一四則本則評唱に既出。
○如大拍盲人相似＝「拍盲」はそこひ。「色に在っても色を見ず、大無心の境界と謂う可きなり」(『種電鈔』)。

趙州道、鶏鳴丑、愁見起来還漏逗。裙子褊衫箇也無、袈裟形相些些有。裩無襠、袴無口、頭上青灰三五斗。

本為修行利済人、誰知翻成不喞𠺕。若得真実、到這境界、何人眼不開。一任七顛八倒。一切処都是這境界、都是這時節。十方無壁落、四面亦無門。

趙州は言った、「夜中の二時頃にわとりが鳴き、愁えて目をあけるとまたボロがでた。裙子《くんす》・褊衫《へんさん》は一つもなく、袈裟はどうにかそれらしい形を残している。したばかまには股がなく、ももひきに(足を通す)穴がなく、頭上にはホコリが四五斗もたまっている。もともとは修行をし、人々を救うはずだったが、逆にこんなさえない輩になってしまうとは思いもよらなかった」。もし真実を得てこの境界に達したならば、眼の開かないような者がいようか。思うままにめちゃくちゃをやるがよい。一切が皆この境界であり、皆この時である。どこにも窓はなく、また四方に門もない。

○趙州道、鶏鳴丑…＝趙州「十二時歌」の一節。『古尊宿語要』巻一その他のテキストでは「襠」を「腰」、「本為」を「比望」、「翻成」を「変作」に作る。
○裙子＝僧の服で、はかまのようにひだがあって、腰から下をおおう。『禅林象器箋』第二六類服章門に詳しい。
○褊衫＝袈裟をかける時に用いる下着。『禅林象器箋』第二六類服章門参照。
○裩無襠＝「裩」はももひき、したばかまで、「襠」はしたばかまの両股にあたる部分、あるいはしたおび、ふんどし。
○青灰＝黒い灰、黒ずんだ俗塵。
○喞𠺕＝きりきりしゃんとしている。「不喞𠺕」でぱっとしない、さえないの意。『碧巌録方語解』に、「イワユル反切語。喞𠺕ノ反ハ秀ナリ」その他の説あり。
○若得真実到這境界＝一夜本は「若到這裏境界」に作る。
○一任＝まかす、勝手にさせる。「一輩子」(『宋元語言詞典』)という解釈もあるが、「恁憑、任従、随他便」(『元曲釈詞』)、「听凭」

「肆意」(『金瓶梅詞典』)の方向で考えたほうが無難であろう。
○七顚八倒＝めちゃめちゃ、むちゃくちゃ。
○壁落＝窓のこと。

所以道、始随芳草去、又逐落花回。雪竇不妨巧。只去他左辺貼一句、右辺貼一句。一似一首詩相似。羸鶴翹寒木、狂猿嘯古台。雪竇引到這裏、自覚漏逗驀云、長沙無限意、咄。如作夢却醒相似。雪竇雖下一喝、未得勦絶。若是山僧即不然。長沙無限意、掘地更深埋。

だから、「始めはかぐわしい草に誘われて行き、さらに散る花のあとについて帰った」と言うのだ。雪竇はなかなかうまい。ただ彼の左側へ行って一句、右側へ行って一句張りつけた。まるで一首の詩のようだ。「痩せ細った鶴が冬枯れの木につまだち、狂った猿が廃墟の丘に鳴く」。雪竇はここまで引きつらねて、自らボロを出したと感じ、すぐに、「長沙の無限の意、こらっ」と言った。夢を見てから目覚めたようだ。雪竇は一喝したが、根絶やしにできてはいない。もしわしであれば違う。(すなわち)「長沙の無限の意、(そんなもの)地を掘ってもっと深く埋めてしまえ」。

○作夢＝「做夢」に同じ。夢を見る。

第三十七則　盤山《ばんざん》の三界無法

垂示云、掣電之機、徒労佇思、当空霹靂、掩耳難諧。脳門上播紅旗、耳背後輪双剣。若不是眼辨手親、争能搆得。有般底低頭佇思、意根下卜度、殊不知髑髏前見鬼無数。且道、不落意根、不拘得失、忽有箇恁麼挙覚、作麼生祇対。試挙看。

稲妻のようなはたらきの前には、ただ思案に暮れるばかりであり、空に轟く雷鳴には、耳をおおっても間に合わない。頭のてっぺんには紅旗をはためかせ、耳の背後には二つの剣を振り回している。もし目が利き腕が確かでなければ、どうしてぴたりと見てとれようか。ある者はうなだれて思案に暮れ、分別によってあれこれと推しはかるが、そんなのは髑髏の前で無数の幽霊を見ているというものだ。さて、分別に堕せず、得失を気にしない、このように心掛ける者がいたら、どう対応するか。取り上げてみよう。

○掣電之機、徒労佇思＝稲妻のようなはたらきをどうこうしようとしても、いたずらに考え込んでしまうだけだ。「掣電」は稲妻のこと。『伝灯録』巻一九に見える保福従展の語。但し「掣」を「撃」に作る。
○当空霹靂、掩耳難諧＝空に突然とどろく雷鳴にあったら、耳を掩っても間に合わない。「当空」は、空中で、空中に。
○脳門上播紅旗、耳背後輪双剣＝大将軍が威風堂々と陣頭に現れ出てきたさま。大上段に正法を振りかざして法戦を挑むさまに喩える。一夜本は「双剣」を「刀釼」に作る。
○眼辨手親＝「手親眼便」とも。「手准眼利」の意。

○搆得＝構得、覯得に同じ。ぴたりと出会う、あるいはずばりと見て取る、ぴたりと到達する。
○意根下卜度＝分別であれこれ考え推しはかる。
○髑髏前見鬼無数＝枯れきっているはずのドクロの周りに無数の幽鬼(妄想の産物)が幻出する。九峰道虔の話(『伝灯録』巻一六)による。
○挙覚＝参究工夫する。たとえば『大慧書』では、「答富枢密第一書」に「但向十二時中、四威儀内、時時提撕、時時挙覚。狗子還有仏性也無、云無。不離日用、試如此做工夫看」とあるように「提撕」とセットで使われることが多いようなので、似たような意味であろう。なお、第九五則本則評唱に見える「互相挙覚商量」は互いに問答を交すこと。
○祇対＝言葉で答える場合だけでなく、一般に人に応待すること。第一則本則評唱既出。

【本則】

挙。盤山垂語云、三界無法、〔箭既離弦、無返回勢。月明照見夜行人。中也。識法者懼。好和声便打〕何処求心。〔莫瞞人好。不労重挙。自点検看。便打云、是什麼〕

盤山《ばんざん》が垂語して言った、「三界に何物も存在しない。〔矢がつるを離れたからには、返ってくる様子はない。月が明るく、コソドロを照らし出している。当たったぞ。法を知る者なら恐れるものだ。ひとつ声と一緒に打ってやろう〕どこに心を求めようというのだ」。〔人をばかにするなよ。重ねて取り上げるまでもない。自分でよく調べてみろ。打って言う、なんなのだ〕

○この本則は、『伝灯録』巻七・盤山章による。評唱にもその下の句まで含めて引く。
○盤山＝盤山宝積。生没年不詳。馬祖道一の法嗣。伝は『祖堂集』巻一五、『伝灯録』巻七、『会要』巻四、『会元』巻三等。

○三界無法＝『華厳経』の経文に由来する「三界唯一心」や「心外無別法」、『臨済録』示衆「三界唯心、万法唯識」といった類のテーゼを前提とし、そのような心法さえもないと、ひっくり返す。
○箭既離弦、無返回勢＝矢が弓弦を離れたからにはもうもどりようがない、取り返しのつかないことをした。『会元』巻七・玄沙師備章に見える。
○月明照見夜行人＝『禅林僧宝伝』巻二一・慈明章に、「久之辞還河東、大年(楊億)曰、有一句寄語唐明。公(慈明)曰、明月照見夜行人。大年曰、却不相当」とある。「夜行人」は、こそどろ。あるいは、夜中に出る武侠または盗賊。
○識法者懼＝法を心得ている者は自らを慎むものだ。「忠曰く、法は法令なり、法令の有るを知る者は懼敬して敢えて乱りに倣さざるなり」(『葛藤語箋』)。
○莫瞞人好＝人をこけにしてもらってはこまる。
○点検＝しらべあげる。第八則本則評唱既出。

〔評唱〕

向北幽州盤山宝積和尚、乃馬祖下尊宿。後出普化一人。師臨遷化、謂衆云、還有人邈得吾真麼。衆皆写真呈師。師皆叱之。普化出云、某甲邈得。師云、何不呈似老僧。普化便打筋斗而出。師云、這漢向後、如風狂接人去在。

北地幽州《ゆうしゅう》の盤山宝積《ほうしゃく》和尚は、馬祖門下の禅師である。後に普化《ふけ》一人を世に出した。盤山は臨終に際して衆僧に言った、「誰かわしの肖像を描けるものはおらんか」。衆僧は皆肖像を描いて盤山に示した。盤山はすべて罵った。すると普化が出てきて言った、「それがしは描けました」。盤山「どうしてわしに見せんのだ」。普化はすかさずとんぼ返りを打って出て行った。盤山「こいつは後に気違いじみたやり方で人々を教化していくだろう」。

○向北＝北。「向」は接頭語。
○幽州＝河北省北部の地。
○普化＝生没年不詳。盤山に師事する。あたかも狂僧のごとく振る舞い、古来奇僧として知られる。伝は『祖堂集』巻一七、『伝灯録』巻一〇、『宋高僧伝』巻二〇等。臨済と親しく、『臨済録』にもその言動が記される。
○邈真＝「真」は肖像画、頂相。僧の肖像画を描くこと。
○打筋斗＝とんぼ返りをする。打筋兜、翻筋斗とも。
○風狂＝気違いのようである。気でも狂ったように、気違いじみたやりかた。

一日示衆云、三界無法、何処求心。四大本空、仏依何住。璿璣不動、寂止無痕。覿面相呈、更無余事。雪竇拈両句来頌、直是渾金璞玉。不見道、瘥病不仮驢駝薬。

山僧為什麼道、和声便打。只為佗担枷過状。古人道、聞称声外句、莫向意中求。且道、他意作麼生。直得奔流度刃、電転星飛。若擬議尋思、千仏出世、也摸索他不著。若是深入閫奥、徹骨徹髄、見得透底、盤山一場敗欠。若承言会宗、左転右転底、盤山只得一橛。若是拖泥帯水、声色堆裏転、未夢見盤山在。


ある日衆僧に垂示して言った、「三界に何物も存在しない。どこに心を求めようというのだ。（地・水・火・風の）四つの要素はもともと空《くう》である。仏は何に依拠してとどまろうか。北斗は動かず、ひっそりとして軌跡など存在しない。目の当たりに呈示して、他に余計なことは一切ない」。雪竇は二句を取り上げて頌をつけたが、まぎれもなく手の加えられていない金や玉《ぎょく》だ。病を治すには驢馬の背に満載する程の薬はいらない、と言うではないか。

わしはどうして「声と一緒に打ってやろう」と言ったのか。彼が自分で首枷をはめて罪状を自白したからなのだ。

古人は、「声として現れない言葉を聞き、心の中に探り求めてはならない」と言った。さて、その意はどういうことか。電光石火のすばやさだ。もし躊躇して考え込めば、千人の仏が世に現れても、探り当てることはできない。もし奥深い境界に達し、骨の髄まですっかり見通した者ならば、盤山の負けの一幕である。〔もし言葉の下に宗旨を会得し、左へ右へと動く者であれば、盤山は（二本の角の）一本を手に入れるだけである。〕もし泥まみれになり、外界の事物の中で転がるようであれば、盤山を夢に見ることすらない。

○瘥病不仮驢駞薬＝『伝灯録』巻二一・光雲慧覚章に、「上堂云、瘥病之薬、不仮驢駄。若拠今夜、各自帰堂去也。珍重」とある。
○渾金璞玉＝まだ精錬していない金と磨いていない玉。ここでは飾り気のない純粋な美しさをいう。
○璿璣＝北斗七星。あるいは北斗星の第二星と第三星、また、第一星から第四星までをいう。琁璣。琁璣玉衡。
○担枷過状＝自分で首枷をはめ、罪状を記した書類を提出する。第七則本則著語既出。
○聞称声外句、莫向意中求＝出典未詳。一夜本はこの部分を、「古人聞声悟道、見色明心、莫向句外尋、莫向意中求」に作る。
○直得＝…という結果になる。
○奔流度刃、電転星飛＝非常に素早いことのたとえ。一夜本は「渡刃」。
○閫奥＝奥の寝室の奥深い所、転じて表に出ない微妙な奥深い境界。
○若承言会宗…得一橛＝福本・蜀本になし。『種電鈔』も削る。ただし一夜本にはある。ない方がわかりやすい。
○得一橛＝竜の角の二本のうち一本を取った、半分を得た、半分勝ち、の意。第一四則頌既出。
○拖泥帯水＝べとべとの泥まみれ。第二則垂示既出。
○声色＝色声香味触法の六境の初め二つを挙げ、境（対象世界）を代表させる。見るもの聞くもの、外界の感覚の対象となる事物。

五祖先師道、透過那辺、方有自由分。不見三祖道、執之失度、必入邪路。放之自然、体無去住。若向這裏道、無仏無法、又打入鬼窟裏去。古人謂之解脱深坑。本是善因而招悪果。所以道、無為無事人、猶遭金鎖難。也須是窮到底始得。若向無言処言得、行不得処行得、謂之転身処。

三界無法、何処求心、你若作情解、只在他言下死却。雪竇見処、七穿八穴、所以頌出。

五祖先生は言った、「そこのところを通り抜けて、はじめて自由を得る資格があるのだ」。三祖が言っているではないか、「固執すれば脱線し、必ず誤った路に入り込む。手放せば自然となり、本体は行くも留まるもなくなる」。もしここで、「仏もなく、法もない」と言うならば、これもまた幽鬼の洞窟に入る。古人はこれを「解脱の深い坑《あな》」と言ったのだ。もとは善い原因なのに、悪い結果を招く。だから、「無為無事の人でも、まだ金の鎖に縛られる災難にあう」と言うのだ。やはり徹底的に窮めた者でなければならない。もし無言のことを言えて、できないことをできたならば、これを転身のところと言うのだ。

「三界に何物も存在しない。どこに心を求めようというのだ」。おまえたちがもし思慮分別で解釈すれば、たちどころに死んでしまうぞ。雪竇の理解は徹底的に突き破っている。そこで頌をつけた。

○五祖先師道＝出典未詳。
○三祖道＝『信心銘』の一節。
○解脱深坑＝解脱にとらわれることで、一層深い穴に落ち込むこと。もとは『大集経』巻一三の「堕解脱坑、不能自利及以利他」に基づく。『百丈広語』に「解脱深坑、可畏処」、また『臨済録』示衆「古人云、湛湛黒暗深坑、実可怖畏」。
○無為無事人、猶遭金鎖難＝『伝灯録』巻七・盤山章に、「故導師云、法本不相礙、三際亦復然。無為無事人、猶是金鎖難」とあるのによる。
○転身処＝一段高い境地への転換。

○七穿八穴＝完膚なきまでに突き破る。よい意味にも悪い意味にも用いる。ここは、よい意味で、自由自在なこと。第二則頌著語既出。

【頌】

三界無法、〔言猶在耳〕
何処求心。〔不労重挙。自点検看。打云、是什麼〕
白雲為蓋、〔頭上安頭。千重万重〕
流泉作琴。〔聞麼。相随来也。一聴一堪悲〕
一曲両曲無人会、〔不落宮商、非干角徴。借路経過、五音六律尽分明。自領出去。聴則聾〕
雨過夜塘秋水深。〔迅雷不及掩耳。直得拖泥帯水。在什麼処。便打〕

三界に何物も存在しない。〔言葉はまだ耳に残っているぞ〕
どこに心を求めようというのだ。〔重ねて取り上げるまでもない。自分で調べてみろ。打って言う、なんなのだ〕
白雲を屋根とし、〔頭の上に頭を載せた。千重万重〕
流泉を琴となす。〔聞いたか。調子を合わせたぞ。聴くたび毎に悲しい〕
一曲また一曲、誰も理解できず、〔どんな世間の音階とも関係ない。人のつけてくれた道を行けば、五音も六律もすべてよくわかる。自分で自分をしょっ引け。聴けば聾になるぞ〕
雨がやんで夜の池は秋の水を深々とたたえている。〔にわかな雷は耳を掩ういとまもない。泥と水でべちょべちょの有り様だ。どこにいる。ビシッと打つ〕

○頭上安頭＝屋上屋を架す。余計なことをする。「三界無法」なのに、改めて白雲を持ち出すことはない。
○不落宮商、非干角徴＝宮商・角徴は、音階である五音(宮・商・角・徴・羽)のこと。
○借路経過＝人の作った道を通ること。ここは雪竇の頌を頼んで理解すること。
○五音六律＝六律は十二律で陽声の律。陰声は六呂という。
○自領出去＝自分で自分の罪を認めて自分を刑場にしょっぴいて行け。なお、「自領出去聴則聾」の七字は福本・蜀本にない。
○秋水＝川や湖の秋の澄み切った水。俗耳に理解されることのない音無き音をたたえる深遠な法を表現する。
○迅雷不及掩耳＝ことが急で対処する暇がないことをたとえる。擬議を入れない様。

〔評唱〕

三界無法、何処求心。雪竇頌得、一似華厳境界。有者道、雪竇無中唱出。若是眼皮綻底、終不恁麼会。雪竇去他傍辺貼両句道、白雲為蓋、流泉作琴。蘇内翰見照覚有頌云、渓声便是広長舌、山色豈非清浄身。夜来八万四千偈、他日如何挙似人。雪竇借流泉作一片長舌頭。

「三界に何物も存在しない。どこに心を求めようというのだ」。雪竇が詠いあげたのは、まったく華厳の境界のようだ。ある者は、「雪竇は無の中から詠い出した」と言うが、もしまぶたが開いている者であれば、決してこんな理解はしない。雪竇は、その盤山の句に二句を張りつけて言った、「白雲を屋根とし、流泉を琴となす」。蘇内翰《そないかん》は照覚《しょうかく》に会い、頌を詠んだ。

谷川のせせらぎは仏の説法であり、
山々の景色は仏の清浄法身に他ならない。

昨夜からの八万四千もの偈を、
後日どうやって人に示そうか。
雪竇にあっては流泉を仏の説法としたのであった。

○華厳境界＝華厳の三界唯心の境地。
○雪竇無中唱出＝一夜本「唱出」を「喝出」に作る。
○終不＝断じて…ない。
○蘇内翰＝蘇軾のこと。内翰は翰林学士の別称。
○照覚＝東林常総。一〇二五―一〇九一。黄竜慧南の法嗣。
○渓声便是広長舌…＝中華書局『蘇軾詩集』(王文誥編『蘇文忠公詩編註集成』を底本とする)巻二三にみえる。また、『普灯録』巻二三、『会元』巻一七等の蘇軾居士章にみえる。
○広長舌＝仏の三十二相の一つに広長舌相がある。ここでは、そこから説き出される説法をたとえる。
○清浄身＝清らかな仏の法身。
○八万四千＝仏教で一般に数の多いことを表す。特に、八万四千法門といえば、釈迦仏一代の説法のすべてをいう。たとえば、『伝灯録』巻三〇・了元歌「八万四千法門、至理不離方寸。識取自家城郭、莫謾尋他州郡」。

所以道、一曲両曲無人会。不見九峰虔和尚道、還識得命麼。流泉是命、湛寂是身。千波競起是文殊家風、一亘晴空是普賢境界。

流泉作琴、一曲両曲無人会、這般曲調、也須是知音始得。若非其人、徒労側耳。古人道、聾人也唱胡家曲、好悪高低総不聞。雲門道、挙不顧、即差互。擬思量、何劫悟。挙是体、顧是用。未挙已前、朕兆未分已前見得、坐断要津。若朕兆纔分見得、便有照用。若朕兆分後見得、落在意根。

だから、「一曲また一曲、誰も理解できず」と言ったのだ。ごらん、九峰道虔《きゅうほうどうけん》和尚は言った、「命を心得ているか。流泉が命、静かなよどみが身だ。無数の波が競って起こるのは文殊のあり方、雲一つなく晴れわたった空は普賢の境界だ」。

「流泉を琴となし、一曲また一曲、誰も理解できず」。このような曲調は、真理に通じた人でなければわからない。もしそういう人でなければ、むなしく耳をそばだてるだけだ。古人は言った、「聾者でも胡《えびす》の曲を歌うが、うまいへたや音の高低は一切(自分では)聞こえない」。雲門は言った、「取り上げても顧みなければすれ違う。あれこれ考えようとすれば、いつになっても悟れない」。「取り上げる」は体、「顧みる」は用である。取り上げる前、兆しが現れる以前に分かれば、肝心かなめのところを抑えることができる。もし兆しが現れるやいなや分かれば、智慧とはたらきが現れる。もし兆しが現れた後で分かれば、分別に堕する。

○九峰虔和尚＝九峰道虔。生没年不詳。石霜慶諸の法嗣。『伝灯録』巻一六・九峰章に、「師又曰、諸兄弟、還識得命麼。欲知命、流泉是命、湛寂是身。千波競涌是文殊境界、一亘晴空是普賢牀榻」と見える。
○湛寂＝深く静かなこと。ここでは流泉に対して静かなよどみをいう。
○文殊境界＝現象の多様性に従って自在のはたらきを示す境地。
○一亙晴空＝満天の青空。
○普賢境界＝一切を平等に観ずる境地。
○古人道＝『伝灯録』巻一五・湖州道場山如訥章に「師曰、聾人也唱胡笳調、好悪高低自不聞」と見える。
○胡家曲＝『伝灯録』等の道場如訥章では「胡笳調」に作る。「胡笳」は北方の異民族が葦の葉を巻いて作った笛。

○雲門道＝『雲門広録』巻上。第七則本則評唱既出。
○朕兆＝兆し。

雪竇忒煞慈悲、更向你道、却似雨過夜塘秋水深。此一頌、曾有人論量、美雪竇有翰林之才。雨過夜塘秋水深、也須是急著眼看。更若遅疑、即討不見。

雪竇はとても慈悲深く、さらにおまえたちに言った、「雨がやんで夜の池は秋の水を深々とたたえているようだ」。この頌はかつてある人が吟味し、雪竇には翰林学士の才があると褒めた。「雨がやんで夜の池は秋の水を深々とたたえている」。やはりすぐさま注意して見なければならない。この上もたもたしたら、探ってもわからんぞ。

○却似＝まさに、ちょうど…のようだ。
○有人論量、美雪竇有翰林之才＝『種電鈔』に蘇軾のことと言う。
○論量＝是非・長短をあげつらう、検討吟味する。
○急著眼＝すぐさま勘所に注意を集中する。第八則頌評唱既出。
○遅疑＝とっさに反応できずもたつくこと。

第三十八則　風穴《ふけつ》の鉄牛のはたらき

垂示云、若論漸也、返常合道、鬧市裏七縦八横。若論頓也、不留朕迹、千聖亦摸索不著。儻或不立頓漸、又作麼生。快人一言、快馬一鞭、正恁麼時、誰是作者。試挙看。

もし漸について言うならば、通常の道理にそむきながら道と一体になり、騒がしい街中でも自由自在である。もし頓について言うならば、姿かたちを留めることはなく、どんな聖者でも探し出すことはできない。もしも頓漸を立てないならば、どうであろうか。聡い人は一言で悟り、駿馬は一鞭で疾走する。まさにこのような場合、誰が巧みな師匠であったか。取り上げてみよう。

○若論漸也、返常合道…＝「漸」は段階的に悟りに至ること、「頓」は段階を経ず一気に悟りに至ること。『種電鈔』によれば、漸は放行(相手に自由にさせる)、頓は把住(相手を一気に抑えこむ)に同じ。『雲門広録』巻中「挙国師云、語漸也返常合道、論頓也不留朕跡」。もと南陽慧忠の碑上の語という。
○朕迹＝形跡、すがたかたち。第一三則垂示既出。
○快人一言、快馬一鞭＝『大智度論』巻三六に、「若利根者、一説二説便悟、不須種種重説、譬如快馬下一鞭便走、駑馬多鞭乃去」とある。

【本則】

挙。風穴在郢州衙内上堂云、〔倚公説禅。道什麼〕

祖師心印、状似鉄牛之機。〔千人万人撼不動。誵訛節角、在什麼処。三要印開、不犯鋒鋩〕

去即印住、〔正令当行。錯〕

住即印破。〔再犯不容。看取令行時。拶、便打〕

只如不去不住、〔看無頓置処。多少誵訛〕

印即是、不印即是。〔天下人、頭出頭没有分。文彩已彰。但請掀倒禅床、喝散大衆〕

時有盧陂長老、出問、某甲有鉄牛之機、〔釣得一箇諳暁得。不妨奇特〕

請師不搭印。〔好箇話頭、争奈誵訛〕

穴云、慣釣鯨鯢澄巨浸、却嗟蛙歩驏泥沙。〔似鶻捉鳩。宝網漫空。神駒千里〕

陂佇思。〔可惜許。也有出身処。可惜放過〕

穴喝云、長老何不進語。〔攙旗奪鼓。炒鬧来也〕

陂擬議。〔三回死了。両重公案〕

穴打一払子。〔好打。這箇令、須是恁麼人行、始得〕

穴云、還記得話頭麼。試挙看。〔何必雪上加霜〕

陂擬開口。〔一死更不再活。這漢鈍置殺人。遭他毒手〕

穴又打一払子。牧主云、仏法与王法一般。〔灼然、却被傍人覰破〕

穴云、見箇什麼道理。〔也好与一拶。却回鎗頭来也〕

牧主云、当断不断、返招其乱。〔似則似、是則未是。須知傍人有眼。東家人死、西家人助哀〕

穴便下座。〔将錯就錯。見機而変。且得参学事畢〕

風穴《ふけつ》は郢州《えいしゅう》の役所で上堂して言った、〔お役所によりかかって禅を説く。何を言うのか〕
「祖師の心印のありさまは、鉄牛のはたらきのようである。〔千人万人が揺り動かしても動かない。ひねくった言葉やゴツゴツした表現などどこにあろうか。三要の印は押され、うまく切っ先を逃れた〕
去れば印は留まり、〔正しい王令を執行すべし。違うぞ〕
留まれば印は壊れる。〔再犯は許されない。正しい王令の行われる時をしっかり見よ。くらえっ。すかさず打つ〕
去りも留まりもしないときは、〔見よ、置き場所がないぞ。随分ひねった言いまわしだ〕
印するのがよいか、印しないのがよいか」。〔天下の人々は、頭を出すか沈み込むか、各々分というものがある。痕跡が見えるぞ。ひとつ禅床をひっくり返し、みんなを怒鳴って蹴散らしてやれ〕
その時盧陂《ろひ》長老なる者があり、出てきて問うた、「私は鉄牛のはたらきを具えています。〔ひとりよがりの覚者が一匹釣れた。なかなかあっぱれだ〕
どうか先生、印を押さないでください」。〔よい言葉だ。が、いかんせんひねくった言葉だ〕
風穴「鯨どもを釣り上げて大海をしずめることは手慣れたものだが、蛙が泥沼をかき回すのにはお手上げだ」。〔ハヤブサが鳩をつかまえるようだ。宝網が空に張り巡らされた。すばらしい馬は一気に千里を駆ける〕
盧陂は躊躇した。〔残念だ。それでも超脱したところがある。残念ながら見逃した〕
風穴は怒鳴って言った、「長老よ、どうして言葉を続けないのだ」。〔旗を取り太鼓を奪った。やかましいことだ〕
盧陂は何か言おうとした。〔三度死んだ。二重の公案だ〕
風穴は払子で一打ちした。〔打ってやれ。この王令はこういう人が行ってこそよいのだ〕

風穴「今の話を覚えているなら、言ってみなさい」。〔どうして雪の上に霜を加える必要があろうか〕

盧陂は口を開こうとした。〔一度死んでしまえば二度と生き返らない。この男はとことん人をコケにした。彼の手厳しい教化に遭うぞ〕

風穴はまた払子で一打ちした。牧主が言った、「仏法と王法は同じですね」。〔あたりまえのことだ。傍観者に看破されてしまった〕

風穴「どんなことをお考えになったのですか」。〔こいつも一発くらわせてやれ。鎗《やり》を収めてしまいおった〕

牧主「断罪すべきものを断罪しなければ、かえって反乱を引き起こす」。〔似ていることは似ているが、そうかといえばそうではない。傍観者の方が確かな目を持っていることを知らねばならない。東隣の人が死んで、西隣の人がお悔やみをしてくれている〕

風穴はすぐに座を降りた。〔自分の間違いを逆手にとった。臨機応変だ。とりあえず参学は修了〕

○この本則は『伝灯録』巻一三、『広灯録』巻一五の風穴章に見える。ただし字句の異同が甚だしい。『祖庭事苑』巻六に「風穴衆吼集」の注がみられることから、古くは風穴に単行の語録があったらしく、この本則もあるいはそこから取ったものかもしれない。

○風穴＝風穴延沼。八九六―九七三。南院慧顒の法嗣。伝は上記の他に『会元』巻一一など。

○郢州＝河南省信陽県。

○衙＝官署。

○心印＝仏心印に同じ。仏祖の根本精神。それがそっくり受けつがれるさまを印(はんこ)にたとえる。

○鉄牛之機＝「鉄牛」は、昔黄河の水を治めたり橋を作る時などに鉄製の牛を用い、堤防や橋の岸の下に置いて補強したというもの。また、陝州の黄河南岸に鉄石状のものがあり、鉄牛と呼ばれ、祠を作ってまつられていたともいう。ここでは、すさまじい動きを秘めながら、てこでも動かないようなはたらきを言っている。
○誵訛節角＝ことさらにひねくり難しくした言葉。「節角誵訛」で第七則頌評唱にもみえる。
○三要印開＝『臨済録』上堂に、「上堂。僧問、如何是第一句。師云、三要印開朱点側、未容擬議主賓分」とある。何が三要であるかは、後に汾陽善昭の解釈などがあるが、『臨済録』自体では明らかでない。「印開」は印を押してから持ち上げること。
○印破＝『臨済録』示衆に「道流、莫取次被諸方老師印破面門、道我解禅解道」とあり、(顔の正面に)べったり印可の証印を押されること。しかし、筑摩『雪竇頌古』ではこれを「印が壊れる」と解している。ここでは、このほうが通じる。印から離れようとすると、印はどっしりとそこにあり、印のところに留まっていると、印自体が壊れてしまう。去ることも留まることもできない心印の厄介さ。
○文彩已彰＝痕跡が見える。ふっ切れないものがある。第七則頌著語既出。
○盧陂長老＝不明。
○諳暁得＝自分一人で納得した独善的な悟りに安住している者。玉峰刊本や『種電鈔』などでは「暗暁得」。
○請師不搭印＝風穴の問を拒絶したが、すでに「不印」に陥っている。
○慣釣鯨鯢澄巨浸、却嗟蛙歩驟泥沙＝大物の相手をすることには慣れているが、小物がちょこまかするのに手を焼く。盧陂をおとしめて言う。「鯨」は雄くじら、「鯢」は雌くじら。
○炒鬧＝喧しく争い騒ぐ。
○鈍置殺人＝人をとことん馬鹿にする。
○毒手＝教導のための辛辣な手段、残忍なまでに厳しい手だて。
○牧主＝地方長官。ここでは郢州の刺史のこと。
○当断不断、返招其乱＝馬王堆帛書に見え、『史記』斉悼恵王世家などに道家の言として見える。また『祖庭事苑』巻二などに黄石公の語といい、『後漢書』楊倫伝の注によれば、出典は『黄石公三略』。
○東家人死、西家人助哀＝関係ない人が同情する。第一則本則著語既出。

〔評唱〕

風穴乃臨済下尊宿。臨済当初在黄檗会下栽松次、檗云、深山裏栽許多松作什麼。済云、一与山門作境致、二与後人作標榜。道了便钁地一下。檗云、雖然如是、子已喫二十棒了也。済又打地一下云、嘘嘘。檗云、吾宗到汝、大興於世。

潙山喆云、臨済恁麼、大似平地喫交。雖然如是、臨危不変、始称真丈夫。檗云、吾宗到汝大興於世、大似憐児不覚醜。

後来潙山問仰山、黄檗当時只嘱付臨済一人、別更有在。仰山云、有。只是年代深遠、不欲挙似和尚。潙山云、雖然如是、吾亦要知。但挙看。仰山云、一人指南、呉越令行、遇大風即止。此乃讖風穴也。

風穴は臨済門流の尊宿である。臨済が昔黄檗《おうばく》の門下にあって、松を植えていると、黄檗が言った、「こんな深い山奥にたくさん松を植えてどうするのだ」。臨済「一つには寺を趣あるものにしたいと思い、二つには後世の人の目印にしたいと思いまして」。言い終わるとすぐ鍬で地面を一たたきした。黄檗「そうはいっても、おまえはもうわしの二十棒を食らったぞ」。臨済はまた地面を一たたきして言った、「ヒューヒュー」。黄檗「わが宗はお前の代に大いに興隆するだろう」。

潙山《いさん》慕喆《ぼてつ》は言った、「臨済のこのような対応は、まったく平地でつまずいて転んだようなものだ。とはいえ、危険に臨んでも態度を変えることがなくてこそ、真の益荒男《ますらお》だ。黄檗は、『わが宗はお前の代に大いに興隆するだろう』と言ったが、まるでわが子可愛さのあまり醜さがわからないようだ」。

後に、潙山《いさん》が仰山《きょうざん》に問うた、「その時黄檗は臨済だけに将来を託したのだろうか、それとも他にもいるのだろうか」。仰山「います。しかし遠い未来のことなので、和尚にお話したくありません」。潙山「そうは言ってもわしは知りたいぞ。まあ言ってみなさい」。仰山「ある人が南へ向かい、そこで呉越に王令が行われますが、大風に遇って止まるでしょう」。これは風穴の活躍を予言したのである。

○尊宿＝有徳の禅僧。
○臨済当初…＝『臨済録』行録に見える話。
○境致＝興を添える風景、風致。
○嘘嘘＝ゆっくり息を吐きながら喉から出す声。
○潙山喆云＝『宗門統要集』巻五・臨済章のこの則の拈提にみえる。潙山喆は潙山慕喆。？—一〇九五。第五則本則評唱既出。
○平地喫交＝なんでもない平らなところでつまずきばったり倒れる、なんでもないミスをする。
○後来潙山問仰山…＝『臨済録』行録、黄檗の語に続いて見える。ここの潙山は潙山霊祐。
○一人指南…＝南院と風穴の関係を暗示しているらしい。また、風穴が五代の争乱に遇ったことを示すか。

穴初参雪峰五年、因請益、臨済入堂、両堂首座、斉下一喝。僧問臨済、還有賓主也無。済云、賓主歴然。穴云、未審意旨如何。峰云、吾昔与巌頭・欽山去見臨済、在途中、聞已遷化。若要会他賓主話、須是参他宗派下尊宿。

穴後又見、瑞巌常自喚主人公、自云、喏、復云、惺惺著。他後莫受人瞞却。穴云、自拈自弄、有什麼難。後在襄州鹿門、与廓侍者過夏。廓指他来参南院。穴云、入門須辨主、端的請師分。

一日遂見南院、挙前話云、某甲特来親覲。南院云、雪峰古仏。

風穴は初め雪峰《せっぽう》に五年間参禅した。風穴は、「臨済が入堂すると、両堂の首座が同時にお互いを一喝した。一僧が臨済に、『(今のに)主客の別はあるでしょうか』と問うと、臨済は『主客は歴然だ』と言った」の話について教えを請い、「いったいどういうことなのでしょうか」と問うた。雪峰「わしはその昔巌頭《がんとう》・欽山《きんざん》と臨済に会いに行ったが、旅路の途中で既に遷化したことを聞いた。もしその主客の話を理解したいならば、彼の門派の尊宿に参ぜよ」。

(風穴は後にまた、「瑞巌はいつも自分に『主人公』と呼びかけ、自分で『はい』と答え、また『はっきりと冴えていろよ。今後は人に騙されることのないようにな』と言った」の話を見て、「一人遊びだ。何も難しいことはない」と言った。

後に、襄州《じょうしゅう》の鹿門《ろくもん》で廓《かく》侍者と夏安居《げあんご》をした。廓侍者は彼に、南院《なんいん》に参ずるように指示した。風穴「門に入れば主人(の善し悪し)を見分けなくてはなりません。ずばりはっきりさせて下さい」。)

(風穴は)かくしてある日南院に見え、先の話を挙げて言った、「私は親しく会いにやって来たのです」。南院「雪峰は古仏だ」。

○雪峰＝雪峰義存。八二二―九〇八。徳山宣鑑の嗣。雪峰・巌頭・欽山が一緒に行脚していたことは、第二二則本則評唱参照。以下の語は出典未詳。
○臨済入堂…＝『臨済録』上堂に見える。
○巌頭＝巌頭全奯。八二八―八八七。徳山宣鑑の嗣。
○欽山＝欽山文邃。生没年不詳。洞山良价の嗣。
○又見、瑞巌常自喚…端的請師分、一日遂＝この部分、『不二鈔』と『種電鈔』によれば、蜀本・福本にはない。そのほうが通じる。このままでは話の順序がおかしい。後の文に重複あり。混乱したものか。『種電鈔』テキストもここを削る。
○瑞巌＝瑞巌師彦。生没年不詳。巌頭の法嗣。この話は『無門関』第一二則に採られる。
○襄州鹿門＝湖北省襄陽県東南にある鹿門山。山中に華厳院がある。『伝灯録』巻一三・風穴章「汝州風穴延昭禅師、余杭人也。

初発迹於越州鏡清順徳大師、未臻堂奥。尋詣襄州華厳院、遇守廓上座、即汝州南院侍者也。乃密探南院宗旨。」
○廓侍者＝守廓。生没年不詳。興化存奨の法嗣。『広灯録』巻一四、『会要』巻一一、『会元』巻一一など。
○南院＝南院慧顒。八六〇―九三〇頃。第一六則本則評唱既出。

一日見鏡清。清問、近離甚処。穴云、自離東来。清云、還過小江否。穴云、大舸独飄空、小江無可済。清云、鏡水図山、鳥飛不渡。子莫盗聴遺言。穴云、滄溟尚怯蒙輪勢、列漢飛帆渡五湖。清竪起払子云、争奈這箇何。穴云、這箇是什麼。清云、果然不識。穴云、出没巻舒、与師同用。清云、杓卜聴虚声、熟睡饒譫語。穴云、沢広蔵山、理能伏豹。清云、赦罪放愆、速須出去。穴云、出即失。乃便出、至法堂上自謂言、大丈夫公案未了、豈可便休。却回再入方丈。

清坐次便問、某適来、輙呈騃見、冒瀆尊顔、伏蒙和尚慈悲、未賜罪責。清云、適来従東来、豈不是翠巌来。穴云、雪竇親棲宝蓋東。清云、不逐亡羊狂解息、却来這裏念詩篇。穴云、路逢剣客須呈剣、不是詩人莫献詩。清云、詩速秘却、略借剣看。穴云、県首甑人携剣去。清云、不独触風化、亦自顕顢頇。穴云、若不触風化、焉明古仏心。清云、何名古仏心。穴云、再許允容、師今何有。清云、東来衲子、菽麦不分。穴云、只聞不以而以、何得抑以而以。清云、巨浪湧千尋、澄波不離水。清云、一句截流、万機寝削。穴便礼拝。清以払子点三点云、俊哉、且坐喫茶。

ある日、鏡清《きょうせい》にまみえた。鏡清「どこから来た」。風穴「東から来ました」。鏡清「小江《しょうこう》を渡ったか」。風穴「大船が一つ空に漂い、小江は渡るすべなし」。鏡清「鏡湖《きょうこ》や秦望山《しんぼうざん》は、飛ぶ鳥も渡れない。君は先人の言葉を盗み聴きしてはいかん」。風穴「青海原さえ戦艦の勢いにおびえ、青空に高々と帆を上げ五湖を渡る」。鏡清は払子を立てて言った、「これをどうする」。風穴「これはなんですか」。鏡清「やはり知らぬか」。風穴「出没巻舒のはたらきは先生と同じです」。鏡清「こだまを聴いて未来を占い、熟睡してたわけた寝言を口走る」。風穴「沼も広いと山を容れ、狸《やまねこ》も豹を屈服させる」。鏡清「罪は許してやろう。とっとと出ていけ」。風穴「出ていったら失敗だ」。そこですぐさま出て法堂に行き、「大丈夫たるもの、公案をわからぬままおしまいにしてよいものか」と思い、戻って再び方丈に入った。

鏡清は坐っていたので問うた、「それがしは先程愚かな考えをさらして、お顔を汚してしまいましたが、有り難くも和尚の慈悲により、おとがめを許されました」。鏡清「さっき東から来たと言ったが、翠巌《すいがん》から来たのではないか」。風穴「雪竇《せっちょう》に親しく棲む、宝蓋《ほうがい》の東」。鏡清「逃げた羊を追うこともなく、馬鹿な考えは止んだと思ったら、ここへ来て詩など詠むとはな」。風穴「道で剣士に出逢ったら剣をささげますし、詩人でなければ詩など献上しません」。鏡清「詩などさっさとしまえ。剣を貸してみろ」。風穴「首をはねた甑人《しょうひと》が剣を持っていってしまいました」。鏡清「ただ教化に与らぬだけではなく、自ら愚鈍ぶりを露呈している」。風穴「もし教化に与らなければ、どうして古仏心を明らかにできましょうか」。鏡清「何を古仏心と言うのだ。」風穴「再びお許しを頂くとは、先生これはまたどうしたことですか」。鏡清「東から来た坊主は、豆と麦の区別ができない。止めずとも(おのずと)止む、ということは知っている。むりやり止めたところで、止むものか」。風穴「大波が千尋の高さまで跳ね上がろうとも、澄みとおった波は水を離れたものではありません」。鏡清「一言で心の流れをすべて断ち切り、あらゆるはたらきが消え去った」。風穴は礼拝した。鏡清は払子で三度突いて言った、「優れた奴だ。まあ坐って茶でも飲め」。

○鏡清＝鏡清道怤。八六八—九三七。雪峰の法嗣。以下の語は『会元』巻一一に近い。
○小江＝越の曹娥江を指す。上虞県と会稽山陰県の間を流れるもので、宝蓋から鏡清に来る途中にある。

○大舸独飄空、小江無可済＝「舸」は大きな船。『種電鈔』によれば、天地を蓋うような眼をもつ者は、小見にかかずらわないということ。
○鏡水図山＝『会元』では、「鏡水秦山」に作る。『種電鈔』によれば、鏡水は鏡湖のこと。会稽・山陰の両県の境にある。「秦山」は秦望山のこと。秦望山は浙江省の紹興県東南または余杭県にある。秦の始皇帝が登って見渡したところから名づけられたという。「鏡水図山、鳥飛不渡」は、風穴の傲慢をとがめたもの。
○盗聴遺言＝先人の猿まねをするということか。『会元』鏡清章では「道聴途説」。そうであれば、道すがら聞いたような根拠のない伝聞を語ること。もとは『論語』陽貨「道聴而塗説、徳之棄也」によるもの。
○蒙輪＝前の大舸を受けるものであろうが、この語自体は『祖庭事苑』巻六に「戦船也」とある。なお『不二鈔』『種電鈔』は「艨艦」としている。ここの風穴の語は、彼の意気軒高を表わしたもの。
○列漢＝『種電鈔』は霄漢(大空)のこととしている。一応これに従う。
○五湖＝太湖、あるいは太湖とその付近の四つの湖と合せて言う。
○出没巻舒＝相手に応じて自由自在に出没するはたらき。
○杓卜聴虚声＝「杓卜」は人の声のこだまを聞いて将来を予知する占いの響卜の一法で、杓を懐にするとも、水に浮かべてその指す方向に出かけるともいう。「虚声」はこだまのこと。次の「熟睡饒譫語」とセットで、いい加減なことを言う、の意。
○熟睡饒譫語＝熟睡している者はたわごとを口にする。
○沢広蔵山、理能伏豹＝第四則本則評唱の注を参照。「理」は狸と通用。鏡清を沢や狸にたとえて皮肉る。
○放僁＝罪をゆるす。「僁」は「愆」に同じ。
○翠巌＝翠巌、雪竇、宝蓋はいずれも明州近くで近接する。
○不逐亡羊…＝『列子』説符篇に、楊朱の隣人が羊を逃がし、大勢で追いかけ探したが、道が幾重にも枝分かれしていてついにみつからなかったことから、世の学の道が多岐であることを重ね合わせて嘆き批判する話がある。なお『碧巌録』三教老人序にも、「亡羊之岐易泣、指海之針必南」とある。
○県首甑人…＝『祖庭事苑』巻三によると、干将・莫邪の子の眉間尺は楚王に父の仇討をしようとしていたが、甑山の人が現れてその役を買って出る。そこで眉間尺は自分の首と名剣を与え、その人は去って楚王の首をはねたという。なおこの話は第一〇〇則頌評唱にもみえる。

〇何有＝何如、如何、怎麼に同じ。

〇薮麦不分＝薮《まめ》と麦を区別できないことから、愚か者を言う。

〇穴云、只聞不以而以、何得抑以而以＝『会元』風穴章では「穴云」なし。会話のつながりから『会元』が正しいと思われる。今、これに従うことにする。「只聞…」以下は難解だが、『種電鈔』は、『字彙』を引き、「以」は已で「やむ」の意であるとする。『会元』テキストも以を已に作る。ひとまずこれに従う。

〇清云、巨浪湧千尋、澄波不離水＝『会元』は「清云」を「師(風穴)曰」に作る。やはりこれに従う。どんなに心が揺れ動こうとも、本性そのものは変らない。


風穴初到南院、入門不礼拝。院云、入門須辨主。穴云、端的請師分。院左手拍膝一下。穴便喝。院右手拍膝一下。穴亦喝。院挙左手云、這箇即従闍黎。又挙右手云、這箇又作麼生。穴云、瞎。院遂拈拄杖。穴云、作什麼。某甲奪却拄杖、打著和尚。莫言不道。院便擲下拄杖云、今日被這黄面浙子鈍置一上。穴云、和尚大似持鉢不得、詐道不飢。院云、闍黎莫曾到此間麼。穴云、是何言歟。院云、好好借問。穴云、也不得放過。院云、且坐喫茶。你看、俊流自是機鋒峭峻。南院亦未辨得他。

至次日、南院只作平常問云、今夏在什麼処。穴云、鹿門与廓侍者同過夏。院云、元来親見作家来。又云、佗向你道什麼。穴云、始終只教某甲一向作主。院便打推出方丈云、這般納敗欠底漢、有什麼用処。穴自此服膺、在南院会下作園頭。

一日院到園裏問云、南方一棒、作麼生商量。穴云、作奇特商量。穴云、和尚此間作麼生商量。院拈棒起云、棒下無生忍、臨機不讓師。穴於是豁然大悟。

風穴は南院に到ったばかりの時、門を入ったが礼拝しなかった。南院「門を入ったら主人がわからねばならぬぞ」。風穴「ずばり師匠らしさをはっきりさせて下さい」。南院は左手で膝を一打ちした。風穴はすかさず喝した。南院は右手で膝を一打ちした。風穴もやはり喝した。南院は左手を挙げて言った、「これはお前さんに任そう」。また右手を挙げて言った、「こちらはどうする」。風穴「めくらめ」。そこで南院は拄杖を手に取った。風穴「何をするのです。それがしが拄杖を奪い取って、和尚を打ちすえましょう。言わないとは言わせませんぞ」。そこで南院は拄杖を放り投げて言った、「今日はこの黄色い顔をした浙江野郎にコケにされたわい」。風穴「和尚はまるで、托鉢で何ももらえなかったのにひもじくないと嘘をついているようです」。南院「お前さんはここに来たことはないのか」。風穴「何を言うのですか」。南院「しっかりと質問するように」。風穴「やはり見逃すことはできません」。南院「まあ坐って茶でも飲め」。見よ、優れた者は自ずと機鋒が鋭いのだ。南院もまだ彼を理解できてない。

次の日、南院はありきたりの質問をした、「今年の夏安居はどこにいたのか」。風穴「鹿門で廓侍者と一緒に夏安居をしました」。南院「なんだ御身はやり手にまみえていたのか」。また言った、「彼はおまえに何と言ったのだ」。風穴「いつでも、ただそれがしがひたすら主となれと教えられました」。南院はすかさず打ち、方丈から押し出して言った、「こんな敗北を受け入れた男には、何の見どころもない」。風穴はこの後、このことを心に刻み、南院の門下で畑の番人となった。

ある日、南院が畑にやってきて問うた、「南方の一棒をどのように考えているか」。風穴「優れたものと考えます」。風穴「和尚、ここではどのように考えますか」。南院は棒を手に取って言った、「棒によって不生不滅の境地を体得したからには、師の棒を受けても引き下がりはしない」。風穴はここで豁然と大悟した。

○風穴初到…＝以下の話は『伝灯録』巻一三などに見える。

○黄面浙子＝「黄面」は馬鹿にした呼び方。「浙子」は浙江の余杭出身の風穴を呼ぶ。
○鈍置一上＝「鈍置」はばかにする、コケにする。「一上」は一下や一場に同じ。
○闍黎莫曾到此間麼＝「此間」は南院を指すと同時に、本分の境地を含意する。
○借問＝質問すること。
○至次日、南院…＝以下の話は、「元来親見作家来」までは『広灯録』巻一五などに見えるが、それ以下は出典未詳。
○服膺＝胸に刻む、肝に銘ずる。
○園頭＝「園」は野菜や茶を栽培する畑。
○一日院到園裏…＝以下の話は、『会元』巻一一に見える。
○南方一棒＝鏡清の教化を言うものであろう。
○商量＝問答討論する意に用いることが多いが、一人のときは、よく考えて判断する意。

是時五代離乱。郢州牧主、請師度夏。是時臨済一宗大盛。他凡是問答垂示、不妨語句尖新、攢花簇錦、字字皆有下落。

一日牧主請師上堂。示衆云、祖師心印、状似鉄牛之機。去即印住、住即印破。只如不去不住、印即是、不印即是。何故不似石人木馬之機、直下似鉄牛之機。無你撼動処。你才去、即印住、你才住、即印破、教你百雑砕。只如不去不住、印即是、不印即是。看他恁麼垂示、可謂鉤頭有餌。

この当時は五代の争乱のさなかであった。郢州の牧主は風穴に、その地で夏安居を過ごすように請うた。当時は臨済の一宗が大いに隆盛していたが、およそその問答や垂示ははなはだ言葉が鋭く新鮮で、花や錦を集めたようであり、一字一字に皆落ち着き所があった。

ある日、牧主が風穴に上堂を請うた。そこで衆僧に教示して言った、「祖師の心印のありさまは、鉄牛のはたらきのようである。去れば印は留まり、留まれば印は壊れる。去りも留まりもしないときは、印するのがよいか、印しないのがよいか」。どうして石人や木馬のはたらきのようではなく、ひとえに鉄牛のはたらきのようなのか。おまえは揺り動かすことなどできない。おまえが去るや否や印は留まり、おまえが留まるや否や印は壊れ、おまえを木っ端みじんにする。去りも留まりもしなければ、印するのがよいか、印しないのがよいか。ごらん、このように彼が垂示したのは、釣り針に餌をつけてぶら下げているというものだ。

○攢花簇錦＝言葉の秀麗なことを喩える。
○下落＝落ち着くところ、行く末、決着。

是時座下有盧陂長老、亦是臨済下尊宿。敢出頭来、与他対機、便転他話頭、致箇問端。不妨奇特。道、某甲有鉄牛之機、請師不搭印。争奈風穴是作家、便答他道、慣釣鯨鯢澄巨浸、却嗟蛙歩驟泥沙。也是言中有響。雲門云、垂鉤四海、只釣獰竜。格外玄機、為尋知己。巨浸、乃十二頭水牯牛為鉤餌、却只釣得一蛙出来。此語且無玄妙、亦無道理計較。古人道、若向事上覰則易、若向意根下卜度、則没交渉。盧陂佇思、見之不取、千載難逢。可惜許。所以道、直饒講得千経論、一句臨機下口難。其実盧陂要討好語対他、不欲行令、被風穴一向用攙旗奪鼓底機鋒、一向逼将去、只得没奈何。俗諺云、陣敗不禁苕帚掃。当初更要討鎗法敵他、等你討得来、即頭落地也。

牧主亦久参風穴、解道、仏法与王法一般。穴云、你見箇什麼。牧主云、当断不断、返招其乱。風穴渾是一団精神、如水上葫蘆子相似。捺著便転、按著便動、解随機説法。若不随機、翻成妄語。穴便下座。

この時、聴衆に盧陂長老がいた。この人もまた臨済門流の尊宿である。敢えて出てきて彼に応じて、話の向きを転換して質問をした。たいしたものだ。いわく、「私は鉄牛のはたらきを具えています。どうか先生、印を押さないでください」。いかんせん、風穴はやりてであった。そこで彼に答えた、「鯨どもを釣り上げて大海をおだやかにするなら手慣れたものだが、蛙が泥沼をかき回すのにはお手上げだ」。これも言葉に響きがある。雲門は言った、「四海に釣り糸を垂れ、ただ獰猛な竜を釣る。常識を越えた玄妙なはたらきによって、知己を捜す」。大海には十二頭の水牯牛を餌として釣針につけたのに、ただ一匹の蛙を釣り上げただけであった。この語は別に玄妙ではなく、また理屈が考えられているのでもない。古人は言った、「事物について観察すれば易しく、心の中で憶測するなら無関係」。

盧陂は考え込んだ。見たらそれを取らないと、もう千年経っても巡り逢えないぞ。残念だ。だから言うのだ、「たとえ一千の経論を講ずることができても、いざというとき肝心の一句を言うのは難しい」と。実は、盧陂はうまい言葉を探して彼に答えようとし、王令が行われないようにしたかったのだが、風穴にもっぱら旗と太鼓を奪う機鋒をはたらかされ、一方的に攻め込まれてしまい、どうしようもなくなったのである。世間の諺に言う、「陣地が敗れれば、ほうきなどで掃除しきれたものではない」。最初はさらに槍の使い方を習得して彼に立ち向かおうとしたが、おまえが習得したときには、首ははねられ地に落ちてしまうことだろう。

牧主もまた長く風穴に参禅しており、「仏法と王法は同じですね」と言うことができた。風穴「あなたはどんなことをお考えになったのですか」。牧主「断罪すべきものを断罪しなければ、かえって反乱を引き起こす」。風穴はまるごとひとかたまりの活力であり、水上に浮かぶ瓢簞のようだ。押せば回転し、手を掛ければ動き、相手に応じて説法できる。もし相手に応じなければ、かえってでたらめになってしまう。風穴はすぐに座を降りたのだった。

○雲門云＝第三則頌評唱に既出。ただしこれは雲門ではなく梁山縁観の語。圜悟の記憶違いか。
○十二頭水牯牛＝「十二頭」は数の多いことを言うのであろう。「水牯牛」は去勢した水牛。『荘子』外物に、任公子が五十頭の犗(去勢した牛)で大魚を釣る話があり、あるいはそれを踏まえるか。
○古人道＝同様の言葉として、第四〇則本則評唱に、「古人道、若於事上見、堕在常情。若向意下卜度、卒摸索不著」とある。
○直饒講得千経論…＝『伝灯録』巻二九の竜牙の頌に、「饒君講得千経論、一句臨機下口難」とある。『祖堂集』は「饒君講」を「時人尽」とする。
○陣敗不禁苕箒掃＝戦死した兵士が折り重なった完敗のさま。

只如臨済有四賓主話。夫参学之人、大須子細。如賓主相見、有語論賓主往来。或応物見形、全体作用、或把機権喜怒、或現半身、或乗獅子、或乗象王。

如有真正学人、便喝先拈出一箇膠盆子。善知識不辨是境、便上他境上、作模作様。便学人又喝。前人不肯放下。此是膏肓之病、不堪医治。喚作賓看主。

或是善知識不拈出物、随学人問処便奪。学人被奪、抵死不放。此是主看賓。

或有学人、応一箇清浄境、出善知識前。知識辨得是境、把他抛向坑裏。学人言、大好善知識。知識即云、咄哉、不識好悪。学人礼拝。此喚作主看主。

或有学人、披枷帯鎖、出善知識前。知識更与他安一重枷鎖。学人歓喜、彼此不辨。呼為賓看賓。

大徳、山僧所挙、皆是辨魔揀異、知其邪正。


ところで、臨済に四賓主の話がある。修行者は、大いに注意検討しなければならない。たとえば主客が相まみえれば、言葉がやりとりされ、主客が往来する。ある時は相手に応じて姿を現し、全体を示してはたらきをなす。ある時は方便で笑ったり怒ったりし、ある時は体を半分しか現さず、ある時は獅子に乗り、ある時は象に乗る。

もし真の修行者がいたら、一喝してからまず膠《にかわ》を入れた容器を取り出す。先生はこれが手立てだと気が付かず、その手立てに乗っかってあれこれと所作をする。修行者はすかさずまた一喝する。しかし先生の方はその道具を放そうとしない。これは不治の病であり、治すことは不可能である。こういうのを、「客が主を看る」と言うのだ。

あるいは、先生は何も持ち出さず、修行者が質問したら奪ってしまう。修行者は、奪われても命がけで放さない。これは、「主が客を看る」である。

あるいは、修行者が清浄な悟りの境地に対応して先生の前に現れると、先生はそれが手立てであると看て取り、それを穴に放り込んでしまう。修行者は、「すばらしいですね、先生」と言えば、先生は、「たわけ、ものの善し悪しがわかっておらん」と言う。修行者は礼拝する。これは、「主が主を看る」と言う。

あるいは、修行者が首枷や鎖を身にまとって先生の前に現れると、先生はさらにもうひとまわり首枷と鎖を重ねて付けてやり、修行者は大喜びする。これはお互いがお互いをわかっていない。これを、「客が客を看る」と呼ぶ。

皆の者、わしが今挙げたのは、いずれも魔物や異端を見分け、正邪を心得るためのことである。

○臨済有四賓主話＝『臨済録』示衆にもととなる説はあるが、賓を主に作るなど、多少相違があり、四賓主として整理されたのは後代である。この評唱とほぼ同文のものは、『人天眼目』巻一〇に見える。なお『種電鈔』『不二鈔』両者とも、この臨済四賓主の話は蜀本・福本ともに見えないと指摘し、『種電鈔』テキストはこれを削っている。
○或乗獅子、或乗象王＝獅子に乗っているのは文殊、象に乗っているのは普賢。つまり、文殊や普賢として現れるということ。
○膠盆子＝にかわでべとべとになっている容器。どうにも始末の悪いしろもの。
○善知識＝指導者、師匠。
○境＝機境に同じ。修行者を導くてだて。

○膏肓之病＝不治の病。「病膏肓に入る」(『左伝』成公十年)の故事から。
○清浄境＝清浄なる悟りの境地。

不見僧問慈明、一喝分賓主、照用一時行時如何。慈明便喝。又雲居弘覚禅師示衆云、譬如獅子捉象亦全其力、捉兎亦全其力。時有僧問、未審全什麼力。雲居云、不欺之力。

看佗雪竇頌出。

ごらん、僧が慈明《じみょう》に問うた、「一喝で主客を分け、悟りとはたらきが同時に行われる時はどうでしょうか」。慈明はすかさず喝した。また雲居《うんご》弘覚《こうかく》禅師が衆に示して言った、「たとえば獅子が象を捉える時に全力を尽くし、兎を捉える時にもまた全力を尽くすようなものだ」。その時僧が問うた、「どのような全力を尽くすのでしょうか」。雲居「いつわりのない力だ」。

雪竇が詠ったのを看よ。

○慈明＝石霜楚円。九八六―一〇三九。汾陽善昭の法嗣。この話は、『広灯録』巻一八・楚円章などに見える。「上堂曰、一喝分賓主、照用一時行。若会箇中意、日午打三更。乃喝一喝云、且道是賓是主」。
○雲居弘覚禅師示衆云…＝雲居弘覚とは雲居道膺(?―九〇二)のこと。弘覚は諡号。『伝灯録』巻二七・諸方雑挙徴拈代別語に、「僧問老宿、…」としてこの問答がみえる。

【頌】

擒得盧陂跨鉄牛、〔千人万人中、也要呈巧芸。敗軍之将不再斬〕
三玄戈甲未軽酬。〔当局者迷。受災如受福、受降如受敵〕
楚王城畔朝宗水、〔説什麼朝宗水。浩浩充塞天地。任是四海、也須倒流〕
喝下曾令却倒流。〔不是這一喝、截却你舌頭、咄、驚走陝府鉄牛、嚇殺嘉州大象〕

盧陂をつかまえて鉄牛にまたがらせたが、〔千人万人の中で、(盧陂だけが)うまい芸を見せようとした。敗軍の将を二度斬ることはない〕
三玄の戈《ほこ》と鎧による応酬はまだ軽々しくは行われない。〔当事者は迷うものだ。災難に遭っても福を受けたようにし、降伏した相手でも敵であるかのように対応せよ〕
楚の王城に集まってくる川を、〔何が集まってくる川だ。広々と天地いっぱいに満ちているぞ。たとえ四海でも逆流させねばならん〕
一喝の下に逆流させたのだ。〔この一喝はおまえの舌を断ち切るのではなくて、こらっ、陝府《せんぷ》の鉄牛を驚き走らせ、嘉州《かしゅう》の大像を震えあがらせるのだ〕

○三玄戈甲未軽酬＝「三玄」は三要とともに、臨済の教説を代表する言葉の一つ。『臨済録』上堂に見える。その箇所は評唱に引く「三要」と同様、具体的な説明はない。通常、体中玄、句中玄、玄中玄の三つを言う。「戈甲」はほこと鎧。この程度では、まだ臨済門下の本領を発揮して対応するまでもない。

○当局者迷＝「当局者迷、旁観者清(明)」は古くからの諺。
○楚王城＝すなわち郢のこと。
○朝宗＝諸々の川が海に流れ込むこと。
○不是這一喝、截却你舌頭＝『種電鈔』では、「是れ這の一句、你が舌頭を截却するのみにあらず」と読み、次の「咄」を途中に入った間投詞とみて、「驚走…」に続くものと解している。このように解することができればわかりやすいが、「不是…」を「のみにあらず」と読むのは無理がある。そこで、「不是…而是…」(…ではなくて、…)の意に解し、この一喝はお前の舌など問題ではなく、もっとスケールが大きいのだ、と解した。
○陜府鉄牛、嘉州大象＝前者は本則「鉄牛の機」注参照。後者について『種電鈔』に、「統紀会要志、唐玄宗朝、沙門海通、於嘉州大江、鑿石為弥勒仏、高三百六十尺、覆閣九層」とある。嘉州は四川省楽山県であり、要するに著名な四川の楽山大仏のこと。

【評唱】

雪竇知風穴有這般宗風、便頌道、擒得盧陂跨鉄牛、三玄戈甲未軽酬。臨済下有三玄三要。凡一句中須具三玄、一玄中須具三要。
僧問臨済、如何是第一句。済云、三要印開朱点窄、未容擬議主賓分。如何是第二句。済云、妙辨豈容無著問、漚和不負截流機。如何是第三句。済云、但看棚頭弄傀儡、抽牽全藉裏頭人。
風穴一句中、便具三玄戈甲、七事随身、不軽酬他。若不如此、争奈盧陂何。後面雪竇要出臨済下機鋒。莫道是盧陂、仮饒楚王城畔、洪波浩渺、白浪滔天、尽去朝宗、只消一喝、也須教倒流。

雪竇は風穴にこういう宗風があることを知っていたので、頌に、「盧陂をつかまえて鉄牛にまたがらせたが、三玄の戈と鎧による応酬はまだ軽々しくは行われない」と言ったのだ。臨済門下には三玄三要がある。およそ一句中には三玄が具わっていなければならず、一玄中には三要が具わっていなければならない。

僧が臨済に問うた、「最初の一句はどういうものですか」。臨済「三要の印が押されて朱印がくっきりとうつり、そこには疑いなく主客が歴然と分かれている」。「第二句はどうですか」。臨済「文殊の如き智恵は無著《むじゃく》の問いなど寄せつけず、方便を使うにしても心の流れを断ち切るはたらきに悖《もと》らない」。「第三句はどうですか」。臨済「ひとつ見てみなさい、舞台の操り人形の動きは、全て舞台裏の人に依るものであることを」。

風穴の一句の中には三玄の戈と鎧が具わっており、七つの武具を身に付けているが、軽々しくは応酬しない。もしこうでなかったら、盧陂をどうすることもできない。後半で雪竇は、臨済門下の機鋒を表現しようとした。これは盧陂は言うに及ばず、たとえ楚の王城の下に、大波が立ち、しぶきが天まで届き、大河がことごとく流れ込んでこようとも、わずか一喝によって必ずや逆流させてしまうことだろう。

○一句中須具三玄、一玄中須具三要＝この句以下「抽牽全藉裏頭人」まで、『臨済録』上堂にみえる。ただしこの句は第一句〜第三句の問答の後にあり、また若干文字の異同がある。
○三要印開朱点窄＝『臨済録』では「窄」を「側」に作る。
○妙辨豈容無著問＝『臨済録』では「妙辨」を妙解に作る。「妙解」は文殊の智恵であり、「無著」は天台山で文殊と問答をした華厳寺無著とみられる。第三五則本則参照。
○漚和＝サンスクリット語のウパーヤの訳。方便。
○七事随身＝「七事」は七つ道具。第一五則頌評唱既出。
○只消＝…しさえすれば。

第三十九則　雲門《うんもん》の芍薬の花壇

垂示云、途中受用底、似虎靠山。世諦流布底、如猿在檻。欲知仏性義、当観時節因縁。欲煅百錬精金、須是作家炉鞴。且道、大用現前底、将什麼試験。

修行の過程でそこに内在する悟りを楽しむ者は、あたかも虎が山にあって思うがままのようである。世俗的な考えに流されてしまうものは、猿が檻の中に閉じ込められているようである。仏性の意味を解りたいならば、時期や機縁を観察しなければならない。十二分に精錬された金を焼き煆《きた》えようとするならば、やり手の炉とふいごでなければだめだ。さて、大いなるはたらきをその場に体現しているものは、どうやって試したものだろうか。

○途中受用＝悟りに至るまでの修行過程にあって悟りの境地を享受する。第八則垂示に既出。
○世諦流布＝世俗の価値観に流される。第八則垂示既出。
○欲知仏性義、当観時節因縁＝第一四則本則評唱既出。「時節因縁」は機が熟したちょうどよいタイミング。

【本則】

挙。僧問雲門、如何是清浄法身。〔墖圾堆頭、見丈六金身。斑斑駁駁、是什麼〕門云、花薬欄。〔問処不真、答来鹵莽。塹著磕著、曲不蔵直〕

僧云、便恁麼去時如何。〔渾崙呑箇棗。放憨作麼〕
門云、金毛獅子。〔也褒也貶。両采一賽。将錯就錯。是什麼心行〕

僧が雲門《うんもん》に問うた、「清浄《しょうじょう》法身《ほっしん》とはどういうものでしょうか」。〔ごみの山に丈六仏を見た。箔が剝げて汚いまだら模様。なんだこれは〕
雲門「柵で囲った芍薬の花壇だ」。〔問いがまともでないので、答えもいいかげんになった。あちこちいじくりまわしても、曲がったら真っ直ぐなものは容れられないぞ〕
僧「そうであるときはどうします」。〔なつめをまるごと呑み込んだ。愚かさぶりをさらけ出してどうする〕
雲門「金毛の獅子だ」。〔褒めてもいるし貶《けな》してもいる。サイコロ一振りで勝ち目が二つ出た。自分の過ちを逆手にとった。なんというやりくちだ〕

○この本則は、『雲門広録』巻上による。
○雲門＝雲門文偃。第六則本則などに既出。
○清浄法身＝毘盧舎那仏をいう。それは一切処に遍満している。第九九則本則も参照。
○壗圾堆頭＝ごみ、がらくたの山。第八七則本則評唱には「去糞掃堆上、現丈六金身」と。
○丈六金身＝「丈六」は一丈六尺。仏陀の身長。仏像の高さ。
○斑斑駁駁＝まだらに剝げて汚らしいこと。
○花薬欄＝「花薬」は芍薬のこと。芍薬が欄干で囲ってある植え込み。見事な清浄法身の展開。一説に便所の周囲の植込みとするのは誤り。
○鹵莽＝がさつ、あるいはおおまかなこと。

○塋著磕著＝「塋」は撞くこと、「磕」は撃つことで、突いたり叩いたりすること。第二七則頌著語既出。
○曲不蔵直＝あれこれひねり回した答の中には、ストレートな真理はない。雲門の答を抑下する。
○便恁麼去時如何＝『雪竇頌古』では、「恁麼」を「与麼」に作る。
○渾崙呑箇棗＝雲門の答をそのまま鵜呑みにしている。第三〇則本則評唱既出。
○放憨＝愚かさを振り回す。
○金毛獅子＝「花薬欄」の豪華絢爛だけでなく、そこに鋭いはたらきが秘められている。『臨済録』勘弁「有事一喝、如踞地金毛獅子」。第八四則頌にもみえる。
○両采一賽＝サイコロ一振りで、二つの勝ち目がでること。
○心行＝不用意に痕跡を残すような言行を批判的に言うときに使う。

〔評唱〕

諸人還知這僧問処与雲門答処麼。若知得、両口同無一舌。若不知、未免顢頇。僧問玄沙、如何是清浄法身。沙云、膿滴滴地。具金剛眼。試請辨看。雲門不同別人。有時把定、壁立万仞、無你湊泊処、有時与你開一線道、同死同生。雲門三寸甚密。有者道、是信彩答去。若恁麼会、且道、雲門落在什麼処。

諸君はこの僧の問いと雲門の答えがわかるか。もしわかれば、両人のどちらも実は無言なのだ。わからなければ、まだまだグズロクだ。

僧が玄沙《げんしゃ》に問うた、「清浄法身とはどういうものですか」。玄沙「膿がだらだら」。金剛の目を具えているというものだ。ひとつはっきりさせてみたまえ。雲門は他の人とは違う。あるときはがっしり押さえ込んで断崖絶壁となり、おまえたちを近づけない。あるときはおまえたちに一筋の道を開いてやり、生死を共にしてくれる。雲門の舌から出る言葉は非常に周到だ。ある者は、出た目まかせに答えると言うが、もしこう理解するならば、雲門の落ちつき所は一体どこなのか。

○両口同無一舌＝二人の問答は言葉を超えている。仰山慧寂の辞世の偈に、「一二二三子、平目復仰視。両口一無舌、即是吾宗旨」(『五家語録』仰山章)。
○顢頇＝ぐずぐずしている、ぼさっとする。第二一則本則評唱既出。
○僧問玄沙、如何是清浄法身…＝大慧『正法眼蔵』に、「僧問、如何是堅固法身。(玄)沙云、膿滴滴地」と見える。玄沙は玄沙師備。八三五―九〇八。
○三寸＝舌のこと。
○信彩＝「彩」はサイコロの目。サイコロの出た目にまかせるということ。

這箇是屋裏事、莫向外卜度。所以百丈道、森羅万象、一切語言、皆転帰自己、令転轆轆地。向活潑潑処便道、若擬議尋思、便落第二句了也。永嘉道、法身覚了無一物、本源自性天真仏。雲門験這僧、其僧亦是他屋裏人。自是久参、知他屋裏事、進云、便恁麼去時如何。門云、金毛獅子。且道、是肯他、是不肯他。是褒他、是貶他。巌頭道、若論戦也、箇箇立在転処。又道、他参活句、不参死句。活句下薦得、永劫不忘。死句下薦得、自救不了。

『これ』はわが家の中のことであり、外に向かって推し量ってはならない。だから百丈は言うのだ、「森羅万象も一切の言葉もみなめぐって自己に帰る。それをごろんごろんと自由無碍に回すのだ」。だからぴちぴち躍動しているところで言うのだ、「もし躊躇し考え込めば、すぐさま第二義の言句へ落ち込んでしまう」と。永嘉は言った、「法身に目覚めてしまえばもう何もない。本源の自性は天真の仏だ」。

雲門はこの僧を試したが、その僧もまた同じ家の人であった。もともと長く参禅していたので、家の中の事はわかっており、進み出て言った、「ではそうであるときはどうします」。雲門「金毛の獅子だ」。さて、これは彼を肯っているのか、肯っていないのか。褒めているのか、貶しているのか。巌頭は言った、「戦いでいえば、それぞれが分かれ目にたっている」。また言う、「彼は生きた言葉に参究し、死んだ言葉に参究しない。生きた言葉で合点すれば、永久に忘れない。死んだ言葉で合点すれば、自分さえ救うことができない」。

○屋裏事＝自分自身のことがら。
○百丈道＝『伝灯録』巻六・百丈章には、「又如（一本作不）読経看教、語言皆須宛転帰就自己」という一節がある。
○転轆轆地＝臼をごろごろとひくさま。万物を自在に転ずるさま。
○永嘉道＝永嘉玄覚。『証道歌』の一節。
○巌頭道＝巌頭は巌頭全豁。第一〇則垂示既出。
○又道＝第二〇則本則評唱既出。徳山縁密の語にもとづく。

又僧問雲門、仏法如水中月、是否。門云、清波無透路。進云、和尚従何而得。門云、再問復何来。僧云、正恁麼去時如何。門云、重畳関山路。

須知此事不在言句上。如撃石火、似閃電光。搆得搆不得、未免喪身失命。雪竇是其中人、便当頭頌出。

また僧が雲門に問うた、「仏法は水面に映った月のようなものではありますまいか」。雲門「清らかな波には突き抜ける手だてがない」。進み出て言った、「和尚はどうやって悟ったのですか」。雲門「二度目の問いはどうやってもちだしたのだ」。僧「まさしくそうであるときはどうします」。雲門「関所越えの山道は葛折りの険しさ」。『このこと』は言句の上にはないということを知らねばならない。電光石火のようであり、到達できようができまいが、命を失うことは避けられない。雪竇はその中の人であり、即座に詠い上げた。

○又僧問雲門…＝『雲門広録』巻上にみえる。
○仏法如水中月＝『仏祖統紀』巻四一「永貞元年、詔戸利禅師入内殿咨問禅理。帝曰、大地衆生如何得見性成仏。利曰、仏法如水中月、月可見不可取」。
○其中人＝「其中」は「箇中」「彼中」「箇裏」等と同じで、禅でいう根本究極のところ、本来の家郷。「其中人」はそこにいる人。

【頌】

花薬欄、〔言猶在耳〕
莫顢頇。〔如麻似粟。也有些子。自領出去〕
星在秤兮不在盤。〔太葛藤。各自向衣単下返観。不免説道理〕
便恁麼、〔渾崙吞箇棗〕
太無端。〔自領出去。灼然。莫錯怪他雲門好〕
金毛獅子大家看。〔放出一箇半箇、也是箇狗子。雲門也是普州人送賊〕

柵で囲った芍薬の花壇、〔言葉はまだ耳に残っているぞ〕
ぐずぐずするな、〔麻の実や粟粒のようにどっさり。まだ少しいるぞ。自分で自分をしょっぴけ〕
目盛りは竿にあり、皿にはない。〔くだくだしゃべり過ぎ。各自衣の下に心を向けよ。どうしても道理を説くのだな〕
「そうである(とき)」とは、〔なつめをまるごと呑み込んだ〕
随分と突拍子もないことよ、〔自分で自分をしょっぴけ。明々白々だ。誤解して雲門をうらむなよ〕
金毛の獅子をみんな見るがいい。〔めったにいない奴を出してきた。しかしやはり犬ころだ。雲門もまた賊が賊を送ったということだ〕

○顢頇＝ぐずでぼんやり。
○也有些子＝顢頇ならざる者も少しはいる。
○星在秤兮不在盤＝秤の目盛りは竿にあり、はかる物を載せる皿にはない。花薬欄ということにとらわれてはいけない。
○便恁麼＝僧の「便恁麼去時如何」という再度の問い。
○無端＝理由がない、いわれがない。とっぴょうしもない。
○錯怪＝誤解によって人を恨み責める。
○普州人送賊＝盗賊が盗賊を見送る。第二二則本則著語既出。雲門の僧に対する対応を言う。

〔評唱〕

雪竇相席打令、動絃別曲、一句一句判将去。此一頌、不異拈古之格。

花薬欄、便道、莫顢頇。人皆道、雲門信彩答将去。総作情解会佗底。所以雪竇下本分草料、便道、莫顢頇。蓋雲門意、不在花薬欄処。所以雪竇道、星在秤兮不在盤。這一句忒煞漏逗。水中元無月、月在青天。如星在秤不在於盤、且道、那箇是秤。若辨明得出、不辜負雪竇。

雪竇は宴席の様子に応じて出し物を選び、弦を弾けばすぐにどの曲かわかるので、一句一句解釈を下した。この一頌は、拈古の調子と同じである。

「柵で囲った芍薬の花壇」について、「ぐずぐずするな」と言った。人々は皆、雲門は出た目任せに答えたと言うが、だれもが分別によって彼を理解している。だから雪竇はそいつにふさわしいエサを与えて言ったのだ、「ぐずぐずするな」と。そもそも雲門の意は、柵で囲った芍薬の花壇にはない。だから雪竇は、「目盛りは竿にあるのだ、皿ではない」と言ったのだ。この一句は随分とぼろを出した。水の中には元々月などなく、月は青天にあるのだ。目盛り(星)が竿にあって皿にはないように。さて、何が竿なのか。もし明らかにすることができたならば、雪竇に背かない。

○相席打令＝宴席の雰囲気を見て、もっともふさわしい酒令(酒席での遊技)を行うこと。
○動絃別曲＝弾き手が弦を動かしたとたんに曲名がわかる。伯牙と鍾子期の故事による。
○不異拈古之格＝第一則頌評唱に、「拈古大綱拠款結案而已」(拈古はおおむね自白にもとづいて判決を下すもの)とあるのを参照。
○本分草料＝その人に本来ふさわしいエサ。禅坊主にあった対応のしかた。第一八則本則著語に既出。

古人到這裏、也不妨慈悲。分明向你道、不在這裏、在那辺去。且道、那辺是什麼処。此頌頭辺一句了。後面頌這僧道、便恁麼去時如何。雪竇道、這僧也太無端。且道、是明頭合、暗頭合。会来恁麼道、不会来恁麼道。金毛獅子大家看。還見金毛獅子麼。瞎。

ここへきて古人もまたなかなか慈悲深く、おまえたちにはっきり示して言った、「ここにはなく、あちらにある」と。さて、あちらとはどこなのか。以上は、はじめの一句を頌したものである。

後には、この僧が「そうであるときはどうします」と言ったのを頌している。雪竇は、「この僧も随分と突拍子もないことよ」と言った。さて、これはことば通りに合点しているのか、より奥深い所で合点しているのか。わかってこう言っているのか、わからないでこう言っているのか。「金毛の獅子をみんな見るがいい」。金毛の獅子を見たか。めくらめ。

○不在這裏、在那辺去＝一夜本は末尾の「去」なし。この方が読みやすい。

○明頭合、暗頭合＝「明」は言葉で言えるところ、「暗」は言葉を超えたところ。

第四十則　南泉《なんせん》と陸亘大夫《りくこうたいふ》

垂示云、休去歇去、鉄樹開花。有麼有麼、黠児落節。直饒七縱八横、不免穿他鼻孔。且道、誵訛在什麼処。試挙看。

おわった、おわった、鉄の樹に花が咲いた。あるか、あるか、名人のしくじり。たとえ自由無碍でも、鼻に穴をあけられるのを免れない。さて、難解なところはどこにあるのか。取り上げてみよう。

○休去歇去＝「休歇」はけりをつけ、休息する。さとりの境地に至ること。
○鉄樹開花＝非常にめずらしいこと、実現が極めてむずかしいこと。常識の枠を越えた奇跡。『会元』巻二〇・西禅鼎需章「二十五日已前、群陰消伏、泥竜閉戸。二十五日已後、一陽来福、鉄樹開花」。
○有麼有麼＝休歇に至った者がいるか。
○黠児落節＝上手の手から水が漏れる。本則の陸亘のことを暗に示す。

【本則】

挙。陸亘大夫与南泉語話次、陸云、肇法師道、天地与我同根、万物与我一体、也甚奇怪。〈鬼窟裏作活計。画餅不可充飢。也是草裏商量〉

南泉指庭前花、〔道什麼。咄。経有経師、論有論師。不干山僧事。咄。大丈夫当時下得一転語、不唯截断南泉、亦乃与天下衲僧出気〕

召大夫云、時人見此一株花、如夢相似。〔鴛鴦綉了従君看、莫把金針度与人。莫寐語。引得黄鶯下柳条〕

陸亘《りくこう》大夫は南泉《なんせん》と話をした折に言った、「僧肇《そうじょう》法師は、『天地は我と同根であり、万物は我と一体である』と言いましたが、なんともすばらしいですね」。〔幽鬼の穴蔵で生活している。絵に描いた餅では飢えを満たせない。やはり草むらで相談している〕

南泉は庭先の花を指さし、〔何を言うか。こらっ。経には経師がおり、論には論師がいるのだ。(禅師たる)わしの事には関係ないぞ。こらっ。立派な男(陸亘)がこの時一転語を下すことができれば、ただ南泉をたたき斬るだけでなく、天下の坊主どものうっぷんを晴らさせるぞ〕

大夫を呼んで言った、「近ごろの人たちがこの一株の花を見るのは、あたかも夢まぼろしを見るようなものだ」。〔おしどりの刺繍が出来上がれば自由に見せるが、黄金の刺繍針は渡さない。寝言を言うな。うぐいすを引きつけて柳の枝の下に降り立たせた〕

○この本則は、『伝灯録』巻八・南泉章による。
○陸亘＝七六四―八三四。南泉に参じた居士。第一二則頌既出。
○南泉＝南泉普願。七四八―八三四。馬祖道一の嗣。第二六則本則評唱などに既出。
○肇法師＝僧肇。三七四―四一四。
○天地与我同根、万物与我一体＝『肇論』に収められる「涅槃無名論」にみえる言葉。『荘子』斉物論に「天地与我並生、而万物与我為一」とあるのに依るもの。

○奇怪＝本来は、けったいだ、納得できない、の意であろうが、後の評唱をみると、圜悟は「奇特」と同意に解しているようである。評唱の文との兼ね合いにより、ここは圜悟に合わせる。
○鬼窟裏作活計＝古人の言葉をこね回して日を過ごしている。
○一転語＝局面をがらっと転換させ、悟りへと向わせる言葉。
○出気＝ここでは、たまったうっぷんを晴らすこと。
○時人見此一株花、如夢相似＝理屈ばかり言っても、この現実の花がわかっていない。
○鴛鴦綉了従君看、莫把金針度与人＝見事に仕上がったおしどりの刺繡はとくとごらんあれ。しかし黄金の刺繡針を差し上げることはできません。手並は見せられても、コツは示せない。
○引得黄鸎下柳条＝花の魅力にひかれて、うぐいすが柳の枝から下りてきた。胡釘鉸の詩の一句であるというが未詳。

〔評唱〕

陸亘大夫、久参南泉。尋常留心於理性中、游泳肇論。一日坐次、遂拈此両句、以為奇特問云、肇法師道、天地与我同根、万物与我一体、也甚奇怪。
肇法師、乃晋時高僧、与生・融・叡同在羅什門下。謂之四哲。幼年好読荘老。後因写古維摩経有悟処、方知荘老猶未尽善。故綜諸経、乃造四論。荘老意謂、天地形之大也、我形亦爾也、同生於虚無之中。荘生大意、只論斉物。肇公大意、論性皆帰自己。不見他論中道、夫至人空洞無象、而万物無非我造。会万物為自己者、其唯聖人乎。雖有神有人、有賢有聖、各別而皆同一性一体。

陸亘大夫は長いこと南泉に参じ、日頃から万物の本性について関心を持ち、『肇論《じょうろん》』に心を遊ばせていた。そこである日坐っていた折、この二句をすばらしいものとして取り上げて問うた、「肇法師は『天地は我と同根であり、万物は我と一体である』と言いましたが、なんともすばらしいですね」。

肇法師は晋の時の高僧である。道生《どうしょう》、道融《どうゆう》、道叡《どうえい》と同じく羅什《らじゅう》の門下であり、彼らを四哲といった。幼くして老荘を読むことを好んだが、後に古訳の『維摩経《ゆいまきょう》』を筆写して悟るところがあり、老荘も完全にすばらしいとは言えないことがわかった。そこで諸々の経典をまとめ上げて四論を作った。老荘の考えは、天地は形の大なるものであり、自分の形もまた同様なもので、同じく虚無の中より生ずる、というものである。荘子の考えの根本は、ただ斉物《せいぶつ》ということにあり、肇法師の考えの根本は、性は皆自己に帰するということにある。ごらん、その論中に言う、「至人は空洞で何の形象ももたないが、万物で彼が自ら造ったものでないものはない。万物を合して自己と為す者は、ただ聖人のみであろうか」。神と人、賢と聖に区別はあっても、皆同じく一つの性、一つの体なのである。

○理性＝現象世界を貫通する不変の実性。
○肇論＝僧肇の論文を集めたもの。「物不遷論」、「不真空論」、「般若無知論」、「涅槃無名論」に、「宗本義」を加える。
○生・融・叡＝道生(?—四三四)、道融、僧(道)叡。
○羅什＝鳩摩羅什。三五〇—四〇九頃。亀茲の人。後秦の代に長安に来て多数の経論を翻訳した。
○古維摩経＝呉の支謙訳など、羅什訳以前のものを指すのであろう。
○四論＝『肇論』に収める「物不遷論」、「不真空論」、「般若無知論」、「涅槃無名論」の四篇。
○斉物＝万物が一体であること。『荘子』斉物論篇は『荘子』の中心思想を述べている。
○夫至人空洞無象…＝「涅槃無名論」通古第一七の句。

古人道、尽乾坤大地、只是一箇自己。寒則普天普地寒、熱則普天普地熱。有則普天普地有、無則普天普地無。是則普天普地是、非則普天普地非。法眼云、渠渠渠、我我我、南北東西皆可可、不可可、但唯我無不可。

所以道、天上天下、唯我独尊。石頭因看肇論、至此会万物為自己処、豁然大悟。後作一本参同契、亦不出此意。

看他恁麼問。且道、同什麼根、同那箇体。到這裏、也不妨奇特。豈同他常人、不知天之高、地之厚。豈有恁麼事。陸亘大夫恁麼問、奇則甚奇、只是不出教意。若道教意是極則、世尊何故更拈花、祖師更西来作麼。

南泉答処、用衲僧巴鼻、与佗拈出痛処、破他窠窟。遂指庭前花、召大夫云、時人見此一株花、如夢相似。如引人向万丈懸崖上打一推、令他命断。你若平地上推倒、弥勒仏下生、也只不解命断。亦如人在夢、欲覚不覚、被人喚醒相似。南泉若是眼目不正、必定被他搽糊将去。看他恁麼説話、也不妨難会。若是眼目定動活底、聞得如醍醐上味。若是死底、聞得翻成毒薬。古人道、若於事上見、堕在常情。若向意根下卜度、卒摸索不著。巌頭道、此是向上人活計、只露目前些子、如同電払。南泉大意如此。有擒虎兕定竜蛇底手脚、到這裏、也須是自会始得。不見道、向上一路、千聖不伝。学者労形、如猿捉影。看他雪竇頌出。

古人は言った、「天地宇宙は全て、この自己一身にすぎない。寒ければ世界中寒く、熱ければ世界中熱く、有れば世界中すべて有り、無ければ世界中すべて無く、是であれば世界中是であり、非であれば世界中非である」。法眼《ほうげん》は言った、「彼はすべて彼、我はすべて我、南北東西のどこにも可可と不可可(の対立)があるが、ただ我だけは可でないものがない」。だから、「天上天下唯我独尊」と言うのだ。石頭《せきとう》は『肇論』を読み、この「万物を合して自己と為す」のくだりまで来て、豁然《かつねん》と大悟し、後に『参同契《さんどうかい》』一篇を作ったが、これもまた以上の旨を出るものではない。

見よ、彼(陸亘)はこのように問うた。さて、どんな根、どんな体と同じなのか。ここへ到ったのはなかなか見事だ。普通の人が天の高さと地の厚さを知らないのとは大違いだ。そんな輩にどうしてこんなことができようか。陸亘大夫がこう問うたのは見事と言えば実に見事であるが、結局は教学の内容を出ていない。もし教学の内容が究極の真理だというのなら、どうしてなおも世尊は花を手に取り、どうしてなおも達摩は西からやってきたのか。

南泉の答えは、禅僧の本領を発揮し、彼に肝心かなめの所を取り出してやり、彼の巣穴を破壊した。かくして庭先の花を指さし、大夫を呼んで言った、「近ごろの人たちがこの一株の花を見るのは、あたかも夢まぼろしを見るようなものだ」。人を千尋の崖っぷちに引っぱって来て一押しし、命を断とうとするかのようだ。おまえたちは平地で押し倒されたならば、弥勒の現れる遥か未来になっても結局命が断たれることなどない。また、(陸亘は)夢まぼろしを見ていて、目覚めたくても目覚められず、人に呼び起こされるようでもある。もし南泉の見識が正しくなかったら、彼(陸亘)に目を眩《くら》まされてしまっただろう。ごらん、彼の言葉はなかなか難解だ。もし目の利く生き生きとした奴が聞いたら、すばらしい醍醐の味がする。もし死んだような奴が聞いたら、逆に毒薬となる。古人は言った、「もし事物について見れば、普通の知的理解に陥ってしまう。もし分別心によって推し量れば、結局探し当てることはできない」。巌頭は言った、「これは仏を超えた人のやり口だ。稲光のように、目の前にちょっと現すだけである」。南泉の立場の根本もこのようなものであった。虎や兕《じ》を捕らえ、竜と蛇を見分ける手腕があっても、こうなればやはり自分で会得しなければならない。「至高の道は、あらゆる聖者も伝えなかった。修行者はむやみに肉体を疲れさせる、猿が影を捉えようとするように」と言うではないか。雪竇が詠い示したのを見よ。

○古人道…＝『会元』巻一五・徳山縁密章「上堂、倶胝和尚、凡有扣問、祇竪一指。寒則普天寒、熱則普天熱」。
○法眼＝法眼文益。八八五―九五八。
○渠渠渠、我我我…＝よくわからない。『種電鈔』では「渠《かれ》は渠が渠、我は我が我」と読んでいる。『伝灯録』や法眼の語録にはみえない。『雪竇語録』巻五の「送清果禅者」に、「古人之言無可不可、南北東西但唯我」とあり、『祖庭事苑』巻三「古人之言」に、法眼の頌「寄復長老」としてこれを引く。ただし、そこでは「渠渠渠、我我我、南北東西皆可可、可可不可可、但唯我無不可」としている。『種電鈔』テキストではそちらに従っている。

○天上天下、唯我独尊＝釈迦誕生の第一声と言われる語。
○石頭＝石頭希遷。七〇〇―七九〇。青原行思の法嗣。この話は『会元』巻五・石頭章に見える。
○参同契＝『伝灯録』巻三〇に見える。
○世尊何故更拈花＝世尊拈花の話は第一五則頌評唱に既出。
○衲僧巴鼻＝禅僧の十八番、本色。
○打一推＝『種電鈔』は「推一推」に作る。
○你若平地上推倒…＝崖っぷちまで行かず、日常のところで倒れているような奴は、いつまでたっても絶対絶命のところに追い込まれることがない。
○搽糊＝装ってごまかす。
○眼目定動＝鋭利聡明なさま。「定動」は動くこと。
○古人道＝第三八則本則評唱に、「古人道、若向事上覷則易、若向意根下卜度、則没交渉」の語がみえる。
○巌頭道＝巌頭全奯の語。『御選語録』巌頭章に見える。
○電払＝稲妻がさっと走る。
○有擒虎兕定竜蛇底手脚＝第一一則頌評唱に「謂之定竜蛇眼、擒虎兕機」とある。「兕」は猛獣の一種。
○向上一路、千聖不伝…＝盤山宝積の語。『伝灯録』巻七・盤山章にみえる。第三則本則評唱既出。

【頌】

聞見覚知非一一、〔森羅万象、無有一法。七花八裂。眼耳鼻舌身意、一時是箇無孔鉄鎚〕
山河不在鏡中観。〔我這裏無這箇消息。長者自長、短者自短、青是青、黄是黄。你向什麼処観〕
霜天月落夜将半、〔引你入草了也。徧界不曾蔵。切忌向鬼窟裏坐〕
誰共澄潭照影寒。〔有麼有麼。若不同床睡、焉知被底穿。愁人莫向愁人説、説向愁人愁殺人〕

聞・見・覚・知は一つのものではなく、〔森羅万象には一つのものも存在しない。バラバラだ。眼耳鼻舌身意は皆同じく穴のないハンマーだ〕

山河は鏡の中に見るものではない。〔わしの所ではこんなことはないぞ。長いものは自ずと長く、短いものは自ずと短い。青は青、黄色は黄色。おまえたちはどこに見るか〕

満天に霜が降りて月も沈んだ真夜中、〔おまえたちを草むらに引きずり込んだ。世界中のどこもかくれたところがない。幽鬼の穴蔵に坐るなど決してするな〕

誰が(月と)共に澄みきった淵にその姿を寒々と映し出すのか。〔いるか、いるか。同じ床で寝た者でなければ、布団の裏の穴はわからない。愁いを抱く人は、愁いを抱く人に話をしてはいけない。話をすれば、その人をひどく愁えさせることになる〕

○聞見覚知非一一＝正しくは、「(聞くこと、見ること、感じること、知ることは、)各々別のことではない」の意と思われるが、著語や評唱を読むと、圜悟は逆に「非一一」を「不同(＝非一)」の意に解している。万物一体の否定。圜悟の解釈に従って訳した。

○眼耳鼻舌身意＝六根。感覚・思考器官。

○無孔鉄鎚＝柄をつける穴のないハンマー。何とも取り扱いようのないしろもの。

○誰共澄潭照影寒＝「誰ぞ澄潭と共に影を照して寒《すさま》じき」と解釈する説もあるが(筑摩『雪竇頌古』)、評唱との兼ね合いもあり、ここは圜悟の読み方に従っておく。

○愁人莫向愁人説、説向愁人愁殺人＝愁いを抱く人は、その愁いを人に説かず自分の内だけにしまっておけ。

〔評唱〕

南泉小睡語、雪竇大睡語。雖然作夢、却作得箇好夢。前頭説一体、這裏説不同。聞見覚知非一一、山河不在鏡中観。若道在鏡中観、然後方暁了、則不離鏡処。山河大地、草木叢林、莫将鏡鑑。若将鏡鑑、便為両段。但只可山是山、水是水、法法住法位、世間相常住。山河不在鏡中観、且道、向什麼処観。還会麼。到這裏、向霜天月落夜将半。這辺与你打併了也、那辺你自相度。還知雪竇以本分事為人麼。誰共澄潭照影寒、為復自照、為復共人照。須是絶機絶解、方到這境界。即今也不要澄潭、也不待霜天月落。即今作麼生。

南泉は居眠りして寝言を言い、雪竇は熟睡して寝言を言った。夢を見たといっても、いい夢を見た。前では一体であると言い、ここでは同じではないと言う。「聞・見・覚・知は一つのものではなく、山河は鏡の中に見るものではない」。もし鏡の中に見てはじめてわかると言うならば、鏡を離れていない。山河大地も草木も林も、鏡に映して見てはいけない。もし鏡に映して見れば、二つに分断されてしまう。ただ、山は山、川は川であり、「各々の法は各々の位置にあり、世間の相《すがた》は永遠」であるだけだ。「山河は鏡の中に見るものではない」。さて、どこにおいて見たものか。わかるか。こうなると、「満天に霜が降りて月も沈んだ真夜中」だ。こちらはおまえたちに片づけてやった。あちらはおまえたちが自分で考えよ。雪竇は本来的な事柄によって人々を教化しているのがわかるか。「誰が(月と)共に澄みきった淵にその姿を寒々と映し出すのか」。これは(月が)自分で映し出しているのか、人と共に映し出しているのか。はたらきも解釈も断ち切ってはじめてこの境界に到れる。今は澄みきった淵も要らなければ、満天に霜が降りて月が沈むのを待つこともない。さて今、どうするか。

○法法住法位、世間相常住＝『法華経』方便品に、「是法住法位、世間相常住」の句がある。

○這辺＝『種電鈔』によると、一・二句。「那辺」は三・四句。
○打併＝処理、収拾する。
○為復…為復…＝選択疑問の語法。

仏果圜悟禅師碧巌録　巻第四

第四十一則　趙州《じょうしゅう》が大死の人を問う

垂示云、是非交結処、聖亦不能知。逆順縦横時、仏祖不能辨。為絶世超倫之士、顕逸群大士之能。向氷凌上行、剣刃上走。直下如麒麟頭角、似火裏蓮華。宛見超方、始知同道。誰是好手者。試挙看。

是非判断が交錯する場合には、聖人も識別できない。順手も逆手も自由自在の時には、仏も弁別できない。世俗を超越した士となり、抜群の菩薩の能力を顕す。氷の上を行き、刃の上を歩く。まさに麒麟の角のようであり、火中の蓮華のようである。ちょうど世間を超出する手腕を目の当たりにして、やっと道を同じくする人物であると気づく。誰がやり手か。提示してみよう。

○是非交結処…仏祖不能辨＝「是非」は善悪を判断すること。「交結」は、よしみを結んで往来する、連結する、の意。ここでは、相互に接触する意の「交接」に通じ、是非の判断がいずれとも判然としない微妙な事態をいう。類似の表現として、『証道歌』に「或是或非人不識、逆行順行天莫測」とある。
○逸群大士＝『伝灯録』注「諸方謂趙州投子、得逸群之用」。「逸群」は「抜群」に同じ。「大士」は菩薩のこと。
○氷凌上行、剣刃上走＝危険で微妙な所で自由自在な働きをすることのたとえ。「氷凌」は、氷。
○麒麟頭角＝『会元』巻五「青原和尚曰、衆角雖多、一麟足矣」。希有なやり手のたとえ。

○火裏蓮華＝やはり希有なものの喩え。『涅槃経』巻五「譬如水中生於蓮華非為希有、火中生者乃希有、有人見之、便生歓喜」。
○超方＝「方」は俗世間。

【本則】

挙。趙州問投子、大死底人、却活時如何。〔有恁麼事。賊不打貧児家。慣曾作客方憐客〕
投子云、不許夜行、投明須到。〔看楼打楼。是賊識賊。若不同床臥、焉知被底穿〕

趙州《じょうしゅう》が投子《とうす》に問うた、「とことん死んだ人が、生き返った時は、どうですか」。〔こんなことがある。盗賊は貧乏人の家を襲わない。よく旅をしていたからこそ、旅人を憐れむのだ〕
投子「夜行は許されぬが、夜明けには到着せねばならぬ」。〔ザルを見てザルを作る。盗賊には盗賊が分かる。寝起きを共にしなければ、掛け布団の裏に穴があいたのに気がつかない〕

○この本則は、『伝灯録』巻一五・投子章では、「趙州問、死中得活時如何。師曰、不許夜行、投明須到。趙州曰、我早候白、伊更候黒」に作る。『会元』巻五・投子章では、「州問、大死底人却活時如何。師曰、不許夜行、投明須到」に作る。
○趙州＝趙州従諗。七七八―八九七。第二則に既出。
○投子＝投子大同。八一九―九一四。第五則本則評唱に既出。
○大死底人＝「大」は強調。すっかり死んだ人。死んだ人が生き返るという矛盾を提示している。死中に活を得た人、九死に一生を得た人こそ、大悟して自由を得る、ということ。
○賊不打貧児家＝第三三本則著語に既出。ここでは、趙州が投子の力量を知った上で問いかけたことを褒めている。『伝灯録』巻八・京兆草堂章「海昌和尚問、什麼処来。師云、道場来。昌云、這裏什麼処。師云、賊不打貧人家」。

○慣曾作客方憐客＝相手と同じ境遇を経験して始めて相手に同情できるということ。
○不許夜行＝唐代の法律用語。夜間の外出禁止令。
○投明＝夜の明けがた。払暁。『伝灯録』巻一三・風穴章「問、百了千当時如何。師曰、不許夜行、投明須到」。『三国志平話』「却寄書与梅竹、投明還寨」。
○看楼打楼＝相手の出方を見てからこちらの対応を決めるの意。「楼」は、「耬」に音通。牛に付けて種を蒔くのに用いるザル。『祖庭事苑』巻七「玉漏」に「当作玉耬。謂耬犂也。耕人用耬、所以布子種、禅録所謂看楼打楼、正謂是也。魏略曰、皇甫隆為燉煌太守、民不暁耕種、因教民作耬犂、省力過半。然、耬乃陸種之具、南人多不識之、故詳出焉。音楼」とある。『広灯録』巻二二・法雲知善章「問、如何是和尚家風。師云、随家豊倹。進云、客来如何祗対。師云、看楼打楼」。『古尊宿語録』巻三九・智門祚語録「問、古人拈起拄杖意旨如何。師云、看楼打楼」。
○賊識賊＝投子と趙州が知音であること。
○若不同床臥、焉知被底穿＝第四〇則頌著語既出。苦しい修業を一緒に積まねば、苦労がわからないということ。『圜悟語録』巻九「且道、利害在什麼処。若不同床臥、焉知被底穿」。

〔評唱〕

趙州問投子、大死底人、却活時如何。投子対他道、不許夜行、投明須到。且道、是什麼時節。無孔笛撞著氈拍版。此謂之験主問、亦謂之心行問。

投子・趙州、諸方皆美之得逸群之辯。二老雖承嗣不同、看他機鋒相投一般。投子一日為趙州置茶筵相待。自過蒸餅与趙州。州不管。投子令行者過胡餅与趙州。州礼行者三拝。且道、他意是如何。

看他尽是向根本上、提此本分事為人。有僧問、如何是道。答云、道。如何是仏。答云、仏。又問、金鎖未開時如何。答云、開。金鶏未鳴時如何。答云、無這箇音響。鳴後如何。答云、各自知時。投子平生問答総如此。

趙州が投子に、「とことん死んだ人が、生き返った時は、どうですか」と尋ねた。投子は彼に、「夜行は許されぬが、夜明には到着せねばならぬ」とやりかえした。はて、どんな時であろうか。穴の無い笛が毛氈の拍子木にぶつかった。これを相手を試す問いといい、また心の働きの問いともいう。

投子と趙州について、あちこちで皆が、抜群の問答をしたと賛美している。両者は嗣承を異にしているが、そら、その機鋒は投合しているようだ。投子がある日、趙州のために茶席を設けて接待した。手ずから蒸餅を趙州に渡そうとしたが、趙州は知らん振り。投子が見習い僧に胡餅を趙州に手渡しさせた。趙州は見習い僧を三度礼拝した。さて、彼の意図はどうか。

そら、彼はすべて根本のところで、この持ち前の本領を示して教化している。ある僧が、「道とは何ですか」と問うた。答、「道」。「仏とは何ですか」。答、「仏」。更に問うた、「金の鎖がまだ開かれない時は、どうしますか」。答、「開いている」。「金の鶏がまだ鳴かない時は、どうしますか」。答、「そんな響きは無い」。「鳴いたらどうします」。答、「それぞれ時を知る」。投子の常日ごろの問答はすべてこんな風であった。

○無孔笛撞著氈拍版＝吹いても音のでない穴無しの笛が、打っても音が出ないフェルト製の拍子木を突いた。趙州の問いと投子の答えとはいずれも常識を超えており、なかなか伺い知れないということ。「無孔笛」「氈拍版」は響きが無く、人の聴覚では捉えられないもの、即ち没蹤迹のたとえ。
○験主問＝汾陽十八問の一。第九則本則評唱既出。
○心行問＝「心行」は、心の働き。善悪の考え。用例は『葛藤語箋』巻二「心行」参照。第三九本則著語既出。
○二老雖承嗣不同＝趙州は南岳懐譲の法系(臨済系)に属し、投子は青原行思の法系(曹洞系)に属し、法系を異にしていること。

○投子一日…＝以下の話は、『趙州録』に出るが、字句の相違が大きい。
○自過蒸餅与趙州＝「過」は、ここでは手渡すの意の動詞。「蒸餅」は発酵した小麦粉に味付けし、こねて蒸したもの。
○胡餅＝ごま煎餅。シャオピン。第六則頌評唱既出。
○行者＝まだ出家していない修業中の者。『禅林象器箋』巻七「行者」参照。
○有僧問、如何是道。答云、道＝『古尊宿語録』巻三六・投子語録「僧問、如何是道。師云、道」。
○如何是仏。答云、仏＝『古尊宿語録』巻三六・投子語録「問、如何是仏法。答云、仏法」。
○問、金鎖未開時如何。答云、開＝『会元』巻五・投子章に見える。『古尊宿語録』巻三六・投子語録では、「答」を「師」に作る。「金鎖」は黄金の錠前。身の自由を奪うもののたとえ。「開」と答えたのは、本来自由であるから。
○金鶏未鳴時…各自知時＝『会元』巻五・投子章に見える。「金鶏」は、黄金のにわとり。伝説上の鶏。『神異経』東方経「扶桑山有玉雞。玉雞鳴則金雞鳴、金雞鳴則石雞鳴、石雞鳴則天下之雞悉鳴」。『祖庭事苑』巻五「人間本無金鶏之名。以応天上金鶏星故也。天上金鶏鳴、則人間亦鳴。見記室新書」。「金鶏未鳴時」は、天地が混沌として未分の時で、父母未生前、本来面目の意。

看趙州問、大死底人、却活時如何、他便道、不許夜行、投明須到。直下如撃石火、似閃電光。還他向上人始得。大死底人、都無仏法道理、玄妙得失、是非長短、到這裏、只恁麼休去。古人謂之平地上死人無数、過得荆棘林是好手。也須是透過那辺始得。雖然如是、如今人到這般田地、早是難得。或若有依倚、有解会、則没交渉。喆和尚謂之見不浄潔、五祖先師謂之命根不断。須是大死一番、却活始得。

浙中永光和尚道、言鋒若差、郷関万里。直須懸崖撒手、自肯承当。絶後再甦、欺君不得。非常之旨、人焉廋哉。趙州問意如此。

投子是作家、亦不辜負他所問、只是絶情絶迹、不妨難会、只露面前些子。所以古人道、欲得親切、莫将問

来問、問在答処、答在問処。若非投子、被趙州一問、也大難酬対。只為他是作家漢、挙著便知落処。頌云、

そら、趙州が、「とことん死んだ人が、生き返った時はどうですか」と問うと、投子は、「夜行は許されぬが、夜明けには到着せねばならぬ」と答えた。まさに電光石火のようである。至高の人に手腕を発揮させねばならぬ。とことん死んだ人には、仏法の道理はない。玄妙も得失も、是非も長短も、こうなっては、ただこのように休止する。

古人は、「平坦な道には死人だらけだ。イバラの林を通り抜けた者こそやり手だ」と言った。必ずそこを理解し尽くさねばならぬ。そうではあるが、現今の人がこのような境地に到達することは、もとより至難のことである。依拠したり、頭で理解したとしても、的外れである。喆《てつ》和尚は、「見かたがすっきりしていない」と言い、五祖先師は、「命が断たれていない」と言った。必ず一度死に切ってから、生き返らねばならぬ。浙中《せっちゅう》の永光《えいこう》和尚は言った、「言葉の切っ先がねらいを外せば、(真理の)故郷は遠く隔たってしまう。崖っぷちから手をパッと離し、自分で引き受けねばならぬ。死んでから、再び蘇生したら、もはや君を欺くことはできぬ。特別の真理を、他人が隠すことなどできようか」。趙州が問うた意図はこのようなものだ。

投子はやり手だったので、彼の問いに背かず、常識を超える答えをした。なかなか理解し難く、目の前にちょっと見せただけだ。だから古人は、「ぴたりと決めたいなら、問いによって問うてはならぬ。問いは答えにあり、答えは問いにある」と言ったのだ。もし投子でなかったら、趙州に問われたら、応酬しがたかったであろう。彼がやり手であったからこそ、提起するやいなや帰結が分かったのだ。頌にこう詠んでいる。

○還他向上人始得＝「向上人」はここでは投子を持ち上げた語。趙州の問いかけは、投子のような勝れた禅僧に手腕を発揮させなければ手に負えない。「還他」は、…するに任せる。芳沢勝弘氏は、「須是」の意に解している(「岩波文庫版『碧巌録』箚

記」『禅学研究』七六)。

○都無仏法道理…＝否定の「都無」を「長短」まで掛けると「仏法の道理も、玄妙も得失も、是非も長短も無い」という訳になる。

○平地上死人無数、過得荊棘林是好手＝『雲門広録』巻中・雲門上堂語。平坦な道を歩んで途中で行き倒れになった修行者が無数にいる、険しい道を選んで進んだものこそ大成するの意。

○喆和尚謂之見不浄潔＝「喆和尚」は大潙慕喆。?―一〇九五。第二〇則本則評唱既出。

○五祖先師＝圜悟の師、五祖法演。?―一一〇五。

○永光和尚＝雲居道膺(?―九〇二)の法嗣、蘇州永光院の真禅師。

○言鋒若差、郷関万里…＝永光真の上堂語。『伝灯録』巻二〇及び『会元』巻一三等に見える。「欺」は、だます、侮辱する、いずれの意味でも通じる。「廋」は隠すの意。『論語』為政篇「子曰、視其所以、観其所由、察其所安、人焉廋哉、人焉廋哉」。

○欲得親切、莫将問来問。問在答処、答在問処＝首山省念(九二六―九九三)の語。第一四則頌評唱既出。

【頌】

活中有眼還同死、〔両不相知、翻来覆去。若不蘊藉、争辨得這漢緇素〕

薬忌何須鑑作家。〔若不験過、争辨端的。遇著試与一鑑、又且何妨。也要問過〕

古仏尚言曾未到、〔頼是有伴。千聖也不伝。山僧亦不知〕

不知誰解撒塵沙。〔即今也不少。開眼也著、合眼也著。闍黎恁麼挙、落在什麼処〕

生きている時に眼があるのは、やはり死んだ人と同じだ。〔生も死も忘れている。繰り返しだ。もし(趙州に)包容力がなければ、どうしてこの男(投子)の白黒を弁別できようか〕

タブーの薬の呑み合わせでやり手を鑑定するには及ばぬ。〔もしテストせねば、どうしてツボを弁別できようか。出会ったところでテストしても、なんら支障はなかろう。問うてみなければならぬ〕

古仏でさえも、まだ到達していないと言っているのに、〔幸いに道連れがいた。あまたの聖人も伝えていない。ワシも知らぬ〕

いったい誰が砂ぼこりをまき散らせるのだろうか。〔今もまき散らす者が多い。眼を開いてもあたり、眼を閉じてもあたる。お前さんはこのように提示して、どこに帰着させるのか〕

○活中有眼還同死＝一夜本は、「活中有眼有還同死」に作る。生きている内に眼がある者は、死んで眼を持った者と同じだ、と大死する必要の無い趙州の手腕を褒めている。下に掛けて、投子を褒めたとも取れる。

○両不相知＝『不二鈔』では「両」について、生と死ではなく、趙州と投子の両者と解しているが、それでは意味が通じにくい。

○翻来覆去＝何度も繰り返す。趙州が死活を自在に繰り返すの意。

○若不藴藉、争辨得這漢緇素＝「藴藉《うんしゃ》」は、包容力があり人に寛容なさま。度量が広いこと。『種電鈔』では、雪竇に寛容の見識がなかったら、趙州を弁別できなかったという意に解している。

○薬忌何須鑑作家＝死生一如で、本来死活を問題とする必要がないのに、死活の問題を趙州が持ち出して投子のようなやり手を試す必要はなかろうと、雪竇が趙州を抑下している。「薬忌」は、薬と同時に服用すると薬の効能を阻害するので、避けねばならない食物のこと。

○古仏尚言曾未到＝最高の古仏(釈尊)でさえも死活を超越した悟境に到っていないと言っているの意。投子の夜明けには到着せねばならぬという言葉に関する雪竇の評。

○頼是有伴＝自分だけではない、古仏という道連れがあったの意。

○千聖也不伝＝「先聖不伝」は、第七則垂示既出。

○不知誰解撒塵沙＝「不知」は推量を示す。「撒塵沙」は、本来きれいな所をわざわざよごす意で、無用なことをするたとえ。

○即今也不少＝雪竇も含めて余計なことを言う者が大勢いるの意。
○開眼也著、合眼也著＝第一〇則頌評唱の末尾既出。「明頭合、暗頭合」に同じ。
○闍黎＝圜悟が雪竇へ呼びかけた語。

〔評唱〕

活中有眼還同死。雪竇是知有底人、所以敢頌。古人道、他参活句、不参死句。雪竇道、活中有眼、還同於死漢相似。何曾死、死中具眼、如同活人。古人道、殺尽死人、方見活人。活尽死人、方見死人。

趙州是活底人、故作死問、験取投子。如薬性所忌之物、故将去試験相似。所以雪竇道、薬忌何須鑑作家。此頌趙州問処。

後面頌投子、古仏尚言曾未到。只這大死底人却活処、古仏亦不曾到、天下老和尚亦不曾到。任是釈迦老子、碧眼胡僧、也須再参始得。所以道、只許老胡知、不許老胡会。

雪竇道、不知誰解撒塵沙。不見僧問長慶、如何是善知識眼。慶云、有願不撒沙。保福云、不可更撒也。天下老和尚、拠曲彔木床上、行棒行喝、竪払敲床、現神通作主宰、尽是撒沙。且道、如何免得。


「生きている時に眼があるのは、やはり死んだ人と同じだ」。雪竇はツボを心得ていたから、わざわざ頌に詠んだのだ。古人は、「彼は活きた言葉を究明し、死んだ言葉を問題にしない」と言った。雪竇は、「生きている時に眼があるのは、やはり死人と同様だ」と言った。どうして死んだことがあろうか。死んだ時に眼を持てば、活きている人と同じである。古人は、「死人を殺し切ってこそ、活きている人が見える。死人を活かしきってこそ、死人が見える」と言った。

趙州は活きている人であるが、わざとこの生死の問いかけをして、投子をテストした。薬と併用を避けねばならぬ物を、わざわざ持ってきて効き目を試すようなものである。だから雪竇は、「タブーの薬の呑み合わせでやり手を鑑定するには及ばぬ」と言ったのだ。これは、趙州の問いについて詠んだのだ。

その後で、投子について、「古仏でさえも、まだ到達していないと言っているのに」と詠んだのだ。ただこのとことん死んだ人が生き返るという境地は、古仏も到達できなかったし、世界中の禅師たちも到達していない。たとえお釈迦さまでも、碧眼の達磨でも、何度も参禅せねばならぬ。だから、「達磨が知っていたとは認めるが、会得したとは認めぬ」と言うのだ。

雪竇は、「いったい誰が砂ぼこりをまき散らせるのだろうか」と詠んだ。ほら、ある僧が長慶に問うた、「善知識の眼とはどんなものですか」。長慶「砂ぼこりをまき散らしたくない」。保福「これ以上、まき散らしてはならぬ」。世の禅師たちが、椅子に腰かけて、痛棒を振い、大喝し、払子を立て、禅床を鳴らし、神通力を発揮して主宰者となったとしても、すべて砂ぼこりをまき散らしたことになる。はて、どうやったら(砂ぼこりをまき散らすことを)免れることができるのだろう。

○雪竇是知有底人＝『種電鈔』では、「有」を「此事」と解釈している。「此事」とは、真理の消息、死生の大事。このような「知有」の用法は、『趙州録』巻上「師問南泉、知有底人向什麼処去。泉云、山前檀越家作一水牯牛去」のように、しばしば禅語録に見える。
○他参活句、不参死句＝雲門の法嗣、徳山縁密の語。第三九則本則評唱既出。
○古人道、殺尽死人…＝『種電鈔』では「雲門」と注しているが、『雲門録』に次の句は見えない。
○殺尽死人、方見活人＝『種電鈔』では、「死中に眼を具し活人に如同するを謂う」と解釈している。
○活尽死人、方見死人＝『種電鈔』では、「是れ活中に眼を具し死人に如同す」と解釈している。

○任是釈迦老子、碧眼胡僧、也須再参始得＝「任是…也…」で、「たとい…でも…」の意を表す。「碧眼胡僧」は菩提達磨を指す。一夜本は「須再参始得」を「教再参」に作る。
○只許老胡知、不許老胡会＝第一則頌評唱の末尾既出。
○僧問長慶、如何是善知識眼。慶云、有願不撒沙＝『会元』巻七・長慶慧稜章では、「僧問、如何是正法眼。師曰、有願不撒沙」とある。「有願不撒沙」は、まき散らしたくない、の意。ただし、「願」が「眼」の誤りの可能性もある。「眼」なら、まき散らさない眼の意。
○保福云、不可更撒也＝長慶が砂をまかないのを善知識としたのは、それ自体が砂をまく教化接引にほかならないの意。保福従展(八六七—九二八)が長慶を揶揄した語。『伝灯録』巻二一では、報慈慧朗章に、「問、如何是学人眼。師曰、不可更撒也」とある。
○曲彔木床＝曲彔《きょくろく》。僧堂で用いる椅子。第一五則頌評唱、第二〇則本則評唱に既出。
○行棒行喝＝教化の手段として、徳山宣鑑が棒でたたき、臨済義玄が大声でしかりつけたこと。

第四十二則　龐居士《ほうこじ》のひとひらひとひらの雪

垂示云、単提独弄、帯水拖泥。敲唱倶行、銀山鉄壁。擬議即髑髏前見鬼、尋思則黒山下打坐。明明杲日麗天、颯颯清風匝地。且道、古人還有誵訛処麼。試挙看。

ずばりと提示しては、ずぶ濡れ泥まみれ。叩けば響く問答は、銀山鉄壁である。口ごもれば、ドクロの前で幽鬼を見ることになり、熟考すれば、冥界に安住することになる。輝く太陽が天に登り、さあっと清風が大地を吹き渡る。はて、古人は難解なことを言っているだろうか。提示してみよう。

○単提独弄＝龐居士が独自の機鋒を示したこと。
○帯水拖泥＝第二則垂示に既出。ただし、ここでは否定的な意味ではなく、龐居士が禅客となした問答が慈悲深いということ。
○敲唱倶行＝龐居士が禅客と叩けば響く問答をしたこと。「敲」は叩くこと、また、打楽器を鳴らすこと。ここでは問いを発すること。「唱」は詠うこと、唱和すること。ここでは答えること。一夜本は「唱」を「喝」に作る。『洞山録』の「綱要頌」第一首「敲唱倶行」に「金鍼双鎖備、叶路隠全該、宝印当空妙、重重錦縫開」とある。また、「宝鏡三昧歌」に「正中妙挟、敲唱双挙、通宗通途」とある。
○銀山鉄壁＝近寄り難いさま。堅固にそそり立つさま。
○擬議則髑髏前見鬼＝答えを躊躇すれば、実態を摑めないということ。「髑髏前見鬼」は第三七則垂示に既出。

○黒山下打坐＝第二〇則第二頌の著語「打入黒山下坐」に同じ。迷妄の世界に安住すること。
○明明杲日麗天＝『易経』離卦「日月麗乎天、百穀草木麗乎土」。「麗」は付着するの意。

【本則】

挙。龐居士辞薬山。〔這老漢作怪也〕
山命十人禅客相送至門首。〔也不軽他。是什麼境界。也須是識端倪底衲僧始得〕
居士指空中雪云、好雪、片片不落別処。〔無風起浪。指頭有眼。這老漢言中有響〕
時有全禅客云、落在什麼処。〔中也。相随来也。果然上鈎来〕
士打一掌。〔著。果然勾賊破家〕
全云、居士也不得草草。〔棺木裏瞠眼〕
士云、汝恁麼称禅客、閻老子未放汝在。〔第二杓悪水潑了。何止閻老子、山僧這裏也不放過〕
全云、居士作麼生。〔麤心不改、又是要喫棒。這僧従頭到尾不著便〕
士又打一掌。〔果然。雪上加霜。喫棒了呈款〕
云、眼見如盲、口説如唖。〔更有断和句。又与他読判語〕
雪竇別云、初問処但握雪団便打。〔是則是、賊過後張弓。也漏逗不少。雖然如是、要見箭鋒相拄、争奈落在鬼窟裏了也〕

龐居士《ほうこじ》が薬山《やくさん》に別れを告げた。〔このおやじは不審なことをする〕
薬山は、十人の禅客《ぜんきゃく》に山門まで見送らせた。〔彼を侮ってはおらぬ。どういう境地か。一部始終をわきまえた禅僧で

なくてはならぬ〕

居士は空の雪を指さして言った、「よい雪だ。ひとひらひとひら、降るべき所に降っている」。〔風が無いのに波を起こしている。指先に眼がある。この男の言葉には響きがある〕

その時、全《ぜん》という禅客が問うた、「どこに落ちるのですか」。〔あたりだ。付いて来たぞ。やはりひっかかった〕

居士は一発ビンタをくらわせた。〔やられた。やっぱり賊を引き入れて家財を盗まれた〕

全禅客「居士、いい加減なことはやめてください」。〔棺桶の中で眼を剝いている〕

居士「君がそんな有り様で禅客だと称するなら、閻魔さまは君を放免せぬぞ」。〔二杯目の汚水を浴びせた。閻魔さまどころか、ワシのところでも許さん〕

全禅客「居士はどうです」。〔そそっかしさが治らない。またもや痛棒を喰らうぞ。この僧はまったくついていない〕

居士はもう一発ビンタを喰らわして、〔やっぱりだ。泣きっ面に蜂だ。痛棒を喰らってから自白している〕言った、「目は見ても盲同然、口はきけても唖同然だ」。〔さらに調停の判決がでた。重ねて彼に判決文を読んでやった〕

雪竇がコメントを付け加えた、「はじめに問われたところで、雪だまを握ってぶつけるのだ」。〔よいことはよいが、泥棒が逃げてから(射るために)弓を張っている。ひどいヘマをしたものだ。さりながら、鏃《やじり》が空中でぶつかるのを見ようとすれば、幽鬼の棲み家に落ち着くほかない〕

○この本則は、『龐居士語録』に拠る。

○龐居士＝龐蘊。?—八〇八。在家の仏教者。石頭希遷に参禅し、馬祖道一のもとで大悟した後も、四方の師家を尋ね、薬山惟儼(七五一?—八三四?)の座下にも逗留している。詳しくは、筑摩『龐居士語録』を参照。

○這老漢作怪＝龐居士は思いもよらぬことをする油断のならぬ人だということ。「作怪」は、不思議だ、奇怪だ、災いする、騒ぎ立てる、でたらめをする、自ら苦痛を招く、自業自得など、文脈によって様々に訳せる。
○禅客＝参禅修行中の僧。宋代以降、住持が上堂説法する時、質問を発する役の僧を言うようになった。『勅修清規』二「住持日用」に、「古之学者、蓋為決疑、故有問答、初不滞於語言、近日号名禅客、多昧因果、増長悪習、以為戯劇」とある。第七則本則評唱に既出。
○是什麼境界＝薬山が龐居士を粗略に扱わず、十人の禅客に見送りさせた意図は何かということ。
○也須是識端倪底衲僧始得＝薬山のように、消息を知る勝れた禅僧でなければ、龐居士を見送らせることなどできないということ。「端倪」は物事の発端と終端。第一六則頌評唱既出。
○好雪＝「不落別処」の主語ではなく、龐居士が雪に感嘆した語。
○片片不落別処＝雪のひとひらひとひらが本来落ちるべき所に落ち、ほかの場所に落ちはしないということ。
○無風起浪＝わざわざ問題を引き起こす意。
○指頭有眼＝指さした雪ではなく、指そのものに眼目がある。
○言中有響＝言外の意がある。
○上鉤＝釣り針に引っかかる。わなにかかる。ここでは、全禅客が龐居士の言葉に釣られて質問したことを揶揄した語。
○勾賊破家＝『臨済録』勘辨にも見える。全禅客が龐居士に質問してビンタを食らう羽目になったことを揶揄している。一夜本は、「勾」を「釣」に作る。
○草草＝いい加減に。粗雑に。
○棺木裏瞠眼＝往生際が悪い。未練がましい。第二則頌著語既出。
○第二杓悪水潑了＝ビンタを一杯目の汚水に見立て、禅客と称するに値しないという毒舌を二杯目と見立てている。
○麤心不改、又是要喫棒。這僧従頭到尾不著便＝一夜本は、「是要棒喫。初心未段(断)。者僧従頭到尾只是不著便」に作る。「便」は方便、便宜の意。第三則本則著語に既出。
○喫棒了呈款＝罪人が棒で殴られてから自白書を差し出すの意で、全禅客が龐居士の慈悲が分からず、往生際の悪いことを揶揄している。
○断和＝法律用語。『禅学俗語解』に拠る。『不二鈔』でも『種電鈔』でも、争いに判決を下して和睦させる意に解している。
○別＝別語。問答に対して後人がコメントすること。
○賊過後張弓＝手おくれ。後の祭り。第三五則頌評唱既出。
○箭鋒相拄＝第七則本則評唱既出。雪竇が正面から龐居士に対峙しようとしたことをいう。
○鬼窟裏＝迷妄の境。第一則本則頌著語既出。

【評唱】

龐居士参馬祖・石頭両処有頌。初見石頭便問、不与万法為侶、是什麼人。声未断、被石頭掩却口、有箇省処。作頌道、日用事無別、唯吾自偶諧、頭頭非取捨、処処没張乖、朱紫誰為号、青山絶点埃、神通幷妙用、運水及搬柴。

後参馬祖、又問、不与万法為侶、是什麼人。祖云、待你一口吸尽西江水、即向汝道。士豁然大悟、作頌云、十方同聚会、箇箇学無為、此是選仏場、心空及第帰。

為佗是作家、後列刹相望、所至競誉。到薬山、盤桓既久、遂辞薬山。山至重佗、命十人禅客相送。是時値雪下、居士指雪云、好雪、片片不落別処。全禅客云、落在什麼処。士便掌。全禅客既不能行令、居士令行一半。令雖行、全禅客恁麼酬対、也不是佗不知落処。各有機鋒、巻舒不同。然有不到居士処、所以落他架下、難出他彀中。居士打了、更与説道理云、眼見如盲、口説如瘂。

雪竇別前語云、初問処但握雪団便打。雪竇恁麼要不辜他問端、只是機遅。慶蔵主道、居士機如掣電。等你握雪団、到幾時。和声便応、和声打、方始勦絶。

雪竇自頌佗打処云、

龐居士は馬祖《ばそ》と石頭《せきとう》のところに参禅して頌を詠んでいる。石頭に面会した当初に問うた、「森羅万象と伴侶にならないのは、どんな人物ですか」。言い終らぬ内に、石頭に口を手で掩われて、はっと気づき、頌を詠んだ、

日常の暮らしに格別のことはない。ただ私自身が(森羅万象と)ぴったり契合している。

どれもこれも取捨すべきものではなく、どこもかしこも凶兆はない。

朱衣や紫衣を誰が誇ろうか、青山に塵埃はない。

神通力の霊妙な働きによって、水を汲み薪を運ぶのだ。


後に馬祖に参禅して問うた、「森羅万象と伴侶にならないのは、どんな人物ですか」。馬祖「君が一気に西江《せいこう》の水を飲み尽くしたら、答えよう」。居士はからりと大悟し、頌を詠んだ、

世界中から集合し、一人一人が無為を学ぶ。

ここは仏を選出する道場だ。心を空にして合格して帰る。


彼はやり手だったので、あちこちの禅刹を訪ね、到るところでこぞって称賛された。薬山に行き、しばらく逗留してから、薬山に別れを告げた。薬山は彼を尊重し、十人の禅客に見送らせた。その時、ちょうど雪が降っていた。居士は雪を指さして言った、「よい雪だ。ひとひらひとひら、降るべき所に降っている」。全禅客、「どこに落ちるのですか」。居士はビンタをくらわせた。全禅客が、命令を出せなかったので、居士が半分実行し(罰杯を飲ませ)た。罰杯を飲ませたが、全禅客がこのように応じたのは、彼が帰結を心得ていなかったということではない。各自に機鋒があり、表現の仕方が異なっている。しかし、(全禅客に)居士の境地に及ばぬ点があったので、彼の仕掛けに落ちてしまい、彼のワナから脱出するのが困難だったのだ。居士はビンタしてから、理由を解説してやり、「目は見ても盲同然、口はきけても唖同然だ」と言った。

雪竇が前の言葉にコメントを加え、「はじめに問われたところで、雪だまを握ってぶつけるのだ」と言っている。雪竇はこのように龐居士の問いかけに(期待通りに応じて)そむくまいとしたが、手遅れだ。慶蔵主《けいぞうす》が言った、「居士の機鋒は稲妻を制止するほど素早い。雪だまを握るのを待っていたら、いつになることやら。声に応じ、声もろともに打ってこそ、息の根を止められる」。

雪竇は自らその(雪だまを)ぶつけるところを頌にこう詠んだ。

○龐居士参馬祖・石頭両処有頌＝龐居士が石頭希遷と馬祖道一に参禅した以下の話は、『会元』巻三・龐蘊居士章に見える。
○不与万法為侶、是什麼人＝天地に唯一人独立した人物の意。
○日用事無別、唯吾自偶諧、頭頭非取捨、処処没張乖、朱紫誰為号、青山絶点埃、神通幷妙用、運水及搬柴＝あらゆる差別意識を払拭して、チリひとつない自然と一体化し、悠々自適の生活を送るさま。「張乖」は唐代・宋代の俗語で凶兆の意で、「乖張」と同じ。筑摩『龐居士語録』一六頁参照。「朱紫」は朝廷から高官に下賜される朱衣と紫衣で、世俗的出世の象徴。「運水及搬柴」は日常的な営み。
○西江＝西から流れてくる大江。『荘子』外物「我且南遊呉越之王、激西江之水而迎子、可乎」。成疏によれば、蜀江。
○選仏場＝仏祖となるべき人物を選び出す場の意で、禅堂のことをいう。
○槃桓＝逗留する意。盤桓、磐桓とも。
○不能行令＝「令」は「酒令」のこと。宴席の余興で、一人を指令官とし、同席者がその命令を聞き、難題をもちかけては罰杯を飲ます遊戯。典拠は『通俗編』巻二七「飲食」に見える。ここでは、全禅客が龐居士に対して主宰者たりえなかったの意。
○落他架下、難出他彀中＝「彀中」は矢の届く範囲。転じて、思う壺の意。
○慶蔵主＝大潙慕喆門下における圜悟の先輩。第七則頌評唱に既出。
○和声便応…＝龐居士が言うや否や、間髪を容れず、一撃を加えねばならぬ。

【頌】

雪団打、雪団打。〔争奈落在第二機。不労拈出。頭上漫漫、脚下漫漫〕
龐老機関没可把。〔往往有人不知、只恐不恁麼〕
天上人間不自知、〔是什麼消息。雪竇還知麼〕
眼裏耳裏絶瀟灑。〔箭鋒相拄。眼見如盲、口説如啞〕
瀟灑絶、〔作麼生。向什麼処見龐老与雪竇〕
碧眼胡僧難辨別。〔達磨出来、向你道什麼。打云、闍黎道什麼。一坑埋却〕

雪だまをぶっつけろ、雪だまをぶっつけろ。〔いかんせん二番煎じだ。提示するまでもない。頭上にも雪、足元にも雪〕
龐老の腕前でもキャッチできまい。〔(雪竇には)いつも他人には分からぬ働きがあるが、たぶん雪竇の思い通りにはなるまい〕
天上も人間社会も、自分で意識せず、〔どういう秘訣か。雪竇は知っているのか〕
眼も耳も、実にさっぱりとしている。〔鏃《やじり》がぴったりぶつかった。眼は見ても盲同然、口はきけても啞同然〕
さっぱりとしきっているから、〔どうする。どこに龐老と雪竇が見えるのか〕
碧眼のインド僧(達磨)でも見わけ難い。〔達磨が出てきて、君に何と言ったのか。(圜悟が)打って言った、「お前さん(雪竇)は何と言ったのか。同じ墓穴に埋めてしまえ」〕

○争奈落在第二機＝雪だまをぶっつけるのでは、対応が遅すぎるの意。

○頭上漫漫、脚下漫漫＝この表現は、第二則頌著語にも出る。
○龐老機関没可把＝龐居士の手だては捉えようがないと解することもできるが、『種電鈔』のように、龐居士の禅機でも雪をぶつけられたらどうしようもないの意に解する方が、評唱と一致すると思われる。
○往往有人不知、只恐不恁麼＝龐居士には他人には分からぬ禅機があるから、雪竇のもくろみ通りにはなるまいということ。
○天上人間不自知＝龐居士に差別意識がないさま。
○眼裏耳裏絶瀟灑＝龐居士のチリひとつない心境。一夜本は「蕭灑」に作る。

【評唱】

雪団打、雪団打、龐老機関没可把、雪竇要在居士頭上行。古人以雪明一色辺事、雪竇意道、当時若握雪団打時、居士縦有如何機関、亦難搆得。雪竇自誇他打処、殊不知有落節処。天上人間不自知、眼裏耳裏絶瀟灑、眼裏也是雪、耳裏也是雪、正住在一色辺。亦謂之普賢境界一色辺事、亦謂之打成一片。雲門道、直得尽乾坤大地無繊毫過患、猶為転句。不見一色、始是半提。若要全提、須知有向上一路始得。到這裏、須是大用現前、針劄不入、不聴他人処分。所以道、他参活句、不参死句。古人道、一句合頭語、万劫繋驢橛。有什麼用処。

雪竇到此頌殺了、復転機道、只此瀟灑絶、直饒是碧眼胡僧、也難辨別。碧眼胡僧尚難辨別、更教山僧説箇什麼。

「雪だまをぶっつけろ、雪だまをぶっつけろ。龐老の腕前でもキャッチできまい」とは、雪竇が居士の頭上を行こうとしたのだ。古人（居士）は雪で一切が平等な世界を明らかにしたが、雪竇の考えは、その時にもし雪だまを握ってぶつけたなら、居士にどれほどの手腕があっても、受け止め難かったであろうということだ。雪竇はぶつけるのを自慢しているが、実は失敗している。

「天上も人間社会も、自分で意識せず、眼も耳も、実にさっぱりとしている」とは、眼に見るのも白雪、耳で聴くのも白雪、まさに一色の世界に安住しているのだ。またこれを普賢《ふげん》の境界、一切平等の世界ともいい、また一つに融合するともいう。雲門《うんもん》は、「たとえ世界中に少しのキズがないとしても、まだ一ひねりした言葉に過ぎぬ。一色の世界を見ないようであって、始めて半分提示できる。全てを提示するには、至高の一路を知らねばならぬ」と言っている。こうなると、きっと大いなる働きが現れ、針も刺し通せず、他人の指図を聴きはしないだろう。だから、「活きた言葉を究明し、死んだ言葉を問題にしない」というのだ。古人は、「ツボにはまった句は、永久にロバを繋ぐ杭となる」と言っている。どこに用途があろうか。

雪竇はここに到って、すっかり詠みきったが、また禅機を発揮して、「ただここはさっぱりとしきっているから、碧眼のインド僧でも見きわめ難い」と言った。碧眼のインド僧でさえも見きわめ難いのだから、ワシに何が言えよう。

○一色辺事＝一切平等の世界。第一三則本則評唱既出。
○落節＝損をすること。第四則本則著語既出。
○普賢境界＝一切を平等に観ずる境地。第三七則頌評唱既出。
○打成一片＝すべてを一つにする。第二則頌評唱既出。
○雲門道…＝『雲門広録』巻中に見える雲門文偃の語。ただし一致するのは「始是半提」まで。第三六則頌評唱に既出。「転句」は悟りの境地を一面的に提示した句。
○大用現前＝雲門の語。第三則垂示に既出。
○針劄不入＝針を刺し通せないほど緻密。第一七則垂示に既出。

○他参活句、不参死句＝第三九則本則評唱既出。徳山縁密の語にもとづく。
○一句合頭語、万劫繋驢橛＝『伝灯録』巻一四・船子徳誠章に見える船子の語。ツボを押さえた名句は、永久に人の自由を奪う杭となるの意。
○雪竇到此頌殺了＝「殺」は動詞の後について動作の程度の甚だしいことを表す。
○転機＝機輪を転ず。俊敏な禅の機鋒を発揮すること。

第四十三則　洞山《とうざん》の寒暑を避ける

垂示云、定乾坤句、万世共遵、擒虎兕機、千聖莫辨。直下更無纖翳、全機随処斉彰。要明向上鉗鎚、須是作家炉鞴。且道、従上来還有恁麼家風也無。試挙看。

天地を裁定する言葉は、万世の人々が共に遵守し、虎や兕《じ》を捕える働きは、あまたの聖人も弁別できない。まさにほんのわずかの陰りも無く、働き全体が至るところで全て明示されている。至高の鍛錬道具であることを証明するには、やり手のフイゴでなければならぬ。さて、いままでにどんなやり手の流儀があったのだろうか。提示してみよう。

○定乾坤句、万世共遵、擒虎兕機、千聖莫辨＝『虚堂語録』巻一「定乾坤句、古今共遵、擒虎兕機、聖凡莫辨」。「擒虎兕機」は第一一則頌評唱に既出。

○直下更無纖翳、全機随処斉彰＝「直下」は、そのものずばり。第三則頌評唱などに既出。

○要明向上鉗鎚、須是作家炉鞴＝至高の教導手段を明らかにするには、同等の勝れた器量が必要であるということ。「鉗鎚」はヤットコとハンマー。第五則本則評唱に既出。「炉鞴」はフイゴで、鍛冶屋が刃物を鍛えるのに必要な道具である。ここでは、師家が学僧を教え導く手段のたとえ。

○且道、従上来還有恁麼家風也無＝「家風」は独自の風格、やり手の機鋒。

【本則】

挙。僧問洞山、寒暑到来、如何廻避。〔不是這箇時節。劈頭劈面。在什麼処〕
山云、何不向無寒暑処去。〔天下人尋不得。蔵身露影。蕭何売却仮銀城〕
僧云、如何是無寒暑処。〔賺殺一船人。随他転也。一釣便上〕
山云、寒時寒殺闍黎、熱時熱殺闍黎。〔真不掩偽、曲不蔵直。臨崖看虎兕、特地一場愁。掀翻大海、踢倒須弥。且道、洞山在什麼処〕

僧が洞山《とうざん》に問うた、「寒暑が来たら、どう避けましょうか」。〔そんな時節ではない。真っ向から来た。(寒暑は)どこだ〕
洞山「どうして寒暑の無いところへゆかぬ」。〔天下の人々は探すことができない。頭隠して尻隠さず。蕭何《しょうか》がウソの銀城を売ったぞ〕
僧「寒暑のない処とはどんなところですか」。〔船の同乗者全てを巻添えにした。洞山(の言葉)につられて転がっている。釣り針を垂らすや釣り上げられた〕
洞山「寒い時には、そなたを凍え切らせ、熱い時には、そなたをこの上なく熱くするのだ」。〔真実は虚偽をかくさず、曲がったものはまっすぐなものを隠せない。断崖に臨んで虎と兕を見るのは、とりわけ物悲しいさまだ。大海をひっくり返し、須弥山を蹴り倒した。さて、洞山はどこにいるのか〕

○この本則は、典拠不明。但し、明本の『四家語録』所収『洞山録』の当該箇所には、投子大同(八一九―九一四)や宋の瑯琊慧覚らのコメントが付されている。例えば、投子大同は、「幾乎与麼去」(あやうくそのようにするところだつた)とコメントしている。また、瑯琊慧覚は、「我は即ち然らず。如何が是れ寒暑無き処ぞ、僧堂裡へ去れ」とコメントしている。僧堂へ行けとは、洞山の激烈な教示とは異なる穏当な教示である。更に雲居舜は、「大小の瑯琊、這箇の去就を作す。山僧は即ち然らず。如何が是れ寒暑無き処ぞ、参冬には暖火に向かい、九夏には涼風を取る」とコメントしている。
○洞山＝洞山良价。八〇七―八六九。会稽の人、姓は兪氏。雲巌を嗣いで江西の新豊と洞山に家風を振う。諡は悟本大師。『祖堂集』巻六、『伝灯録』巻一五、『宋高僧伝』巻一二に伝がある。門下に曹山、雲居、竜牙らがいる。第五則本則評唱に既出。
○寒暑到来、如何廻避＝『洞山録』に、「僧云、四山相逼時如何。師曰、老僧目前也向人家屋簷下過来。云、回互不回互。師曰、不回互。云、教某甲向甚処去。師曰。粟畬裏去。僧嘘一声云、珍重。便坐脱。師以拄杖敲頭参下云、汝祇解与麼去、不解与麼来」という問答が見え、『古尊宿語録』巻三六「投子語録」に、「問、四山相逼時如何。師曰、身在什麼処。学云、争奈四山何。師曰云、逼殺你」とある。「四山」は、『涅槃経』巻二九に説くように、人間が避けることの出来ない生老病死の譬えで、特に死の苦しみを指す。「寒暑」とは、「四山」と同じで、生き身には避けることのできない苦しい状況を指している。避けられないのを承知の上で、どのように避けるかと問うている。
○不是這箇時節＝寒中や暑中の時節ではない。
○劈頭劈面＝(頭や顔をめがけて)まっこうから、いきなり、の意。「劈頭劈臉」に同じ。『水滸伝』第一四回「奪過士兵手裏棍棒、劈頭劈臉便打」。
○蔵身露影＝「蔵頭露尾」に同じ。頭隠して尻かくさず。逃げ隠れして真実を語らぬの意。ここでは、洞山が寒暑が無い処などないという真実を隠して、寒暑の無い処があるかのようにわざと匂わして、「どうして寒暑の無いところへゆかぬ」と述べていることを抑下した語。
○蕭何売却仮銀城＝有りもしないものを有るかのように思わせて騙すことのたとえ。漢の蕭何が、中国には有りもしない銀城を匈奴に売ると約束して匈奴を欺いたという故事は、典拠未詳。『不二鈔』に引く京兆府米七師の語では、「霍光売仮銀城」に作る。『漢書』蕭何伝及び霍光伝にはこの故事は見えない。
○賺殺一船人＝天下の人をコケにする。第三一則本則著語に既出。
○一釣便上＝洞山の誘いに釣られて、僧が、「寒暑のない処とはどんなところですか」と尋ねたことを抑下した表現。
○寒時寒殺闍黎＝寒い時には寒さに徹底し、暑い時には熱さに徹底せよ、寒中に熱あり、暑中に涼ありの意。寒さ暑さに徹底すれば、並みの寒暑は苦にならず、避けるに及ばぬということ。寒暑を生死の悩み、煩悩と見なすこともできる。「殺」は、動詞の後について、その程度のはげしさを現わす。愁殺、痛殺などと同様に、とうていやりきれぬ気分を添える。

○真不掩偽、曲不蔵直＝真実は虚偽をあらわにし、曲がったものはまっすぐなものを明らかにする。『種電鈔』では、「正中に偏有り、偏中に正有るが故なり」と解釈している。「真不掩偽」が正中偏で第一義門を指し、「曲不蔵直」が偏中正で第二義門を指す。

○臨崖看虎兕＝絶体絶命の境地。

○特地一場愁＝御愁傷さま。追いつめられた僧に対するコメント。

○掀翻大海、踢倒須弥＝洞山の自在なはたらき。第二〇則垂示に既出。

〔評唱〕

黄竜新和尚拈云、洞山袖頭打領、腋下剜襟、争奈這僧不甘。如今有箇出来問黄竜、且道、如何支遣。良久云、安禅不必須山水、滅却心頭火自涼。諸人且道、洞山圏繢落在什麼処。若明辨得、始知洞山下五位、回互正偏接人、不妨奇特。到這向上境界、方能如此。不消安排、自然恰好。所以道、

正中偏、三更初夜月明前、莫怪相逢不相識、隠隠猶懐旧日嫌。

偏中正、失暁老婆逢古鏡、分明覿面更無真、休更迷頭還認影。

正中来、無中有路出塵埃、但能不触当今諱、也勝前朝断舌才。

偏中至、両刃交鋒不須避、好手還同火裏蓮、宛然自有衝天気。

兼中到、不落有無誰敢和、人人尽欲出常流、折合還帰炭裏坐。

黄竜悟新《おうりゅうごしん》和尚は（本則を）取り上げて、「洞山は袖から襟の生地を裁断し、腋の下から前襟の生地をえぐり取ったが、

いかんせんこの僧は満足しなかった」と評した。もし誰かが出て黄竜に尋ねたら、いったい、どのように対応しただろうか。しばらくして、(圜悟が)「心静かに坐禅するのに山や河を必要とはしない。心を滅却すれば火も本より涼しい」と言った。諸君、さて、洞山のワナはどこに仕掛けて在るのか。はっきり見分けることができて、やっと洞山門下の五位が、正位と偏位を相互に転化させて人を教導し、なかなか立派だと分かる。この至高の境地に到達してこそ、そのようにできる。あらかじめ手配するまでもなく、自然にぴったりしている。それで(洞山は)こう言っている。

正中偏、真夜中に月が輝く前、出会っても相手を見分けられないのも無理はない、ひっそりと以前からの美しい姿が存在している。

偏中正、寝過ごした老婆が古鏡に出逢う。はっきり面と向っているのに(鏡に映った映像であって)決して真実の己ではない。鏡の影像を自分の頭と勘違いしてはならぬ。

正中来、無の中に俗世界に出る路がある。ただ、当世の(天子の)諱を犯さないならば、前代の、人々を黙らせるほどの能弁にも勝っている。

偏中至、二つの刃が切っ先を交える時に避けてはならない。やり手は火炎中の蓮華と同じで、まるで自ら天を衝く気があるようだ。

兼中到、有でも無でもないのに誰に決着がつけられようか。誰もが分別から抜け出ようとするが、とどのつまりは炭火の中に帰ってすわる。

○黄竜新和尚＝黄竜悟新。臨済宗黄竜派の祖。一〇四三—一一一四。広東省曲江出身。号は死心。晦堂祖心(一〇二五—一一〇〇)の法嗣。隆興府の黄竜寺に住した。伝は、『禅林僧宝伝』巻三〇、『会要』巻五、『普灯録』巻六、『会元』巻一七、『仏祖歴代通載』巻一九、『釈氏稽古略』巻四などに見える。

○袖頭打領、腋下剜襟＝『明覚禅師語録』巻二。袖の部分から襟の生地を裁断し、腋の下の部分から襟の生地をえぐり取る。無駄の無い綿密な教導手段の譬え。『禅語辞典』では、「袖の先にえりをつけ、腋の下に前えりをくる。固定した位置を転換すること」と解釈しているが、それでは「剜」の語意が通じない。
○支遣＝あしらう。押しやる。『大慧書』の「答劉通判」第二書に「平昔做静勝工夫、只為要支遣箇鬧底」とある。
○安禅不必須山水、滅却心頭火自涼＝『唐風集』巻下所載の杜荀鶴「夏日題悟空上人院」詩に、「参伏閉門披一衲、兼無松竹蔭房廊、安禅不必須山水、滅却心頭火自涼」とある。
○洞山圏繢落在什麼処＝「圏繢」はワナ、しかけ、計略。第五則本則評唱に既出。
○洞山下五位、回互正偏＝「五位」は、洞山良价が創始した偏正五位、即ち「正中偏」「偏中正」「正中来」「偏中至」「兼中到」のこと。「正」は普遍的本体もしくは無差別の平等世界を象徴し、「偏」は差別的現象世界を象徴する語。「回互正偏」とは、「正」と「偏」とを相互に転換融通すること。『曹山録』に、「正位は空界、本来無物。偏位は色界にして、万象の形あり。正中偏は、理に背いて事に就く。偏中正は、事を措いて理に入る」とある。
○不消＝不用。第二〇則頌評唱に既出。
○正中偏＝本体の中にさまざまな現象が含まれていること。本体中に内包される一切の現象。『種電鈔』では、『易』の巽卦(☴)に当てて解釈し、巽は君が臣を視る卦で、順の意であるとし、「君、順に居りて私無きときは、則ち民自ら随順す。此の位、正中に偏を具す。…正は本有の仏性。偏は無明の迷性。此の二、異なる有りと雖も、本より一法なり」と説明している。
○三更初夜＝夜中。「三更」は夜を五つに分けた第三。午前零時から二時の間。「初夜」は「初更」のことで、午後七時から九時の間。
○莫怪＝どうりで。
○隠隠猶懐旧日嫌＝ひっそりと以前からの美しい姿が存在している、ということ。「隠隠」は、かすかなさま、ぼんやりと見え隠れするさま。「懐嫌」は「懐疑」に同じであるが、ここでは、疑いを抱くという意味ではない。「嫌」は「妍」に通じ、美麗、なまめかしい、の意。流布本では「妍」に作る。
○偏中正＝千差万別の現象の中に普遍的本体が存在すること。『種電鈔』では、『易』の兌卦(☱)に当てて解釈し、兌は臣が君に対する卦で、よろこぶ意であるとし、「臣君の命を受けて説和するときは、則ち物皆説ぶ。此の位、用を摂して体に帰す。明中の暗なり。用と謂うは偏なり、臣なり。体に帰すとは偏中正、是れ君に向かうなり」と説明している。

○失暁＝夜が明けたのに気が付かない。起きるのが遅いことを指す。失明の意ではない。『南史』后妃伝上・斉高昭劉皇后、『京本通俗小説』錯斬崔寧などに用例が見える。

○古鏡＝何もかも映し出す由緒ある名鏡。

○迷頭還認影＝鏡に映った像を本当の自分と取り違える。第一五則頌著語に既出。

○正中来＝普遍的平等世界から差別的現象世界に行くこと。『種電鈔』では、『易』の大過(䷛)に当てて解釈し、君の徳業が大いに人に過ぎる卦であるとし、「此の位は、脱体現成、二辺に依らず。謂えらく、正中の一機、纔かに発し来る時、万縁塵境、迥然として侵さざるなり。…此の一位は覿露明明たる那の一着、凡聖位中に属せず。是れ正位の源本なるが故に、独脱無依、名づく可からず、象どる可からず」と説明している。

○出塵埃＝『種電鈔』では、「塵埃を出づ」と訓んで、現象世界から隔絶する意に解釈している。『洞山録』の「五位君臣頌」では、「隔塵埃」に作る。柳田聖山『禅語録』(『世界の名著』一八、中央公論、一九七八)では、「塵埃に出づ」と訓んで、「何もないところに実在が姿をあらわすと、そこに自から道ができて、塵の中に通じてゆく」と解釈している。

○偏中至＝現象世界から平等世界に至ること。『洞山録』『会元』などでは「兼中至」に作る。『種電鈔』では、『易』の中孚(䷼)に当てて解釈し、臣に節と信がある卦とし、「是れ臣の道、至れり。此の位、妙用縦横、忌諱に触れず、功勲奉重するなり」と説明している。

○好手還同火裏蓮＝『会元』では「好手猶如同火裏蓮」に作る。

○衝天気＝『会元』では「沖天志」に作る。

○兼中到＝本体と現象、平等世界と差別的世界とが融通無礙である究極の位相。『種電鈔』では、『易』の離(䷝)に当てて解釈し、君臣の道が合わさる卦であるとし、「巽の第二爻を下して初爻の下に麗《つ》くれば、便ち離の卦と成る。又、兌の初爻を升せて三爻の上に麗くるも、亦是れ離の卦と成る。即ち重離の卦なり。これを重離六爻、偏正回互、畳ねて三と為り、変尽して五と成ると謂うなり。此れ従り後、卦爻の之く所無し。此の五変、糸毫も安排を仮らず、法爾として是くの如くなるのみ」と説明している。

○人人尽欲出常流＝誰もが修行して世俗の分別に囚われた境涯から抜け出たいと望む。『種電鈔』では、「常流」が上の四位を指すという解釈も示している。

○折合＝現代語では、折りたたむ、換算するの意であるが、ここでは、いまわの際に精算する、決着をつける、締めくくるの意。『大慧書』巻上「答劉宝学」に、「臘月三十日、作麼生折合去。不可眼光欲落未落時、且向閻家老子、道待我澄神定慮少時、却去相見得麼」とあり、同「答汪内翰第一書」に、「臘月三十日、作麼生折合去。無常殺鬼念念不停」とある。

○炭裏＝煩悩の世界。

浮山遠録公以此公案為五位之格。若会得一則、余者自然易会。

巌頭道、如水上葫蘆子相似、捺著便転、殊不消糸毫気力。

曾有僧問洞山、文殊普賢来参時如何。山云、趕向水牯牛群裏去。僧云、和尚入地獄如箭。山云、全得佗力。

浮山《ふざん》の遠録公《おんろくこう》は、この公案を使って五位の規格を作った。もし、一則を理解すれば、その他は自然にたやすく理解できる。

巌頭《がんとう》は、「水上のひょうたんのように、押せば回転し、すこしの力も要らない」と言っている。

かつて僧が洞山(守初《しゅしょ》)に問うた、「文殊と普賢とがやって来た時にはどうしますか」。洞山、「去勢した水牛の群れに追い込む」。僧、「和尚は矢のように地獄に落ちますぞ」。洞山、「まるごと君のお陰を蒙っている」。

○浮山遠録公＝浮山法遠。九九一－一〇六七。宋の河南省鄭州の出身。臨済宗帰省の法嗣。安徽省舒州浮山に住した。欧陽修が会下に参じている。第三則頌評唱に既出。伝は『続灯録』巻四、『会要』巻一三、『普灯録』巻二、『禅林僧宝伝』巻一七、『会元』巻一二、『仏祖歴代通載』巻一八、『続伝灯録』巻三、『釈氏稽古略』巻四、『雲臥紀談』巻上などに見える。
○巌頭＝巌頭全奯。八二八―八八七。第五則本則評唱などに既出。
○如水上葫蘆子相似。捺著便転、殊不消糸毫気力＝拘われのない自由自在な働きを示すさま。典拠未詳。第三八則本則評唱に圜悟が風穴を評した言葉と類似している。
○曾有僧問洞山、文殊普賢来参時如何…＝『会元』巻一五・洞山守初章に、「問、文殊普賢来参時如何。師曰、趁向水牯牛欄裏著。曰、和尚入地獄如箭射。師曰、全憑子力」とある。これは、洞山良价ではなく洞山守初（第一二則本則に既出）の問答であり、圜悟が誤ってここに引用したものと思われる。
○水牯牛＝修行僧の譬え。第二四則本則評唱に既出。
○全得佗力＝第三二則本則著語既出。「佗」は「彼」の意であるが、ここでは間接話法で、相手の僧を指している。『種電鈔』では、水牯牛を指すとしている。

洞山道、何不向無寒暑処去、此是偏中正。僧云、如何是無寒暑処。山云、寒時寒殺闍黎、熱時熱殺闍黎。此是正中偏。雖正却偏、雖偏却円。曹洞録中、備載子細。若是臨済下、無許多事、這般公案、直下便会。有者道、大好無寒暑。有什麼巴鼻。古人道、若向剣刃上走則快、若向情識上見則遅。不見僧問翠微、如何是祖師西来意。微云、待無人来、向你道。遂入園中行。僧云、此間無人、請和尚道。微指竹云、這一竿竹得恁麼長、那一竿竹得恁麼短。其僧忽然大悟。又曹山問僧、恁麼熱、向什麼処廻避。僧云、鑊湯炉炭裏廻避。山云、鑊湯炉炭裏如何廻避。僧云、衆苦不能到。

看他家裏人、自然会他家裏人説話。雪竇用他家裏事頌出。

洞山は、「どうして寒暑の無いところへゆかぬ」と言った。これは偏中正である。僧が、「寒暑のない処とはどんなところですか」と尋ね、洞山が、「寒い時には、そなたを凍え切らせ、熱い時には、そなたをこの上なく熱くするのだ」と答えた。これは正中偏である。正であるが偏であり、偏であるが円である。曹洞宗の語録の中に、詳細に記載している。もしも臨済門下であれば、そんな余計なことはせずとも、このような公案は、直ちに理解できる。

ある人が、「大いによろしい、寒暑が無いのは」と言ったが、何の捕らえどころもない。古人は、「もし剣刃の上を行けば速く、もし思慮分別すれば遅い」と言っている。

そら、僧が翠微《すいび》に問うた、「達磨が西から来た本意は何ですか」。翠微「来る人がいなくなったら、君に言ってやろう」。そこで竹園に入った。僧「ここには誰もいません。どうか和尚、話してください」。翠微は竹を指して言った、「この竹はこんなに長く、あの竹はこんなに短い」。その僧はぱっと大悟した。

又、曹山が僧に問うた、「こんなに暑い。どこで避けようか」。僧「大釜の熱湯と溶鉱炉の炭火の中で避けます」。曹山、「大釜の熱湯と溶鉱炉の炭火の中でどのように避けるのか」。僧「諸々の苦悩は到来しようがありません」。

そら、他家(曹洞)の人は、自然に他家の人の話を理解している。雪竇は、他家の事を使ってこう頌に詠んだ。

○曹洞録＝書名ではなく、『洞山録』や『曹山録』を始め、曹洞宗の語録の総称と考えられる。
○若是臨済下、無許多事、這般公案、直下便会＝臨済宗に属する圜悟の宗派意識が見えている。風外禅師は、「此是偏中正」以下この句までを「味者の増添ならん」と酷評し、白隠禅師も、「これで御座敷が破れた、大慧の焼いたのも道理じゃ」と抑下している。
○有什麼巴鼻＝「巴鼻」は手がかり。「有什麼巴鼻」は第三則本則評唱既出。
○古人道＝未詳。
○向剣刃上走＝命がけの厳しい修行を実践すること。

○僧問翠微…＝この僧は清平令遵のこと。『伝灯録』巻一五・清平令遵章に、「問、如何是西来的的意。翠微曰、待無人即向汝説。師良久曰、無人也、請師説。翠微下禅床、引師入竹園。師又曰、無人、請和尚説。翠微指竹曰、這竿得恁麼長、那竿得恁麼短。師雖領其微言、猶未徹其玄旨」とある。清平令遵（八四五―九一九）は翠微無学の法嗣。伝は『伝灯録』の外、『会要』巻二一、『会元』巻五などに見える。なお、評唱の引用表現は、「忽然大悟」を除けば、『会元』に近い。

○曹山問僧…＝『伝灯録』巻二〇・曹山慧霞章に「僧侍立。師曰、道者可殺炎熱。曰、是。師曰、只如炎熱向什麼処回避得。曰、向钁湯炉炭裏迴避。師曰、只如钁湯炉炭作麼生回避得。曰、衆苦不能到」とある。「曹山」は曹山慧霞。曹山本寂（八四〇―九〇一）の法嗣。伝は『伝灯録』の外、『祖堂集』巻一一、『五灯厳統』巻一三に見える。「钁湯炉炭」は地獄の責め道具。第二五則本則評唱に既出。

○看他家裏人、自然会他家裏説話＝一夜本では、「看佗屋裏人、自然会他説話」に作る。それならば、よく奥義に達した人なら、自然に彼の話を理解する、の意。

○他家裏＝雪竇は雲門宗に属するので、曹洞宗を他家と呼んでいる。

【頌】

垂手還同万仞崖、〔不是作家、誰能辨得。何処不円融。正勅既行、諸侯避道〕

正偏何必在安排。〔若是安排、何処有今日。作麼生両頭不渉。風行草偃、水到渠成〕

琉璃古殿照明月、〔円陀陀地。切忌認影、且莫当頭〕

忍俊韓獹空上階。〔不是這回蹉過了也。逐塊作什麼。打云、你与這僧同参〕

手を差しのべるはまさに万仞の断崖である。〔やり手（雪竇）でなければ、誰に見分けがつくものか。いずこも円融無礙だ。王の勅命が施行されるや、諸侯は道を譲る〕

正位か偏位か、そんな配置は無用のことだ。〔もしも配置したら、どこに今日があろう。どうして両方が関連せずにおれよう。風が吹けば草はなびく。水が流れれば水渠ができる〕琉璃の古い宮殿が明月に照らされ、〔まんまるだ。けっして影を（実体と）認めてはならぬ。真っ向から当たってはならぬ〕

喜びをこらえきれない韓獹《かんろ》がいたずらに階段を駆け上る。〔今度すれ違っただけではない。塊《つちくれ》を追って何になる。（圜悟が）打って、「そなたもこの僧と同列だ」と言った〕

○垂手還同万仞崖＝「垂手」は教化の手を伸ばす。叉手当胸という沙門の威儀を捨てて、人のために手を差しのべること。第二則本則評唱に既出。「垂手為人」に同じ。
○正勅既行、諸侯避道＝洞山の断案は勅命のようなもので、誰もが道を譲ると称賛した語。『種電鈔』では「正勅」を「王勅」とする。
○正偏何必在安排＝正位も偏位も融通無礙で、人為的に配列したものではないということ。
○若是安排、何処有今日＝予め計画的に配列している程度なら、洞山の仏法は今日存在する意義がないということ。
○作麼生両頭不渉＝「両頭」はふたつ。ここでは、正位と偏位のこと。
○風行草偃、水到渠成＝第六則頌評唱に既出。いずれも条件が揃えば自然に物事が成就することの譬え。ここでは、衆生が自然に教化されることの譬え。『伝灯録』巻一二・南塔光涌章「問、如何是妙用一句。師曰、水到渠成」。
○琉璃古殿照明月＝「無寒暑処」のありさま。
○円陀陀地＝まんまるなさま。円満なさま。
○切忌認影、且莫当頭＝洞山の答えに振り回されるな、ということ。「切忌」は、…は禁物だ、の意。「当頭」は、真っ向から、の意。当面に同じ。
○忍俊＝忍笑。笑うのをこらえる。ここでは、笑わずにおれない意で、「忍俊不禁」に同じ。僧が洞山の言葉の真意を追い求める気持ちを、名犬が喜んで獲物を狩るさまにたとえている。『会要』巻一六・法演章「山僧昨日入城、見一棚傀儡…仔細看時、原来青布幔裏有人、山僧忍俊不禁」。
○韓獹＝韓氏の名犬。『戦国策』斉策に、韓氏の盧という名犬がすばしっこい兎を追いかけ回した挙げ句、二匹とも疲れ切って死に、農夫が何の苦労もせずに兎を手に入れたという故事が見える。ここでは、洞山に質問して、その答えに振り回されている僧のたとえ。
○逐塊作什麼＝洞山の言葉に振り回されるのは徒労だということ。

〔評唱〕
曹洞下有出世不出世、有垂手不垂手。若不出世、目視雲霄。若出世、便灰頭土面。目視雲霄、即是万仞峰頭。灰頭土面、即是垂手辺事。有時灰頭土面、即在万仞峰頭。有時万仞峰頭、即是灰頭土面。其実入鄽垂手、与孤峰独立一般。帰源了性、与差別智無異。切忌作両橛会。所以道、垂手還同万仞崖。直是無你湊泊処。正偏何必在安排、若到用時、自然如此、不在安排也。此頌洞山答処。後面道、琉璃古殿照明月、忍俊韓獹空上階。此正頌這僧逐言語走。

曹洞門下には、世間に出ることと世間に出ないことがあり、手を垂れることと手を垂れないことがある。もし世間に出ないなら、大空を見る。もし世間に出たなら、頭に灰をかぶり顔を泥まみれにする。大空を見るとは、万仞の山頂にほかならぬ。頭に灰をかぶり顔を泥まみれにするとは、手を垂れて教化することである。ある時は、頭に灰をかぶり顔を泥まみれにすることが、万仞の山頂であり、ある時は、万仞の山頂が頭に灰をかぶり顔を泥まみれにすることである。実は、町中に入って手を垂れることはそびえ立つ山頂で独り立つことと同じである。本源に遡って仏性を悟ることと、分別智とは別ではない。別々に理解することは禁物だ。だから、(雪竇は)「手を差しのべるのはまさに万仞の断崖である」と言ったのだ。まったく君には捉えようがない。

「正位か偏位か、そんな配置は無用のことだ」とは、使う時になれば、自然にそうなり、配置するには及ばぬのである。これは洞山の答えについて詠んでいる。後で、「琉璃の古い宮殿が明月に照らされ、喜びをこらえきれない韓獹がいたずらに階段を駆け上る」と言っているのは、まさにこの僧が(洞山の)言葉に振り回されているのを詠んでいる。

○出世＝出家者が世間にでて人々を教化すること。偏位にあたる。「垂手」も同じ。
○不出世＝出家者が山林に住して修行すること。正位にあたる。「不垂手」も同じ。
○目視雲霄＝眼で空を見る。「雲霄」は大空。ここでは、至高の道、「仏向上事」を象徴している。
○灰頭土面＝俗世に身を置きながら人々を教化するさま。『伝灯録』巻二〇・帰宗懐惲章「問、如何是塵中子。師曰、灰頭土面」。
○万仞峰頭＝そびえ立つ山の頂上。ここでは、人を寄せつけぬ山頂での孤高の修行を意味している。
○垂手辺事＝世間に出て人のために教化すること。
○入鄽垂手、与孤峰独立一般＝町なかに入って教化することと山頂での修行を積むこととは別々のことではないということ。「鄽」は、店で、ここでは店のある町なかの意。「入鄽垂手」は「十手図」の第十位。
○差別智＝思慮分別する知恵。後天的知恵。
○作両橛会＝二本のクイとして理解する、別々の二つのものとして理解する。
○湊泊＝手がかりとする。第五則垂示に既出。

洞下有此石女・木馬・無底籃・夜明珠・死蛇等十八般。大綱只明正位。如月照琉璃古殿、似有円影。洞山答道、何不向無寒暑処去。其僧一似韓獹逐塊、連忙上階、捉其月影相似、又問、如何是無寒暑処。山云、寒時寒殺闍黎、熱時熱殺闍黎。如韓獹逐塊、走到階上、又却不見月影。韓獹乃出戦国策。云、韓氏之獹、駿狗也。中山之兎、狡兎也。是其獹方能尋其兎。雪竇引以喩這僧也。只如諸人、還識洞山為人処麼。良久云、討甚兎子。

洞山門下には、この石女、木馬、無底籃、夜明珠、死蛇などの十八種(の教導法)がある。要するに正位を明らかにしている。月が琉璃の古い宮殿を照らすと、円い月影があるようだ。洞山は答えた、「どうして寒暑の無いところへゆかぬ」。その僧は、まるで韓獹が塊を追って、急いで階段を駆け上り、月影を捉えようとするのと同様で、さらに問うた、「寒暑のない処とはどんなところですか」。洞山「寒い時には、そなたを凍え切らせ、熱い時には、そなたをこの上なく熱くするのだ」。韓獹が塊を追って、階段を駆け上っても、月影は見えない。韓獹は『戦国策』が出典で、「韓氏の獹は、足の速い犬である。中山の兎はすばしっこい兎である」と云う。この獹でなければ、その兎を捉えることはできぬ。雪竇は引用してこの僧に譬えたのである。諸君は洞山が人のために何を教えたか、分かるか。しばらくして、(圜悟は)「どんな兎を探そうか」と云った。

○石女＝洞山「宝鏡三昧歌」に、「木人方歌、石女起舞」とある。
○木馬＝曹山「正中来」頌に「泥牛吼水面、木馬逐風嘶」とある。
○無底籃＝底の無いカゴ。『宗門統要続集』巻一七「杭州仏日和尚因夾山大普請。維那請師送茶。…師云、大衆鶴望、請師一言。山云、路逢死蛇莫打殺、無底籃子盛将帰」。『人天眼目』巻一〇「無中有無底籃」。仏日本空は曹洞宗の雲居道膺の法嗣。夾山は夾山善会。
○夜明珠＝『会元』巻一四・同安志章「夜明簾外、排班立、万里歌謡道太平」。同安観志は曹洞宗の同安道丕の法嗣。
○死蛇＝『会元』巻一三・青林虔章「問、学人径往時如何。師曰、死蛇当大路、勧子莫当頭。曰、当頭者如何。師曰、喪子命

根」。青林師虔(?―九〇四)は洞山良价の法嗣。
○十八般＝十八種の意。さまざまな教導方法の総称。刀や槍など十八種の武器、もしくはそれらを使用する武術を「十八般武芸」と呼ぶのに因んだ表現。『水滸伝』第二回「史進把這十八般武芸、従新学得十分精熟」。
○韓獹乃出戦国策＝『戦国策』斉策三「韓子盧者、天下疾犬也。東郭逡者、海内之狡兎也。韓子盧逐東郭逡、環山者三、騰山者五、兎極於前、犬廃於後、犬兎倶罷、各死其処。田父見之、無労勌之苦、而擅其功」。圜悟の引用句は『戦国策』と異なっており、何かの孫引きであろう。「この獹でなければ、その兎を捉えることはできぬ」と圜悟が述べているのは、『戦国策』の、獹は兎を捉えることができずに死に、農夫が労せずして兎を手に入れるという故事とは齟齬する説明であり、雪竇の意を曲解していることになる。福本は「戦国策」を「晋書」に作る。

第四十四則　禾山《かざん》の太鼓打ち

【本則】

挙。禾山垂語云、習学謂之聞、絶学謂之隣。〔天下衲僧跳不出。無孔鉄鎚。一箇鉄橛子〕過此二者、是為真過。〔頂門上具一隻眼作什麼〕

僧出問、如何是真過。〔道什麼。一筆勾下。有一箇鉄橛子〕

山云、解打鼓。〔鉄橛。鉄蒺藜。確確〕

又問、如何是真諦。〔道什麼。両重公案。又有一箇鉄橛子〕

山云、解打鼓。〔鉄橛。鉄蒺藜。確確〕

又問、即心即仏即不問、如何是非心非仏。〔道什麼。這箇垤圾堆。三段不同。又一箇鉄蒺藜子〕

山云、解打鼓。〔鉄橛。鉄蒺藜。確確〕

又問、向上人来時、如何接。〔道什麼。遭他第四杓悪水来也。又有一箇鉄橛子〕

山云、解打鼓。〔鉄橛。鉄蒺藜。確確。且道、落在什麼処。朝到西天、暮帰東土〕

禾山《かざん》が教示した、「習学を聞と言い、絶学を隣と言う。〔天下の禅僧が跳び出せぬ。穴の無いハンマーだ。一本の鉄の棒だ〕

この二つを越えることが真の超越である」。〔頭のてっぺんに眼を具えてどうする〕

僧が進み出て問うた、「真の超越とは何ですか」。〔何だと。さっとかぎ印で抹消されるぞ。一本の鉄の棒だ〕
禾山「太鼓を打てる」。〔鉄の棒。鉄の撒き菱。間違いない〕
僧、「仏法の真理とは何ですか」。〔何だと。二重の公案だ。もう一本、鉄の棒だ〕
禾山「太鼓を打てる」。〔鉄の棒。鉄の撒き菱。間違いない〕
(僧が)更に問うた、「即心即仏はさておき、非心非仏とは何ですか」。〔何だと。このゴミの山。三段の問答は異なっている。もう一本、鉄の棒だ〕
禾山「太鼓を打てる」。〔鉄の棒。鉄の撒き菱。間違いない〕
(僧が)重ねて問うた、「至高の人が来た時にはどのように導かれますか」。〔何だと。彼から四杯目の泥水を引っ掛けられるぞ。もう一本、鉄の棒だ〕
禾山「太鼓を打てる」。〔鉄の棒だ。鉄の撒き菱だ。間違いない。さて、(意図は)どこに在るのか。朝にインドにつき、暮れには中国に帰っている〕

○この本則は典拠不明である。
○禾山＝禾山無殷。八八四—九六〇。福建省福州出身。俗姓は呉氏。雪峰義存について出家し、後に九峰道虔の法を嗣ぎ、吉州禾山の大智院に住した。号は澄源、諡は法性禅師。徐鉉の「洪州西山翠巌広化院故澄源禅師碑銘」(『徐公文集』巻二七)や、『祖堂集』巻一二、『伝灯録』巻一七、『会元』巻六、『禅林僧宝伝』巻五に伝がある。
○習学謂之聞…＝僧肇『宝蔵論』広照空有品第一に、「夫学道者有三。其一謂之真、其二謂之隣、其三謂之聞、過此二者、是為真」。なお、『宝蔵論』は僧肇に仮託された偽書である。「習学」は、『論語』学而篇「学而時習之、不亦説乎」による。ここでは、漸習の立場を指している。「絶学」は、『老子』第二〇章に「絶学無憂」による。ここでは頓悟の立場を指している。「隣」は、『淮南子』精神訓「与徳為隣」による。

○無孔鉄鎚＝柄を挿す穴の無いハンマー。扱いかねるしろもの。第一四則本則著語に既出。
○鉄橛子＝一撃で相手を倒す程の威力を秘めた教導手段の譬え。第六則本則評唱に既出。
○一筆勾下＝ひと筆でかぎ印をつけて抹消する。文章の切れ目や削る部分に鉤印をつけること。ここでは、「勾消」の意で、削る部分に鉤印をつけて削除すること。
○解打鼓＝「打鼓」は、時刻の合図に太鼓を打つ意。ここではおそらく普請の合図。「解」は、できる。
○鉄蒺藜＝鉄の撒き菱。地に撒いて敵の進入を防ぐための菱型の武器。
○確確＝確実に同じ。まちがいない。やっぱりだ。
○真諦＝聖諦第一義に同じ。
○即心即仏即不問、如何是非心非仏＝『伝灯録』巻六・江西(馬祖)道一章に、「僧問、和尚為什麼説即心即仏。師云、為止小児啼。僧云、啼止時如何。師云、非心非仏。僧云、除此二種人来、如何指示。師云、向伊不是物。僧云、忽遇其中人来時如何。師云、且教伊体会大道」とある。「即心即仏」は馬祖の表詮、「非心非仏」は馬祖の遮詮。第二八則に既出。
○垢坺堆＝ゴミの堆積したもの。「垃圾堆(拉圾堆)」に同じ。同じ意味の「壒圾堆頭」は第三九則本則著語に既出。「坵」は「丘」の意であるが、「坵」と「拉」とは字形が似ているので、誤写したものと思われる。「垃圾(拉圾)」はゴミ、塵芥。「堆」は「山」の意。
○三段不同＝「三段」はここまでの三度の問答を指す。
○遭他第四杓悪水来也＝「他」は禾山を指す。禾山が四度目の質問にも「解打鼓」と答えるぞ、の意。
○朝到西天、暮帰東土＝勝れた禅僧の働きの譬え。『五祖語録』巻上「古人云、如何是不動尊。朝到西天、暮帰東土」。

〔評唱〕

禾山垂示云、習学謂之聞、絶学謂之隣、過此二者、是為真過。此一則語、出宝蔵論。学至無学、謂之絶学。所以道、浅聞深悟、深聞不悟、謂之絶学。

一宿覚道、吾早年来積学問、亦曾討疏尋経論。習学既尽、謂之絶学無為閑道人。及至絶学、方始与道相近。直得過此二学、是謂真過。

其僧也不妨明敏、便拈此語問禾山。山云、解打鼓。所謂言無味、語無味。欲明這箇公案、須是向上人、方能見此語不渉理性、亦無議論処。直下便会、如桶底脱相似、方是衲僧安穏処、始契得祖師西来意。所以雲門道、雪峰輥毬、禾山打鼓、国師水碗、趙州喫茶、尽是向上拈提。

禾山が教示した、「習学を聞と言い、絶学を隣と言う。この二つを超えることが真の超越である」。この一則の言葉は、『宝蔵論《ほうぞうろん》』から出ている。学ぶことが無くなるまで学ぶことを「絶学」と言う。だから、「浅く聞いても深く悟り、深く聞いても悟りに安住することがない」と言うのだ。これを「絶学」と言う。

一宿覚《いっしゅくかく》は、「私は若い頃から学問を積み、また解釈を求め、経論を探した」と言っている。習学が既に尽くされているのを「絶学無為ののんびりした達道者」と言う。絶学に至って、はじめて道に近いのだ。まさにこの修学と絶学を超越しえてこそ、真の超越と言うのである。

質問した僧もなかなか明敏で、この語を取り上げて禾山に問うた。禾山は、「太鼓を打てる」と答えた。言葉に味気が無い。この公案を明らかにするには、必ず至高の人であってこそ、この言葉が思慮分別に関わりなく、また議論の余地が無いことが分かる。直ちに理解して、桶の底が抜けたようであってこそ、禅僧の落ち着く所であり、始めてダルマが西からやって来た真意が分かるのだ。だから雲門は、「雪峰の毬ころがし、禾山の太鼓打ち、国師の水椀、趙州の喫茶は、悉く至高の提示である」と言っている。

○浅聞深悟、深聞不悟＝『雲門広録』垂示代語に見える雲門の示衆語に、「浅聞即深悟、深聞即不悟」とある。『圜悟語録』巻三・上堂に、「風吹風動無二種。水洗水湿豈両般。浅聞深悟底、錦上舗華。深聞不悟底、生鉄鋳就」とあるように、浅く聞いただけで深く真理を悟り、深い真理を聞きながら悟りに囚われないこと。

○一宿覚＝永嘉玄覚。六七五—七一三。著に『証道歌』『永嘉集』がある。六祖に参禅して悟り、曹渓山に一宿して去ったことから、こう呼ばれた。

○吾早年来積学問、亦曾討疏尋経論＝『証道歌』「遊江海渉山川、尋師訪道為参禅」の取意。

○絶学無為閑道人＝『証道歌』「君不見、絶学無為閑道人、不除妄想不求真」。

○所謂言無味、語無味＝究極の言葉は世間的な味わいを超絶して、取りつきようもない。『老子』第三五章「淡乎其無味」、第六三章「味無味」などを踏まえる。「無味」は世俗の人々の好むような濃厚な味がないこと。味もそっけもない。第一七則本則評唱既出。

○理性＝道理。

○雲門道：＝『雲門広録』室中要語「挙、睦州喚僧、趙州喫茶、入水義、雪峰輥毬、帰宗拽石、経頭以字、国師水椀、羅漢書字、諸仏出身処、東山水上行、総是向上時節」。

○雪峰輥毬＝雪峰義存が木製のまりを転がして試問した故事で、本則の頌及び評唱に見える。

○禾山打鼓＝本則。

○国師水碗＝慧忠国師が水椀に七粒の米を入れ一本の箸を添えて試問した故事で、第四八則本則評唱に見える。

○趙州喫茶＝趙州が相見の際に「茶を飲みにゆけ」と言った故事で、第二二則本則評唱に既出。

又問、如何是真諦。山云、解打鼓。真諦更不立一法。若是俗諦、万物俱備。真俗無二、是聖諦第一義。又問、即心即仏即不問、如何是非心非仏。山云、解打鼓。即心即仏即易求、若到非心非仏即難、少有人到。又問、向上人来時如何接。山云、解打鼓。向上人即是透脱灑落底人。此四句語、諸方以為宗旨、謂之禾山四打鼓。

（僧が）また、「仏法の真理とは何ですか」と問い、禾山は、「太鼓を打てる」と答えた。仏法の真理は一法すら確立しない。もし、世俗の真理であれば、万物がそこに備わっている。仏法の真理と世俗の真理が異ならないのが、根本の真理である。さらに、「即心即仏はさておき、非心非仏とは何ですか」と問うと、禾山は、「太鼓を打てる」と答えた。即心即仏は求めやすいが、非心非仏に到達することは難しくて、めったに人は到達できない。重ねて、「至高の人が来た時にはどのように迎えますか」と問うと、禾山は、「太鼓を打てる」と答えた。至高の人は悟り切ってさっぱりとした人である。この四句の言葉は、あちこちで禅宗の宗旨であるとされている。これを禾山の四打鼓《しだく》と言う。

○若是俗諦、万物倶備＝「俗諦」は世俗諦で、真諦に対する語。差別的現象世界における真理。福本は「万物」を「万法」に作る。

○真俗無二、是聖諦第一義＝福本は「真俗不二是第一義」に作る。

只如僧問鏡清、新年頭還有仏法也無。清云、有。僧云、如何是新年頭仏法。清云、元正啓祚、万物咸新。僧云、謝師答話。清云、老僧今日失利。似此答話、有十八般失利。

例えば僧が鏡清《きょうせい》に問うた、「新年年頭に仏法は有りますか」。鏡清「有る」。僧「新年年頭の仏法とは何ですか」。鏡清「元旦に福運啓《ひら》き、万物みな新たなり」。僧「師のお答えに感謝します」。鏡清「わしは、今日失敗した」。この問答のように、（鏡清には）六種の失敗が有る。

○僧問鏡清……＝『会元』巻七・鏡清道怤章に、雪峰義存の法嗣、鏡清道怤（八六四—九三七）の六失利のエピソードが見える。

①新到参。師拈起払子。僧曰、久嚮鏡清、猶有這箇在。師曰、鏡清今日失利。

②師問荷玉、甚処来。曰、天台来。師曰、阿誰問汝天台。曰、和尚何得竜頭蛇尾。師曰、鏡清今日失利。

③問、辨不得、提不起時、如何。師曰、争得到這裏。曰、恁麼則礼拝去也。師曰、鏡清今日失利。

④師見僧学書、迺問、学甚麼書。曰、請和尚鑑。師曰、一点未分、三分著地。曰、今日又似遇人、又不似遇人。師曰、鏡清今日失利。

⑤問、新年頭還有仏法也無。師曰、有。曰、如何是新年頭仏法。師曰、元正啓祚、万物咸新。曰、謝師答話。師曰、鏡清今日失利。

⑥上堂、衆集定。師拋下拄杖曰、大衆、動著也二十棒、不動著也三十棒。時有僧出拈得頭上戴出去。師曰、鏡清今日失利。

この問答は、第五番目のエピソード。本則と無関係の蛇足的引用である。なお、鏡清の伝は『会元』のほか、『祖堂集』巻一〇、『宋高僧伝』巻一三、『伝灯録』巻一八、『会要』巻二四、『釈氏稽古略』巻三などに見える。

○元正啓祚、万物咸新＝正月の祝詞。

○有十八般失利＝「十八」は「六」の誤写。前掲の六失利。「失利」は、やられた、負けた、の意。

また、僧が浄果《じょうか》大師に問うた、「鶴が一本松に立った時はどうですか」。浄果「足元で赤恥をさらした」。また問うた、「雪が山々を覆った時はどうですか」。浄果「日の出後に赤恥をさらした」。重ねて問うた、「会昌《かいしょう》の廃仏令の時、仏法を守護する神はどこへ往ったのか」。浄果「三門の外の二体の仁王が赤恥をさらした」。あちこちでこれを三つの赤恥と言っている。

又僧問浄果大師、鶴立孤松時如何。果云、脚底下一場懡㦬。又問、雪覆千山時如何。果云、日出後一場懡㦬。又問、会昌沙汰時、護法神向什麼処去。果云、三門外両箇漢一場懡㦬。諸方謂之三懡㦬。

○僧問浄果大師…＝『会元』巻一三・護国守澄章「問、鶴立枯松時如何。師曰、地下底一場懡㦬。問、会昌沙汰時護法神向什麼処去。師曰、三門前両箇一場懡㦬。問、滴水滴凍時如何。師曰、日出後一場懡㦬」。浄果大師は疎山匡仁の法嗣護国守澄の賜号。
○一場懡㦬＝「懡㦬」は、はじをかくこと。第一則本則著語既出。
○会昌沙汰＝会昌五年(八四五)、唐の武宗の廃仏令。
○三門外両箇漢＝仏法・伽藍を守護すべき三門の中門に左右に置かれた仁王尊。金剛力士。向かって右が密迹金剛、左が那羅延金剛。

又保福問僧、殿裏是什麼仏。僧云、和尚定当看。福云、釈迦老子。僧云、莫瞞人好。福云、却是你瞞我。

又問僧云、你名什麼。僧云、咸沢。福云、或遇枯涸時如何。僧云、誰是枯涸者。福云、我。僧云、和尚莫瞞人好。福云、却是你瞞我。

又問僧、你作什麼業、喫得恁麼大。僧云、和尚也不小。福作蹲身勢。僧云、和尚莫瞞人好。福云、却是你瞞我。

又問浴主、浴鍋闊多少。主云、請和尚量看。福作量勢。主云、和尚莫瞞人好。福云、却是你瞞我。諸方謂之保福四瞞人。

又如雪峰四漆桶、皆是従上宗師、各出深妙之旨、接人之機。雪竇後面引一落索、依雲門示衆、頌出此公案。


また、保福《ほふく》が僧に問うた、「仏殿の中は何の仏か」。僧「和尚がぴたりと言い当てて下さい」。保福「お釈迦さんだ」。僧「人をだまさないで下さい」。保福「君こそ私をだましている」。

また僧に問うた、「君は何という名前か」。僧「咸沢《かんたく》です」。保福「枯渇した人に出くわしたらどうする」。僧、「誰が枯渇した人ですか」。保福「私だ」。僧「人をだまさないで下さい」。保福「君こそ私をだましている」。

また僧に問うた、「君はどんな仕事をしてそんなに大きくなったのか」。僧「和尚も小さくないです」。保福は身を屈めるしぐさをした。僧「人をだまさないで下さい」。保福「君こそ私をだましている」。

また（入浴をつかさどる）浴主に問うた、「浴槽はどれほどの大きさか」。浴主「和尚が計ってみて下さい」。保福が計るしぐさをした。浴主「人をだまさないで下さい」。保福「君こそ私をだましている」。あちこちでこれを保福の四《し》瞞人《まんにん》と言っている。

さらに例えば、雪峰の四つの漆桶《しっつう》など、いずれもこれまでの禅の師匠がそれぞれ深甚微妙の禅旨を提示し、人を教化する働きを示したものである。雪竇は後で一連の話を引用し、雲門が衆僧に教示したことに依拠しつつ、この公案について頌に詠んだ。

○保福問僧、殿裏是什麼仏…＝『伝灯録』巻二〇・咸沢章に、「保福問曰、汝名什麼。師曰、咸沢。保福曰、忽遇枯涸者如何。師云、誰是枯涸者。保福曰、我是。師曰、和尚莫謾人好。保福曰、却是汝謾我」とあり、『会元』巻七・保福章に、「師問僧、殿裏底是甚麼。曰、和尚定当看。師曰、釈迦仏。曰、和尚莫瞞人好。師曰、却是你瞞我。…師問飯頭、鑊闊多少。曰、和尚試量看。師以手作量勢。曰、和尚莫瞞某甲。師曰、却是汝瞞我。…汝作甚麼業、来得恁麼長大。曰、和尚短多少。師却蹲身作短勢。僧云、和尚莫瞞人好。師曰、却是汝瞞我」とあり、『会元』巻八・咸沢章に、「初参保福。福問、汝名甚麼。師曰、咸沢。福曰、忽遇枯涸者如何。師曰、誰是枯涸者。福曰、我是。師曰、和尚莫瞞人好。福曰、却是汝瞞我」とある。『会元』では浴槽ではなくナベの大きさを尋ねている。保福は保福従展。?—九二八。雪峰義存の法嗣。第五則本則評唱に既出。

○定当看＝「定当」は、勘所をつかむ。急所をつく。「的当」に同じ。「看」は、（ためしに）…してみる、の意。

○咸沢＝広巌咸沢。長慶陵の法嗣。

○雪峰四漆桶＝『伝灯録』巻一五、『会元』巻五・投子章および雪峰『真覚録』に見える投子大同と雪峰義存との四つの問答。
○一落索＝一つなぎの意。ここでは一連の問答を指す。一絡索とも。『大慧書』の「答曾侍郎」第一書などには「遮一絡索」（この一連の話）とある。

【頌】

一拽石、〔寰中天子勅。癩児牽伴。向上人恁麼来〕
二般土。〔塞外将軍令。両箇一状領過。同病相憐〕
発機須是千鈞弩。〔若是千鈞、也透不得。不可軽酬。豈為死蝦蟆〕
象骨老師曾輥毬、〔也有人曾恁麼来。有箇無孔鉄鎚。阿誰不知〕
争似禾山解打鼓。〔鉄橛子。須還這老漢始得。一子親得〕
報君知、〔雪竇也未夢見在。雪上加霜。你還知麼〕
莫莽鹵。〔也有些子。儱儱侗侗〕
甜者甜兮苦者苦。〔謝答話。錯下注脚。好与三十棒。喫棒得也未。便打。依旧黒漫漫〕

一に石を曳き、〔国内に天子の勅命。癩病患者が仲間を引き連れた。至高の人はこうする〕
二に土を運ぶ。〔辺境に将軍の命令。両者は同罪でしょっぴけ。同病相憐れむ〕
発射するのは、千鈞の強弩《きょうど》でなくてはならぬ。〔千鈞（の弩《いしゆみ》のようなやり手）でも理解し尽くせぬ。軽率に答えてはならぬ。死んだガマガエルのために教えるものか〕
象骨《ぞうこつ》山の先生は毬《まり》を転がしたが、〔また（至高の）人がこうしたことがある。穴の無いハンマーだ。誰もが知っている〕

禾山《かざん》の「太鼓を打てる」に及びもつかぬ。〔鉄の棒だ。この親父に任せなければだめだ。一人の子(禾山)だけが自分のものにしている〕
君に忠告しよう、〔雪竇も夢にも思わなかったぞ。雪に霜だ。君は分かっているか〕
そそっかしくてはだめだ。〔(そそっかしくないのも)少しはいる。混沌としている〕
甘いものは甘く、苦いものは苦い。〔お答え有り難う。間違ってコメントしている。三十叩きにしてやれ。棒を食らったか。(圜悟が)そこで打った。もとどおり真っ暗だ〕

○拽石＝帰宗智常が大衆と共に石を曳いた話。本則の頌評唱参照。『宗門統要集』巻三に見える。
○寰中天子勅＝逆らうことの許されない至上の命令。ここでは帰宗が石を曳いたことを指している。第七三則本則著語「寰中天子勅、塞外将軍令」。『従容録』第六八則示衆「寰中天子勅、閫外将軍令」。
○癩児牽伴＝同病相憐れむの意。第一二則頌著語既出。
○般土＝搬土。木平善道が新到の僧に、参礼の前にまず三担の土を運搬させたという故事。『伝灯録』巻二〇に見える。
○塞外将軍令＝絶対的命令。「寰中天子勅」と対句。ここでは木平善道が新参の僧に土を運搬させたことを指す。
○両箇一状領過＝帰宗と木平を同罪でしょっぴけ。「一状領過」は第一二則頌著語既出。
○発機須是千鈞弩＝「千鈞弩」は、『三国志』魏書・杜襲伝に、「千鈞の弩は鼷鼠の為に機を発せず。万石の鍾は莛を以て撞くに音を起こさず」とある。「鈞」は重さの単位。一鈞は三十斤。
○象骨老師曾輥毬＝象骨山に住した雪峰義存が三つの毬をころがした話。本則の頌評唱参照。「輥」は、滚と同じ。
○須還這老漢始得＝「須還…始得」は、「須是…始得」と同義に解することもできる。芳澤勝弘「岩波文庫版『碧巌録』箚記」(『禅学研究』七六)参照。
○一子親得＝禾山だけが師の雪峰の毬ころがしの真意をつかんでいるということ。「一子親得」は第五九則頌評唱などにも見える。

○雪上加霜＝厳しいものの追い打ち。泣きっ面に蜂。第四則本則既出。
○莫莽鹵＝「莽鹵」は、鹵莽に同じ。粗暴、がさつの意。禾山をまねて、何でも「解打鼓」と言っていればよいわけではない。
○也有些子＝「莽鹵」でない者も少しはいる。
○儱儱侗侗＝籠侗・籠統に同じ。ぼんやり。曖昧模糊。
○甜者甜兮苦者苦＝同じように「解打鼓」と言っても、ちゃんと区別はある。
○謝答話。錯下注脚＝雪竇の「甜者甜兮苦者苦」という理解への皮肉をこめた挨拶。分別くさい余計なコメントだ。

【評唱】

帰宗一日、普請拽石。宗問維那、什麼処去。維那云、拽石去。宗云、石且従汝拽、即不得動著中心樹子。

木平凡有新到至、先令般三転土。木平有頌、示衆云、東山路窄西山低、新到莫辞三転泥。嗟汝在途経日久、明明不暁却成迷。

後来有僧問云、三転内即不問、三転外事作麼生。平云、鉄輪天子寰中勅。僧無語。平便打。所以道、一拽石、二般土、発機須是千鈞弩。

雪竇以千鈞之弩喩此話、要見他為人処。三十斤為一鈞、一千鈞則三万斤。若是獰竜虎狼猛獣、方用此弩。若是鷦鷯小可之物、必不可軽発。所以千鈞之弩、不為鼷鼠而発機。

帰宗《きす》はある日、労働をして石(臼)を曳いた。帰宗が、維那《いの》に「どこへ往く」と問うた。維那「石を曳きに往きます」。帰宗「石は君が曳くに任せるが、中心の樹を動かしてはならん」。

木平《もくへい》は新参の僧が来るといつも、まず三度土を運ばせた。木平は頌によって衆僧に教示した、「東山の路は狭く西山は低い。新参僧は三度泥を運ぶのを辞退してはならぬ。ああ、君は途上にあって日を過ごすこと久しい。明らかに知らねばかえって迷ってしまう」。

後に僧が問うた、「三回の内は問いません。三回の外の事はどうですか」。木平「鉄輪の天子、国内の勅命」。僧が黙ると、木平が打った。そこで、「一に石を曳き、二に土を運ぶ。発射するのは、千鈞の強弩《きょうど》でなくてはならぬ」と詠んだのだ。

雪竇は千鈞の弩《いしゆみ》でこの話を譬えて、彼の弟子たちへの思いやりを示そうとした。三十斤が一鈞である。一千鈞なら三万斤になる。もし凶暴なドラゴンやトラ、オオカミなどの猛獣ならば、まさにこの弩を使うのだ。もしミソザザイなどのちっぽけな生き物なら、決して軽率に発射してはならぬ。それで、千鈞の弩はハッカネズミのために発射しはしないのだ。

○帰宗一日、普請拽石…＝『宗門統要集』巻三・帰宗智常章「師因普請。乃問維那、作什麼。那云、拽磨。師云、不得動著中心樹子。維那無対」。『宗門統要集』では、「石」を石臼としている。その方がわかりやすい。帰宗は帰宗智常。馬祖の法嗣。伝は、『宋高僧伝』巻一七、『祖堂集』巻一五、『伝灯録』巻七など。

○普請＝修行の一環として労働すること。

○維那＝衆僧の修行を監督し、衆務を総覧する役目の僧。

○木平凡有新到至…＝『伝灯録』巻二〇・木平善道章「師凡有新到僧、未許参礼、先令運土三担而示偈曰、南山路仄東山低、新到莫辞三転泥。嗟汝在途経日久、明明不暁却成迷」。木平は木平(石室)善道。長髭曠(石頭希遷の弟子)の法嗣。第二五則本則評唱既出。

○後来有僧問云…＝『伝灯録』巻一七・洞山師虔章「凡有新到僧、先令搬柴三転、然後参堂。有一僧不肯、問曰、三転内即不問、三転外如何。師曰、鉄輪天子寰中勅。僧無対。師便打令去」。『会元』巻一三・青林師虔章もほぼ同じ。圜悟はこの青林師虔が

三回柴を運ばせた故事を木平の故事と混同して引用している。洞山(青林)師虔(―九三四)は洞山良价の法嗣。
○鉄輪天子＝この世界の統治者である転輪王の一。鉄輪王。ここでは、皇帝のこと。
○若是獰竜虎狼猛獣、方用此弩＝凶暴なドラゴンやトラ、オオカミなどの猛獣とは、抜群の器量の禅僧の譬えで、「千鈞之弩」は鍛錬するための手段の譬え。
○鷦鷯小可之物＝ミソサザイなど、ささいな生物。小さな器量の禅僧のたとえ。
○千鈞之弩、不為鼷鼠而発機＝『三国志』魏書・杜襲伝の語。

象骨老師曾輥毬、即雪峰一日見玄沙来、三箇木毬一斉輥、玄沙便作斫牌勢、雪峰深肯之。雖然総是全機大用処、倶不如禾山解打鼓。多少径截、只是難会。所以雪竇道、争似禾山解打鼓。又恐人只在話頭上作活計、不知来由、莽莽鹵鹵、所以道、報君知、莫莽鹵。也須是実到這般田地始得。若要不莽鹵、甜者甜兮苦者苦。雪竇雖然如是拈弄、畢竟也跳不出。

「象骨山の先生は毬《まり》を転がした」とは、雪峰《せっぽう》がある日、玄沙《げんしゃ》が来るのを見て、三箇の木毬《きまり》を一斉に転がすと、玄沙は牌《はい》を切るしぐさをし、雪峰が深く肯定したことだ。すべて勝れた働きそのものであるが、みな禾山の「太鼓を打てる」に及ばぬ。なんとも率直であるが、ただ理解し難い。そこで雪竇は、「禾山の『太鼓を打てる』に及びもつかぬ」と詠んだのだ。また、人がこの話で生計を立て、理由も知らずに、そそっかしいことを心配したので、「君に忠告しよう、そそっかしくてはだめだ」と詠んだ。必ず実際にこのような境地に到達せねばならぬ。もし軽卒でなければ、「甘いものは甘く、苦いものは苦い」。雪竇がこのように解説しても、結局は跳び越えられない。

○雪峰一日見玄沙来…＝『雪峰語録』巻下「玄沙問師云、某甲如今大用去、和尚作麼生。師遂将三箇木毬一斉抛。沙作斫牌勢祇対。師云、汝親在霊山方得如此。沙云、即是自家事」。『玄沙広録』巻中にもほぼ同じ話が見える。

○玄沙＝雪峰の法嗣、玄沙師備。八三五―九〇八。

○斫牌＝『葛藤語箋』に拠ると、ホッケーに似た捶丸という競技に使う点数棒を作ること。入矢義高監修『玄沙広録』巻中（禅文化研究所、一九八八）四五頁注を参照。

第四十五則　趙州《じょうしゅう》の万法は一に帰す

垂示云、要道便道、挙世無双。当行即行、全機不譲。如撃石火、似閃電光。疾焔過風、奔流度刃。拈起向上鉗鎚、未免亡鋒結舌。放一線道、試挙看。

言わねばならぬ時には言い、世界中に並ぶものが無い。行なうべき時には行ない、手腕は誰にも譲らない。電光石火のようである。噴炎は風より速く、奔流は刃より激しい。至上の教導手段を提起すると、(相手は)気鋒を殺がれ黙ってしまうほかない。一筋の道をつけ、提示してみよう。

○疾焔過風、奔流度刃＝師家の教導手段の激しさ厳しさのたとえ。
○鉗鎚＝ヤットコとハンマー。師家の教導手段のたとえ。第五則本則評唱に既出。
○亡鋒結舌＝刃を失い口をつぐむ。
○放一線道＝それとなくヒントをやる。『雲門広録』巻上「問、当今一句、請師道。師云、放你一線道、還我一句来」。第二三則本則評唱に既出。

【本則】

挙。僧問趙州、万法帰一、一帰何処。〔拶著這老漢。堆山積嶽。切忌向鬼窟裏作活計〕

州云、我在青州作一領布衫、重七斤。〔果然七縦八横。拽却漫天網。還見趙州麼。衲僧鼻孔曾拈得。還知趙州落処麼。若這裏見得、便乃天上天下、唯我独尊。水到渠成、風行草偃。苟或未然、老僧在你脚跟下〕

僧が趙州《じようしゆう》に問うた、「あらゆる現象は一に帰結します。一はどこに帰結するのですか」。〔このおやじに詰め寄った。積み重なる山々だ。幽鬼の棲みかで暮らすのは禁物だ〕

趙州、「私は青州《せいしゆう》で、麻のひとえの衣を仕立てた。重さ七斤」。〔やはり自由自在だ。空いっぱいに網をかけた。趙州の面目を見たか。禅僧の鼻がひとひねりにされた。趙州のねらいが分かるか。もしここで分かれば、天上天下に、自分だけが尊い。水が流れると渠《みぞ》ができあがり、風が吹くと草がなびく。もしそうでなければ、わしは君の足の下にひれ伏す〕

○この本則は、『伝灯録』巻一〇、『祖堂集』巻一〇、『趙州録』巻中に見える。趙州は趙州従諗。
○万法帰一＝第二八則頌評唱に既出の「万象及森羅、一法所印」（偽経『法句経』）に同じ。現象としての森羅万象が本体としての一つの理に帰結するということ。
○一帰何処＝『雲門広録』巻上「万法帰一、一即不問、如何是万法」。
○拶著這老漢＝この問いで趙州を追いつめたと持ち上げている。
○堆山積嶽＝幾重にも重なった山岳。越すに越されぬもので、難解な公案のたとえ。第二〇則垂示に既出。
○切忌向鬼窟裏作活計＝迷妄の心境を悟りの境地と誤解したままそこに安住することを戒めている。第一則頌著語に既出。
○青州＝山東省臨淄県。趙州の出身地。
○作一領布衫、重七斤＝「一領」は、一着。「布衫」は、麻のひとえの衣。一（本体的根源的唯一性）と七（現象的多様性）との対比は第六則頌に見える。

○拽却漫天網＝「漫天」は満天。
○還知趙州落処麼…＝以下の著語は、評唱の文章表現と類似している。本高風外『耳林鈔』などでは、削除している。
○水到渠成、風行草偃＝おのずから衆生が教化される。第六則頌評唱に既出。
○老僧在你脚跟下＝降参するの意。これで分からないようならば、お手上げ。一夜本は「老比丘却在你脚跟下」に作る。このような皮肉をこめた用例は、『趙州録』巻上に、「問、如何是毘盧向上事。師云、老僧在你脚底」とある。

〔評唱〕

若向一撃便行処会去、天下老和尚鼻孔一時穿却、不奈你何、自然水到渠成。苟或躊躇、老僧在你脚跟下。仏法省要処、言不在多、語不在繁。只如這僧問趙州、万法帰一、一帰何処。他却答道、我在青州作一領布衫、重七斤。若向語句上辨、錯認定盤星。不向語句上辨、争奈却恁麼道。

這箇公案、雖難見却易会、雖易会却難見。難則銀山鉄壁、易則直下惺惺、無你計較是非処。此話与普化道、来日大悲院裏有斎話、更無両般。

もし打てば響く応酬を理解できるならば、天下の和尚は鼻綱を通され、君をどうすることもできない。自然に水が流れると渠ができあがる。もしためらうならば、わしは君の足の下にひれ伏す。

仏法の要点は、たくさんのごたごたした言葉には関わりない。例えば、この僧は趙州に、「あらゆる現象は一に帰結します。一はどこに帰結するのですか」と問うた。彼(趙州)はなんと、「私は青州で、麻のひとえの衣を仕立てた。重さ七斤」と答えた。もし語句について思慮分別するなら、目盛りを読み間違える。語句について弁別せねば、このように言うほかない。

この公案は理解は難しいが会得は容易だ。会得は容易だが理解は難しい。難しさは、銀山鉄壁であり、容易さは直ちに明瞭である。君が是非分別することはない。

この話は、普化が、「明日は、大悲院で施しの飯にありつける」と言った話とまったく同じだ。

○一撃便行＝趙州の答えかた。

○鼻孔一時穿却＝自由を奪われることのたとえ。第一則頌著語「穿人鼻孔不得」注を参照。

○仏法省要処＝「省要」は無駄を省いた要点そのもの。第一九則本則評唱に既出。『祖堂集』巻五・大顚章「自後侍郎特到山、復礼乃問、弟子軍州事多、仏法中省要処、乞師指示」。同巻一一・永福章「問、諸余則不敢問、省要処乞師垂慈」。

○雖難見却易会＝「見」と「会」の区別ははっきりしない。「見」は知的な理解、「会」は直観的な会得と解しておく。第一則頌の注末を参照。

○銀山鉄壁＝第四二則垂示に既出。

○直下惺惺＝頓悟するさま。

○此話与普化道、来日大悲院裏有斎話、更無両般＝「来日大悲院裏有斎」は『臨済録』勘辨や『会元』巻四・普化章に見える。臨済が侍僧を通じて、相手が予期せぬ出方をした時にはどうするか、という高尚な問いかけをさせたのに対して、普化は、「明日は、大悲院で施しの飯にありつける」という日常的な答えをしている。

一日僧問趙州、如何是祖師西来意。州云、庭前柏樹子。僧云、和尚莫将境示人。州云、老僧不曾将境示人。看他恁麼向極則転不得処転得、自然蓋天蓋地。若転不得、触途成滞。且道、他有仏法商量也無。若道他有仏法、他又何曾説心説性、説玄説妙。若道他無仏法旨趣、他又不曾辜負你問頭。

ある日、僧が趙州に問うた、「祖師が西から来た真意とは何ですか」。趙州、「庭さきの柏樹だ」。僧、「和尚、モノで人に教示してはなりません」。趙州、「わしは、モノで人に教示したことはない」。ほら、彼はこのように、転換できぬ究極の命題について転換することができて、(その功績は)自然に天地を覆っている。もし転換できねば、至る所で立ち往生するだろう。さて、彼には仏法に関する思索が有るか。もし、彼に仏法が有ると言うなら、彼はかつて心や本性について説き、玄妙なことを言ったことがあっただろうか。もし彼に仏法の趣旨が無いと言うなら、彼は君の問いに背くことがなかった。

○一日僧問趙州…＝『趙州録』巻上「時有僧問、如何是祖師西来意。師云、庭前柏樹子。学云、和尚、莫将境示人。師云、我不将境示人。云、如何是祖師西来意。師云、庭前柏樹子」。この問答は『会元』巻四・趙州章にも見える。後半の問答が評唱では省かれている。蜀本の評唱では、「僧云、如何是祖師西来意。州曰、庭前柏樹子」という十七字があり、省略されていない。「境」は、眼に見える現象。「柏」は、日本のカシワではなく、ヒノキ・コノテガシワの類の常緑樹。
○極則＝究極の定理。第六則頌評唱、第九則本則評唱などに既出。
○触途成滞＝至るところで渋滞する。
○仏法商量＝仏法に関する思慮分別。
○他又不曾辜負你問頭＝趙州はきちんと僧の問に答えているのだから、仏法の趣旨がないとも言えない。

豈不見、僧問木平和尚、如何是仏法大意。平云、這箇冬瓜如許大。又僧問古徳、深山懸崖迥絶無人処、還有仏法也無。古徳云、有。僧云、如何是深山裏仏法。古徳云、石頭大底大、小底小。看這般公案、誵訛在什麼処。雪竇知他落処、故打開義路、与你頌出。

ほら、僧が木平《もくへい》和尚に問うた、「仏法の大意とは何ですか」。木平、「この冬瓜《とうがん》はこんなに大きい」。また、僧が古徳に問うた、「深山絶壁で、遠く離れた人気の無い所に、仏法が有りますか」。古徳「有る」。僧「深い山奥の仏法とはどんなものですか」。古徳「石で大きいのは大きいし、小さいのは小さい」。さて、このような公案は、どこが難解なのか。雪竇はその帰結を知っていたので、解釈の筋道をつけて、君のために頌に詠んだ。

○僧問木平和尚…＝典拠未詳。木平は木平善道。第四四則頌評唱に既出。
○僧問古徳…＝「古徳」は九峰道詮。九三〇—九八五。『禅林僧宝伝』巻一〇「僧問古徳、深山懸崖迥絶無人処、還有仏法也無。古徳云、有。僧云、如何是深山裏仏法。古徳云、石頭大底大、小底小」。
○打開義路＝意味の道を開拓する。解釈する。

【頌】

編辟曾挨老古錐、〔何必拶著這老漢。挨拶向什麼処去〕
七斤衫重幾人知。〔再来不直半文銭。直得口似匾担。又却被他贏得一籌〕
如今抛擲西湖裏、〔還雪竇手脚始得。山僧也不要〕
下載清風付与誰。〔自古自今。且道、雪竇与他酬唱、与他下注脚。一子親得〕

たたみかけ、使い古した錐に詰め寄った、〔このおやじに詰め寄る必要はない。どこへ押し詰めるのか〕
七斤の麻衣の重さをどれほどの人が知っていることか。〔同じ手は半文の値打ちも無いぞ。口が天秤棒のようになっ

てしまった。また彼(趙州)に一本取られてしまった〕

今、(その麻衣を)西湖に放り投げる。〔雪竇の手腕を発揮させねばならぬ。わしも要らぬ〕

背負っている荷物を下ろしてやる(趙州の)清風を誰にやろうか。〔古今を通じて変わらぬ。はて、雪竇は彼(趙州)に唱和したのか、彼に注釈をつけてやったのか。一人の子(雪竇)だけが自分のものにしている〕

○編辟曾挨老古錐＝『葛藤語箋』巻四「言詮」では、「編辟」とは草履などを作る時に、蒲を編んでつめて寄せることから、学人が師家に迫って質問する意としている。ここでは、詰め寄って「万法帰一、一帰何処」と問う意。「挨」は、一挨一拶の挨拶。「老古錐」は、使いふるして先端が丸くなつた錐。老練な趙州のたとえ。なお、『人天眼目』巻二に汾陽十八問の第五として編辟(偏僻)が見える。また、『祖庭事苑』巻二「編辟」では、「辟は当に逼に作るべし。迫なり」と注している。

○七斤衫重幾人知＝どれほどの人がその上着の重さ(趙州の問答)を見極められるか。

○再来不直半文銭＝趙州のまねをして、「七斤衫」を持ち出してもだめだ。第一則本則著語に既出。

○口似匾担＝口がへの字になり、沈黙することのたとえ。第一八則本則著語に既出。「匾担」は天秤棒。

○如今抛擲西湖裏＝雪竇が趙州の上着を西湖に投げ捨てると宣言している。西湖は、評唱によると雪竇山の西湖。杭州の西湖ともとれる。

○下載清風付与誰＝「下載」は積み荷を下ろすこと。『趙州録』巻上に、「師又云、兄弟、若従南方来者、即与下載。若従北方来、即与装載」とある。雪竇は、趙州の問答を一陣の清風であるとみなしている。「下載」を「清風」に掛かる修飾語と取ったが、もし他動詞と取れば、趙州の問答(清風)を荷物と見なして、趙州から背負わされたその荷物を下ろして、誰にやろうか、の意になる。また、「下載」は舟の運搬を助ける西北の風を意味する。『種電鈔』などでは、『太平御覧』から、「雩瓏山。有仙人射的。使鶴取箭。有時鶴失一箭、求之不得。傍有一樵夫、求箭与仙人。仙人云、何以報答之。樵夫曰、多歳斫柴棹舟、送迎難風。仙人酬之以東西南北之風也。東南之風、謂之上載。西北之風、謂之下載」という文を引用しているが、現行の『御覧』には見えない。

○自古自今＝古今に通ずる永遠性。第三〇則頌に既出。

○一子親得＝第四四則頌著語に既出。ここでは、雪竇だけが趙州の真意を理解しているということ。

〔評唱〕

十八問中、此謂之編辟問。雪竇道、編辟曾挨老古錐。編辟万法、教帰一致。這僧要挨拶他趙州。州也不妨作家、向転不得処有出身之路、敢開大口便道、我在青州作一領布衫、重七斤。雪竇道、這箇七斤布衫、能有幾人知、如今抛擲西湖裏。万法帰一。一亦不要、七斤布衫亦不要。一時抛在西湖裏。雪竇住洞庭翠峰、有西湖也。

十八問の中で、これを編辟問《へんぺきもん》と言う。雪竇は、「たたみかけ、使い古した錐に詰め寄った」と詠んだ。万法を編んで押し詰め、一つに帰結させるのである。この僧は、かの趙州を追い詰めようとした。趙州もなかなかやり手で、転換できない所で解脱する道を見つけ、大きな口をよく開けて、「私は青州で、麻のひとえの衣を仕立てた。重さ七斤」と答えた。雪竇は、「この七斤の上着の重さを何人が見極められるだろうか。今、西湖に放り投げる」と言っている。「万法は一に帰す」。一も要らない、七斤の上着も要らない。一度に西湖に放り投げる。雪竇は洞庭翠峰《どうていすいほう》禅寺に住し、そこに西湖がある。

○十八問中、此謂之編辟問＝「十八問」とは、汾陽善昭(九四七―一〇二四)が学人の質問の仕方を十八種に分類したもので、その第五が、師家にたたみかけるように詰めより問いただす偏僻問。

○雪竇住洞庭翠峰、有西湖也＝評唱の語ではなく、後人の注が混入したものか。「洞庭翠峰」は江蘇省蘇州にあった洞庭翠峰禅寺で雪竇が住したことがある。後に雪竇が住した浙江省明州の雪竇禅寺とは別の寺である。

下載清風付与誰、此是趙州示衆、你若向北来、与你上載。你若向南来、与你下載。你若従雪峰・雲居来、也是箇担板漢。雪竇道、如此清風、堪付阿誰。上載者、与你説心説性、説玄説妙、種種方便。若是下載、更無許多義理玄妙。

有底担一担禅、到趙州処、一点也使不著、一時与他打畳、教灑灑落落、無一星事。謂之悟了還同未悟時。如今人尽作無事会。有底道、無迷無悟、不要更求。只如仏未出世時、達磨未来此土時、不可不恁麼也。用仏出世作什麼、祖師更西来作什麼。総如此、有什麼干渉。也須是大徹大悟了、依旧山是山、水是水、乃至一切万法、悉皆成現、方始作箇無事底人。

不見竜牙道、学道先須有悟由、還如曾闘快竜舟。雖然旧閣閑田地、一度贏来方始休。

只如趙州這箇七斤布衫話子、看他古人恁麼道、如金如玉。山僧恁麼説、諸人恁麼聴、総是上載。且道、作麼生是下載、三条椽下看取。

「背負っている荷物を下ろしてくれる清風を誰にやろうか」とは、これは趙州が衆僧に教示している、「君がもし北から来たのなら、君のために荷を積んでやろう。君がもし南から来たのなら、君のために荷を下ろしてやろう。君がもし雪峰山《せっぽうさん》や雲居山《うんごさん》から来たのなら、やはり融通のきかぬ奴だ」。雪竇は、「このような清風を誰に与えることができるのか」と言っている。荷を積むとは君のために心や本性を説き、玄妙なことを説くことで、さまざまな方便の教えである。荷を下ろすならば、たくさんの義理や玄妙な教えはまったくない。

ある者がひとかつぎの禅をかついで趙州の所に行ったが、少しも使えず、一遍に彼に折り畳まれて、きれいさっぱり、すっからかんにされた。これを、悟っても悟らない時と同じだと言うのである。

今の人は悉く無為の境地だと解釈している。ある人は言う、「迷いも悟りも無いのだから、求める必要は無い。例えば、釈迦がまだ世間に出ていない時、達磨がまだ中国に来ていない時には、このようであるほかない。釈迦が世間に出て何になる。達磨が西から来て何になる」。すべてこの通り、何も真理と関わりがない。必ず徹底的に悟り切らねばならぬ。やはり山は山、川は川であり、そして、あらゆる現象がすべて顕現してこそ、無為の人となれる。そら、竜牙《りゆうげ》が言っているではないか、「道を学ぶにはまず悟る手だてがなければならぬ。快速の竜舟を競って漕ぐのと同じだ。もとは空き地に置かれていても、一度勝ってはじめてやむのだ」。

例えば、趙州のこの七斤の麻衣の問答について、そら、古人はこういっている、「金のようであり玉のようである」。わしがこのように説き、諸君がそのように聞いているのは、全て荷を積むことである。さて、どうするのが荷を下ろすことか。各自の席で見て取りなさい。

○趙州示衆……＝『趙州録』巻上「師又云、兄弟、若従南方来者、即与下載。若従北方来、即与装載」。南方の雪峰義存や雲居道膺に参禅した禅客は、禅問答を好む傾向があったので、その気風に染まっている者については、問答を一掃してやり、北方から来た禅客は悟道者が少ないから、さまざまな方便を尽くして懇切丁寧に教導してやろう、ということ。「向北来」「向南来」の「向」は場所や方角を表わす名詞につく接頭辞。

○你若従雪峰・雲居来、也是箇担板漢＝雪峰義存や雲居道膺に参禅した禅客は、悟道以外わき目も振らず、問答を挑んでくるので、その直線的で硬直化した態度を抑下している。「担板漢」は先入観や固定観念に囚われて行動する人のたとえ。教条主義的傾向を罵る語。第四則本則著語既出。

○一担禅＝ひとかどの禅を自負するの意。

○無一星事＝「一星」はすこし、わずか。第四則本則評唱既出。

○悟了還同未悟＝『伝灯録』巻二九「潭州竜牙和尚頌」第四首に、「悟了還同未悟人、無心勝負自安心。従前古徳称貧道、向此門中有幾人」とある。また、『伝灯録』巻一・第五祖提多迦章に、「了悟同未悟、無心亦無法」とある。

○作無事会＝第二四則本則評唱既出。
○無事底人＝真に無為を体得した人。
○竜牙＝竜牙居遁。八三五―九二三。洞山良价の法嗣。第二〇則本則既出。
○学道先須有悟由…＝『伝灯録』巻二九「潭州竜牙和尚頌」第五首に、「学道先須有悟由、還如曾闘快竜舟。雖然旧閣於空地、一度赢来方始休」とある。「竜舟」は端午の節句の競艇に使う竜の形を飾りとした軽舟。
○三条椽下＝各自の坐禅の場所。下に三本の椽《たるき》がある。第二五則頌評唱既出。

第四十六則　鏡清《きょうせい》の雨だれの音

垂示云、一槌便成、超凡越聖。片言可折、去縛解粘。如氷凌上行、剣刃上走。声色堆裏坐、声色頭上行。縦横妙用則且置、刹那便去時如何。試挙看。

槌の一撃によって悟り、凡人を超え聖人をも超える。一言半句で判断を示し、束縛から解放する。氷の上を行き、刃の上を歩くようなものだ。山積みになった現象の中にいながら、現象の上を行く。(そんな)自由自在なはたらきはさておき、一瞬に(現象を超えて)行ってしまう時はどうだろうか。提示してみよう。

○垂示＝福本では、この垂示の文はここではなく、第四八則にある。
○一槌便成＝ハンマーの一打ちで仕上がる。犀利な機根をいう。『伝灯録』巻一五・投子大同章に「雪峰異日又問、一槌便成時如何。師曰、不是性燥漢」とある。
○片言可折＝ただ一言で判決を下すことができる。『論語』顔淵篇の「片言もって獄を折《さだ》むべき者は、それ由なるか」にもとづく。
○去縛解粘＝「去粘解縛」(三教老人序・上冊一九頁)に同じ。
○如氷凌上行、剣刃上走＝危険で微妙なところで自在なはたらきを示す。第四一則垂示参照。
○声色堆裏坐、声色頭上行＝「声色」は、色声香味触法の六境を代表する。認識の対象となる事物、一切の現象。また、言句のこと。ただし、古典的な用法では、音楽と女色の意。『種電鈔』はこの解釈によって、欲望を誘うものの中にいて、それに惑わされない、の意とする。

【本則】

挙。鏡清問僧、門外是什麼声。〔等閑垂一釣。不患聾、問什麼〕

僧云、雨滴声。〔不妨実頭。也好箇消息〕

清云、衆生顛倒、迷己逐物。〔事生也。慣得其便。鐃鉤搭索、還他本分手脚〕

僧云、和尚作麼生。〔果然納敗欠。転槍来也、不妨難当、却把槍頭倒刺人〕

清云、洎不迷己。〔咄。直得分疎不下〕

僧云、洎不迷己、意旨如何。〔拶著這老漢。逼殺人。前箭猶軽、後箭深〕

清云、出身猶可易、脱体道応難。〔養子之縁。雖然如是、徳山・臨済向什麼処去。不喚作雨滴声、喚作什麼声。直得分疎不下〕

鏡清《きょうせい》が僧に問うた、「門の外の音は何かな」。〔のほほんと釣り糸を垂れた。耳が聞こえないわけではないのに、何を問うか〕

僧「雨だれの音です」。〔なかなか律儀だ。よい答えでもある〕

鏡清「衆生はあべこべなもの、自分を見失って外の物を追いかける、だな」。〔事がもちあがった。その手はお手のものだ。熊手と火叩きを持たせて、本領を発揮させよ〕

僧「和尚はどうですか」。〔やはり失敗してしまった。槍を転じてもなかなか太刀打ちできなかったが、槍をつかんで逆に人(鏡清)を刺した〕

鏡清「かろうじて自分を見失わずにすんだ」。〔コラッ。申し開きできなくなった〕
僧「かろうじて自分を見失わずにすんだ、とはどういう意味でしょうか」。〔このおやじに切り込んだ。責め立てた。前の矢の傷は浅かったが後のは深いぞ〕
鏡清「解脱することはまだしもたやすい、その境地をありのままに言い表わすのが難しいのだ」。〔弟子を育てる手だてだ。さりながら、徳山《とくさん》・臨済《りんざい》はどこへ行った。雨だれの音、と言わなければ何の音と言うのか。申し開きできなくなった〕

○この本則は、『祖堂集』巻一〇、『伝灯録』巻一八、『会元』巻七などに見える。
○鏡清＝鏡清道怤。八六八―九三七。第一六則本則既出。入矢義高「雨垂れの音」(『求道と悦楽』岩波書店、一九八三、所収)参照。
○門外什麼声＝雨が降っていることは承知のうえの問い。本当に問題なのは、門外ではなく、己れ自身。
○雨滴声＝僧はすんなりと答えた。そのため、以下に鏡清の苦渋にみちた対応がはじまる。
○衆生顚倒…＝衆生は本末を取り違えて、他物を追い回して自己を見失ってしまう。『楞厳経』巻七「一切衆生、従無始来、迷己為物、失於本心、為物所転」による。
○事生也＝さあ問題が持ち上がった。
○慣得其便＝機に乗ずるのはお手のものだ。僧が外界の事物にとらわれていることを鏡清がいつもの手で責めた。
○鐃鉤搭索＝熊手と火叩き。火消しの道具。「鐃」は「撓(＝ひっかく)」に通じる。
○還他本分手脚＝「還他」は、…に任せるの意。その人ならではの腕前を発揮するに任せよ。
○洎不迷己＝かろうじて自分を保っている。(私も)すんでに自分を見失ってしまうところだった、危なかった、という感慨をこめる。ありのままな表白の言葉。「洎」は、ほとんど、あやうく、すんでのところでの意。
○僧云＝『祖堂集』では、後に別人がたずねたことになっている。

○出身猶可易…＝悟境に達するのはむしろやさしい、それをずばりと言いとめることが実は難しい。「脱体」は、過不足なしに、さながらに、の意の副詞。僧の天衣無縫さに対し、鏡清が沈痛な感慨を漏らした。「応」は『祖堂集』では「還」とあり、その方がよい。
○養子之縁＝子を養う手だて。慈悲心にあふれる教示の喩え。第三則本則著語既出。
○徳山・臨済…＝徳山や臨済なら、棒や喝を用いて、もっとましな対応をしただろうに。

【評唱】

只這裏也好薦取。古人垂示一機一境要接人。

一日鏡清問僧、門外是什麼声。僧云、雨滴声。清云、衆生顛倒、迷己逐物。又問、門外什麼声。僧云、鵓鳩声。清云、欲得不招無間業、莫謗如来正法輪。又問、門外什麼声。僧云、蛇咬蝦蟆声。清云、将謂衆生苦、更有苦衆生。

此語与前頭公案、更無両般。衲僧家於這裏透得去、於声色堆裏不妨自由。若透不得、便被声色所拘。這般公案、諸方謂之煆煉語。若是煆煉、只成心行、不見他古人為人処。亦喚作透声色、一明道眼、二明声色、三明心宗、四明忘情、五明展演。然不妨子細、争奈有窠臼在。

ここ（の問答）は進んで受けとめるがよい。古人はさまざまなはたらきを示して学人を教化しようとした。

ある日、鏡清は僧に問うた、「門の外の音は何かな」。（僧は答えた、「雨だれの音です」。鏡清「衆生はあべこべなもの、自分を見失って外の物を追いかける、だな」。また問うた、「門の外の音は何かな」。）僧「ハトの鳴き声です」。鏡清「無間地獄に落ちるはめになりたくなければ、如来の正法を謗《そし》るでない」。また問うた、「門の外の音は何かな」。

僧「ヘビがカエルを呑み込む音です」。鏡清「衆生が苦しんでいると思ったら、もっと苦しんでいる衆生がいた」。

これらの言葉と先の公案とはいささかも異ならない。禅僧はここを突き抜けられたら、現象の世界でもかなり自由になれる。突き抜けられなければ、現象に絡め取られてしまう。この公案は、あちこちで鍛える言葉と称されている。もし鍛えるならただ分別するばかりで、古人が人のためにしようとしたことが分からなくなる。また、現象を突き抜ける、とも言っている。(つまり)第一に、仏法の真実を見抜く眼を明らかにする。第二に、現象を明らかにする。第三に、禅の宗旨を明らかにする。第四に、無心の境地を明らかにする。第五に、説法を明らかにする。なかなか詳細だが、いかんせん、型にはまっている。

○也好薦取＝「薦取」は、主体的に把握しようと努める意。
○僧云、雨滴声…又問門外什麼声＝この二二字を、『種電鈔』では蜀本に従って削る。削るのがよい。
○又問、門外什麼声。僧云、鵓鳩声…＝この話の出典未詳。「鵓鳩」は鳩の一種。
○欲得不招無間業、莫謗如来正法輪＝『証道歌』の句。「無間業」は無間地獄に堕ちる悪業。「正法輪」は仏の説いた教え。外界にとらわれて、如来の正法をさとらない僧をとがめる。
○又問、門外什麼声。僧云、蛇咬蝦蟆声…＝この話は『会元』巻七・鏡清章に見える。
○将謂衆生苦、更有苦衆生＝衆生は苦しむものと思っていたが、なんと苦を看板にしている衆生がいる。ヘビに呑まれるカエルよりも、その音を聞きながら、仏法にめざめない僧の方がもっと苦しみにみちている。
○声色＝六境の最初の二つ。対象の世界、現象の世界。第三七則本則評唱既出。
○煆煉語＝修行者を鍛えることば。
○心行＝思量分別の痕跡を残す言行。
○道眼＝仏法の真実を見てとる眼。
○心宗＝禅の宗旨。

○忘情＝無心の境地。
○展演＝仏法の完全な説き方。
○窠臼＝教条的な紋切り型。型通りの方式。

鏡清恁麼問、門外什麼声。僧云、雨滴声。清却道、衆生顛倒、迷己逐物。人皆錯会、喚作故意転人。且得没交渉。殊不知、鏡清有為人底手脚、胆大不拘一機一境、忒煞不惜眉毛。鏡清豈不知是雨滴声。何消更問。須知古人以探竿影草、要験這僧。

這僧也善挨拶便道、和尚又作麼生。直得鏡清入泥入水向他道、洎不迷己。其僧迷己逐物則故是、鏡清為什麼也迷己。須知験他句中、便有出身処。這僧太懞懂、要勦絶此話、更問道、只箇洎不迷己、意旨如何。若是徳山・臨済門下、棒喝已行。鏡清通一線道、随他打葛藤、更向他道、出身猶可易、脱体道応難。雖然恁麼、古人道、相続也大難。他鏡清只一句、便与這僧明脚跟下大事。雪竇頌云、

鏡清はこのように問うた、「門の外の音は何かな」。僧は答えた、「雨だれの音です」。鏡清「衆生はあべこべなもの、自分を見失って外の物を追いかける、だな」。人々は取り違えて、「意識的に人を転換させようとしたのだ」と言う。まあ、的外れだ。実のところ、鏡清は人を導く手腕があり、大胆であってその場その時のはたらきに拘泥せず、眉毛の落ちることなど惜しまない。鏡清が雨だれの音であることを知らぬはずはなく、わざわざ問う必要などなかった。古人(鏡清)はおびき寄せる仕掛けを使ってこの僧を試そうとしたのだ。

この僧もうまく切り込んで、「和尚はどうですか」と言った。鏡清は泥水にまみれて、「かろうじて自分を見失わずにすんだ」と言うはめになった。その僧が、自分を見失い外の物を追いかけたのはもとよりだが、どうして鏡清が自

分を見失うまでになったか。彼を試した言葉に超脱したところがあると気づかなくてはならぬ。この僧はなんとも愚鈍で、この話にケリをつけようとしてさらに問うた、「かろうじて自分を見失わずにすんだとは、どういう意味でしょうか」。もし徳山や臨済の門下だったらもう棒喝ものだ。鏡清はひとすじの細い道をつけ彼に付き従って言葉を使い、さらに彼に言った、「解脱することはまだしもたやすい、その境地をありのままに言い表わすのが難しいのだ」。さりながら、古人は言っている、「続けることが難しい」と。鏡清はこの一句で、この僧のために根本の真理を明らかにした。雪竇は頌にこう詠んでいる。

○転人＝悟りに向けて視点を転換させる。頌評唱に「不喚作雨声、又如何転物」とあるように、転物（＝転人）が否定されるわけではない。しかし、そこにとらわれてしまうことを誡める。
○不惜眉毛＝言葉による教化を敢えてこころみる。第二七則本則評唱既出。
○探竿影草＝魚をさそい寄せるしかけ。問いかけて相手に探りを入れることの喩え。第一〇則本則著語既出。
○挨拶＝切り込む。鋭く追及する。第二三則本則評唱既出。
○懞憧＝愚鈍な、ぼんやりした。第二五則頌著語既出。
○勦絶＝底の底まで抉り取る、抜本的に始末する。第二〇則頌既出。
○雖然恁麼＝『種電鈔』に「一線道を通して葛藤を打すると雖も」と説明する。
○古人道＝洞山良价。八〇七―八六九。語は第四則頌評唱および第二〇則本則評唱既出。
○脚跟下大事＝足もとの重大事。自己がよって立つ根本。

【頌】

虚堂雨滴声、〔従来無間断。大家在這裏〕

作者難酬対。〔果然不知。山僧従来不是作者。有権有実、有放有収、殺活擒縦〕
若謂曾入流、〔刺頭入膠盆。不喚作雨滴声、喚作什麼声〕
依前還不会。〔山僧幾曾問你来。這漆桶、還我無孔鉄鎚来〕
会不会、〔両頭坐断。両処不分、不在這両辺〕
南山北山転雱霈。〔頭上脚下。若喚作雨声則瞎、不喚作雨声、喚作什麼声。到這裏、須是脚踏実地始得〕

人なき家に雨だれの音、〔以前から途切れることはない。みんな、ここにいる〕
やり手にも対応しがたい。〔やはり分かっていない。わしはもとよりやり手ではない。(雪竇の言葉には)方便もあり、真実もあり、緩めたり引き締めたり、生かしたり殺したり、捕らえたり放したり〕
もし流れに入ったというなら、〔頭を膠の容器に突っ込んだ。雨だれの音と言わずに何の音と言うのか〕
やはり、まだ分かっていない。〔わしがお前に問うたことがあろうか。このわからずや、穴のないハンマーをわしに返せ〕
わかってもわからなくても、〔どちらも押さえ込む。どちらも区別はなく、そのどちらにもない〕
南山に北山に雨はいよいよ降りしきる。〔頭上にも足下にも(雨)。もし雨の音と言うならばめくらだ。もし雨の音と言わなければ何の音だ。ここで地に足をつけなければならぬ〕

○大家在這裏＝『種電鈔』に、「一切の群類、皆此の雨滴声裏を離れず」。
○作者難酬対＝鏡清のような腕ききの達道者でも返答しかねる。
○入流＝正法の不変の流れに踏み入る。この「流れ」は雨の縁語でもある。評唱に見えるように、『楞厳経』巻六の語を踏まえる。なお、評唱では、「声色の流れに入る」という解釈も示している。
○剌頭入膠盆＝にかわの入った器に頭を突っ込む。身動きがとれなくなる。
○幾曾問你来＝「幾曾」は文語の「何曾」に同じ。流れに入ったかどうか、などということが問題ではない。
○還我無孔鉄鎚来＝無功用のお前自身を提示してみよ。
○両頭坐断＝(会と不会の)どちらとも押さえ込んでしまえ。
○両処不分＝いずれにしても同じこと、そのどちらに偏してもいけない。
○南山北山…＝南山も北山もますます豪雨に包みこまれる。「雱霈」は雨の降りしきるようす。第八三則本則に見える雲門の語「南山起雲、北山下雨」を参照。

〔評唱〕

虚堂雨滴声、作者難酬対。若喚作雨声、則是迷己逐物。不喚作雨声、又如何転物。到這裏、任是作者也難酬対。所以古人道、見与師斉、減師半徳、見過於師、方堪伝授。又南院道、棒下無生忍、臨機不譲師。若謂曾入流、依前還不会。教中道、初於聞中入流忘所、所入既寂、動静二相、了然不生。若道是雨滴声、也不是。若道不是雨滴声、也不是。前頭頌、両喝与三喝、作者知機変、正類此頌。若道是入声色之流、也不是。若喚作声色、依前不会他意。譬如以指指月、月不是指。会与不会、南山北山転雱霈也。

「人なき家に雨だれの音、やり手にも対応しがたい」。もし雨だれの音と言えば自己を見失い、外物を追い求めることになる。雨だれの音と言わなければ、どうやって人を悟りに向けるというのか。ここに至っては、やり手といえども対応しがたい。そこで古人は、「見識が師と同等では師の徳を半減してしまう。見識が師を超えてこそ、伝授できる」と言った。また南院慧顒《なんいんえぎょう》も「棒によって不生不滅の境地を悟り、事あらば師にも遠慮なしだ」と言っている。もし「流れに入った」と言えば、やはりまだ分かっていない。仏説に、「はじめ、(智慧の)聞の段階では、流れに入って所を忘れ、入ったことも静まり、動静の二つの姿ははっきりとしていながら不生不滅である」とある。もし雨だれの音だと言えばそうではない。もし雨だれの音ではないと言ってもそうではない。以前、「二度の喝と三度の喝と、やり手の男は臨機応変を心得る」と頌をつけたが、ちょうどこの頌に似ている。もし「現象の流れに入る」と言えばそうではない。もし現象だと言えば、やはり彼(鏡清)の意図が分かっていない。例えば指で月を指さすようなもので、月は指ではないのだ。「分かっても分からなくても、南山に北山に雨はいよいよ降りしきる」。

○転物＝人(相手)を転変させる、自在にあやつる。第五五則垂示に「涉流転物」とある。
○任是＝たとい…でも。第三一則頌評唱既出。
○古人道…＝百丈懐海の語。第一一則本則評唱既出。ただし、第一一則では「見過於師」の「見」を「智」に作る。
○南院道…＝南院慧顒。八六〇—九三〇？　この語は、第三八則本則評唱既出。「無生忍」とは、生死を超えた真実の理に安住して動かぬこと。
○教中道…＝『楞厳経』巻六に見える観音菩薩の語。
○聞＝三慧(悟りに導く智慧の三段階、聞・思・修)の一、聞慧。教えを聞いて了解する智慧。
○前頭頌…＝第一〇則頌。

第四十七則　雲門《うんもん》の法身《ほっしん》

垂示云、天何言哉、四時行焉。地何言哉、万物生焉。向四時行処、可以見体。於万物生処、可以見用。且道、向什麼処、見得衲僧。離却言語動用、行住坐臥、併却咽喉唇吻、還辨得麼。

天は何も言わないが、四季はめぐる。地は何も言わないが、万物は生成する。四季のめぐるところに現象本体を見ることができる。万物の生成するところにそのはたらきを見ることができる。さて、どこに(真の)禅僧を見ることができるか。言葉や動作、行住坐臥を離れ、喉も唇も閉じて、さて(真実を)見て取ることができるか。

○天何言哉…＝『論語』陽貨篇「子曰、天何言哉、四時行焉、百物生焉、天何言哉」をふまえる。
○辨得＝正体・真実を見て取る。

【本則】

挙。僧問雲門、如何是法身。〔多少人疑著。千聖跳不出。漏逗不少〕門云、六不収。〔斬釘截鉄。八角磨盤空裏走。霊亀曳尾。朕兆未分時薦得、已是第二頭。朕兆已生後薦得、又落第三首。若更向言語上辨得、且喜没交渉〕

ある僧が雲門《うんもん》に問うた、「法身とはどのようなものですか」。〔多くの者が疑問をいだいている。あまたの聖人も跳び出せない。ボロ丸出し〕

雲門「六に収まらない」。〔釘や鉄を断ち切り、八角の磨盤が空中を飛ぶ。(だが)霊妙な亀が尾を引きずっている。兆しが現れないうちに受けとめても、もう第二義門だ。兆しが現れてから受けとめては第三義門に落ちる。この上、言葉に真実を見ようとするならば、おめでたくも的外れだ〕

○この本則は、『雲門広録』巻中に見える。
○雲門＝雲門文偃。八六四—九四九。第五則本則評唱既出。
○六不収＝「六」は六根、六識など六つの要素をいう。評唱を参照。
○斬釘截鉄＝徹底的な裁断。
○八角磨盤＝一切のものを破砕する八つの尖りをもつ磨盤(武器の一種)が空中を旋転する。すさまじい破壊力の喩え。
○霊亀曳尾＝かなりの境地に達しているが、まだ執われがある。第四則本則著語既出。
○朕兆未分時…且喜没交渉＝この三十七字は福本に無い。評唱が紛れこんだものか。
○薦得＝主体的に把握して、わがものとする。
○落第三首＝第二義門よりもっと下に落ちている。『種電鈔』によれば、末節を逐って要所を忘れること。

【評唱】

雲門道、六不收。直是難搆。若向朕兆未分時搆得、已是第二頭、若向朕兆已生後薦得、又落第三首。若向言句上辨明、卒摸索不著。且畢竟以何為法身。若是作家底、聊聞挙著、剔起便行。苟或佇思停機、伏聴処分。

太原孚上座、本為講師。一日登座講次、説法身云、豎窮三際、横亘十方。有一禅客、在座下聞之失笑。孚下座云、某甲適来有甚短処、願禅者為説看。禅者云、座主只講得法身量辺事、不見法身。孚云、畢竟如何即是。禅者云、可暫罷講、於静室中坐。必得自見。孚如其言、一夜静坐、忽聞打五更鐘、忽然大悟。遂敲禅者門云、我会也。禅者云、你試道看。孚云、我従今日去、更不将父母所生鼻孔扭捏也。

又教中道、仏真法身、猶若虚空。応物現形、如水中月。又僧問夾山、如何是法身。山云、法身無相。如何是法眼。山云、法眼無瑕。

雲門は「六に収まらない」と言った。まさに見て取りがたい。もし兆しが現れないうちに見て取れば第二義門だし、兆しが現れてから見て取れば第三義門に落ちている。もし言葉に真実を見て取ろうとしたらついに探りあてられない。さてつまりは何が法身なのか。もしやり手の者であれば、ちょっと取り上げたことを聞くや、地を蹴って行ってしまう。もし思案に暮れるなら、伏して命令に従え。

太原《たいげん》の孚上座《ふじょうざ》は、もと講経僧をしていた。ある日、講席に登って講じているとき、法身についてこう述べた、「縦は三際(過去・現在・未来)に行き渡り、横は十方に及ぶ」。一人の禅客がこれを聞いて思わず笑った。孚上座は講席を下りて言った、「私に先ほどどんな欠点があったのか、禅者、どうか言ってください」。禅者が言った、「あなたは法身の分量について講じただけで法身を見てはいない」。孚上座、「結局、どうすればいいのですか」。禅者、「しばらく講経をやめ、静かな部屋で坐禅しなさい。(そうすれば)必ず自分の目で見ることができる」。孚上座はその言葉どおりにした。ある夜、静坐していて、ふと五更の鐘を聞いて、パッと悟った。そのまま禅者の所を訪れ、「分かりました」と言った。禅者「試しに言ってみなさい」。孚上座「わたしは今日から、父母の生んでくれた鼻をけっしてひねりません」。

また仏説には「仏の真の法身は虚空のようである。物に応じて姿を現す。ちょうど水に映った月のように」という。

僧が夾山《かっさん》に問うた、「どのようなものが法身ですか」。夾山「法身に姿はない」。「どのようなものが法を見る眼ですか」。夾山「法を見る目にきずはない」。

○搆＝出会う。到達する。ぴたりと見て取る。
○剔起便行＝「剔起」は、はねあげる。ここは、下の「佇思停機」との対から考え、地を蹴ってさっと行ってしまう。さっさと領会してしまう。
○佇思停機＝思案に暮れて、判断停止する。
○太原孚上座＝雪峰義存の法嗣。第一六則本則評唱既出。太原孚が講経僧であって、禅僧に笑われて禅に転じた機縁は第九九則本則評唱にも見える。
○豎窮三際…＝時間的には過去・現在・未来にわたり、空間的には十方におよぶ。
○禅者＝禅門の達者。
○法身量辺事＝法身の周辺的、外面的な事がら。
○五更＝明け方。午前三時から五時ころ。
○更不将父母所生鼻孔扭捏＝けっして本来面目について理屈をこね回さないようにする。
○教中道＝『金光明経』四天王品。
○夾山＝夾山善会。八〇五―八八一。船子徳誠のもとで悟りを得る。伝記は、『祖堂集』巻七、『伝灯録』巻一五、『会元』巻五など。この問答は『伝灯録』巻一五に見える。
○法眼＝真理を見る智慧の眼。

雲門道、六不収。此公案、有者道、只是六根六塵六識、此六皆従法身生。六根収他不得。若恁麼情解、且喜没交渉。更帯累雲門。要見便見、無你穿鑿処。不見教中道、是法非思量分別之所能解。他答話多惹人情解、所以一句中須具三句。更不辜負你問頭、応時応節、一言一句、一点一画、不妨有出身処。所以道、一句透、千句万句一時透。且道、是法身、是祖師。放你三十棒。雪竇頌云、

雲門は「六に収まらない」と言った。この公案についてあるものは言う、「六根・六塵・六識ということだ。この六はみな法身から生まれ、六根はそれ(法身)を収めきれない」。このように凡情によって解釈したら、おめでたくも的外れだ。さらに雲門まで巻き添えにする。見ようとすれば見える。お前たちがこじつけて解釈する余地などない。仏説に「この法は思慮分別で了解できるものではない」と言っているではないか。彼(雲門)の応答はよく人の凡情による理解を引き起こす。それ故、一句のうちに三句が備わっていなければならない。けっしてお前たちの問いに背かず、時節に応じ、一言一句、一点一画にも、たいそう超脱したところがある。そこでこう言うのだ、「一句をつきぬけることができたら千句万句も突き抜ける」。さて法身か、祖師か。三十叩きはゆるしてやろう。雪竇は頌に詠んでいる、

○六根六塵六識＝六根は眼・耳・鼻・舌・身・意の六つの感覚器官。六塵は色・声・香・味・触・法の六つの対象。六識は眼識・耳識・鼻識・舌識・身識・意識の六つの認識作用。
○六根収他不得＝福本は「六根等一十八界収他不得」。
○教中道＝『法華経』方便品。
○所以一句中須具三句＝後人の注釈の混入か。「三句」は、雲門の教化の方法を三つにまとめたもの。第六則本則評唱を参照。
○放你三十棒＝法身であると言っても、祖師であると言っても、すでに概念の枠にはまっているから、三十棒食らわしてしかるべきところだ。

【頌】

一二三四五六、〔周而復始。滴水滴凍。費許多工夫作什麼〕
碧眼胡僧数不足。〔三生六十劫。達磨何曾夢見。闍黎為什麼知而故犯〕
少林謾道付神光、〔一人伝虚、万人伝実。従頭来已錯了也〕
巻衣又説帰天竺。〔賺殺一船人。懡㦬不少〕
天竺茫茫無処尋、〔在什麼処。始是太平、如今在什麼処〕
夜来却対乳峰宿。〔刺破你眼睛。也是無風起浪。且道、是法身、是仏身。放你三十棒〕

一二三四五六、〔めぐってまた始まる。しずくがしたたるはしから凍ってゆく。そんなに手間をかけてどうするか〕
青い眼をしたインド僧(達磨)でも数えきれない。〔無限の時間がかかる。達磨は夢にも見なかった。どうしてそなた(雪竇)は知っているのに数えるのか〕
少林寺で(達磨が)神光《じんこう》(二祖慧可《えか》)に法を伝えたなどとデタラメを言い、〔一人が嘘を伝えると、万人は本当のこととして伝える。はなから間違っていた〕
さらに衣をからげてインドに帰ったとも言う、〔多くの人をことごとくだました。大恥をかいた〕
インドは遥か遠く、尋ねようがない。〔(達磨は)どこにいるか。はじめは太平だったが、今はどこにいるのか〕
ゆうべは(達磨は)乳峰《にゅうほう》の見える宿におとまりになった。〔(雪竇が)お前たちの目玉を突き刺すぞ。風もないのに浪を立てる。さて、法身か仏身か。三十叩きは許してやろう〕

○周而復始＝福本は「終而復始」。

○滴水滴凍＝きびしい寒さのたとえ。『会元』巻一七・黄竜慧南章「示衆曰、江南之地、春寒秋熱、近日已来、滴水滴凍。僧問、滴水滴凍時如何。師曰、未是衲僧分上事。曰、如何是衲僧分上事。師曰、滴水滴凍」。なお、ここでは、『種電鈔』に、「一一不移、一一当位」とあるように、凍っていく一滴一滴がそのまま真実、の意とる。
○碧眼胡僧…＝「碧眼胡僧」は青い目の西域の僧で、達磨を指す。達磨でも数えきれない。
○三生六十劫＝さとりを得るのに要する非常に長い時間。利根の者で三生、鈍根の者で六十劫かかるという。けりがつくときがない。
○少林謾道付神光＝禅の真理は人に伝えられるものではない。
○一人伝虚、万人伝実＝もともと事実無根のことが、多くの人々に伝承されているうちに事実とされる。
○賺殺一船人＝天下の人々をコケにする。第三一則本則著語既出。
○懡㦬＝慚愧、羞恥の意の俗語。第一則本則著語既出。
○夜来却対乳峰宿＝「乳峰」は雪竇山のこと。第二二則頌既出。達磨の悟りは外ではなく、雪竇自身のうちにある。
○刺破你眼睛＝うっかり見ると君の眼玉を突き破ることになる。第五則頌著語既出。
○仏身＝福本では「化身」。

〔評唱〕

雪竇善能於無縫罅処出眼目、頌出教人見。雲門道、六不収。雪竇為什麼却道、一二三四五六。直是碧眼胡僧也数不足。所以道、只許老胡知、不許老胡会。須是還他屋裏児孫始得。適来道、一言一句、応時応節。若透得去、方知道不在言句中。其或未然、不免作情解。五祖老師道、釈迦牟尼仏、下賤客作児。庭前柏樹子、一二三四五。若向雲門言句下諦当見得、相次到這境界。

少林謾道付神光。二祖始名神光。及至後来、又道帰天竺。達磨葬於熊耳山之下。時宋雲奉使西帰、在西嶺見達磨手携隻履帰西天去。使回奏聖、開壙惟見遺下一隻履。雪竇道、其実此事作麼生分付。既無分付、巻衣又説帰天竺。且道、為什麼此土却有二三、逓相恁麼伝来。這裏不妨誵訛。也須是搆得、始可入作。

天竺茫茫無処尋、夜来却対乳峰宿。且道、即今在什麼処。師便打云、瞎。

雪竇はまったく隙間のないところにポイントを見いだし、頌に詠んで、学人に示すことができた。雲門は言う、「六には収まらない」。(ここで)雪竇はどうして「一二三四五六」と言ったのか。「たとえ青い眼をしたインドの僧でも、数えきれない」。そこで「達磨が理解しているのは認めるが、会得しているとは認めない」と言うのだ。彼の法系を嗣ぐ者に任せなければならない。先ほど、「一言一句が時節に応じている」と言った。もし突き抜けることができたら、(真理は)言葉の中に存在しないことがわかる。もしまだそうでなければ、凡情による理解をすることになる。五祖先生が言われた、「釈迦牟尼《しゃかむに》仏は下賤の日雇い。庭の柏樹は、一二三四五」。もし雲門の言葉でぴたりと会得すれば、続いてこの境地に到るだろう。

「少林寺で(達磨は)神光(二祖)に法を伝えたなどとデタラメを言う」。二祖ははじめ神光と名乗った。後になって(達磨は)インドに帰ったとも言う。達磨は熊耳山の麓に葬られた。時に宋雲が使者として西方から帰るとき、パミールで達磨が片方の靴を手に持ってインドに戻っていくのを見た。使いから帰って天子に奏上し、墓をあけたら片方の靴が遺っているだけだった。雪竇が言った、「実のところ、根本の大事はどのように伝えようか。伝えられない以上、裾をからげてまた『インドに帰る』と言った」。さて、どういうわけでこの中国に二三(六代の祖師)があって、次々とこのように伝わったのか。ここはなかなか難解だ。(それを)受けとめてこそ、取り込んで力とすることができる。

「インドは遥か遠く、尋ねようがない。ゆうべは、乳峰の見える宿におとまりになった」。さて今はどこにいるのか。師は打って言った、「めくらめ！」

○於無縫罅処＝「縫罅」はひび、すき間。「無縫罅処」とは、指し示す隙間もないほどびっしりと緻密なさま。
○眼目＝要所、要点。
○只許老胡知…＝達磨が仏法を知っていたとは認めるが、会得していたとまでは言わせぬ。第一則頌評唱既出。
○五祖老師＝圜悟の師、五祖法演。?―一一〇四。第一則本則評唱既出。五祖のこの語の典拠は未詳。
○客作児＝賃やとい、半奴隷。
○諦当見得＝「諦当」はぴたりとあたる、ツボを押さえる。「見得」は見てとる。
○達磨葬於…＝この話は、第一則本則評唱にも見える。
○二三＝達磨から慧能に至る六代。
○恁麼伝来。這裏＝福本は「伝受来到如今、到這裏」。
○入作＝取り込んで活力にする。
○師便打云＝福本は「打又云」。

第四十八則　王太傅《おうたいふ》と朗上座《ろうじょうざ》の茶ぶるまい

【本則】

挙。王太傅入招慶煎茶。〔作家相聚、須有奇特。等閑無事。大家著一隻眼。惹禍来也〕

時朗上座、与明招把銚。〔一火弄泥団漢、不会煎茶。帯累別人〕

朗翻却茶銚。〔事生也。果然〕

太傅見問上座、茶炉下是什麼。〔果然禍事〕

朗云、捧炉神。〔果然中他箭了也。不妨奇特〕

太傅云、既是捧炉神、為什麼翻却茶銚。〔何不与他本分草料。事生也〕

朗云、仕官千日、失在一朝。〔錯指注、是什麼語話。杜撰禅和、如麻似粟〕

太傅払袖便去。〔灼然作家。許他具一隻眼〕

明招云、朗上座喫却招慶飯了、却去江外打野榸。〔更与三十棒。這独眼竜、只具一隻眼。也須是明眼人点破始得〕

朗云、和尚作麼生。〔撈著。也好与一撈。終不作這般死郎当見解〕

招云、非人得其便。〔果然只具一隻眼、道得一半。一手擡、一手搦〕

雪竇云、当時但踏倒茶炉。〔争奈賊過後張弓。雖然如是、也未称徳山門下客。一等是潑郎潑頼、就中奇特〕

王太傅《おうたいふ》が招慶院《しょうけいいん》に来て、茶をいれた。〔やり手が集まった。きっとたいしたものだろう。（ところが、）のんびりと、何もない。みんな、一切を見抜く眼をもて。災いを引き起こすぞ〕

その時、慧《え》朗《ろう》上座は明招《みょうしょう》のために茶瓶を手に取ると、〔みな泥団子をこねる奴らだ。茶をいれることなどできはしない。他人を巻き添えにしている〕

慧朗は茶瓶をひっくり返した。〔事が起こった。やはり〕

王太傅はそれを見て上座にきいた、「風炉の下は何ですか」。〔やはり災いが起こった〕

慧朗「捧炉《ほうろ》神《しん》です」。〔やはり彼の矢に当たった。さすがにたいしたものだ〕

王太傅「捧炉神なら、どうして茶瓶をひっくり返したりするのですか」。〔どうして、奴(慧朗)にふさわしい餌を与えてやらぬのか。事が起こった〕

慧朗「役人勤め千日でも、一日で失脚する」。〔間違えて指し示している。これは何の話だ。いいかげんな禅坊主は麻の実や粟粒のようにむやみに数多い〕

王太傅は袖を払って出て行ってしまった。〔明らかにやり手だ。一切を見抜く眼を持っていると認めよう〕

明招が言った、「慧朗上座は招慶院の飯を食べたのに、長江の向こうで焼けぼっくいを打ちに行こうというのか」。

〔もう三十棒くらわせろ。この独眼竜は一つの眼をもっているだけだ。両眼の確かな者が問題を抉り出さねばならない〕

慧朗「和尚さまはどうしますか」。〔切り込んだ。もうひとつ切り込んでやれ。こんなだらけきった考えをするな〕

明招「人間ならぬものにしてやられたわい」。〔やはり一つの眼をもっていて、半分を言い当てることができただけだ。一方で持ち上げ一方で抑えている〕

雪竇のコメント「あの時、風炉を蹴とばせばよかった」。〔賊が行ってから弓を張っても仕方がない。このようであっ

ても、まだ徳山の門下とは言えない。同じく無頼漢であっても、とりわけたいしたものだ〕

○本則の出典は未詳。『会元』巻八・王太傅章には見える。福本では、第四六則の垂示がこの本則の前に在る。
○王太傅＝泉州刺史の王延彬。長慶慧稜（八五四―九三二）や保福従展（八六七？―九二八）に参じた。『会元』巻八参照。
○招慶＝王延彬が長慶慧稜のために創建した招慶院。福建省泉州府晋江県にある。
○煎茶＝団茶を煮る。茶を点てる。
○一隻眼＝智慧で一切を照見する両眼以外のもう一つの眼。頂門眼。第五則本則評唱既出。
○惹禍来也＝さあ大変な事になるぞ。
○朗上座＝長慶慧稜の法嗣、報慈慧朗。『伝灯録』巻二一参照。
○明招＝明招徳謙。独眼竜と称された。『伝灯録』巻二三参照。独眼竜の名は、実際に一方の目を失っていたことによるが、またその人のはげしい気性をも示す。
○銚＝茶瓶。釜から湯を汲み分ける器。
○一火弄泥団漢＝意味もなくものをこねくりまわすやから。泥のかたまりをいじくる男たち。『宝蔵論』に泥団子を黄金に変えようとする愚かさが説かれている。「火」は伙、仲間の意。第三六則本則著語既出。
○茶炉下是什麼＝風炉の下は何か。太傅がすかさず助け船を出して言った。
○捧炉神＝風炉の脚に刻まれた鬼神。
○与他本分草料＝その人にふさわしい対応をする。第一八則本則著語既出。
○仕官千日…＝千日もの宮仕えも、一日の失策でたちまちふいになる。当時の諺。
○指注＝指し示す。解釈する。第一則本則著語既出。
○杜撰禅和＝でたらめな禅坊主。
○如麻似粟＝たくさんあることの喩え。どこにでも転がっている。第一五則頌著語既出。
○去江外打野榸＝訳は評唱に従った。とんだ見当外れ。一説に、長江の向こうでお祭りさわぎをする。招慶の飯を喫した者にはあるまじき振る舞い。
○只具一隻眼＝ここでは、先の「一隻眼」と異なり、十分にものが見えていないという意で、批判的に用いている。
○点破＝問題点を摘抉し、勘どころを明かす。
○死郎当＝ぴくりとも動かず、だらりと伸びきった死体の形容。
○非人得其便＝人に非ざるもの（ここでは捧炉神）が隙につけこんだ。捧炉神にしてやられた、の意。「得便」は、つけ入る。機会に乗じる。もと『維摩経』観衆生品の句。
○一手擡、一手搦＝一方では持ち上げ、一方では抑える。第三四則頌評唱既出。ここでは、慧朗に対して明招が半ば認め、半ば抑下していることを言う。
○徳山門下客＝明招は、徳山―巌頭―羅山―明招とつながる。なお、長慶も徳山門下の雪峰の法嗣。
○潑郎潑頼＝ちゃらんぽらんのでたらめぶり。やくざふぜい。

〔評唱〕

欲知仏性義、当観時節因縁。王太傅知泉州。久参招慶。一日因入寺時、朗上座煎茶次、翻却茶銚。太傅也是箇作家、纔見他翻却茶銚、便問上座、茶炉下是什麼。朗云、捧炉神。不妨言中有響、争奈首尾相違、失却宗旨、傷鋒犯手。不惟辜負自己、亦且触忤他人。這箇雖是無得失底事、若拈起来、依旧有親疎、有皂白。若論此事、不在言句上、却要向言句上辨箇活処。所以道、他参活句、不参死句。抛朗上座恁麼道、如狂狗逐塊。太傅払袖便去、似不肯他。明招云、朗上座喫却招慶飯了、却去江外打野榸。野榸即是荒野中火焼底木橛、謂之野榸。用明朗上座不向正処行、却向外辺走。朗拶云、和尚又作麼生。招云、非人得其便。明招自然有出身処、亦不辜負他所問。所以道、俊狗咬人不露牙。

潙山喆和尚云、王太傅大似相如奪璧、直得鬚鬢衝冠。蓋明招忍俊不禁、難逢其便。大潙若作朗上座、見他太傅払袖便行、放下茶銚、呵呵大笑。何故。見之不取、千載難逢。

仏性ということを知りたければ、時機が来て因縁が熟するのを見て取らなければならない。王太傅は泉州《せんしゅう》で刺史の任に当たり、久しく招慶院に参禅していた。ある日、寺に赴いたとき、慧朗が茶をいれようとして、茶瓶をひっくり返してしまった。太傅もまた手練《てだ》れの者で、茶瓶をひっくり返したのを見るや、慧朗に問うた、「風炉の下は何ですか」。慧朗「捧炉神です」。なかなかに言葉に人を打つ響きはあるが、前後はつながらず教えの要点を見失い、自分の刃先で自分の手を傷つけてしまった。自分に背くのみならず、他人に逆らうことになる。『これ』は得失がないことなのに、とりあげてみるとやはり親疎があり、黒白がある。この一大事を論ずるのに、言葉の上にはないが、言葉に即してこの生き生きとしたところを明らかにしなければならない。だからこう言うのだ、「生きた言葉を参究し、死んだ言葉を参究するな」。慧朗がそのように言ったことからすると、狂犬が土塊を追い回すのに似ている。

「王太傅は袖を払って行ってしまった」。彼(慧朗)を認めなかったようだ。明招が言った、「慧朗上座は招慶院の飯を食べたのに、長江の向こうに野榸《やたい》(焼けぼっくい)を打ちに行こうというのか」と。「野榸」とは荒野で火に焼かれた木の杭、これが野榸だ。それによって、慧朗が正しい所へ行かずよそへ行ったことを明らかにしている。慧朗は切り込んで言った、「和尚はいかがです」。明招「人間ならぬものがその機に乗じた」。明招には自ずから超出したところがあり、慧朗の質問に背かなかった。だから、「すぐれた犬は人を咬むのに牙を見せない」と言うのだ。

大潙山の慕《ぼ》喆《てつ》和尚は言う、「王太傅は、藺相如が璧を奪った時、怒髪が冠を突き上げたのにそっくりだ」。明招はこらえきれず、機に乗ずることができなかった。慕喆和尚が慧朗であったなら、王太傅が袖を払って行くのを見て、茶瓶を置いて大笑いをしただろう。なぜか。これを見て取れなければ、千年経ってもそのチャンスに遭遇しがたい。

○欲知仏性義、当観時節因縁＝『涅槃経』にもとづく語として、禅籍にしばしば見える。第一四則本則評唱既出。
○知＝刺史として赴任する。
○泉州＝福建省泉州府。
○言中有響＝言葉に人を打つ響きがある。相手の言葉をほめる常套句。
○宗旨＝諸経に説く要所。
○傷鋒犯手＝自分の刀の刃先で自分の手を傷つける。
○這箇＝このこと。禅の極則を指す。此事。
○他参活句、不参死句＝徳山の語を踏まえていると考えられる。第三九則本則評唱既出。また、第二〇則本則評唱「須参活句、莫参死句」参照。
○狂狗逐塊＝狂った犬は土塊を追いかけ、それを投げつけた人間には気づかない。
○野椑即是…＝この解釈は疑問。『会要』巻二二に圜悟の解釈を誤りとして、「福州の諺に野堆を打すと曰うは、堆を成して打関するなり」という。「打野椑」は、仲間でわいわいとさわぐことらしい。
○俊狗咬人不露牙＝すぐれた犬は牙を見せる間もなく瞬時に咬みつく。
○潙山喆和尚＝大潙慕喆。?―一〇九五。この語は『宗門統要集』巻一〇・王太傅章に附せられたコメントに見える。なお、この文章は諸本でかなりの異同がある。『不二鈔』によると、福本は、この大潙の語を評唱の首に置き、蜀本は、この評語を欠いている。
○相如奪璧…＝藺相如が秦王の手中から和氏の璧を奪還し、凄まじい形相を示して使命を全うした故事(『史記』藺相如列伝)による。
○忍俊不禁＝腕がむずむずするのをこらえきれない。

不見宝寿問胡釘鉸云、久聞胡釘鉸、莫便是否。胡云、是。寿云、還釘得虚空麼。胡云、請師打破将来。寿便打。胡不肯。寿云、異日自有多口阿師、為你点破在。胡後見趙州、挙似前話。州云、你因什麼被他打。胡云、不知過在什麼処。州云、只這一縫尚不奈何、更教他打破虚空来。胡便休去。州代云、且釘這一縫。胡於是有省。

宝寿《ほうじゅ》が鋳掛けの胡《こ》に尋ねて言ったではないか。「鋳掛けの胡という者のことを久しく聞いてきた。(きみが)そうなのか」。胡「そうです」。宝寿「虚空を鋳掛けることができるか」。胡「どうぞお師匠が穴をあけてください」。宝寿は打ちすえた。胡は納得しなかった。宝寿「いつかおしゃべり坊主が来て、きみのために種明かしをするだろう」。胡は後に趙州に会い、前の話をした。趙州「きみはなぜ、打たれたんだ」。胡「どこがいけなかったのか、わかりません」。趙州「この裂け目すらどうしようもないのに、その上彼に虚空に穴をあけさせるのか」。胡は言葉につまった。趙州が代わって言った、「この裂け目を鋳掛けてみよ」。胡はここで悟った。

○宝寿＝臨済の法嗣、宝寿延沼。伝は『会元』巻一一など。この胡釘鉸の機縁も『会元』巻一一・宝寿沼章に見える。
○胡釘鉸＝釘鉸(鋳掛け)を業とした隠者。『唐詩紀事』巻二八によれば胡令能のこと。また『南部新書』壬集にも見える。
○趙州＝趙州従諗。七七八―八九七。第二則本則既出。
○這一縫＝(君自身にある)ひび、裂け目。すでに分別に陥っている。
○休去＝「休」は停止する。ここでは、言葉が継げなくなる。

京兆米七師行脚帰。有老宿問云、月夜断井索、人皆喚作蛇。未審七師見仏時、喚作什麼。七師云、若有所見、即同衆生。老宿云、也是千年桃核。

京兆米七師《けいちょうべいしち》が行脚から帰った時、老宿が問うた、「月夜の、切れた釣瓶の縄を、人はみな蛇だと言う。あなたが仏と会ったら何と呼ぶか」。米七師「会うことがあっても、普通の人と同じだ」。老宿「千年たった桃の種だな」。

○京兆米七師＝米胡。潙山霊祐(七七一―八五三)の法嗣。『伝灯録』巻一一には京兆米和尚として出る。伝は、『会要』巻八、『会元』巻九など。この問答は『伝灯録』巻一一・米和尚章に見える。なお、福本はこの話を欠く。
○老宿＝年長で徳望の高い僧。長老。尊宿。
○断井索＝釣瓶の縄の切れたもの。
○所見＝『伝灯録』巻一一では「仏見」。
○千年桃核＝千年も経てカチカチになった桃の種。硬直した教条主義に喩える。ただし、長い時間を経ても変わらぬことを言い、ほめたたえる語という説もある。

忠国師問紫璘供奉、聞説供奉解註思益経、是否。奉云、是。師云、凡当註経、須解仏意始得。奉云、若不会意、争敢言註経。師遂令侍者将一椀水・七粒米・一隻筯在椀上、送与供奉、問云、是什麼義。奉云、不会。師云、老師意尚不会、更説甚仏意。

忠《ちゅう》国師は紫璘供奉《しりんぐぶ》に問うた、「あなたは、『思益経《しやくきよう》』に注釈をつけたそうだが、いかがかな」。供奉「はい」。忠国師「経典に注をつけるときは仏の意図が分からなくてはならないものだ」。供奉「もし仏の意図が分からなければ、どうして注釈と言えましょう」。忠国師は侍者に、一杯の水および七粒の米と一本の箸を椀にのせ、供奉のところにもって行かせ、問うて言った、「何の意味か」。供奉「わかりません」。「師匠の意図が分からぬのに、その上どんな仏の真意を説こうというのか」。

○忠国師＝南陽慧忠。？―七七五。第一八則本則既出。この問答は『会要』巻三・南陽慧忠章などに見える。なお、蜀本にはこの機縁を欠く。
○紫璘供奉＝唐の粛宗の時の内殿供奉僧。名は子璘。
○思益経＝鳩摩羅什訳『思益梵天所問経』。

王太傅与朗上座、如此話会不一。雪竇末後却道、当時但与踏倒茶炉。明招雖是如此、終不如雪竇。

雪峰在洞山会下作飯頭。一日淘米次、山問、作什麼。峰云、淘米。山云、淘米去沙、淘沙去米。峰云、沙米一時去。山云、大衆喫箇什麼。峰便覆却盆。山云、子因縁不在此。

雖然恁麼、争似雪竇云、当時但踏倒茶炉。一等是什麼時節、到他用処、自然騰今煥古、有活脱処。頌云、

王太傅と慧朗は再三このような問答をしていた。雪竇は最後に、「あの時、風炉を蹴飛ばせばよかった」と言った。明招はあのようだったが、結局雪竇にかなわない。

雪峰《せっぽう》は洞山で食事係をしていて、ある日、米をといでいたとき、洞山《とうざん》が問うた、「何をしている」。雪峰「米をといでいます」。洞山「米をといで砂を取り去るのか、砂をといで米を取り去るのか」。雪峰「砂も米もみな取り去ります」。洞山「みなは何を食べるのか」。雪峰は桶をひっくり返した。洞山「お前の因縁はここにはない」。

これなども、雪竇が「あの時、風炉を蹴飛ばせばよかった」と言うのに、どうしてかなおうか。同じように何とも時宜にかなっているが、その(雪竇の)はたらきについては、自ずと過去・現在を通して輝き渡り、ありのままの姿が現れている。

○王太傅与朗上座…＝以下三十八字蜀本に無し。
○話会＝理窟ばった問答をする。
○雪峰…＝第五則本則評唱既出。
○飯頭＝禅院の食事係。
○用処＝はたらき、活動、効能。伝統的には「ゆうじょ」と読む。
○騰今煥古＝古今独歩に光り輝く。
○活脱＝鋳物を型から抜き取る。本体がずばりと立ち現れる喩え。

【頌】

来問若成風、〔箭不虚発。偶爾成文。不妨要妙〕
応機非善巧。〔弄泥団漢、有什麼限。方木逗円孔。不妨撞著作家〕
堪悲独眼竜、〔只具一隻眼、只得一橛〕
曾未呈牙爪。〔也無牙爪可呈。説什麼牙爪。也不得欺他〕
牙爪開、〔你還見麼。雪竇却較些子。若有恁麼手脚、踏倒茶炉〕
生雲雷、〔尽大地人、一時喫棒。天下衲僧、無著身処。旱天霹靂〕
逆水之波経幾回。〔七十二棒、翻成一百五十〕

質問の出し方は名匠が斧を振るって風を起こすようにみごとだが、〔矢は無駄には発しない。思いがけなく文様が浮かびあがった。なかなか奥深い真理だ〕

その応答がよろしくない。〔泥団子をこねる奴、いつまでやるのか。四角い木を円い穴に塡めようとする。さすがにやり手にぶつかった〕

さっぱりさえぬは独眼竜、〔片眼があるだけ、一かけらを手に入れただけだ〕

牙も爪もとんと出せなかった。〔牙も爪も出せない。牙だの爪だのと言うのは何のことだ。手馴れの者を騙すこともできない〕

牙と爪とが出せたなら、〔お前に見えるか。雪竇はいいところまで行った。そんな腕があれば、風炉を蹴飛ばすだろう〕

雷雲がわき起こり、〔全世界の人間に一度に棒をくらわせてやれ。天下の禅僧は身を寄せるところがない。青天の霹靂だ〕

どれほど大波瀾をくりかえしただろう。〔七十二棒、倍にして百五十棒〕

○来問若成風＝太傅の「風炉の下は何ですか」という質問の勢いをほめる。『荘子』にもとづく。評唱参照。
○偶爾成文＝意図しないのに偶然にヒットした。『大智度論』巻二「諸外道中設有好語、如虫食木、偶得成字」。
○方木逗円孔＝角材を丸い穴にはめこもうとする。見当違い。
○堪悲…＝残念なことには明招が力量を発揮していない。
○牙爪＝竜の牙と爪。能ある鷹である明招が隠していた牙と爪。
○旱天霹靂＝日照り続きのところに突然鳴り渡る雷。青天の霹靂。
○逆水之波…＝竜の住む海から川を逆流する波はどれほど繰り返しただろうか。批評者たるにとどまった独眼竜(明招)が能力を存分に発揮することに期待を残すことば。
○七十二棒…＝七十二棒ですまそうと思ったが、百五十棒くらわしてやろう。第六〇則頌「七十二棒且軽恕、一百五十難放君」。

〔評唱〕

来問若成風、応機非善巧。太傅問処似運斤成風。此出荘子。郢人泥壁、余一小竅、遂円泥擲補之。時有少泥落在鼻端。傍有匠者云、公補竅甚巧、我運斤為你取鼻端泥。其鼻端泥、若蠅子翼。使匠者斲之。匠者運斤成風而斲之、尽其泥而不傷鼻。郢人立不失容。所謂二倶巧妙。朗上座雖応其機、語無善巧。所以雪竇道、来問若成風、応機非善巧。

堪悲独眼竜、曾未呈牙爪。明招道得也太奇特、争奈未有拏雲攫霧底爪牙。雪竇傍不肯、忍俊不禁、代他出気。雪竇暗去合他意、自頌他踏倒茶炉語。牙爪開、生雲雷、逆水之波経幾回。雲門道、不望你有逆水之波、但有順水之意亦得。所以道、活句下薦得、永劫不忘。朗上座与明招、語句似死。若要見活処、但看雪竇踏倒茶炉。

「質問は、名匠が斧で風を起こすようだが、その応答はよろしくない」。王太傅の質問は斧で風を起こすのに似ている。これは『荘子』による。郢《えい》の人が壁を塗っていたが、小さな穴が残った。そこで泥を丸め、投げて埋め合わせた。その時、鼻先にわずかに泥が付いた。側にいた大工が言った、「おぬしの穴埋めはすこぶる見事だった、わしも斧を振るって鼻の泥を取ってしんぜよう」。鼻先の泥というのは、蠅の羽ほどだったが、大工に切り取らせた。大工は斧を振るい風を起こして切り取った。泥はなくなり、鼻に傷はなく、郢の人は立ったまま顔色も変えなかった。二人とも巧者というものである。慧朗はそのはたらきに応じたのだが、言葉に巧みさがない。そこで雪竇は言う、「質問は、名匠が斧で風を起こすようだが、その応答はよろしくない」。

「哀れなのは独眼竜で、牙も爪も全く出ない」。明招は非常にすばらしく言えたが、雲を引き寄せ霧をつかまえるような爪や牙を持っていないのはやむをえない。

雪竇はそこで納得がいかず、こらえきれずに、彼に代わって鬱憤を晴らした。雪竇はひそかに彼の意図に合わせて「風炉を蹴飛ばす」の語を頌に詠んだ。「牙と爪が出たならば、雷雲がわき起こり、逆流する波は幾たび繰り返すのだろう」。雲門《うんもん》は言った、「お前の逆流の波は望まない、自然の流れの気持ちがあればそれでよい」。だから「生きた言葉で受けとめれば永久に忘れない」と言うのだ。慧朗と明招の言葉は死んでいるようなものだ。もし、生きたところを見ようとするなら、雪竇が風炉を蹴飛ばすのを見よ。

○荘子＝『荘子』徐無鬼にある寓話。
○出気＝鬱憤を晴らす。第四〇則本則著語既出。
○雲門道＝『雲門広録』巻中「師有時云、不敢望你有逆水之波、且有順水之意也難得」。
○活句下薦得、永劫不忘＝雲門の法嗣、徳山縁密の語。第二〇則本則評唱既出。

第四十九則　三聖《さんしょう》と雪峰《せっぽう》の金鱗の魚

垂示云、七穿八穴、攙鼓奪旗。百匝千重、瞻前顧後。踞虎頭、収虎尾、未是作家。牛頭没、馬頭回、亦未為奇特。且道、過量底人来時如何。試挙看。

どこもかしこも穴だらけにし、縦横無尽に太鼓をひったくり軍旗を奪う。百重千重に取り囲み、前方を見据え後ろを振り返る。虎の頭にまたがり虎の尾を手中にしても、まだやり手ではない。牛頭《ごず》がいなくなったら馬頭《めず》が帰って来るのも、まだ大したことではない。さて、並はずれた力量の者が来るときはどうするか。提起してみよう。

○七穿八穴＝完膚無きまでに突き破って穴だらけにする。第六則頌著語既出。
○攙鼓奪旗＝敵軍の旗と太鼓を奪って動きがとれなくする。「攙旗奪鼓」(第三八則本則著語)とも。
○百匝千重…＝百重千重に守りを固め、前にも後ろにも隙を見せない。
○踞虎頭、収虎尾＝大力量を身につけること。
○牛頭没、馬頭回＝第五則頌の句。牛頭・馬頭は地獄の獄卒。禅師の追及の厳しさを喩える。
○過量底人＝並はずれた力量の人。

【本則】

挙。三聖問雪峰、透網金鱗、未審以何為食。〔不妨縦横自在。此問太高生。你合只自知。何必更問〕

峰云、待汝出網来、向汝道。〔減人多少声価。作家宗師、天然自在〕
聖云、一千五百人善知識、話頭也不識。〔迅雷霹靂、可煞驚群。一任踍跳〕
峰云、老僧住持事繁。〔不在勝負。放過一著。此語最毒〕

三聖《さんしょう》が雪峰《せっぽう》に問うた、「網をくぐり抜ける金鱗《きんりん》の魚は、何を食べるのだろうか」。〔なかなか自由自在。この問いはたいへん高尚だ。お前は自分で自覚すべきだ。問う必要はなかろう〕
雪峰「お前が網から抜け出したら、言ってやろう」。〔人の名声をかなり失墜させた。やり手の師匠は自然で自由だ〕
三聖「一千五百人もの修行僧を指導する師匠が、問答のしかたすらご存じない」。〔突然の雷鳴に大勢の者がびっくりだ。かってに飛び跳ねておれ〕
雪峰「わしは寺の仕事が忙しいでな(これで失礼)」。〔勝ち負けは問題ではない。一手緩めた。(だが)この語は最も毒がある〕

○この本則は、『汾陽頌古』第四六則に見える。
○三聖＝三聖慧然。臨済の法嗣。仰山・徳山・雪峰にも参ずる。『臨済録』の編者としても知られる。『伝灯録』巻一二、『会要』巻一〇、『会元』巻一一など。
○雪峰＝雪峰義存。八二二―九〇八。第五則本則参照。
○透網金鱗＝どんな網にもかからぬすばらしい魚。悟りを超えた自由自在な人。
○未審以何為食＝「未審」は、疑問文をつくる助辞。「以何為食」は、三聖が雪峰に「あなたでなくては与えられぬ餌を与えよ」と迫る語気。
○減人多少声価＝三聖の名声をずいぶん落とした。

○一千五百人善知識…＝一千五百人もの修行僧を指導する大宗匠が問答のしかたすらご存じない。当時、雪峰山には一千五百人(『祖堂集』では「一千七百人」とする)もの修行僧が集まっていたという。
○住持事繁＝寺の仕事が忙しいので、これで失礼。禅問答において形勢不利なときに使う逃げ口上。三聖の気勢をかわした。
○不在勝負＝勝ち負けという次元で理解することを抑える。

〔評唱〕

雪峰三聖、雖然一出一入、一挨一拶、未分勝負在。且道、這二尊宿、具什麼眼目。三聖自臨済受訣、偏歴諸方、皆以高賓待之。看他致箇問端、多少人摸索不著。且不渉理性仏法、却問道、透網金鱗、以何為食。且道、他意作麼生。透網金鱗、尋常既不食他香餌、不知以什麼為食。雪峰是作家、匹似閑只以一二分酬他、却向他道、待汝出網来向汝道。

雪峰と三聖とは自在な働きぶりで応酬し合い、勝負がつかない。この二人の長老はどのような眼を具えていたのだろうか。三聖は臨済から奥義を授かり、諸国を遍歴した。だれもが貴賓の扱いをした。そら、彼が問いを発すると、多くのものは探り当てられなかった。仏法の理屈にかかわることなく質問した、「網をくぐる抜ける金鱗の魚は、何を食べるのだろうか」。さて、彼の意図はどのようなものか。網をくぐり抜ける金鱗の魚は、平生うまいものを食わぬのなら何を食べているのだろうか。雪峰はやり手で、力《りき》まず一二分の力で答えている。彼にこう言った、「お前が網から抜け出したら、言ってやろう」。

○一出一入、一挨一拶＝隠顕自在なはたらきぶり。互いに譲らずせめぎあうさま。

○受訣＝奥義を伝授されて。
○問端＝問いの端緒。質問のテーマ。
○不渉理性仏法＝「理性」は、不変なる本体。「理性仏法」は、仏法の本質を指す。
○匹似閑＝こともなげに。「等閑」に同じ。福本は「匹似閑地」。

汾陽謂之呈解問、洞下謂之借事問。須是超倫絶類、得大受用、頂門有眼、方謂之透網金鱗。争奈雪峰是作家、不妨減人声価、却云、待汝出網来向汝道。看他両家、把定封疆、壁立万仞。若不是三聖、只此一句、便去不得。争奈三聖亦是作家、方解向他道、一千五百人善知識、話頭也不識。雪峰却道、老僧住持事繁。此語得恁麼頑慢。他作家相見、一擒一縦、逢強即弱、遇賤即貴。你若作勝負会、未夢見雪峰在。看他二人、最初孤危峭峻、末後二俱死郎当。且道、還有得失勝負麼。他作家酬唱、必不如此。

汾陽《ふんよう》はこれを呈解《ていげ》問といい、洞山《とうざん》門流ではこれを借事《しゃくじ》問という。群を抜いて、大いなるはたらきを得、頭のてっぺんに一切を見抜く眼を具えてこそ、「網をくぐり抜ける金鱗の魚」と言える。いかんせん雪峰はやり手で、なかなかに名声を失墜させ、あろうことかこう言った、「お前が網から抜け出したら、言ってやろう」。その二人は（それぞれ）領土をがっちり守り、険しくそそり立っているではないか。もし三聖でなかったらこの一句から抜け出すことはできなかった。いかんせん、三聖もまたやり手であったから、彼（雪峰）にこう答えた、「千五百人もの修行僧を指導する師匠が問答のしかたすらご存知ない」。雪峰は言った、「わしは寺の仕事が忙しいのでな」。この言葉はなんとも鈍い。かのやり手が対決したら、締め上げたり緩めたり、強いものに対しては弱くなったり、卑しいものに対しては高貴になる。お前が勝負として理解するなら、夢にも雪峰に会えない。あの二人ははじめは険しくそそり立っているが、最後はともにくたびれ果てているではないか。さて、優劣・勝負ということがあるだろうか。やり手の問答はそういうものではない。

○汾陽＝汾陽善昭。九四七―一〇二四。第九則本則評唱既出。
○呈解問＝汾陽十八問の一。学ぶ者が自分の見解を師に呈示して問うこと。
○借事問＝汾陽十八問の一。事物にことよせて、教えの要点を問うこと。
○把定封彊＝自分の世界をしかと守り、他人を寄せつけない。
○只此一句…＝この一句だけで手も足もでなくなってしまう。「便去不得」は福本では「便出不得」。
○得恁麼頑慢＝「頑慢」は、かたくなで対応が鈍い。しかし、単純な批判ではなく、三聖の突込みをかわした雪峰のしたたかさに対する賞讃のニュアンスもこめる。
○死郎当＝ピクリとも動かぬ、伸びきった死体の形容。第四八則本則著語既出。

三聖在臨済作院主。臨済遷化垂示云、吾去後、不得滅吾正法眼蔵。三聖出云、争敢滅却和尚正法眼蔵。済云、已後有人問你作麼生。三聖便喝。済云、誰知吾正法眼蔵、向這瞎驢辺滅却。三聖便礼拝。他是臨済真子、方敢如此酬唱。雪竇末後只頌透網金鱗、顕他作家相見処。頌云、

三聖は臨済の下で院主になった。臨済は死に臨んで教えを垂れた。「わしの逝った後、わが仏法の眼目を滅ぼしてはならぬ」。三聖が進み出て言った、「どうして和尚の仏法の眼目を滅ぼしましょうか」。臨済「後にお前に問う人がいたらどうするか」。三聖は一喝した。臨済「あにはからんや、わが仏法の眼目が、この盲ロバのところで消滅してしまおうとは」。三聖は礼拝した。彼は臨済の真の後継者だったからこそ、このように応対できた。雪竇は最後に、

網をくぐり抜ける金鱗の魚を頌に詠み、かのやり手の手合わせを明らかにした。その頌に、

○三聖…顕他作家相見処＝この一〇五字を福本は「雪峰一日見獼猴、各背一面古鏡。三聖便問、歴劫無名、何以彰為古鏡。峰云、瑕生也。聖云、一千五百人善知識、話頭也不識。峰云、老僧住持事煩。雪竇拈云、好与三十棒、放過也好、免見将錯就錯。又三聖問、透網金鱗、以何為食。峰云、待汝出網来、即向汝道。聖云、一千五百人善知識、話頭也不識。峰云、老僧住持事煩。雪竇云、何惜放過、好与三十棒、一棒也饒不得。只是罕遇知音作家。此処却便頌他透網金鱗、提他作家相見」（一六二字）に作る。

○院主＝寺院の事務をつかさどる責任者。監院。

○臨済遷化垂示云＝『臨済録』行録に出る。

○正法眼蔵＝仏法の眼目。第六則本則評唱既出。

【頌】

透網金鱗、〔千兵易得、一将難求。何似生。千聖不奈何〕

休云滞水。〔向他雲外立。活潑潑地。且莫鈍置好〕

揺乾蕩坤、〔作家作家。未是他奇特処。放出又何妨〕

振鬣擺尾。〔誰敢辨端倪。做得箇伎倆。売弄出来、不妨驚群〕

千尺鯨噴洪浪飛、〔転過那辺去。不妨奇特。尽大地人、一口呑尽〕

一声雷震清飆起。〔有眼有耳、如聾如盲。誰不悚然〕

清飆起、〔在什麼処。咄〕

天上人間知幾幾。〔雪峰牢把陣頭、三聖牢把陣脚。撒土撒沙作什麼。打云、你在什麼処〕

網をくぐり抜ける金鱗の魚は、〔千人の兵を得るのは簡単だが、一人の将軍は求めがたい。どんなふうだ。あまたの聖人もどうすることもできない〕

水中にじっとしているなどと言うな。〔雲の向こうに立つ。ピチピチしている。コケにするなよ〕

天地を揺るがせ、〔やり手だ、やり手だ。まだ素晴らしいところではない。解き放ってかまわぬ〕

背びれを振り立て、尾を揺り動かす。〔誰が糸口のところを見抜けるか。腕前を発揮した。ひけらかしたぞ、なかなか群衆を驚かす〕

千尺の鯨が潮を噴くと大波が立ち、〔どこへ転がっていったか。なかなかあっぱれだ。全世界の人間を一呑みにする〕

一たび雷鳴が轟くとつむじ風が巻き起こる。〔眼も耳もあるが、聾人・盲人のようだ。恐れぬ者はいない〕

つむじ風が巻き起こったら、〔どこか。コラッ〕

天界にも人間界にもいったいどれだけの者がわかるであろうか。〔雪峰は陣頭を抑え込み、三聖はしんがりを抑え込んだ。土砂を撒き散らし、何をしようというのか。打って言った、「お前はどこにいるか」〕

○千兵易得、一将難求＝力量のある者は得難い。第一三則頌著語既出。

○何似生＝原来は比較表現であったが、比較の意は無くなっている。第六則頌著語既出。

○休云滞水＝いつまでも水の中にとどまっていると思うな。雪竇と同時代の瑯琊慧覚に「透網金鱗猶滞水、回途石馬出紗籠」の語がある（『会元』巻一二）。

○向他雲外立＝もう雲の外に飛び出ている。

○活潑潑地＝ピチピチと跳ねている。「活潑潑」は、魚がはねるように停滞なくいきいきと活動するさま。

○莫鈍置好＝「鈍置」は頭を上げられなくする。コケにする。第三八則本則著語既出。

○放出又何妨＝網から放してやったらどうだ。
○誰敢辨端倪＝容易に推し量れるものではない。
○做得箇伎倆＝なかなかの手なみを見せたぞ。福本は「做得甚麼伎倆」に作る。
○売弄出来＝福本は「売弄」の二字が無い。
○悚然＝ぞっとしてたちすくむ。
○天上人間知幾幾＝「天界にも人間界にもいったいどれだけの人がとどまれるであろうか」の意に取る方が自然であるが、評唱に「天上人間能有幾人知」とあるのに従ってこう訳した。この二人の応酬の高邁な呼吸が分かる者は何人いるか。「幾幾」は、どれだけ。数をたずねる疑問詞。『禅月集』巻二三、山居詩第二二「自古浮華能幾幾」。
○雪峰牢把陣頭、三聖牢把陣脚＝『種電鈔』によると、三聖は後陣を守って敵路を断ち、雪峰は正面を抑え込んで敵の侵入を防ぐという両者の戦いぶり。
○撒土撒沙作什麼＝余計なことを言ってどうするのか。第三六則頌著語既出。

〔評唱〕

透網金鱗、休云滞水、五祖道、只此一句頌了也。既是透網金鱗、豈居滞水。必在洪波浩渺、白浪滔天処。且道、二六時中、以何為食。諸人且向三条椽下、七尺単前、試定当看。雪竇道、此事随分拈弄。如金鱗之類、振鬣擺尾時、直得乾坤動揺。千尺鯨噴洪浪飛、此頌三聖道、一千五百人善知識、話頭也不識。如鯨噴洪浪相似。一声雷震清飆起、頌雪峰道老僧住持事繁。如一声雷震清飆起相似。大綱頌他両箇倶是作家。清飆起、天上人間知幾幾、且道、這一句落在什麼処。飆者風也。当清飆起時、天上人間能有幾人知。

「網をくぐり抜ける金鱗の魚は、水中にじっとしているなどと言うな」について五祖はこう言った、「この一句で頌を詠み終えた」。「網をくぐり抜ける金鱗の魚」ならばじっとしていようか。きっと大波が果てしなく広がり白波が天にまで漲る所にいる。さて、(金鱗の魚は)いつも何を食べているのだろうか。諸君、各自の坐床でぴたりと言い当てたまえ。雪竇は言う、「この一大事は、力量に応じて取り込め。金鱗の魚が背びれを振り立て、尾を揺り動かすとき、天地は揺らぎ、千尺の鯨が潮を噴き大波が立つ」。この頌は、三聖が「千五百人もの修行僧を指導する師匠が、問答のしかたもご存じない」と言ったのを詠んだもので、鯨が潮を噴き大波が立つというようなものだ。「一たび雷鳴が轟くと、つむじ風が巻き起こる」は、雪峰が「わしは仕事が忙しいのでな」と言ったのを頌に詠んだもので、一たび雷鳴が轟いてつむじ風が巻き起こるようなものだ。要するに、二人はやり手だということを詠んでいるのだ。「つむじ風が巻き起こったら、天界にも人間界にもいったいどれだけの者がわかるであろうか」。さて、この一句のねらいどころは何処か。「飆」とは風である。つむじ風が巻き起こるとき、天界にも人間界にもいったいどれだけの人が知っているであろうか。

○随分拈弄＝各自の力量に応じて論ぜよ。「拈弄」は、もてあそぶ、いじくるの意で、禅では古則や公案を取りあげて弁じ立てる意味に用いる。
○定当＝勘どころをつかむ。第四四則本則評唱既出。
○三条椽下、七尺単前＝僧堂内の一人分の坐床。
○洪波浩渺、白浪滔天＝大波が逆巻く様子。第一八則本則著語既出。
○五祖＝五祖法演。？—一一〇四。第一則本則評唱既出。なお、この語の出典は待考。

第五十則　雲門《うんもん》の塵塵三昧《じんじんざんまい》

垂示云、度越階級、超絶方便。機機相応、句句相投。儻非入大解脱門、得大解脱用、何以権衡仏祖、亀鑑宗乗。且道、当機直截、逆順縦横、如何道得出身句。試請挙看。

修養の段階を飛び越し、方便を乗り越え、しぐさも言葉も互いにピタリと合う。もし大いなる超脱の門をくぐって、超脱のはたらきをものにしなければ、どうして仏祖を秤にかけ、禅の教えを見極められようか。さて真っ向からずばりと縦横無尽に、どのように超出の言葉を言うのか。提起してみよう。

○度越階級＝修行の階梯を超越する。
○機機相応＝相互のやりとりがピタリと合う。
○権衡＝はかりにかける。
○亀鑑宗乗＝「亀鑑」は鏡に映し出す。是非善悪を明らかにする。「宗乗」は、禅の教え。
○当機直截＝問題の核心をずばりと突く。
○出身句＝現在の在り方から超出した心境を言い留めた一句。

【本則】

挙。僧問雲門、如何是塵塵三昧。〔天下衲僧、尽在這裏作窠窟。満口含霜。撒沙撒土作什麼〕

門云、鉢裏飯、桶裏水。〔布袋裏盛錐。金沙混雑。将錯就錯。含元殿裏、不問長安〕

僧が雲門《うんもん》にきいた、「塵塵三昧《じんじんざんまい》とは何ですか」。〔天下の禅僧たちは皆ここに巣くっている。口いっぱいに霜をくわえた。土砂を撒き散らしてどうする〕

雲門「鉢の中の飯、桶の中の水」。〔袋に錐を入れた。金と砂とが混じっている。過ちと知りながら押し通している。含元殿《がんげんでん》にいるなら、長安はどこかと問いはしない〕

○本則は、『雲門広録』巻上による。

○雲門＝雲門文偃。八六四―九四九。第六則本則既出。

○塵塵三昧＝個物が個物でありつつ一切を含むという禅定の境地。「塵塵」の語は、『華厳経』(八十巻本)巻四五・阿僧祇品の偈に見える。

○作窠窟＝わかったつもりで収まりかえる。「窠窟」は、収まりかえった境地。自己完結した世界。

○満口含霜＝口いっぱいに霜をくわえこむ。なんとも返答のしようもない。第二則頌著語既出。

○撒沙撒土＝ことごとしく言挙げしてどうしようというのか。沙・土は「塵塵」に掛けている。第九則頌著語既出。

○鉢裏飯、桶裏水＝物がそれぞれそのあるがままのあり方に安らいでいる。

○布袋裏盛錐＝麻袋の中に入れられた錐。必ずその尖端が顔を出す。

○将錯就錯＝過ちをそのまま押し通すこと。

○含元殿裏、不問長安＝長安の含元殿に居て長安はどこかとたずねることはない。もともと自分に具わっているものが見て取れぬか、という語気。「含元殿」は唐代に造られた宮殿の名。『旧唐書』高宗本紀・咸亨元年(六七〇)「三月丁丑、改蓬萊宮為含元殿」。

【評唱】

還定当得麼。若定当得、雲門鼻孔、在諸人手裏。若定当不得、諸人鼻孔、在雲門手裏。雲門有斬釘截鉄句。此一句中、具三句。有底問著便道、鉢裏飯粒粒皆円、桶裏水滴滴皆湿。若恁麼会、且不見雲門端的為人処。頌云、

勘どころをつかめたか。勘どころをつかめたら雲門の鼻は諸君の手中にある。もし勘どころをつかめないなら諸君の鼻は雲門の手中にある。雲門には釘や鉄を断ち切る言葉がある。この一句には三句がこめられている。ある者に質問したらこう言った、「鉢の飯はみな一粒一粒丸く、桶の水はみな一滴一滴濡れている」。そのように理解したなら、雲門がずばりと人のために教えてくれていたことがわかっていない。頌に詠んで言う、

○定当＝勘どころをつかむ。第四九則頌評唱既出。
○斬釘截鉄＝禅宗のすぐれたはたらきを言う。第一四則本則評唱既出。
○此一句中、具三句＝「三句」は雲門宗の教化の方法を三句にまとめたもの。第六則本則評唱「三句」を参照。
○端的為人＝ポイントをずばりと提示して教え導く。「端的」は第一則本則評唱に、「為人」は第一則頌評唱に既出。

【頌】

鉢裏飯、桶裏水。〔露也。撒沙撒土作什麼。漱口三年始得〕
多口阿師難下觜。〔縮却舌頭。識法者懼。為什麼却恁麼挙〕
北斗南星位不殊、〔喚東作西作什麼。坐立儼然。長者長法身、短者短法身〕

白浪滔天平地起。〔脚下深数丈。賓主互換。驀然在你頭上。你又作麼生。打〕
擬不擬、〔蒼天蒼天。咄〕
止不止、〔説什麼。更添怨苦〕
箇箇無裩長者子。〔郎当不少。傍観者哂〕

鉢の中の飯、桶の中の水。〔現れた。土砂を撒き散らしてどうするか。口を三年間すすがなくてはならない〕
おしゃべり坊主も口を挟めぬ。〔舌を縮めた。法を知るものは恐れる。どうしてこのように提起するのか〕
北斗星も南斗星もあるべき所にあり、〔東を西と呼んでどうする。立ち居振る舞いはいかめしい。長いものは長い法身、短いものは短い法身だ〕
天にまで漲る白波が、平地に巻き起こる。〔足下は数丈の深さ。主客が入れ替わった。まっしぐらにお前の頭上だ。どうする。（ビシッと）打つ〕
心を動かそうにも動かせず、〔やれ悲しや。コラッ〕
心を止めようにも止められぬ。〔何だと。恨みが増えるぞ〕
どいつもこいつも褌もつけない長者の息子だ。〔落ちぶれ果てている。見物人に笑われるぞ〕

○露也＝正体を現した。ありありと見て取った。
○漱口三年始得＝三年間口をすすがねばならぬ。安直な発言を批判する語。三年は、福本では「三十年」。
○多口阿師難下觜＝おしゃべり坊主も口をはさむのが難しい。雲門の語を言葉でこねまわすことを封じる。
○縮却舌頭＝舌を引っこめる。絶句する。

○識法者懼＝掟を心得ているものは常に小心である。まともな人間は自らを慎むものだ。
○北斗南星位不殊＝北斗星も南斗星もそれぞれあるべきところにある。鉢の中の飯と桶の中の水とがそれぞれピタリと所を占めてそこにあることに比す。
○坐立儼然＝坐るも立つも塵塵三昧にある。
○長者長法身、短者短法身＝長いものは長いままに法身の顕現、短いものは短いままに法身の顕現。
○白浪滔天平地起＝桶の中の水が天にとどく大波を平地にまきおこした。
○擬不擬＝やってみようとしてやれぬ。福本では、次の「止不止」と句を連ねて、間に著語をはさまない。
○止不止＝やめようとしてやめられない。
○蒼天蒼天。咄＝福本に無し。「蒼天蒼天」は、天に向かってなげく。やれ、悲しや。第一則頌著語既出。
○説什麼。更添怨苦＝福本は「咄蒼天蒼天」。
○箇箇無裩長者子＝どいつもこいつも落ちぶれたなりの長者の息子だ。長者の息子が自分の出自を知らずに貧窮の中をさまよい、五十年後に父の屋敷とも知らずにみすぼらしい姿で帰りつく。自己の仏性に気づかないことの喩えで、『法華経』信解品に見える。「裩」は褌、したばかま。「無裩」は、極貧の形容。しかし、それがまた赤裸裸な自己の表出でもある。
○郎当不少＝なんともだらしがない。そばで見ている者に嗤われる。第五則本則評唱「郎当」を参照。

【評唱】

雪竇前面頌雲門対一説話道、対一説、太孤絶、無孔鉄鎚重下楔。後面又頌馬祖離四句絶百非話道、蔵頭白、海頭黒、明眼衲僧会不得。若於此公案透得、便見這箇頌。

雪竇当頭便道、鉢裏飯、桶裏水。言中有響、句裏呈機。多口阿師難下觜、随後便与你下注脚也。你若向這裏、要求玄妙道理計較、転難下觜。雪竇只到這裏、也得。他愛恁麼頭上先把定、恐衆中有具眼者覰破也。到後面、須放過一著、俯為初機打開頌出、教人見。北斗依旧在北、南星依旧只在南。所以道、北斗南星位不殊。白浪滔天平地起、忽然平地上起波瀾、又作麼生。若向事上覰則易、若向意根下尋、卒摸索不著。這箇如鉄橛子相似、擺撥不得、挿觜不得。你若擬議、欲会而不会、止而不止、乱呈懞袋、正是箇箇無裩長者子。寒山詩道、六極常嬰苦、九維徒自論。有才遺草沢、無勢閉蓬門。日上巌猶暗、煙消谷尚昏。其中長者子、箇箇総無裩。

雪竇は前に雲門の「対一説」の公案について頌をつけた、「対一説とは非常に頭抜けて聳えている。穴の無いハンマーに重ねて柄を打ち込もうとした」。後にまた馬祖の「四句を離れ百非を絶す」の公案に頌をつけた、「智蔵《ちぞう》の頭は白、懐海《えかい》の頭は黒。目の利く坊主もわからない」。もしこの公案を完全に理解することができたら、この頌がわかる。雪竇はいきなり言う、「鉢の中の飯、桶の中の水」。言葉に響きがあり、はたらきがある。「おしゃべりの坊主も口を挟めぬ」とは、つづけてお前のために注をつけたのだ。お前がもしここで深遠な道理を求めてあれこれ詮索すれば、ますます口を挟めなくなる。雪竇は(こうなっては、うまくやった。彼はこのように)最初にしかと抑え込(むのを好み、会衆中に具眼者がいて見破られるのを恐れた。

後の方では一手をゆるめ、初学者のために頌に詠み出して、理解させた。北斗星は相変わらず北にあり、南斗星は相変わらず南にある。そこで、「北斗星も南斗星もあるべき所にあり、天にまで漲る白波が平地に巻き起こる」と言う。突然平地に波瀾が起こるというのは、どういうことか。事象としてみるのなら簡単だが、分別によってあれこれ推し量ると探り当てられない。これは鉄の橛《くさび》のようだ。払いのけることもできず、口を挟むこともできない。もしためらったら、理解しようとしても理解できず、止まろうとしても止まれない。やたらに阿呆面をさらして、まさしく「どいつもこいつも褌もつけない長者の息子だ」。寒山の詩にいう、

六種の不幸が常にまつわり人を苦しめているというのに

九つもの大綱についての空しい議論が続く
（私は）才能はあるのに草深い土地に捨てられ
権勢なく貧しい住まいの門を閉ざしている
日が昇ったのに山はまだ暗く
もやが消えても谷はやはり暗い
その中に長者の息子たちがいるが
どいつもこいつも褌すらつけていないぶざまな姿だ

○雲門対一説話＝第一四則本則。
○馬祖離四句絶百非話＝第七三則本則。
○蔵頭白、海頭黒＝智蔵の頭は白く、懐海の頭は黒い。馬祖が二人の弟子を批評したことば。
○句裏呈機＝一つの句におのれの全てを発揮する。全人格を投げ入れた言葉を言う。第二六則本則著語既出。
○言中有響＝言葉に人を打つ響きがある。人の発言をほめる常套句。
○只到這裏、也得。他愛恁麼＝福本に無し。それに従うのがよい。
○向意根下尋＝意識分別によって追究する。
○擺撥不得、挿觜不得＝払いのけることもできず、手を出すこともできない。「擺撥」は、はらいのける。
○懞袋＝愚かさのつまった袋。愚鈍な頭脳。
○寒山＝九世紀ごろの隠者、詩人。この詩は『寒山詩集』に見える。
○六極＝『書経』洪範に見える、天が人をおどすための六種の不幸。夭折・病気・不安・貧困・容貌が醜い・身体が虚弱の六つ。なお、項楚『寒山詩注』によれば、『芸文類聚』巻三五に引く束皙・貧家賦の句「余遭家之轗軻、嬰六極之困屯」がこの語の出典。

○嬰苦＝『寒山詩集』では「嬰困」。「嬰」は、まといつく、とりつかれるの意。
○九維＝『書経』洪範の「九疇(九つの大綱)」。一、五行(水・火・木・金・土)の気や性が流れめぐること。二、五事(貌・言・視・聴・思)のはたらきを敬虔に用いること。三、八政(農政・財務・祭儀・土木・教育・警察・外交・軍事)の職務。四、五紀(歳星・月・日・星辰・暦数)を調和させて用いること。五、皇極(政令の大権)を立てること。六、三徳(正直・義を固く守る・おだやかに親和する)で民を治めること。七、稽疑(適任者を選んで事の吉凶を考察する)。八、庶徴(天が下すさまざまな徴候)を用いること。九、五福(長寿・富・健康・善徳を修めた名誉・天寿を全うする)。天は九疇によって人を奨励し、六極によって人をおどす。

なお、項楚『寒山詩注』によれば、「九維」は「九惟」が正しく、蔡邕の文「九惟」を指し、「九惟徒自論」とは、九惟では貧困や災難についてただ論ずるばかりで現実には何の役にも立たない、ということ。『芸文類聚』巻三五に引く蔡邕・九惟に「八惟困乏、憂心殷殷。天之生我、星宿値貧。六極之厄、独遭斯勤」とあり、項楚はこの文を九惟の一段落と考えている。また、『種電鈔』では、天地四方を「六極」とし、四方四維と天とを「九維」と解している。さらに別解として、「九維」とは九州つまり中国全土の意ととることもできる。
○草沢＝在野、民間。
○無勢＝『寒山詩集』では「無芸」。
○其中長者子、箇箇総無裩＝項楚『寒山詩注』によれば、この句の出典は『桓階別伝』の「階貧倹、文帝嘗幸其第、見諸子無褌、文帝搏手笑曰、長者子無褌。乃抱與同乗。是日拝二子為郎、使黄門賷衣三十嚢賜曰、卿児能趨、可以褌矣」(『太平御覧』巻四八五引)である。
○蓬門＝あばら家の粗末な門。

第五十一則　雪峰《せっぽう》と二人の僧

垂示云、纔有是非、紛然失心。不落階級、又無摸索。且道、放行即是、把住即是。到這裏、若有一糸毫解路、猶滞言詮、尚拘機境、尽是依草附木。直饒便到独脱処、未免万里望郷関。還搆得麼。若未搆得、且只理会箇現成公案。試挙看。

よしあしの判断にかかわったとたん、いりみだれて本心を見失う。差別に陥らず、あちこち手探りすることもない。さて、放任するのがよいのか、ぐっと把えるのがよいのか。こうなると、糸筋ほどでも知解の道があり、まだ言語に滞り、対象にとらわれているならば、すべて草木に宿を借りた幽霊だ。たとえ独り聳え立った境地に達しても、遥か彼方に故郷を望み見ているに過ぎない。ぴたり見て取れたか。見て取れないならば、目の前に提起された公案を理解しなさい。取り上げてみよう。

○纔有是非、紛然失心＝『信心銘』に見える。
○不落階級＝『伝灯録』巻五・青原行思章「問曰、当何所務即不落階級。祖曰、汝曾作什麼。師曰、聖諦亦不為。祖曰、落何階級。曰、聖諦尚不為、何階級之有。祖深器之」。

○解路＝知的理解のやり方。第二一則本則評唱既出。
○依草附木＝人の死後、次の生に定まるまで、草木に宿っている霊魂。迷い、執着しているさまを譬える。第二一則本則評唱既出。
○独脱＝ひとりだけ聳え立っている。独立自尊のあり方。第一四則頌評唱既出。
○郷関＝故郷。本来の境地。
○現成公案＝目の前に提示された公案。第九則本則著語に見える「見成公案」に同じ。

【本則】

挙。雪峰住庵時、有両僧来礼拝。〔作什麼。一状領過〕
峰見来、以手托庵門、放身出云、是什麼。〔鬼眼睛。無孔笛子。擎頭戴角〕
僧亦云、是什麼。〔泥弾子。氈拍板。箭鋒相拄〕
峰低頭帰庵。〔爛泥裏有刺。如竜無足、似蛇有角。就中難為措置〕
僧後到巌頭。〔也須是問過始得。同道方知〕
頭問、什麼処来。〔也須是作家始得。這漢往往納敗闕。若不是同参、洎乎放過〕
僧云、嶺南来。〔伝得什麼消息来。也須是通箇消息。還見雪峰麼〕
頭云、曾到雪峰麼。〔勘破了多時、不可道不到〕
僧云、曾到。〔実頭人難得。打作両橛〕
頭云、有何言句。〔便恁麼去也〕
僧挙前話。〔便恁麼去也。重重納敗闕〕

頭云、他道什麼。〔好劈口便打。失却鼻孔了也〕
僧云、他無語、低頭帰庵。〔又納敗闕。你且道、他是什麼〕
頭云、噫、我当初悔不向他道末後句。〔洪波浩渺、白浪滔天〕
若向伊道、天下人不奈雪老何。〔癩児牽伴。不必。須弥也須粉砕。且道、他圏繢在什麼処〕
僧至夏末、再挙前話請益。〔已是不惺惺。正賊去了多時。賊過後張弓〕
頭云、何不早問。〔好与掀倒禅床。過也〕
僧云、未敢容易。〔這棒本是這僧喫。穿却鼻孔。停囚長智。已是両重公案〕
頭云、雪峰雖与我同条生、不与我同条死。〔漫天網地〕
要識末後句、只這是。〔賺殺一船人。我也不信、洎乎分疎不下〕

雪峰《せっぽう》が庵に滞在していたとき、二人の僧がやって来て礼拝した。〔何をするのか。同罪でひっくくれ〕
雪峰は(彼らが)来るのを見て、手で庵の門を推し開けて、飛び出して、「何だ」。〔こけおどしだ。穴のない笛だ。頭をぐっと上げ、角がぴんと立っている〕
僧も、「何だ」。〔泥の弾丸。毛織のカスタネット。鏃《やじり》が衝きあう〕
雪峰はうなだれて庵に帰った。〔泥の中に棘がある。竜に足がなく、蛇に角があるようなものだ。とりわけ処理しがたい〕
僧は後に巌頭《がんとう》のところへ行った。〔問いつめなければいけない。同志であればわかる〕
巌頭が問うた、「どこから来たのか」。〔やり手でなければいけない。この男、いつもしてやられている。もし同門でなかったら、あやうく思い通りにさせるところだった〕

僧「嶺南《れいなん》から来ました」。〔どんな話を持って来たのか。その要訣を教えてくれ。雪峰に会ったか〕
巌頭「雪峰に行ったことがあるか」。〔とっくに見破った。行かなかったとは言わせない〕
僧「あります」。〔まじめな人は得がたい。二つに割ってしまった〕
巌頭「どんなことを言われた」。〔そこでこんなやり口か〕
僧は前の話をした。〔そこでこんなやり口か。またまたしてやられた〕
巌頭「彼は何と言った」。〔いきなり打ってやれ。鼻をなくした〕
僧「彼は黙って、うなだれて庵に帰りました」。〔またしてやられた。さて、彼は何者なのか〕
巌頭「ああ、私は以前、彼に最後の言葉を言わなかったことを後悔している。〔見渡すかぎりの大波。白波が天に逆巻く〕
もし彼に言っていれば、世界中の人は雪峰をどうしようもなかっただろう」。〔同類は引き合う。必ずしも(言う)必要はない。須弥山も粉々だ。さて、彼のワナはどこにある〕
僧は夏安居《げあんご》の終りになって、また前の話を取り上げて教えを請うた。〔もともと冴えていない。本当の賊はとっくに逃げてしまった。賊が逃げてから弓を張っている〕
巌頭「どうしてもっと早く問わなかったのか」。〔禅床をひっくり返してやれ。過ぎ去ったことだ〕
僧「そう簡単にはできませんでした」。〔この棒はもともとこの僧が食らうものだ。鼻づらを引き回された。長く牢獄に囚われて、悪智慧がついた。二重の公案になった〕
巌頭「雪峰は私と一緒に生まれたが、私と一緒に死ぬのではない。〔天地いっぱい〕
最後の言葉を知りたいならば、これだけだ」。〔船中の人をすっかりだました。私も信じない。申し開きできないところだった〕

○この本則は、『祖堂集』巻七・巌頭章、『会元』巻七・雪峰章などに見える。
○雪峰＝雪峰義存。八二二―九〇八。泉州南安の人。徳山宣鑑の法嗣。福州雪峰山で多くの弟子を育てた。真覚大師と号される。『雪峰真覚禅師語録』二巻がある。また、『祖堂集』巻七、『伝灯録』巻一六、『会元』巻七などに伝がある。
○住庵＝行脚の途中、しばらく庵に住すること。
○一状領過＝(ふたりを)ひとつの罪でひっくくる。第一二則頌著語などに既出。
○放身出＝「放身」は身体をパッと動かすこと。第二四則本則に「放身臥」と出る。
○鬼眼睛＝あやしげな見方。第五則本則著語既出。
○無孔笛子＝穴のない笛。吹きようがない。音律曲調に堕することがない。
○氈拍板＝「氈」はフェルト。「拍板」は三枚の板をひもに通して打ちならす楽器。僧が雪峰の真似をして、「是什麼」と言ったのは、「泥弾子」や「氈拍板」のようなもので、似ていても役に立たない。ただし、「氈拍板」はしばしば「無孔笛子」と同じように、よい意味で用いられ、音を超えた世界を表わす。第四一則本則評唱に「無孔笛撞著氈拍板」とある。その点から考えると、僧の対応を賞賛する著語とも解される。次に「箭鋒相拄」と続くことを考えると、この解釈のほうがよい。
○箭鋒相拄＝見事な達人どうしのぶつかり合い。第七則本則評唱既出。ここでは、僧の対応を賞賛する。
○爛泥裏有刺＝一見すると雪峰はしてやられたようだが、実はその動作の中に、相手をやり込めるものを持っている。
○如竜無足、似蛇有角＝常識に納まらない、わけのわからないシロモノ。雪峰の対応をほめる。『雪竇語録』巻三に、「師云、趙州如竜無角、似蛇有足」とある。これはその前の南泉と趙州の問答の評であるが、その問答で南泉は「竜蛇易辨、衲子難瞞」と言っており、それを受けて、「如竜無角、似蛇有足」は、「辨じやすい」竜蛇に陥らない趙州の変幻自在ぶりを賞賛したものと考えられる。頌著語に「如牛無角、似虎有角」とあるのと同じ。
○巌頭＝巌頭全奯。八二八―八八七。泉州南安の人。雪峰と同門で、徳山の法嗣。伝は『祖堂集』巻七、『宋高僧伝』巻二三、『伝灯録』巻一六など。
○納敗闕＝失敗する、してやられる。第四則本則著語既出。

○洎乎放過＝「洎乎」は、ほとんど、あやうく、すんでのところで。「洎」「洎合」とも。第二〇則本則著語「洎合放過」。
○実頭＝実直、真面目、律義。
○打作両橛＝「到」とか「不到」と言えば、既に分別に陥っている。第一則頌評唱既出。
○便恁麼去也＝巌頭に対してはその手ぬるさを責め、僧に対しては巌頭の問に引きずられていることを責める。一夜本では、「頭云、有何言句」の著語の「便恁麼去也」はない。
○劈口＝口を開くなり。いきなり。
○失却鼻孔了也＝巌頭の手ぬるさを責める。
○当初＝はじめに、以前に。雪峰が巌頭の指導で大悟したときのことを指す。
○末後句＝末後一句とも。究極の悟りの境地を表わすことば。雪峰が行動で示したのに対して、巌頭は言葉で示そうとする。
○癩児牽伴＝同病相憐れむ。第一二則頌既出。
○圏繢＝わな。からくり。
○好与＝「好」に同じ。…してやるがよい。
○停囚長智＝夏安居の修行によって、この僧に問うだけの智慧が生れたことを言う。
○雪峰雖与我同条生、不与我同条死＝巌頭と雪峰は同門だが、それぞれの境涯は独自のものだ。第一五則頌評唱に同じ文句が見える。
○只這是＝これこの通り。罪人が自白して、以上の通りで包み隠しはありませんという場合の常套句。末後の句などと言うから、何か大層のようだが、これだけのことだ。
○賺殺一船人＝天下の人をコケにする。第三一則本則著語既出。

【評唱】

大凡扶竪宗教、須是辨箇当機、知進退是非、明殺活擒縦。若忽眼目迷黎麻羅、到処逢問便問、逢答便答、殊不知、鼻孔在別人手裏。只如雪峰・巌頭、同参徳山。此僧参雪峰、見解只到恁麼処。及乎見巌頭、亦不曾成得一事、虚煩他二老宿、一問一答、一擒一縦、直至如今、天下人成節角諸訛、分疎不下。且道、節角諸訛、在什麼処。

雪峰雖遍歴諸方、末後於鼇山店、巌頭因而激之、方得勦絶大徹。巌頭後値沙汰、於湖辺作渡子。両岸各懸一板、有人過敲板一下、頭云、你過那辺。遂従蘆葦間舞棹而出。

そもそも根本の教えを打ち立てるには、機会をわきまえ、進退是非を知り、はっきりと殺したり活かしたり把えたり自由にさせたりしなければならない。もし目はぼんやりうろうろ、至るところで問いに逢えば問い、答えに逢えば答えるならば、他人に自由に振り回されていることが全くわかっていない。雪峰と巌頭とはともに徳山に参禅した。この僧は雪峰に参禅して、理解がこのようにまでなったが、巌頭にお目見えするに至って、やはり少しも体得していなかった。いたずらに二人の老僧を煩わせて、問うたり答えたり把えたり自由にさせたりしたが、今日に至るまで世界中の人はごつごつと難解なところとしてしまい、申し開きできない。さて、ごつごつと難解なのはどこか。

雪峰は諸方を遍歴したが、最後に鼇山《ごうざん》の宿で巌頭に激励されてやっと(煩悩を)根絶し大悟した。巌頭は後に廃仏にあって、湖のほとりで渡し守となった。両岸にそれぞれ一枚の板を懸け、渡ろうとする人が板を叩くと、巌頭は「お前はどこへ渡るのか」と言って、アシの茂った中から棹を操って踊り出た。

○若忽＝もし。「若」一字と同じ。
○迷黎麻羅＝度を失った状態を表わす。
○徳山＝徳山宣鑑。七八〇―八六五。竜潭崇信の嗣。伝は、『祖堂集』巻五、『宋高僧伝』巻一二、『伝灯録』巻一五など。
○節角諸訛＝ことさらにむずかしげなひねりを加えた言い回し。第七則頌評唱既出。

○鰲山店＝湖南省常徳県北。ここで雪峰は巌頭とともに雪に降り込められ、巌頭に励まされて大悟した。第二二則本則評唱に見える。
○勦絶＝討伐し滅ぼす。徹底的に討伐する。
○巌頭後値沙汰＝唐武宗の廃仏にあったこと。そのとき、湖で渡し守になった話は、『会元』巻七・巌頭章に見える。

雪峰帰嶺南住庵。這僧亦是久参底人。雪峰見来、以手托庵門、放身出云、是什麼。如今有底恁麼問著、便去他語下咬嚼。這僧亦怪也、只向他道、是什麼。

峰低頭帰庵。往往喚作無語会去也。這僧便摸索不著。有底道、雪峰被這僧一問、直得無語帰庵。殊不知、雪峰意有毒害処。雪峰雖得便宜、争奈蔵身露影。

這僧後辞雪峰、持此公案、令巌頭判。既到彼、巌頭問、什麼処来。僧云、嶺南来。頭云、曾到雪峰麼。若要見雪峰、只此一問、也好急著眼看。僧云、曾到。頭云、有何言句。此語亦不空過。這僧不暁、只管逐他語脉転。頭云、他道什麼。僧云、他低頭無語帰庵。這僧殊不知、巌頭著草鞋、在他肚皮裏行幾回了也。巌頭云、噫、我当初悔不向他道末後句。若向他道、天下人不奈雪老何。巌頭也是扶強不扶弱。這僧依旧黒漫漫地、不分緇素、懐一肚皮疑、真箇道、雪峰不会。

至夏末、再挙前話、請益巌頭。頭云、何不早問。這老漢、計較生也。僧云、未敢容易。頭云、雪峰雖与我同条生、不与我同条死。要識末後句、只這是。巌頭太煞不惜眉毛。諸人畢竟作麼生会。

雪峰は嶺南《れいなん》に帰って庵に住んでいた。この僧も長く参禅を積んだ人だった。雪峰は(彼が)来るのを見て、手で庵の門を推し開けて、飛び出して、「何だ」と言った。近頃、このように問うと、その言葉を詮索する者がいる。この僧もなかなかだ。彼に対して「何だ」と言った。

雪峰はうなだれて庵に帰った。(これを)しばしば「言葉なき理解」と呼ぶのである。この僧は探りあてられなかった。ある人が、雪峰はこの僧に問われて、返す言葉がなく庵に帰る他なかったと言うが、雪峰に人を害するほど辛辣な意図があるのを全くわかっていない。雪峰はしてやったが、身を隠しても影が露われるのはどうしようもなかった。

この僧は後に雪峰を去り、この公案を携えて巌頭の判断を仰いだ。そこに到達すると、巌頭が問うた、「どこから来たのか」。僧「嶺南から来ました」。巌頭「雪峰に行ったことがあるか」。もし雪峰に会おうというのならば、この問いこそまっさきに着眼すべきだ。僧「あります」。巌頭「どんなことを言われた」。この言葉もうかうかと見過ごしてはならない。この僧はよくわからなかったので、ただ彼の言葉につられて答えただけだった。巌頭「彼は何と言った」。僧「彼は黙って、うなだれて庵に帰りました」。巌頭が草鞋をはいたまま腹のなかを何度もめぐったのに、この僧はまったくわかっていない。巌頭「ああ、私は以前、彼に最後の言葉を言わなかったことを後悔している。もし彼に言っていれば、世界中の人は彼をどうしようもなかっただろう」。巌頭も強いものを扶けて弱いものを扶けない。この僧は相変らず真暗闇で、白黒が判別できない。腹いっぱいの疑いを抱いて、「雪峰には解っていません」と真面目に言った。

(この)僧は夏安居の終りになって、また前の話を取り上げて巌頭に教えを請うた。巌頭「どうしてもっと早く問わなかったのか」。このおやじ、分別が生まれた。僧「そう簡単にはできませんでした」。巌頭「雪峰は私と一緒に生まれたが、私と一緒に死ぬのではない。最後の言葉を知りたいならば、これだけだ」。巌頭ははなはだ老婆心切に説いている。皆の者は結局どのように理解するか。

○得便宜=機を見てうまく得をする。

○蔵身露影＝頭隠して尻隠さず。第二八則本則著語既出。
○持此公案、令巌頭判＝一夜本「峰修書馳此公案、令巌頭判」。福本（『不二鈔』所引）同じ。これだと、雪峰がこの公案を手紙に書いて僧に持たせ、巌頭に判断させたことになる。なお、『祖堂集』『会元』では、雪峰が巌頭に手紙を持たせたことになっているが、その手紙の内容は直接はこの公案と関係ない。
○在他肚皮裏行幾回了也＝一夜本「在你肚皮裏走幾匝了也」。福本（『不二鈔』所引）「在他肚皮裏遶幾匝了也」。一夜本の形がわかりやすい。
○一肚皮＝腹いっぱい。「一肚子」（第二〇則本則著語既出）に同じ。
○不惜眉毛＝誤った説法をすると眉毛が落ちるという説を踏まえ、それをも顧みずに人のために懇切に法を説くことをいう。第二七則垂示既出。

雪峰在徳山会下作飯頭。一日斎晩。徳山托鉢、下至法堂。峰云、鐘未鳴、鼓未響、這老漢托鉢向什麼処去。山無語低頭帰方丈。雪峰挙似巌頭。頭云、大小徳山、不会末後句。山聞、令侍者喚至方丈、問云、汝不肯老僧那。頭密啓其語。山至来日上堂、与尋常不同。頭於僧堂前、撫掌大笑云、且喜老漢会末後句。他後天下人不奈他何。雖然如是、只得三年。

此公案中、如雪峰見徳山無語、将謂得便宜、殊不知、著賊了也。蓋為他曾著賊来、後来亦解做賊。所以古人道、末後一句、始到牢関。有者道、巌頭勝雪峰、則錯会了也。巌頭常用此機示衆云、明眼漢没窠臼。却物為上、逐物為下。這末後句、設使親見祖師来、也理会不得。

徳山斎晩、老子自捧鉢、下法堂去。巌頭道、大小徳山、未会末後句在。雪竇拈云、曾聞説箇独眼竜、元来只具一隻眼。殊不知、徳山是箇無歯大虫。若不是巌頭識破、争知得昨日与今日不同。諸人要会末後句麼。只許老胡知、不許老胡会。

自古及今、公案万別千差、如荆棘林相似。你若透得去、天下人不奈何、三世諸仏、立在下風。你若透不得、巌頭道、雪峰雖与我同条生、不与我同条死、只這一句、自然有出身処。雪竇頌云、

雪峰は徳山《とくさん》の門下で食事係をしていた。ある日、昼食が遅くなった。徳山は鉢を手にして法堂に下りてきた。雪峰「鐘も太鼓も鳴らないのに、このおやじ鉢を手にしてどこへ行くのか」。徳山は黙ってうなだれて方丈へ帰った。雪峰が巌頭に(この話を)提示すると、巌頭「徳山ともあろう者が、最後の言葉をわかっていない」。徳山は(これを)聞いて侍者に(巌頭を)方丈へ呼びつけさせて問うた、「お前はわしを認めないのか」。巌頭は密かにその言葉を申し上げた。徳山は翌日(説法のために)上堂したが、いつもと様子が違っていた。巌頭は僧堂の前で手を打って大笑いをして言った、「おやじに最後の言葉がわかったとはおめでたい。いずれ世界中の人が彼のことをどうしようもなくなるだろう。ただし、三年だけだ」。

この公案で、雪峰は徳山が無言であったのを見て、うまくやったと思うならば、賊に入られたのがまったくわかっていない。彼は以前賊に入られたことがあるから、後に賊に入ることができたのであろう。だから、古人も言っている、「最後の一句でようやく堅固な関所に到達した」。ある人は、「巌頭は雪峰にまさっている」と言うが、間違いだ。巌頭はいつもこのはたらきによって衆僧に教示した、「眼のあるやつに紋切型はない。物を退けるのが上で、物を逐うのは下だ」。この最後の言葉は、たとえ直接祖師にお目にかかっても、理解できない。

徳山は昼食が遅いので、自分で鉢を手にして法堂にやって来た。巌頭が言った、「徳山ともあろうものが、最後の言葉をわかっていない」。雪竇は取り上げて、「独眼竜だと聞いていたが、ただの片目だった。徳山が歯のない(年経た)虎であることがわかっていない。もし巌頭が見破らなければ、どうして昨日と今日とが違うとわかろうか。皆の者は最後の言葉を会得したいか。達磨が知っていたとは認めてやるが、会得したとは認めてやらぬ」。

昔から今に至るまで、公案は千差万別で、茨の林のようだ。お前たちがもしすっかりわかったら、世界中の誰もどうしようもない。三世の諸仏も風下に立つことになろう。お前たちがもしとことんまでわからなければ、巌頭が「雪峰は私と一緒に生まれたが、私と一緒に死ぬのではない」と言っている、この一句に自ずからとびぬけたところがある。雪竇は頌を付けている。

○飯頭＝典座の下で、食事の世話をする係。以下の話は、『伝灯録』巻一六・『会元』巻七・巌頭章などに見える。
○斎＝禅寺で、昼の食事のこと。
○頭密啓其語＝『伝灯録』『会元』では「頭密啓其意」。この方がわかりやすい。
○他後＝いずれのち、いつか。他時後日。
○雖然如是、只得三年＝『会元』では、「雖然、也祇得三年活」。その下に、割注「山果三年後示寂」。
○古人道＝『伝灯録』巻一六・楽普元安章「師示衆曰、末後一句始到牢関、鎖断要津、不通凡聖」。
○牢関＝堅牢な関所。思慮分別をもってしては通過することのできない難関。
○窠臼＝常套。紋切型。
○老子＝「老漢」と同じ。おやじ。徳山のこと。
○雪竇拈云＝『雪竇語録』巻三・拈古に見える。ただし、そこでは、「曾聞説箇独眼竜、元来只有一隻眼」の前に、「明招代徳山云、咄咄、没処去、没処去」とあり、その後、「師云」として、雪竇の語になる。明招は片目であったから、雪竇の評は明招について言ったものであり、ここの引用はその点、不正確である。
○無歯大虫＝徳山の老獪ぶりを言う。
○只許老胡知、不許老胡会＝知的な理解はできても、ほんとうの会得はできていない。第一則頌評唱既出。

【頌】

末後句、〔已在言前。将謂真箇、覷著則瞎〕
為君説。〔舌頭落也。説不著。有頭無尾、有尾無頭〕
明暗双双底時節。〔葛藤老漢、如牛無角、似虎有角。彼此是恁麼〕
同条生也共相知、〔是何種族。彼此没交渉。君向瀟湘我向秦〕
不同条死還殊絶。〔拄杖子在我手裏。争怪得山僧。你鼻孔為什麼在別人手裏〕
還殊絶。〔還要喫棒麼。有什麼摸索処〕
黄頭碧眼須甄別。〔尽大地人、亡鋒結舌。我也恁麼、他人却不恁麼。只許老胡知、不許老胡会〕
南北東西帰去来、〔収。脚跟下猶帯五色線在。乞你一条拄杖子〕
夜深同看千巌雪。〔猶較半月程。従他大地雪漫漫、塡溝塞壑無人会。也只是箇瞎漢、還識得末後句麼。便打〕

最後の言葉を〔言葉にする前にわかっている。本物だと思ったが、じっと見つめると目が潰れる〕
君に説こう。〔舌が落ちた。説けない。頭があって尻尾がなく、尻尾があって頭がない〕
明暗が対でそろうのは、どんな時だ。〔言葉をあやつるおやじめ。牛に角がなく、虎に角があるようなものだ。互いにこんなだ〕
一緒に生れたことは互いに知っているが、〔何の種族だ。互いに無関係だ。君は瀟湘に向い、私は秦に向う〕
一緒に死なぬ点では隔絶している。〔拄杖は私の手にある。わしをとがめられまい。どうしてお前は鼻づらを人に引き回されるのか〕
隔絶している。〔棒を食らいたいのか。何を探り回ることがあろう〕
黄頭(釈迦)も碧眼(達磨)も(ここを)よく見分けよ。〔世界中の人が舌を巻く。私はそうだが、他の人はそうではない。

達磨が知っていたとは認めてやるが、会得したとは認めてやらぬ〕
東西南北へさあ帰ろう。〔収めとったり。足の下にまだ五色の糸がある。杖を一本上げよう〕
夜ふけに一緒に千巌の雪を見よう。〔まだ半月ほどの隔たりがある。たとえ大地いっぱい雪が積っていても、溝や谷を埋めつくして誰もわからない。めくらだけが最後の言葉を知るのだろうか。(圜悟が)びしっと打った〕

○已在言前＝改めて言葉に出さなくとも、末後の句は言葉を超えて大昔から歴然としている、ということ。
○将謂真箇、覿著則瞎＝言葉に出された末後の句を本物だと思っているが、実は言語を超えたものだから、それをよくよく見極めようとすると、分別の眼は見えなくなってしまう。
○有頭無尾、有尾無頭＝末後の句のとらえどころのないことを言う。
○明暗双双底時節＝「明暗双双」は評唱に引く羅山の句に由来する。「明」は「恁麼」の方面、即ち、万物が歴然たる方面、「暗」は「不恁麼」の方面、即ち、万物一体の方面。「底」は韻文では「何」の意味の疑問詞。従来の「明暗双双底の時節」と言う読み方は不適切。
○如牛無角、似虎有角＝本則著語の「如竜無足、似蛇有角」と同じ。また、このあとの評唱を参照。
○君向瀟湘我向秦＝北と南とに泣き別れ。鄭谷の詩「淮上与友人別」の句。第二四則頌著語既出。
○拄杖子在我手裏＝同条に死せざるところの殊絶自在なる境地をいう。「我」は圜悟。
○你鼻孔為什麼在別人手裏＝『種電鈔』によると、雪竇の言い過ぎをとがめる。
○黄頭碧眼須甄別＝『種電鈔』に、「黄頭は釈迦を謂う。全身金色なるが故に。碧眼は達磨を謂う。眼目青紺色の故に」。
○我也恁麼、他人却不恁麼＝『種電鈔』に、「圜悟底は圜悟、他人底は他人の分上也」。
○南北東西帰去来＝殊絶のところを言う。各自の本分のところへさあ帰ろう。
○収＝この一句にすべて収めた。
○脚跟下猶帯五色線＝雪竇の足許にはいかにも悟りくさい五色の糸が纏わりついている。雪竇の言葉はまだ殊絶のところに達していない。

○乞你一条拄杖子＝「乞」は去声で、与の意。五色の糸に纏われてよろよろしている雪竇に、帰るための杖を差し上げよう。
○夜深同看千巌雪＝殊絶に徹底することによって、はじめて一緒に夜深く千巌の雪を見ることができる。「千巌雪」は人情を絶った冷厳の極致。
○従他＝たとえ……であっても。第二八則本則著語既出。

【評唱】

末後句為君説、雪竇頌此末後句。他意極有落草相為。頌則煞頌、只頌毛彩些子。若要透見也未在。更敢開大口便道、明暗双双底時節。与你開一綫路、亦与你一句打殺了也、末後更与你注解。

只如招慶一日問羅山云、巌頭道、恁麼恁麼、不恁麼不恁麼、意旨如何。羅山召云、大師。師応諾。山云、双明亦双暗。慶礼謝而去。三日後又問、前日蒙和尚垂慈、只是看不破。山云、尽情向你道了也。慶云、和尚是把火行。山云、若恁麼、拠大師疑処問将来。慶云、如何是双明亦双暗。山云、同生亦同死。慶当時礼謝而去。

後有僧問招慶、同生亦同死時如何。慶云、合取狗口。僧云、大師収取口喫飯。其僧却来問羅山云、同生不同死時如何。山云、如牛無角。僧云、同生亦同死時如何。山云、如虎戴角。末後句、正是這箇道理。

羅山会下有僧、便用這箇意致問招慶。慶云、彼此皆知。何故。我若東勝身洲道一句、西瞿耶尼洲也知。天上道一句、人間也知。心心相知、眼眼相照。

同条生也則猶易見、不同条死也還殊絶。釈迦・達磨、也摸索不著。南北東西帰去来、有些子好境界。夜深同看千巌雪、且道、是双明双暗、是同条生是同条死。具眼衲僧、試甄別看。

「最後の言葉を君に説こう」。雪竇はこの最後の言葉に頌を付けた。その意図にははなはだ第二義門に下った思いやりがある。頌を付けることはたしかに頌を付けているが、ただ毛並みの模様のごく一部分だけ頌を付けているに過ぎない。とことん理解しようというのならば、まだまだだ。さらにあえて大きな口を開けて、「明暗が対でそろうのは、どんな時だ」と言って、お前たちに一すじの道を開いてくれた。また、お前たちのために一句で打ちのめした。最後にさらにお前たちのために注解を加えている。

招慶《しょうけい》がある日、羅山《らざん》に問うた、「巌頭は『そうだ、そうだ。そうでない、そうでない』と言いましたが、どういう意図でしょうか」。羅山は呼び寄せて、「大師」と言った。師は返事をした。羅山「どちらも明るく、どちらも暗い」。招慶はおじぎをして去った。三日後また問うた、「一昨日和尚のお教えを受けましたが、よくわかりません」。羅山「懇切にお前に教えたぞ」。招慶「和尚は灯で照して進んで下さい」。羅山「もしそうならば、大師の疑いにもとづいて尋ねなさい」。招慶「どちらも明るく、どちらも暗いとは、どういうことでしょうか」。羅山「一緒に死ぬことだ」。招慶はそこでおじぎをして去った。

後にある僧が招慶に問うた、「一緒に生まれ、一緒に死ぬときはどうでしょうか」。招慶「犬の口を閉ざせ」。僧「大師も口を閉ざして食事をしなさい」。その僧はのちに羅山に問うた、「一緒に生まれ、一緒には死なないときはどうでしょうか」。羅山「牛に角がないようなものだ」。僧「一緒に生まれ、一緒に死ぬときはどうでしょうか」。羅山「虎に角があるようなものだ」。最後の句はまさしくこの道理である。

羅山の門下のある僧がこの意図を招慶に問うた。招慶「互いにみな知っている。どうしてか。私がもし東勝身洲《しょうしんしゅう》で一句を言えば、西瞿耶尼洲《くやにしゅう》でも知る。天で一句を言えば、人間世界でも知る。心と心で知り合い、眼と眼が照らし合う」。

一緒に生まれるということはまだわかりやすい。一緒に死なないという点では隔絶している。釈迦も達磨も探り当てられない。「東西南北へさあ帰ろう」。すこしはよい境地がある。「夜ふけに一緒に千巌の雪を見よう」。さて、どちらも明るいのか、どちらも暗いのか、一緒に生まれるのか、一緒に死ぬのか。眼のある禅僧ははっきり識別しなさい。

○毛彩＝一夜本は「頌得光彩些子」(頌を付けたが、いささかの名誉であったに過ぎない)。この方が解りやすい。
○末後更与你注解＝『種電鈔』は「夜深同看千巌雪」の一句とするが、「同条生也共相知」以下と見るほうがよい。
○招慶＝福建省泉州府にある招慶院。ここでは、そこに住した長慶慧稜(八五七―九三二)のこと。この話は、『祖堂集』巻七・巌頭章に類似の話が見える。また、『会元』巻七では、長慶ではなく、保福従展と羅山の問答になっている。『不二鈔』に、「恐展禅師住招慶時乎」とする。
○羅山＝羅山道閑。巌頭の法嗣。『祖堂集』巻九、『伝灯録』巻一七、『会要』巻二三、『会元』巻七などに見える。
○恁麼恁麼、不恁麼不恁麼＝「恁麼恁麼」は同生同死、「不恁麼不恁麼」は同生不同死。
○大師＝呼びかけの語か。しかし、ふつうの呼びかけに「大師」を使う例は見当らない。
○合取狗口＝つまらぬことを言うな。おしゃべりはよせ。第一七則本則著語既出。
○羅山会下…＝以下の問答は、出典不明。
○東勝身洲＝須弥山をめぐる四つの大陸のうち、東側の大陸。西側が瞿耶尼洲。

第五十二則　趙州《じょうしゅう》の石橋

【本則】

挙。僧問趙州、久響趙州石橋、到来只見略彴。〔也有人来捋虎鬚。也是衲僧本分事〕

州云、汝只見略彴、且不見石橋。〔慣得其便。這老漢売身去也〕

僧云、如何是石橋。〔上釣来也。果然〕

州云、渡驢渡馬。〔一網打就。直得尽大地人、無出気処。一死更不再活〕

僧が趙州《じょうしゅう》に問うた、「長い間、趙州の石橋をお慕いしておりましたが、来て見ればただの丸木橋でした」。〔虎の髭を引張るやつがいる。禅坊主の本来のあり方だ〕

趙州「お前は丸木橋を見るだけで、石橋を見ていない」。〔例の手を使うのはお手のもの。このおやじ、身売りした〕

僧「石橋とはどのようなものですか」。〔釣針にかかった。なるほど〕

趙州「驢馬も渡れば、馬も渡る」。〔一網打尽だ。結局、世界中の人がうっぷんを晴らせない。死んだらもう甦らない〕

○この本則は、『趙州録』巻中及び『伝灯録』巻一〇・趙州章に見える。筑摩『趙州録』二七二頁参照。『伝灯録』ではこの後、「僧云、如何是掠彴。師云、箇箇度人」と続く。これだと、「度」が、橋が人や驢馬・馬などを渡すという意味だけでなく、救済する意味が入っていることが明白になるが、それだけにやや説明に堕する。また、『趙州録』ではこの前にもう一つ同じような問答があり、そこでは趙州の答は、「過来、過来」となっている。

○趙州＝趙州従諗。七七八—八九七。趙州は河北省西部にあり、晩年そこの観音院に住した。『趙州録』行状に、「年至八十、方住趙州城東観音院」とある。

○久響趙州…＝「響」は「嚮」が適当。「久しく嚮(むか)う」で、かねてから一度お目にかかりたいものと敬慕しておりました、の意。敬意を抱いていた人との初対面の挨拶の言葉。趙州の石橋は有名。ここでは、石橋を譬喩として、趙州というと名高い禅僧だから、どれほど立派かと思って来てみたら、たいしたことのない人だった、という意をこめる。

○略彴＝「彴」は独木橋、丸木橋。『伝灯録』では「掠彴」、『趙州録』では「掠彴子」。

○這老漢売身去也＝『種電鈔』に、「全体示屋裏事故也」。まるごと身売り、どうにでもしてくれという捨て身の方便。『伝灯録』巻八・南泉章「師示衆云、王師老要売身、阿誰要買。一僧出云、某甲買。師云、他不作貴価、不作賤価。汝作麼生買。僧無対」。

○上釣＝罠に掛かる、しかけに掛かる。「上鉤」とも。

○渡驢渡馬＝ただの丸木橋ではあるけれども、馬も驢馬も通れる大橋だ。趙州の教えの広大なことを言う。

【評唱】

趙州有石橋、蓋李膺造也。至今天下有名。略彴者即是独木橋也。其僧故意滅他威光、問他道、久響趙州石橋、到来只見略彴。趙州便道、汝只見略彴、且不見石橋。拋他問処、也只是平常説話相似。趙州用去釣他。這僧果然上鉤、随後便問、如何是石橋。州云、渡驢渡馬。不妨言中自有出身処。趙州不似臨済・徳山行棒行喝、他只以言句殺活。這公案好好看来、只是尋常闘機鋒相似。雖然如是、也不妨難湊泊。

一日与首座看石橋、州乃問首座、是什麼人造。座云、李膺造。州云、造時向什麼処下手。座無対。州云、尋常説石橋、問著、下手処也不知。

又一日州掃地次、僧問、和尚是善知識、為什麼有塵。州云、外来底。又問、清浄伽藍、為什麼有塵。州云、又有一点也。

又僧問、如何是道。州云、墻外底。僧云、不問這箇道、問大道。州云、大道透長安。

趙州偏用此機。他到平実安穏処為人、更不傷鋒犯手、自然孤峻、用得此機甚妙。雪竇頌云、

趙州にある石橋は、思うに李膺《りよう》の造ったものであり、今日まで天下に有名である。「略彴」とは、丸木橋である。その僧はわざとその威光を損ねて、問うた、「長い間、趙州の石橋をお慕いしておりましたが、来て見ればただの丸木橋でした」。趙州は言った、「お前は丸木橋を見るだけで、石橋を見ていない」。問いによると、日常の話に過ぎないようであるが、趙州はそれで彼を釣ろうとしたのである。

この僧ははたして針にかかり、つられて「石橋とはどのようなものですか」と問うた。趙州、「驢馬も渡れば、馬も渡る」。なかなか言葉の中に解脱したところがあると言える。趙州は臨済や徳山が棒や喝を用いるのとは異なっている。彼は言葉だけで活かしたり殺したりする。この公案をよくよく見ると、ふつうに鋭いきっさきを闘わせているように見える。しかしながら、なかなかにとらえようもない。

あるとき、(趙州は)首座と石橋を見た。そこで趙州が問うた、「誰が造ったのか」。首座「李膺が造りました」。趙州「造ったとき、どこに手をつけたのか」。首座は答えられなかった。趙州「いつも石橋のことを言っているのに、問うてみると手をつけたところも解らない」。

またあるとき、趙州が掃除をしていると、僧が問うた、「和尚さんは立派な指導者です。どうして塵がありましょうか」。趙州「外から来たものだ」。また問うた、「清らかな伽藍にどうして塵がありましょうか」。趙州「少しある」。

また僧が問うた、「道とはどのようなものでしょうか」。趙州「墻の外のもの」。僧「その道を問うているのではあ

りません。大道を問うているのです」。趙州「大道は長安に通じている」。
趙州はもっぱらこのような手だてを用いた。彼は平穏無事のところで学人を指導し、自分の刃で手を傷つけることなく、おのずから孤峻であり、この手だてを実に巧みに用いた。（そこで）雪竇が頌をつけた。

○李膺＝後漢の名士。桓帝の時、司隷校尉となる。趙州の石橋が李膺の造ったものであることは本書及び『趙州録』の首座と橋を見る話の箇所（後出）以外に見えない。『不二鈔』『種電鈔』によると、蜀本および福本では、「趙州有石橋、蓋李膺造也。至今天下有名」の十六字を欠くと言う。一夜本も同様。その他、この橋をめぐる考証については『不二鈔』に詳しい。
○湊泊＝手がかりを得て接近する。第五則垂示既出。
○一日与首座…＝この話は『趙州録』巻下に出る。
○一日州掃地次…＝『趙州録』巻中では、「劉相公入院、見師掃地、問、大善知識、為什麼却掃塵。師云、従外来」。『会元』巻四には本書と近い形で引かれる。塵は煩悩を譬える。
○又僧問…＝『趙州録』巻中に出る。
○傷鋒犯手＝自分の刀の切先で自分の手を傷つける。第一則頌評唱既出。

【頌】

孤危不立道方高、〔須是到這田地始得。言猶在耳。還他本分草料〕
入海還須釣巨鼇。〔坐断要津、不通凡聖。鰕蜆螺蚌不足問。大丈夫漢、不可両両三三〕
堪笑同時灌渓老、〔也有恁麼人曾恁麼来、也有恁麼用機関底手脚〕
解云劈箭亦徒労。〔猶較半月程。似則似、是則未是〕

孤峻な態度を取らないところに道が気高い。〔この境地に至らねばならない。言葉がまだ耳に残っている。本当のえさを与えてやれ〕

海に入ったら、大きな亀を釣り上げるはずだ。〔かなめのところに坐り込んで、凡人も聖人も通さない。こえびや小貝は問題外。勇者は連れ立ってはいけない〕

笑止なのは当時の灌渓《かんけい》さん。〔このような人がかつてこのように来たこともあり、このように手立てを用いる手腕もある〕

「矢のような速さ」と言うことができても無駄骨だ。〔まだ半月ほど隔たっている。似ていることは似ているが、そうかと言えば、そうではない〕

○還他本分草料＝第一八則本則著語の「与佗本分草料」に同じ。「本分草料」は、その人にふさわしいエサ。禅僧ならではのエサ、禅僧ならではの為人のやり口。

○入海還須釣巨鼇＝「須」は、「…すべきだ」ではなく、「…するはずだ」の意。趙州の力量を誉める。

○鰕蜆螺蚌＝「鰕」はえび、「蜆」はしじみ、「螺」はさざえ、「蚌」ははまぐり。「巨鼇」に対して、魚の餌にしかならないような小さなものの喩え。第三三則頌著語「鰕蜆螺蚌」。

○灌渓老＝灌渓志閑。？—八九四。臨済義玄の嗣。伝は『伝灯録』巻一二など。灌渓に関する話は評唱参照。

○劈箭＝「劈箭」はビュンと飛ぶ矢。評唱に引く話で、灌渓は「如何是灌渓」と問われて、「劈箭急」と答えている。灌渓の流れの急なことを言うと同時に、自らの禅風の素速いさまを喩える。雪竇は同じような問答であるが、趙州の方が灌渓より遥かに上手と評している。

【評唱】

孤危不立道方高、雪竇頌趙州尋常為人処、不立玄妙、不立孤危。不似諸方道、打破虚空、撃砕須弥、海底生塵、須弥鼓浪、方称他祖師之道。所以雪竇道、孤危不立道方高。壁立万仞、顕仏法奇特霊験、雖然孤危峭峻、不如不立孤危、但平常自然転轆轆地、不立而自立、不高而自高。機出孤危、方見玄妙。所以雪竇云、入海還須釣巨鼇。看他具眼宗師、等閑垂一語、用一機、不釣鰕蜆螺蚌、直釣巨鼇。也不妨是作家。此一句用顕前面公案。

堪笑同時灌渓老、不見僧問灌渓、久響灌渓、及乎到来、只見箇漚麻池。渓云、汝只見漚麻池、且不見灌渓。僧云、如何是灌渓。渓云、劈箭急。

又僧問黄竜、久響黄竜、及乎到来、只見箇赤斑蛇。竜云、子只見赤斑蛇、且不見黄竜。僧云、如何是黄竜。竜云、拖拖地。僧云、忽遇金翅鳥来時如何。竜云、性命難存。僧云、恁麼則遭他食噉去也。竜云、謝子供養。此総是立孤危。是則也是、不免費力、終不如趙州尋常用底。所以雪竇道、解云劈箭亦徒労。只如灌渓・黄竜即且致、趙州云、渡驢渡馬、又作麼生会。試辨看。

「孤峻な態度を取らないところに道が気高い」。雪竇は趙州がふだん学人を指導するさまを頌にした。（趙州は）玄妙なことを立てず、孤峻な態度を取らない。あちこちの禅者が、「虚空を打ち破り、須弥山を打ち砕き、海底に塵を生じ、須弥山に波を打ち寄せてこそ、祖師の道と称することができる」と言うのとは違う。だから、雪竇は、「孤峻な態度を取らないところに道が気高い」と言うのである。万仞の高さにそびえて、仏法のすばらしい功徳を顕わすのは、孤峻にそびえながら孤峻な態度を取らず、ただ当たり前のところにおのずからゴロゴロと回転して、（人為的に）屹立させず、自然に屹立していて、気高くしようとせず、自然に気高いのに及ばない。はたらきが孤峻なところを抜け出してこそ玄妙さを現わすのである。

そこで、雪竇は言う、「海に入ったら、大きな亀を釣り上げるはずだ」。眼のある師匠はのほほんと一言もらし、ちょっとした手だてを示すや、こえびや小貝などは釣らず、大きな亀を釣るのである。なかなかやり手ではないか。この一言で先の公案を明らかにした。

「笑止なのは当時の灌渓さん」。そら、僧が灌渓に問うた、「長い間、灌渓をお慕いしておりましたが、来てみると、ただ麻を浸す池があるだけです」。灌渓「お前は麻を浸す池だけ見て、灌渓を見ていない」。僧「灌渓とはどのようなものですか」。灌渓「矢のような速さだ」。

また、僧が黄竜《おうりゅう》に問うた、「長い間、黄竜をお慕いしておりましたが、来てみれば、赤い斑の蛇がいるだけです」。黄竜「あなたは赤い斑の蛇だけ見て、黄竜を見ていない」。僧「黄竜とはどのようなものですか」。黄竜「くねくね」。僧「突然金翅鳥《こんじちょう》がやって来たらどうしますか」。黄竜「命が危ない」。僧「それならば、食われてしまいます」。黄竜「ご供養ありがとう」。

これらはみな孤峻に立っている。それでよいかというとそれでよいが、やはり骨折っているのであり、趙州がふだんもちいるはたらきにはまったく及ばない。それ故、雪竇は、「『矢のような速さ』と言うことができても無駄骨だ」と言う。灌渓や黄竜のようなのはひとまずおいて、趙州が「驢馬も渡れば、馬も渡る」と言っているのをどのように理解するか。見分けてみよ。

○轆轆地＝「轆轆」は車や石臼がごろごろと回る音。
○僧問灌渓……＝この話は『伝灯録』巻一二・灌渓章などに見える。
○漚麻池＝「漚麻」は、麻の茎や皮を水に浸し、繊維をはがれやすくすること。
○又僧問黄竜…＝『伝灯録』巻二一・福州鼓山智岳了宗章に出る。「福州鼓山智岳了宗大師、福州人也。初遊方至鄂州黄竜。問

曰、久嚮黄竜、到来只見赤斑蛇。黄竜曰、汝只見赤斑蛇、且不識黄竜。師曰、如何是。黄竜曰、滔滔地。師曰、忽遇金翅鳥来、又作麼生。曰、性命難存。師曰、恁麼即被他呑却也。曰、謝闍梨供養。師当下未省覚」。智岳了宗は、福州鼓山神晏国師の嗣。黄竜は黄竜晦機。玄泉彦の法嗣。伝は『伝灯録』巻二三など。『禅学大辞典』は、黄竜を黄竜派祖の黄竜慧南とするが不適。

○拖拖地＝「拖拖」は「迤迤」に同じ。曲がりくねって延びるさま。

○金翅鳥＝竜を食う鳥。第三則頌評唱既出。

第五十三則　百丈《ひやくじよう》とカモ

垂示云、偏界不蔵、全機独露。触途無滞、著著有出身之機。句下無私、頭頭有殺人之意。且道、古人畢竟向什麼処休歇。試挙看。

全世界に隠れるものなく、すべての機能はまるごと露わになっている。どこに行っても停滞することなく、一手一手に超脱のはたらきがあり、言葉に私心はなく、どれもこれも人を殺す(ほどの厳しい)意図がこめられている。さて、古人はとどのつまり、どこでけりをつけるのか。取り上げてみよう。

○偏界不蔵＝隠れるものなく真理が顕現していること。第一三則垂示既出。
○触途無滞＝どこでも渋滞しない。第四五則本則評唱「若転不得、触途成滞」参照。
○著著有出身之機＝「著著」は、碁の一手一手。一つ一つのやり口。「出身」は悟りに向って超脱すること。第八則本則評唱「著著有出身之路」。

【本則】

挙。馬大師与百丈行次、見野鴨子飛過。〔両箇落草漢、草裏輥。驀顧作什麼〕

大師云、是什麼。〔和尚合知。這老漢、鼻孔也不知〕

丈云、野鴨子。〔鼻孔已在別人手裏。只管供款。第二杓悪水更毒〕
大師云、什麼処去也。〔前箭猶軽、後箭深。第二回啗啄、也合自知〕
丈云、飛過去也。〔只管随他後転。当面蹉過〕
大師遂扭百丈鼻頭。〔父母所生鼻孔、却在別人手裏。捩転鎗頭、裂転鼻孔来也〕
丈作忍痛声。〔只在這裏。還喚作野鴨子得麼。還識痛痒麼〕
大師云、何曾飛去。〔莫瞞人好。這老漢元来只在鬼窟裏作活計〕

馬《ば》大師《だいし》は百丈《ひゃくじょう》と旅していたとき、カモが飛んで行くのを見た。〔ふたりの落ちぶれ者が、くさむらでころがっている。だしぬけに振り返って、どうするのか〕
大師「何かな」。〔和尚(馬祖)はご存じのはずだ。このおやじは(自分の)鼻のありかさえもわからない〕
百丈「カモです」。〔もう鼻づらを捉えられた。ひたすら自供するだけ。二杯目の汚水はもっとひどいぞ〕
大師「どこへ行ったか」。〔前の矢傷は浅いが、後のは深い。二回目のおしゃべりも、やはり自分でわかっているはずだ〕
百丈「飛んで行ってしまいました」。〔ひたすら馬大師の後について回っている。面と向っていながらすれ違い〕
大師は百丈の鼻づらをひねった。〔持って生まれた鼻づらを捉えられた。矛先を転じて、鼻づらをねじまげにきた〕
百丈は痛みをこらえてうめいた。〔ここにあったのだ。カモと呼んでよいだろうか。痛さがわかったか〕
大師「どうして飛び去ったことがあろうか」。〔人をたぶらかすなよ。このおやじ、幽鬼の住み家で暮しを立てていたのだ〕

○この本則は、『広灯録』巻八、『会要』巻四などに見える。なお、『祖堂集』巻一五・五洩章では、この話を馬祖と政上座の問答とする。
○馬大師＝馬祖道一。南岳懐譲の嗣。七〇九—七八八。
○百丈＝百丈懐海。馬祖の嗣。七四九—七八八。
○驀＝いきなり、不意に。
○這老漢、鼻孔也不知＝「鼻孔」は自己の核心、本来の面目。馬祖のとぼけたところを揶揄する。
○丈云、野鴨子＝馬祖は本来面目を問うたのに、百丈はそれに気付かず、外的な「カモ」で答えた。
○第二杓悪水更毒＝次の馬祖の問について言う。
○咱啄＝もの欲し気に口をパクパクやる。鳥や魚がえさをつつくさま。『趙州録』巻下「若会便会、若不会更莫咱啄。作麼」(秋月竜珉氏は、「莫」は「要」に訂正すべきだとする。筑摩『趙州録』三九一頁)。『葛藤語箋』『虚堂録犂耕』など参照。
○父母所生鼻孔＝父母によって生まれた鼻づら。生まれついての本来の面目。
○裂転＝「裂」は「捩」に同じ。
○忍痛声＝苦痛をこらえきれずにあげるうめき声。
○只在這裏＝鼻のありかがわかった。
○還喚作野鴨子得麼＝本来面目をカモなどと呼んでよいものか。
○何曾飛去＝馬祖が問題にしているのは、外界のカモではなく、百丈の本来の面目であるから、飛び去るはずもない。

〔評唱〕

正眼観来、却是百丈具正因。馬大師無風起浪。諸人要与仏祖為師、参取百丈。要自救不了、参取馬祖大師。看他古人二六時中、未嘗不在箇裏。

百丈丱歳離塵、三学該練、属大寂闡化南昌、乃傾心依附。二十年為侍者、及至再参、於喝下方始大悟。

而今有者道、本無悟処、作箇悟門、建立此事。若恁麼見解、如獅子身中虫自食獅子肉。不見古人道、源不深者流不長、智不大者見不遠。若用作建立会、仏法豈到如今。

正しい眼で見るならば、百丈の方が仏となる正しい要因を具えている。馬大師は風もないのに波を起こしている。みなのもの、仏祖に対して師となろうとするのであれば、百丈から学び取れ。自分をも救えないようになりたければ、馬大師から学び取れ。そら、古人は一日中『ここ』にいないということがなかった。

百丈は幼くして俗塵を離れ、(戒・定・慧の)三つの学ぶべきことをすべて修練し、馬祖が南昌《なんしょう》に教化を始めたとき、心の底からつき従った。二十年間侍者となり、再度参禅したとき、喝せられてはじめて大悟した。

いまある者は、「本来悟りなどないが、悟りという入り口を作ってこのポイントを打ち立てる」と言う。もしこのように理解するならば、獅子身中の虫が獅子の肉を食うようなものである。古人が言っているではないか、「水源が深くないと流れは長くならない。智慧が広大でないと遠くまで見えない」と。もし「打ち立てる」などという理解をするならば、仏法は今日まで伝わらなかっただろう。

○正眼＝正邪曲直を見誤らぬ正しい見識。
○正因＝三因仏性(正因・縁因・了因)の一。本来的に具わっている仏性。
○要自救不了、参取馬祖大師＝『種電鈔』に「為人辺事第二義門、故著此判」と解する。馬祖をおとしめる。
○箇裏＝文字どおりには、ここの意。悟りの世界や、自己の本分を指す。
○百丈丱歳…＝『伝灯録』巻六「洪州百丈山懐海禅師者、福州長楽人也。丱歳離塵、三学該練。属大寂闡化南康、乃傾心依付」。『五灯会元』巻三では、「南康」が「江西」になっている。
○丱歳＝幼年。「丱」は幼児の髪の結い方。髪を左右に分けて束ねる。

○属＝…したとき、…するにあたって。
○大寂＝馬祖の諡号。
○南昌＝現在の江西省南昌市。
○二十年為侍者…＝『伝灯録』巻六「師再参馬祖。祖見師来、取禅牀角頭払子竪起。祖云、即此用、離此用。祖掛払子於旧処。師良久。祖云、你已後開両片皮将何為人。師遂取払子竪起。祖云、即此用、離此用。師掛払子於旧処。祖便喝師、直得三日耳聾」。
○獅子身中虫自食獅子肉＝『仁王経』巻下「師子身中虫、自食師子肉、非外道也」。
○古人道…＝『不二鈔』に『管子』とするも、不明。蘇軾「儒者可与守成論」に「三代聖人取守一道、源深而流長也」とある。

看他馬大師与百丈行次、見野鴨子飛過。大師豈不知是野鴨子。為什麼却恁麼問。且道、他意落在什麼処。百丈只管随他後走、馬祖遂扭他鼻孔。丈作忍痛声。馬祖云、何曾飛去。百丈便省。而今有底錯会、纔問著便作忍痛声。且喜跳不出。宗師家為人、須為教徹。見他不会、不免傷鋒犯手、只要教他明此事。所以道、会則途中受用、不会則世諦流布。馬祖当時若不扭住、只成世諦流布。也須是逢境遇縁、宛転教帰自己。十二時中、無空欠処、謂之性地明白。若只依草附木、認箇驢前馬後、有何用処。看他馬祖・百丈恁麼用。雖似昭昭霊霊、却不住在昭昭霊霊処。百丈作忍痛声、若恁麼見去、偏界不蔵、頭頭成現。所以道、一処透、千処万処一時透。

そら、馬大師が百丈と旅していたとき、カモが飛んで行くのを見た。大師はカモだと知らなかったはずがない。それなのに、どうしてこのように尋ねたのであろうか。さて、その意図はどこにあったのか。
百丈はひたすら後に付き従っている。そこで、馬祖はその鼻づらをひねった。百丈は、痛みをこらえてうめいた。

馬祖「どうして飛び去ったことがあろうか」。百丈は悟った。

いまある者は誤解して、問われるやいなや、うめき声を出すが、跳び出せないとはおめでたい。禅の師匠が人を指導するには、徹底的に悟らせなければならない。彼が会得できないときは、刃で手を傷つけることになるが、ただ彼にこのポイントをはっきりわからせなければならない。それ故、「会得すれば、どんな場合にも自由なはたらきを得、会得しなければ、世間に埋没してしまう」と言うのである。馬祖がその時、もし(百丈の鼻づらを)ひねりあげていなければ、世間に埋没してしまったであろう。どのような状況に遭遇しても、自在に自己に帰着させなければならない。一日中スキがなければ、これを「本性が明らか」と言う。草木に宿る物の怪が、ロバや馬の前後をうろうろする輩を認識したところで、何になろう。そら、馬祖と百丈がこのように活動しているのは、いきいきとしているようだが、いきいきというところに留っていない。

百丈はうめき声をあげた。もしこのように見るならば、全世界に隠れるものなく、ひとつひとつが露わになっている。だから、「一箇所を突き抜ければ、あらゆるところを同時に突き抜けられる」と言うのである。

○且喜跳不出＝「且喜没交渉」(第一則本則著語既出)と同様、「且喜」(喜ばしいことに)は皮肉な言い方。
○須為教徹＝「教」を使役にとるのと、動詞として「教え方が徹底している」意にとるのと、二つの可能性があるが、ここは前者に解する。
○会則途中受用、不会則世諦流布＝帰宗智常の語。「途中」は修行の途中の段階。第八則垂示既出。
○宛転＝状況に応じて巧みに変化すること。『荘子』天下「椎拍輐断、与物宛転、舎是与非、苟可以免、不師知慮、不知前後、魏然而已矣」。
○依草附木＝人の死後、次の生に定まるまで、草木に宿っている霊魂。迷い、執着しているさまを譬える。第五一則垂示などに既出。

○驢前馬後＝驢馬の前後につきしたがうおつきの者。
○昭昭霊霊＝本来の主人公の躍動するさま。『臨済録』示衆「還是你目前昭昭霊霊、鑑覚聞知照燭底、安一切名句」。第九九則本則評唱にも「驢前馬後」とともに批判的に用いている。第六二則本則評唱もこの語を批判的に用いている。なお、朱子が禅を批判する際にもこの語を用いる。
○一処透、千処万処一時透＝第一九則本則評唱既出。同様の言い方は、圜悟が他でも用いている。『圜悟語録』巻二「一処透脱、千処百処該通」。

馬祖次日陞堂。衆纔集、百丈出巻却拝蓆。馬祖便下座、帰方丈次、問百丈、我適来上堂、未曾説法。你為什麼便巻却蓆。丈云、昨日被和尚扭得鼻孔痛。祖云、你昨日向甚処留心。丈云、今日鼻頭又不痛也。祖云、你深知今日事。丈乃作礼、却帰侍者寮哭。同事侍者問云、你哭作什麼。丈云、你去問取和尚。侍者遂去問馬祖。祖云、你去問取他看。侍者却帰寮問百丈、丈却呵呵大笑。侍者云、你適来哭、而今為什麼却笑。丈云、我適来哭、如今却笑。

看他悟後、阿轆轆地、羅籠不住、自然玲瓏。

雪竇頌云、

馬祖は次の日に上堂説法した。衆僧が集まるや、百丈が出てきて礼拝用の敷物を巻いてしまった。そこで、馬祖は説法の座から下りた。方丈に帰ったときに、百丈に問うた、「私は先ほど上堂してまだ説法しないのに、おまえはどうして敷物を巻いてしまったのか」。百丈「昨日は和尚に鼻をねじられて、痛かった」。馬祖「おまえは昨日どこに注目したか」。百丈「今日は鼻づらは痛みません」。馬祖「おまえは深く今日のことを知った」。百丈はそこで礼をし、侍者寮に帰り声をあげて泣いた。同役の侍者が、「泣いてどうするのですか」と問うと、百丈「和尚に尋ねなさい」。侍者は馬祖に尋ねにいった。馬祖「彼に尋ねなさい」。侍者が寮に帰って百丈に問うと、百丈はからからと大笑いをした。侍者「先ほどは泣いたのに、いまはどうして笑うのですか」。百丈「先ほどは泣いたが、いまは笑うのだ」。

彼は悟ってからは、自在にゴロゴロと回りゆき、人にまるめ込まれることなく、おのずから澄明であった。

雪竇の頌に、

○馬祖次日陞堂…＝『会要』巻四に出る。ただし、「却帰侍者哭」以下はない。『会元』も同じ。
○拝蓆＝礼拝する時の敷物。
○今日事＝さとり。「今日」は、開悟のとき。
○同事＝同僚、仲間。
○問取＝問い掛ける、談判する。
○阿轆轆地＝「阿」は接頭語。「轆轆」はゴロゴロと石臼の廻る音。「地」は副詞語尾。あらゆるものを自在にこなして行くさま。第三九則本則評唱、第五二則頌評唱、第七五則本則評唱、第七九則頌評唱、第八〇則本則評唱に「転轆轆地」が見える。
○羅籠＝思いどおりに統御する、好きなように取り込む。
○玲瓏＝八面玲瓏。すべてが一点の曇りもなく明白。第八則本則評唱既出。

【頌】

野鴨子、〔成群作隊。又有一隻〕

知何許。〔用作什麽。如麻似粟〕

馬祖見来相共語。〔打葛藤、有什麽了期。説箇什麽。独有馬祖識箇俊底〕

話尽山雲海月情、〔東家杓柄長、西家杓柄短。知他打葛藤多少〕
依前不会還飛去。〔囝。莫道他不会言、飛過什麼処去〕
欲飛去、〔鼻孔在別人手裏。已是与他下注脚了也〕
却把住。〔老婆心切。更道什麼〕
道道。〔什麼道。不可也教山僧道。不可作野鴨子叫。蒼天蒼天。脚跟下好与三十棒。不知向什麼処去〕

カモよ、〔群をなしている。さらに一羽いる〕
どれだけいるのか。〔それでどうする。麻の実や粟粒のようにたくさんいる〕
馬祖はそれを見て語りかけた。〔言葉を弄していつ果てる時があろう。何を言うか。馬祖だけが俊敏なやつ(百丈)を見分けた〕
山の雲、海の月の風情をすっかり語り尽くしたのに、〔東の家のひしゃくの柄は長く、西の家のひしゃくの柄は短い。どれほど言葉を弄することか〕
相変わらず理解できずに飛び去った。〔えっ。彼は話が理解できなかったばかりでなく、どこへ飛んで行ってしまったのか〕
飛び去ろうとしたが、〔鼻づらを他の人(馬祖)に捉えられた。(雪竇は)彼(百丈)について注釈を下している〕
捉えられた。〔老婆心の極み。そのうえ何を言うか〕
言え、言え。〔何だと。わしに言わせるな。カモに鳴かせるな。ああ、ああ。足下に三十棒くれてやれ。どこへ行ったのだろうか〕

○又有一隻＝百丈のこと。「隻」は鳥などを数える量詞。
○知何許＝筑摩『雪竇頌古』では、「何許」を「何処」(どこ)の意に取る。第七六則本則評唱「鄧州丹霞天然禅師、不知何許人」も同様。しかし、圜悟はここではカモの数がどれだけいるか分らないという意味に取っている。
○話尽山雲海月情＝禅の高く深い境地をすっかり語り尽くした。評唱によると、馬祖の「什麼処去」を歌ったもの。
○東家杓柄長、西家杓柄短＝馬祖と百丈の風格の隔絶をいう。
○知他……＝……だろうか。反語的表現。「分らぬ」という含み。『臨済録』勘弁「普化毎日在街市掣風掣顚。知他是凡是聖」。
○依前不会還飛去＝百丈が二回の問で理解できなかったことをいう。第一〇則頌著語既出。
○囮＝驚愕したときの発声、また力を出すときのかけ声。第一〇則頌著語既出。
○道道＝百丈を責めたてる。頌の句ではなく、それに付したコメント。
○蒼天蒼天＝歎く言葉。第一則頌著語既出。

〔評唱〕

雪竇劈頭便頌道、野鴨子、知何許。且道、有多少。

馬祖見来相共語、此頌馬祖問百丈云、是什麼、丈云、野鴨子。

語尽山雲海月情、頌再問百丈、什麼処去。馬大師為他意旨、自然脱体。

百丈依前不会、却道、飛過去也。両重蹉過。

欲飛去、却把住、雪竇拋款結案。

又云、道道、此是雪竇転身処。且道、作麼生道。若作忍痛声則錯。若不作忍痛声、又作麼生会。雪竇雖然
頌得甚妙、争奈也跳不出。

雪竇はいきなり頌によんだ、「カモよ、どれだけいるのか」。さて、どれだけいるのか。

「馬祖はそれを見て語りかけた」。これは馬祖が百丈に「何かな」と問い、百丈が「カモです」と答えたのを、頌によんだのだ。

「山の雲、海の月の風情をすっかり語り尽くしたのに」というのは、(馬祖が)再び百丈に「どこへ行ったか」と問うたことを頌によんだ。馬大師が百丈を導く意図は、おのずからまるごと顕われている。

百丈は相変わらず理解できなくて、「飛んで行ってしまいました」と言った。二重の擦れ違いだ。

「飛び去ろうとしたが、捉えられた」。雪竇は口書きによって判決を下した。

さらに「言え、言え」と言った。これは雪竇が一段上へと身を転じたのだ。さて、どう言えばよいのか。うめき声を出せば間違いだ。うめき声を出さないのなら、どう理解したらよいのか。雪竇は見事に頌をよんだが、いかんせん、跳び出すことができなかった。

○語尽山雲海月情＝「語」は玉峰刊本では「話」。その方が頌と合う。
○脱体＝そっくりそのまま。第一則本則評唱既出。一夜本・福本「脱体現成」。
○拠款結案＝「款」は罪状、「案」は判決。第一則頌評唱既出。
○転身処＝悟りの世界へと身を転ずる。第九則垂示既出。
○争奈也跳不出＝雪竇を抑下する。

第五十四則　雲門《うんもん》の「どこから来たか」

垂示云、透出生死、撥転機関。等閑截鉄斬釘、随処蓋天蓋地。且道、是什麼人行履処。試挙看。

生死を突き抜け、かなめのところを自在にあやつる。のほほんとしながら鉄や釘をたち斬り、いたるところで天地を蓋い尽くすはたらきを示す。さて、それはどういう人物が現わした軌跡であろうか。提示してみよう。

○撥転機関＝「機関」は、からくり、かんどころ。「撥転」はからりと転換する。手玉に取ってあやつる。第一則頌評唱「撥転関捩子、出自己見解」。第一九則本則評唱「他豈不是無機関転換処」。
○截鉄斬釘＝徹底的に切断する。「斬釘截鉄」に同じ。後者の形は第一四則本則評唱などに出る。

【本則】

挙。雲門問僧、近離甚処。〔不可也道西禅。探竿影草。不可道東西南北〕
僧云、西禅。〔果然可煞実頭。当時好与本分草料〕
門云、西禅近日有何言句。〔欲挙恐驚和尚。深辨来風。也似和尚相似寐語〕
僧展両手。〔敗闕了也。勾賊破家。不妨令人疑著〕
門打一掌。〔拠令而行。好打。快便難逢〕

僧云、某甲話在。〔你待要翻款那。却似有攙旗奪鼓底手脚〕
門却展両手。〔嶮。駕与青竜不解騎〕
僧無語。〔可惜〕
門便打。〔不可放過。此棒合是雲門喫。何故。当断不断、返招其乱。闍黎合喫多少。放過一著。若不放過、合作麼生〕

雲門《うんもん》が僧に問うた、「どこからお出でかな」。〔西禅《さいぜん》からとも言うな。ワナがあるぞ。東西南北と言うな〕
僧「西禅からです」。〔やはり非常に真面目だ。ここで本物のえさを与えてやれ〕
雲門「西禅は最近、どんなことを言っているのか」。〔提示したいが、和尚さんをびっくりさせはしないか。よく相手の出方を見極めた。また、和尚さんのように寝言を言っている〕
僧は両手を広げた。〔しくじった。泥棒を引き込んで家財をすっかり盗まれた。なかなかに何かありそうだと疑わせる〕
雲門はぴしゃりと打った。〔法令通りのやり方だ。打ってやれ。便船に乗り遅れるぞ〕
僧「私には言いたいことが残っています」。〔おまえは供述を翻そうというのか。なんと、相手の旗や太鼓を奪い取るほどの手腕がありそうだ〕
雲門の方が両手を広げた。〔きびしい。青竜に車はつけても、乗りこなすことはできない〕
僧は無言。〔残念〕
雲門は打った。〔ゆるめてはならない。この棒は雲門が食らうべきものだ。何故か。断罪すべきものを断罪しなければ、かえって反乱を引き起こす。お前さん、どれだけ棒を食らえばいいのか。一手ゆるめた。もしゆるめないならば、どうしたらよいのか」

○この本則は、『雲門広録』巻下・勘弁に見える。そこでは、「問僧、甚処来。僧云、郴州。師云、夏在什麼処。僧云、西禅。師云、説什麼法。僧展両手垂両辺。師便打。僧云、某甲話在。師却展両手。無対。師打趁出。代云、便出去」。郴州は湖南省南端。

○雲門＝雲門文偃。八六四―九四九。雪峰義存の法嗣。

○西禅＝南泉普願(七四八―八三四)の嗣・蘇州西禅和尚(『会元』巻四に見える)のことか。ただし、雲門と年代的にずれる。『会要』には、西禅に参じた僧がその後雪峰(雲門の師)に参じた話を記す。なお、雲門の法嗣にも西禅欽(『会元』巻一五など)や西禅光がいる(『広灯録』巻二〇)。

○探竿影草＝漁夫が魚をおびき寄せるための仕掛け。第一〇則本則著語既出。

○不可道東西南北＝地理的な場所を問うているのではない。それを超えた境地が問題だ。

○本分草料＝その人にふさわしいやり方。第一八則本則著語既出。

○深辨来風＝相手の僧の出方をよく見極めている。

○也似和尚相似䆐語＝僧に代わって答える。雲門の出方を揶揄する。「似…相似」は「如…相似」に同じ。

○展両手＝両手を開いて前に差し出す動作。『雲門広録』では「展両手垂両辺」。『祖堂集』巻一九・西院安章「問、仏法畢竟事如何。師展両手」など、仏法の根本を示すのによく用いられる動作。これですべて、隠しものはない、の意。

○勾賊破家＝第四二則本則著語既出。『種電鈔』では、「敗闕了也」は僧を批判したもの、「勾賊破家」は雲門を批判したものとするが、そのように批評の対象が変るのは解りにくい。これも僧に対する批評で、したり顔に両手を広げたら、雲門に付け込まれることになった、と解される。

○不妨令人疑著＝この僧にも見どころがあると、僧を認めたもの。

○快便難逢＝便船に乗り遅れるぞ、の意。チャンスを逸したらおしまいだ。第八一則本則著語に「下坡不走、快便難得」とある。ここでは、雲門のこのような教示を、すばやく的確に受け止める難しさを言ったもの。

○攙旗奪鼓＝戦争で、敵軍を指揮する旗や太鼓を奪い取ること。第三八則本則著語既出。この僧もなかなかやるぞ、という趣き。『種電鈔』に、「這僧非実有此手段。弄而言耳」。
○嶮＝切り立っていて、近寄りがたい言葉だ。第四則本則著語既出。
○駕与青竜不解騎＝「某甲話在」まで、僧も何とか対応できたが、この雲門の展手は難しいぞ。「駕」は馬に車をつける意。第二〇則本則著語に見える。
○此棒合是雲門喫。何故。当断不断、返招其乱＝『種電鈔』に、「若是這漢於雲門展両手処、当与一棒、不能行令。故返受此殃」。「当断不断、返招其乱」は第三八則本則既出。
○放過一著＝『種電鈔』では、「惜乎、只打一棒。何不与三十棒麼」と解する。頌の「師云放過一著」を念頭に置いたもの。打つだけで許してやったのは、一手ゆるめてやったところだ。

【評唱】

雲門問這僧、近離甚処。僧云、西禅。這箇是当面話、如閃電相似。門云、近日有何言句。也只是平常説話。這僧也不妨是箇作家、却倒去験雲門、便展両手。若是尋常人、遭此一験、便見手忙脚乱。他雲門有石火電光之機、便打一掌。僧云、打即故是、争奈某甲話在。這僧有転身処、所以雲門放開、却展両手。其僧無語、門便打。看他雲門、自是作家、行一歩、知一歩落処。会瞻前亦解顧後、不失蹤由。這僧只解瞻前、不能顧後。

頌云、

雲門がこの僧に問うた、「どこからお出でかな」。僧「西禅からです」。これは面と向ってのことで、電光石火のようだ。雲門「(西禅は)最近、どんなことを言っているのか」。これもありきたりの言葉だ。この僧もなかなかのやり手で、逆に雲門を験して、両手を広げた。ふつうの人ならば、このように試されたら、あたふたするだけだ。雲門には電光石火のはたらきがあったから、ぴしゃりと打った。僧「打つことはもちろん結構ですが、どうしても私には言いたいことがあるのです」。この僧は超出するところがあり、それ故、雲門は自由にさせて、両手を広げた。その僧は無言で、雲門は打った。そら、雲門はやり手で、一歩進めば、その一歩のかんどころを知っている。前を見ることもできるし、後ろを振り返ることもできて、道筋を見失わない。この僧はただ前を見ることはできるが、後ろを振り返ることができない。(雪竇は)頌に歌った。

○放開＝手綱を緩める。自由にさせる。

【頌】

虎頭虎尾一時収、〔殺人刀、活人剣。須是這僧始得。千兵易得、一将難求〕
凜凜威風四百州。〔坐断天下人舌頭。蓋天蓋地〕
却問不知何太嶮。〔不可盲枷瞎棒。雪竇元来未知在。闍黎相次著也〕
師云、放過一著。〔若不放過、又作麼生。尽天下人一時落節。撃禅床一下〕

虎の頭も虎の尾も同時に収め取った。〔人を殺しも生かしもする剣だ。この僧でなければだめだ。千人の兵士は容易に得られるが、一人の将軍を得るのは困難だ〕
威風凜凜として全天下に及ぶ。〔世界中の人を黙らせた。天地を制圧した〕
お尋ねしたい、どうしてそんなに手きびしいのか。〔めったやたらに打ってもだめだ。なんと、雪竇は知らなかったのだ。今度はお前さんが打たれる番だ〕

師が言う、「一手をゆるめた」。〔もしゆるめなかったら、またどうなのか。世界中の人が損をする。（圜悟が）禅床を打った〕

○虎頭虎尾一時収＝雲門の大力量を言う。『臨済録』行録「非但騎虎頭、亦解把虎尾」を踏まえる。第一〇則頌「若謂騎虎頭、二俱成瞎漢」。

○須是這僧始得＝『種電鈔』は「僧」を「漢」に作る。それならば雲門のことで通じやすい。本文のままならば、「這僧」は相手の僧と取るのが適当で、雲門の殺人刀、活人剣もそれを受け止めるだけの力のある相手の僧がいて、はじめて存分にはたらかせることができる、の意と考えられる。

○四百州＝宋代には天下に三百余州あり、のちに四百州で全天下を表わすようになった。

○不可盲枷瞎棒＝「盲枷瞎棒」は、やみくもに枷をはめたり、棒打ちをしたりすること。ここは、雲門がやたらに厳しく棒打ちを食らわすことを揶揄する。

○雪竇元来未知在＝頌の「不知何太嶮」を受けて、雪竇は雲門のほんとうの峻厳のところを知らなかったと揶揄する。

○闍黎相次著也＝「相次」は順次に、番が回ってきて、の意。雪竇に対して言う。

○師云、放過一著＝雪竇が雲門に代って答えた。一回打つだけで許してやったのは、一手ゆるめてやったところだ。

○尽天下人一時落節＝「落節」は、損をする。第四則頌著語などに既出。雲門が一手ゆるめなければ、天下の修行者がみな打たれることになる。

〔評唱〕

雪竇頌得此話極易会、大意只頌雲門機鋒。所以道、虎頭虎尾一時収。古人云、拠虎頭、収虎尾、第一句下明宗旨。雪竇只拠款結案、愛雲門会拠虎頭、又能収虎尾。僧展両手、門便打、是拠虎頭。雲門展両手、僧無語、門又打、是収虎尾。頭尾斉収、眼似流星、自然如撃石火、似閃電光。直得凜凜威風四百州。直得尽大地世界、風颯颯地。
却問不知何太嶮、不妨有嶮処。雪竇云、放過一著。且道、如今不放過時、又作麼生。尽大地人、総須喫棒。如今禅和子、総道等他展手時、也還他本分草料。似則也似、是則未是。雲門不可只恁麼教你休、也須別有事在。

雪竇がこの公案に付けた頌は、非常に解りやすい。大意は雲門の鋭いはたらきを歌っているだけだ。それ故、「虎の頭も尾も同時に収め取った」と言うのである。古人は、「虎の頭にまたがって、虎の尾を収め取った。第一句でかなめのところを明らかにした」と言っている。雪竇は罪状によって判決を下しただけであり、雲門が虎の頭にまたがることができ、虎の尾も収め取ることができたのを好んだのである。僧が両手を広げ、雲門が打ったのが虎の頭にまたがることである。雲門が両手を広げ、僧が無言で、雲門がまた打ったのが虎の尾を収め取ることである。頭も尾もともに収め取って、眼は流星のようであり、自ずから電光石火のようである。その結果、「威風凛凛として全天下に及ぶ」、即ち、世界中に風がさっと吹きわたることになる。

「お尋ねしたい、どうしてそんなに手きびしいのか」。なかなか手きびしいところがある。雪竇は、「一手をゆるめた」と言う。さて、いまゆるめなければ、どうなるか。世界中の人がのこらず棒打ちを食らうことになる。近頃の禅坊主どもは必ず、「彼が手を広げたときに、彼に本来のえさを与えてやれ」と言う。それらしいことは言っているが、それでよいかというとそうではない。雲門はただこのようにおまえたちにケリをつけさせてくれはしない。さらに格別のことがあるはずだ。

○古人＝『種電鈔』に羅山道閑とする。羅山は五代の人。巌頭全豁の法嗣。

○総須＝「総」は強意を表わす。「直須」に同じ。

第五十五則　道吾《どうご》の弔問

垂示云、穏密全真、当頭取証、渉流転物、直下承当。向撃石火閃電光中、坐断誵訛、於拠虎頭収虎尾処、壁立千仞、則且置、放一線道、還有為人処也無。試挙看。

堅実で緻密であり、すべて真実である境地にあって、即座に悟り、事物に随順してゆくはたらきを示して、ずばり受け止める。電光石火のすばやいはたらきのうちに難解なところをおさえこみ、虎の頭に乗り虎の尾を収め取るところで断崖絶壁のように切り立っているのはさておき、一筋の道をつけたら、学人を導くところがあるだろうか。提示してみよう。

○穏密全真＝「穏密」は、堅実、緻密なこと。第一六則垂示に「穏密田地」。「全真」は、まるごと真実。第二則頌評唱に「物物全真」。
○渉流転物＝万物流転の流れに踏み入り、ものを転化させる。
○直下承当＝「直下」は、ずばりと。第三則頌評唱既出。「承当」は、引き受ける、うけがう。第一則本則著語既出。

【本則】

挙。道吾与漸源、至一家弔慰。源拍棺云、生邪、死邪。〔道什麼。好不惺惺。這漢猶在両頭〕

吾云、生也不道、死也不道。〔竜吟霧起、虎嘯風生。買帽相頭。老婆心切〕
源云、為什麼不道。〔蹉過了也。果然錯会〕
吾云、不道不道。〔悪水驀頭澆。前箭猶軽、後箭深〕
回至中路、〔太惺惺〕
源云、和尚快与某甲道。若不道、打和尚去也。〔却較些子。罕逢穿耳客、多遇刻舟人。似這般不喞嚁漢、入地獄如箭〕
吾云、打即任打、道即不道。〔再三須重事。就身打劫。這老漢満身泥水。初心不改〕
源便打。〔好打。且道、打他作什麼。屈棒元来有人喫在〕
後道吾遷化。源到石霜、挙似前話。〔知而故犯。不知是不是、是則也大奇〕
霜云、生也不道、死也不道。〔可煞新鮮。這般茶飯却元来有人喫〕
源云、為什麼不道。〔語雖一般、意無両種。且道、与前来問、是同是別〕
霜云、不道不道。〔天上天下、曹渓波浪如相似、無限平人被陸沈〕
源於言下有省。〔瞎漢。且莫瞞山僧好〕
源一日将鍬子於法堂上、従東過西、従西過東。〔也是死中得活。好与先師出気。莫問他。且看這漢一場懡㦬〕
霜云、作什麼。〔随後婁藪也〕
源云、覓先師霊骨。〔喪車背後抛薬袋。悔不慎当初。你道什麼〕
霜云、洪波浩渺、白浪滔天、覓什麼先師霊骨。〔也須還他作家始得。成群作隊作什麼〕
雪竇著語云、蒼天蒼天。〔太遅生。賊過後張弓。好与一坑埋却〕
源云、正好著力。〔且道、落在什麼処。先師曾向你道什麼。這漢従頭到尾、直至如今、出身不得〕

太原孚云、先師霊骨猶在。〔大衆見麼。閃電相似。是什麼破草鞋。猶較些子〕

道吾《どうご》が漸源《ぜんげん》とともに、ある家に弔問に行った。漸源は棺を叩いて言った、「生きているか、死んでいるか」。〔何を言うのか。まるで正気でない。この男、まだ(生と死の)二元対立の中にいる〕

道吾「生きているとも言わない、死んでいるとも言わない」。〔竜がうなると霧が起こり、虎が吠えると風が生じる。帽子を買うのに、頭の大きさを計っている。老婆心切だ〕

漸源「どうして言わないのですか」。〔すれ違ってしまった。はたして誤解した〕

道吾「言わない、言わない」。〔汚れ水を頭からぶっかけた。前の矢は浅いが、後の矢は深いぞ〕

途中まで戻ったとき、〔すごく冴えたぞ〕

漸源「和尚さま、すぐに私に言って下さい。もし言わないと、和尚さまを打ちますよ」。〔もう一歩だ。両耳が通じているような(聡明な)人に逢うことは稀で、水中に落ちたものの位置を船に刻んで捜すような(愚鈍な)人にばかり遇う。こんな愚鈍な奴は、矢のようなスピードで地獄堕ちだ〕

道吾「打つならご自由にどうぞ。しかし、言えというなら言わない」。〔繰り返し言うのは、重大だからに違いない。自分自身で身ぐるみはいだ。このおやじ、全身泥まみれだ。初心は変らない〕

漸源は打った。〔しっかり打て。さて、彼を打ってどうする。なんと、無実の罪で棒打ちを食らうやつがいるとは〕

後に道吾が亡くなった。漸源は石霜《せきそう》のところに行き、先の話を提示した。〔知っていながらわざとやった。はたして正しいか否か。正しいならば、きわめて立派だ〕

石霜「生きているとも言わない、死んでいるとも言わない」。〔はなはだ目新しい。なんと、こんなありふれた手でも食らうやつがいるとは〕

漸源「どうして言わないのですか」。〔言葉は同じだが、内容も別ではない。さて、先の問いと同じか、別か〕
石霜「言わない、言わない」。〔天地どこでも、もし禅の流れが同じようなものならば、無数の良民が陸にいながら溺れ死ぬことになる〕
禅源はただちに悟った。〔めくらめ。わしをたぶらかすなよ〕
漸源はある日、鍬を手にして法堂を行ったり来たりした。〔九死に一生を得た。先師のためにうっぷんを晴した。彼に尋ねたりするな。そら、この男、へまをした〕
石霜「何をしているのか」。〔すぐにけちくさい詮索をする〕
漸源「先師の霊妙な遺骨を捜しています」。〔霊柩車のうしろに薬袋を投げ捨てている。最初の不注意を後悔する。何を言うのか〕
石霜「見渡す限りの大波が天に逆巻く。どんな先師の霊妙な遺骨を捜そうと言うのか」。〔やり手に任せなければだめだ。ぞろぞろいても何になる〕
雪竇が著語して言う、「やれ悲しや」。〔遅すぎる。盗賊が去ってから弓を張っている。一つ穴に埋めてしまえ〕
漸源「力を尽くしてぶつかってみよう」。〔さて、どこに落ち着くのか。先師は以前おまえに何を言ったのか。この男は徹頭徹尾、今に至るまで、超脱できない〕
太原孚《たいげんふ》「先師の霊妙な遺骨は今も残っている」。〔みなのもの、見えるか。稲妻のようにすばやい。なんたる破れワラジ。もう一歩だ〕

○この本則は、『祖堂集』巻六、『伝灯録』巻一五、『会元』巻五などの漸源章に見えるが、話が少しずつ異なっている。
○道吾＝道吾円智。七六九―八三五。『会元』では宗智に作る。薬山惟儼の法嗣。諡号は修一大師。伝は『祖堂集』巻五、『伝灯録』巻一四、『会元』巻五、『宋高僧伝』巻一一など。
○漸源＝漸源仲興。生没年不明。道吾の法嗣。伝は『祖堂集』巻六、『伝灯録』巻一五、『会元』巻五など。
○好不惺惺＝「好不」は強い否定を表わす。
○買帽相頭＝相手の出方を見極める。第一六則本則著語既出。
○太惺惺＝先の「好不惺惺」に対する。
○穿耳客＝智慧のある人。智慧ある人は、死後、その髑髏の両耳が貫通しているという。『止観輔行』巻一之一参照。
○刻舟人＝『呂氏春秋』察今「楚人有渉江者。其剣自舟中墜於水。遽契其舟曰、是吾剣之所従墜。舟止、従其所契者入水求之。舟已行矣、而剣不行、求剣若此、不亦惑乎」。
○就身打劫＝自分をすっかりまる出しにしている。道吾のことばはすべてをさらけ出したものだ。
○満身泥水＝老婆心切なこと。
○初心不改＝終始一貫している。
○屈棒元来有人喫在＝「屈棒」は無実の罪で打たれる棒罰。
○石霜＝石霜慶諸。八〇七－八八八。道吾の法嗣。伝は『祖堂集』巻六、『伝灯録』巻一五、『会元』巻五など。
○可煞新鮮＝『種電鈔』に、「雖金体是同、歴煆則色転鮮明」。
○語雖一般、意無両種＝福本「意無多種」に作る(『不二鈔』)。『種電鈔』は「無」の字を除く。意味はその方が通じやすい。
○天上天下、曹渓波浪如相似、無限平人被陸沈＝『種電鈔』などでは、「天上天下」をそれだけで切って理解しているが、ここでは下に続くものと解する。「曹渓……」は、第九三則頌の句。第二〇則本則著語に既出。道吾も石霜も同じように「不道、不道」と言っていることを指して言う。
○婁藪＝けちくさい詮索をすること。「摟捜」とも書く。
○先師霊骨＝道吾の霊骨については、『祖堂集』巻五に次のように伝える。「後焚得霊骨一節、特異清瑩、其色如金、其声如銅、乃塔于石霜、勅謚修一大師宝相之塔」。『伝灯録』巻一四・道吾章にも見える。ここでは漸源が、いまこそ先師に正面から真向かうことができるという気概を表わす。

○喪車背後拋薬袋＝後の祭り。第六四則頌著語では「拋」を「懸」とする。
○悔不慎当初＝後悔先に立たず。
○洪波浩渺、白浪滔天＝天地ただ逆巻く波だけ。第一八則頌評唱などに既出。先師の遺骨などとても捜し出せないぞ。
○還他作家始得＝石霜でないと、こうはいかない。「還他」は、「譲」(…させる、に任せる)意と取る。「須是」の意に取ることもできる。
○蒼天蒼天＝歎く言葉。第一則頌評唱などに既出。いまさら先師の霊骨などと言っても遅すぎる。先師はとっくに亡くなってしまった。
○太遅生。賊過後張弓＝『種電鈔』では、「二句共一意。抑判語遅」として、雪竇の著語が遅すぎるのを咎めたものと解しているが、むしろ、雪竇の著語と同方向で、漸源が悟るのが遅すぎるという意に解される。
○著力＝全力を尽くす、力を入れる、しっかりとやる。
○這漢従頭到尾、直至如今、出身不得＝『種電鈔』に、「是語抑下、意托上也」とあるように、実は漸源を賞めている。
○太原孚＝雪峰義存の嗣。伝は『伝灯録』巻一九などに出る。
○先師霊骨猶在＝漸源が道吾の法を正しく受け止め、伝えていることを言う。
○破草鞋＝役に立たないものを例えるが、また、草鞋がぼろぼろになるまで行脚して、修行を重ねた人のことをも言う。第一二則本則著語既出。

〔評唱〕

道吾与漸源、至一家弔慰。源拍棺木云、生邪、死邪。吾曰、生也不道、死也不道。若向句下便入得、言下便知帰、只這便是透脱生死底関鍵。其或未然、往往当頭蹉過。看他古人、行住坐臥、不妨以此事為念。

纔至人家弔慰、漸源便拍棺問道吾云、生邪、死邪。道吾不移易一糸毫、対他道、生也不道、死也不道。漸源当面蹉過、逐他語句走、更云、為什麼不道。吾云、不道不道。吾可謂赤心片片、将錯就錯。

源猶自不惺惺、回至中路、又云、和尚快与某甲道、若不道、打和尚去也。這漢識什麼好悪。所謂好心不得好報。道吾依旧老婆心切、更向他道、打即任打、道即不道。源便打。雖然如是、却是他贏得一籌。道吾恁麼血滴滴地為他、漸源得恁麼不瞥地。

道吾既被他打、遂向漸源云、汝且去。恐院中知事探得与你作禍。密遣漸源出去。道吾忒煞傷慈。源後来至一小院、聞行者誦観音経云、応以比丘身得度者、即現比丘身而為説法、忽然大悟云、我当時錯怪先師。争知此事不在言句上。

古人道、没量大人、被語脈裏転却。有底情解道、道吾云不道不道、便是道了也。喚作打背翻筋斗、教人摸索不著。若恁麼会、作麼生得平穏去。若脚踏実地、不隔一糸毫。不見七賢女、遊屍陁林、遂指屍問云、屍在這裏、人在什麼処。大姉云、作麼作麼。一衆斉証無生法忍。且道、有幾箇。千箇万箇、只是一箇。

道吾《どうご》と漸源《ぜんげん》がある家に弔問に行った。漸源は棺を叩いて言った、「生きているか、死んでいるか」。道吾「生きているとも言わない。死んでいるとも言わない」。もしこの言葉で直ちに悟るところがあり、帰着するところを知るならば、これは生死を超脱する鍵である。もしそうでないならば、いつも面と向かっていながらすれ違いだ。そら、古人は行住坐臥いつでも、なかなかにこのことを心にかけている。

人の家に弔問に行くや、漸源は棺を叩いて道吾に問うた、「生きているか、死んでいるか」。道吾は僅かの隙もなく、彼に対して言った、「生きているとも言わない。死んでいるとも言わない」。漸源は面と向かいながらすれ違い、彼の言葉につられて、さらに「どうして言わないのですか」と問うた。道吾「言わない、言わない」。道吾はまごころがこまごまと行き届き、誤りを強引に押し通したと言えよう。

漸源はまだはっきりせず、途中まで帰って、また言った、「和尚さま、すぐに私に言って下さい。もし言わないなら、和尚さまを打ちますよ」。この男、まったく善し悪しが解らずに、情が仇になったというところだ。道吾は相変わらず老婆心にあふれ、さらに彼に、「打つならご自由にどうぞ。しかし、言えというなら言わない」と言った。漸源は打った。このようではあるが、勝ち取ったものはわずかだ。道吾はこのように血をたらたら流しながら教え示しているのに、漸源はよくもまあ少しも解らずにおられたことだ。

道吾は漸源に打たれてしまったので言った、「お前は立ち去りなさい。寺の役僧が捜し出して、おまえに害をなすだろう」。そっと漸源を送り出した。道吾は非常に慈悲深い。

漸源は後にある小さな寺院にやって来て、行者《あんじゃ》が『観音経』の「比丘のすがたによって救うべき人に対しては、比丘のすがたを現して説法する」という箇所を読誦するのを聞いて、はっと悟り、「私はその時、先師を誤解していた。だが、なんとこの根本事は言葉にはないのだ」と言った。

古人が言っている、「桁外れの大人物でも言葉に引きずられる」。ある人は凡情で理解して、「道吾は『言わない、言わない』と言っているが、(言わないと)言ってしまった。後ろへとんぼがえりを打って、人に(真意を)探り当てられないようにした、ということだ」と言うが、もしこのように理解するならば、どうして確かな境地を得られようか。もし足がしっかりと地についていれば、わずかの隙もない。そら、七人の王女が墓場に出かけたとき、屍を指して「屍はここにあります。人はどこにいるのですか」と問うた。ある王女が「だからどうなの」と言うと、みな一斉に不生不滅の真理を悟った。さて、(悟った人は)どれだけいるだろうか。千人万人に、ただ一人だ。

○不移易一糸毫＝ここでは、問いをそのまま受け止めたことを言う。第六則本則評唱などにも見える表現。
○赤心片片＝心の底から、ひたすら慈悲心のみ。
○将錯就錯＝「生也不道、死也不道」のところを押し通し、また「不道、不道」と答えたことを言う。

○贏得一籌＝「贏得」は、勝ち取ったのは、ただ…だけだ。「籌」は、数取りに使う竹の札。漸源が道吾を打って勝ったように見えるが、勝ち取ったものはほとんどない。
○得恁麼＝よくもそのように…することができたものだ。
○道吾既被他打…＝道吾が漸源を逃してやったことは、『祖堂集』には見えず、『伝灯録』に出る。
○知事＝禅寺の運営をつかさどる役職。もと四知事であったが、南宋時代に六知事が設けられた。
○忒煞傷慈＝「忒煞」は、はなはだ。「傷慈」は、慈悲がはなはだしきに過ぎること。この四字で、第七則頌評唱既出。
○源後来至一小院…＝漸源が『観音経』を聞いて悟った話は、『会元』に出る。
○行者＝あんじゃ。役僧の下で用務をなすもの。得度前、有髪のまま寺に居住する。
○観音経云…＝『法華経』観世音菩薩普門品「応以比丘・比丘尼・優婆塞・優婆夷身得度者、即現比丘・比丘尼・優婆塞・優婆夷身而為説法」。
○此事不在言句上＝「此事」は、根本の大事。「不在言句上」は、道吾の「不道不道」を受ける。
○古人＝雲門文偃(八六四―九四九)のこと。『雲門広録』巻中に出る。
○背翻筋斗＝「筋斗」はとんぼがえりのこと。『種電鈔』に、「謂背後翻転身也。今意云、不道不道裏面、便道了也。言謂裏也」。
○七賢女、遊屍陁林…＝支謙訳の経典に『七女経』というのがあり、それによると、七人の王女が墓場に出かけ、無常を悟る。それを禅的に換骨脱胎したもの。
○屍陁林＝尸陀林とも。「寒林」と訳す。死体を捨てる場所。
○大姉＝女性に対する敬称。
○作麼＝どうしようというのか。詰問の語気。
○無生法忍＝諸法が不生不滅であると悟ること。

漸源後到石霜、挙前話。石霜依前云、生也不道、死也不道。源云、為什麼不道。霜云、不道不道。他便悟去。

一日将鍬子於法堂上、従東過西、従西過東。意欲呈己見解。霜果問云、作什麼。源云、覓先師霊骨。霜便截断他脚跟云、我這裏、洪波浩渺、白浪滔天、覓什麼先師霊骨。他既是覓先師霊骨、石霜為什麼却恁麼道。到這裏、若於生也不道、死也不道処、言下薦得、方知自始至終、全機受用。你若作道理、擬議尋思、直是難見。

漸源云、正好著力。看他悟後、道得自然奇特。道吾一片頂骨如金色、撃時作銅声。

雪竇著語云、蒼天蒼天、其意落在両辺。太原孚云、先師霊骨猶在、自然道得穏当。這一落索、一時拈向一辺。

且道、作麼生是省要処、作麼生是著力処。不見道、一処透、千処万処一時透。若向不道不道処透得去、便乃坐断天下人舌頭。若透不得、也須是自参自悟。不可容易過日、可惜許時光。雪竇頌云、

漸源《ぜんげん》が後に石霜《せきそう》のところで、先の話を提示すると、石霜はやはり「生きているとも言わない。死んでいるとも言わない」と言った。漸源が「どうして言わないのか」と言うと、石霜は「言わない、言わない」と言った。漸源はそこで悟った。

ある日、鍬を手にして法堂を行ったり来たりして、自分の見解を提示しようとした。はたして石霜は、「何をしているのか」と問うた。漸源が「先師の霊妙な遺骨を捜しています」と言うと、石霜は彼の足許を絶ち切って、「わしのところでは、見渡す限りの大波が天に逆巻いている。どんな先師の霊妙な遺骨を捜そうと言うのか」と言った。漸源は先師の霊妙な遺骨を捜しているのに、石霜はどうしてこのように言ったのか。こうなっては、「生きているとも言わない、死んでいるとも言わない」ということを、ただちに受け止めてこそ徹頭徹尾全人格をもって享受していることが分かる。もしおまえが分別理解し、あれこれ詮索するならば、理解しがたいことになる。

漸源は「力を尽くしてぶつかってみよう」と言った。そら、彼が悟った後は、言うことが自ずとすばらしい。道吾の頭蓋骨一かけらは金色をしていて、叩けば銅の音がした。

雪竇は「やれ悲しや」と著語したが、その意は両面を踏まえている。太原孚《たいげんふ》は、「先師の霊妙な遺骨は今も残っている」と言うが、自ずから堅実に言いえている。この一段の話を一度に傍らに取り置いた。

さて、どのようなところが肝要のところか、どのようなところが全力を尽くすところか。そら、一箇所透り抜ければ、千箇所も万箇所も同時に透り抜けるのだ。もし「言わない、言わない」というところを透り抜ければ、世界中の人を抑えつけて黙らせることになる。もし透り抜けられなければ、自分で参禅して悟るほかない。のほほんと日を過してはならない。時を惜しめ。雪竇の頌にいう。

○截断他脚跟＝拠って立つ基盤を断ち切る。

○擬議尋思＝「擬議」は、推し量り論ずること。第六則本則評唱参照。「尋思」は、思慮すること。

○道吾一片頂骨如金色、撃時作銅声＝本則「先師霊骨」の注を参照。『宋高僧伝』巻一一には「闍維得不灰之骨数片。脳蓋一節特異而清瑩。其色如金、其響如銅」とある。漸源が求めていた道吾の頭蓋骨の霊妙さによって、彼が悟った後の境地を譬える。

○其意落在両辺＝「両辺」は、石霜と漸源を指すものとも解される。しかし、むしろ「生也不道、死也不道」の生死の両面を指すものと見た方がよい。

○穏当＝堅実、質実。

○這一落索、一時拈向一辺＝「一落索」は「一絡索」に同じ。ひとくさりの談義。「拈向」は「拈在」に同じ。取って…に置く。この話に一挙にカタを付けた。

○省要処＝枝葉末節を取り除いた、肝要のところ。第一九則本則評唱既出。

【頌】

兎馬有角、〔斬。可煞奇特、可煞新鮮〕
牛羊無角。〔斬。成什麼模様。瞞別人即得〕
絶毫絶氂、〔天上天下、唯我独尊。你向什麼処模索〕
如山如嶽。〔在什麼処。平地起波瀾。穿著你鼻孔〕
黄金霊骨今猶在、〔截却舌頭、塞却咽喉。拈向一辺。只恐無人識得伊〕
白浪滔天何処著。〔放過一著。脚跟下蹉過。眼裏耳裏著不得〕
無処著。〔果然。却較些子。果然没溺深坑〕
隻履西帰曾失却。〔祖禰不了、累及児孫。打云、為什麼却在這裏〕

兎や馬に角があり、〔ずばり(と斬る)。なんとすばらしい、なんと新奇だ〕
牛や羊に角がない。〔ずばり(と斬る)。どんな様子になるのか。人をたぶらかすなよ〕
微小の極限であり、〔世界中で自分だけが尊い。おまえはどこを探しているのか〕
山のように巨大だ。〔どこにある。平地に波を立てる。お前の鼻づらに一発食らわせた〕
黄金の霊妙な遺骨が今なおここにある。〔舌を斬り、喉を塞いだ。かたわらに取り置いた。残念なことに誰もそれに気付かないだろう〕
白波が天に逆巻くなか、どこに(遺骨を)置こうか。〔一手緩めた。足許ですれ違いだ。眼にも耳にも置くことができない〕
置きどころがない。〔はたして。もう一歩だ。はたして深い穴に落ち込んだ〕

片方の履で西方に帰って行方知れずだ。〔先祖がカタをつけておかないと、子孫まで累が及ぶ。ビシッと打って言う、どうしてここにあるのか〕

○兎馬有角、牛羊無角＝『祖堂集』巻一六・南泉章「若言即心即仏、如兎馬有角。若言非心非仏、如牛馬無角」。筑摩『雪竇頌古』では、この南泉の語と結びつけて、「兎馬有角」を「生といえば、亀毛兎角。有神論の立場となる」と解しているが、ここでは、次の「絶毫絶氂、如山如嶽」と同じく、生死を超えた「黄金霊骨」の常識を超えた不可思議な境地を二句で示したと見る方がよい。第五一則本則著語「如竜無足、似蛇有角」などと同じ。
○斬＝ずばり一刀で切って捨てた。
○絶毫絶氂＝「氂」は「釐」に同じ。「毫」も「釐」も極めて微小な度量の単位。
○䂐著你鼻孔＝「䂐」は、突く意。「築」に同じ。第一一則本則評唱既出。「黄金霊骨」については、本則「先師霊骨」の注を参照。
○拈向一辺＝本則評唱の「這一落索一時拈向一辺」を参照。
○白浪滔天何処著＝本則の石霜の語「洪波浩渺、白浪滔天、覓什麼先師霊骨」を受ける。
○眼裏耳裏著不得＝感覚では捉えられない。
○隻履西帰曾失却＝達磨が隻履を棺に残して西方に帰ったという話を踏まえる。「黄金霊骨」は道吾の霊骨というに留まらない。達磨以来の祖師の法脈である。それが「置きどころがない」というのを、達磨が西に帰って行方が知れなくなったことに引っ掛ける。さあ、仏祖の法脈はどこにあるのか。
○祖禰…＝「禰」は、父が死んで祖廟に祭られてからを言う。親の代でカタをつけておかないと、とばっちりが子孫に及ぶことになる。
○為什麼却在這裏＝失ったはずなのに、この私のうちにある。先師の霊骨は、この私の中にある。

【評唱】

雪竇偏会下注脚。他是雲門下児孫。凡一句中、具三句底鉗鎚。向難道処道破、向撥不開処撥開、去他緊要処頌出。直道、兎馬有角、牛羊無角。且道、兎馬為什麼有角、牛羊為什麼却無角。若透得前話、始知雪竇有為人処。有者錯会道、不道便是道、無句是有句、兎馬無角却云有角、牛羊有角却云無角。且得没交渉。殊不知、古人千変万化、現如此神通、只為打破你這精霊鬼窟。若透得去、不消一箇了字。兎馬有角、牛羊無角。絶毫絶氂、如山如嶽。這四句、似摩尼宝珠一顆相似。雪竇渾崙地吐在你面前了也。

末後皆是拠款結案。黄金霊骨今猶在、白浪滔天何処著、此頌石霜与太原孚語。為什麼無処著、隻履西帰曾失却、霊亀曳尾。此是雪竇転身為人処。古人道、他参活句、不参死句。既是失却、他一火為什麼却競頭争。

雪竇はうまく注釈を付けることができた。彼は雲門の流れをくみ、一句に修行者を鍛練する(雲門の)三句を具えている。言いがたいところを言い当て、開きがたいところを開いて、肝要のところを歌いあげた。すなわち、「兎や馬に角があり、牛や羊に角がない」。さて、兎や馬にどうして角があり、牛や羊にどうして角がないのか。もし前の公案を突き抜けられたならば、雪竇の思いやりが知られよう。ある者は誤解して、「言わないのが言うことで、言葉がないのが言葉があるということだ。兎や馬に角がないのを、角があるといい、牛や羊に角があるのを、角がないというのだ」と言うが、まったく見当違いだ。だがなんと、古人が千変万化し、このような神通力を現わしたのは、おまえたちのような物の怪や幽鬼の住み家を打ち破るためであった。もし突き抜けてしまえば、「悟った」ということさえもいらない。「兎や馬に角があり、牛や羊に角がない。微小の極限であり、山のように巨大だ」。この四句は、あたかも一個の摩尼宝珠《まにほうじゅ》のようだ。雪竇はおまえたちの面前にまるごと吐き出したのだ。

最後に供述によって判決を下した。「黄金の霊妙な遺骨が今なおここにある。白波が天に逆巻くなか、どこに(遺骨を)置こうか」。この頌は、石霜と太原孚の言葉について歌っている。どうして置くところがないのか。「片方の履で西に帰って行方知れずだ」。霊妙な亀が尾を引きずっている。これは雪竇が身を転じて、学人を思いやったところだ。古人は、「彼は活きた言葉に参究して、死んだ言葉には参究しない」と言っている。もう行方知れずなのに、あの一団の者たちは、どうして我がちに争うのだろうか。

○三句＝雲門三句。第六則本則評唱、第一四則本則評唱など参照。
○摩尼宝珠一顆＝「摩尼」(mani)は梵語で珠の意。また、意のままに宝をとりだすことのできる「如意宝珠」とも同一視される。「顆」は粒状のものを数える序数詞。
○渾淪地＝まるごと。「渾崙」は「崑崙」「渾崘」などとも書く。
○古人道……＝徳山縁密のこと。第二〇則本則評唱などに「須参活句、莫参死句」とあるのを参照。
○一火＝「火」は「伙」に同じ。ひとかたまりの集団。
○競頭＝きそって、われがちに。「頭」は副詞につく接尾語。

第五十六則　欽山《きんざん》の三関を射抜く矢

垂示云、諸仏不曾出世、亦無一法与人。祖師不曾西来、未嘗以心伝授。自是時人不了、向外馳求。殊不知、自己脚跟下一段大事因縁、千聖亦摸索不著。只如今見不見、聞不聞、説不説、知不知、従什麼処得来。若未能洞達、且向葛藤窟裏会取。試挙看。

諸仏が世に出たことはなく、一法も人々に与えたことはない。祖師(達摩)が西から来たことはなく、これまで心を伝えたことはない。当代の人々の方で(心の中のおおもとを)理解できず、(仏や祖師を)外に求めるのだ。だが実は、おのが足元に仏の出世の本懐たる悟りがあるのを、数多くの聖人もまた探し当てられなかったのだ。さて今、見と不見、聞と不聞、説と不説、知と不知は、一体どこから得たのか。はっきり見通す力がないなら、ひとまず言葉の上で会得せよ。取り上げて見よう。

○大事因縁＝仏が世に出る根本理由。出世の本懐である悟り。一大事因縁。
○摸索不著＝「著」は動詞の後においてその動作の完成を示す。探し当てられない。

【本則】

挙。良禅客問欽山、一鏃破三関時如何。〔嶮。不妨奇特。不妨是箇猛将〕

山云、放出関中主看。〔劈面来也。也要大家知、主山高、按山低〕
良云、恁麼則知過必改。〔見機而作、已落第二頭〕
山云、更待何時。〔有擒有縦。風行草偃〕
良云、好箭放不著所在。便出。〔果然。擬待翻款那。第二棒打人不痛〕
山云、且来、闍黎。〔呼則易、遣則難。喚得回頭、堪作什麼〕
良回首。〔果然把不住。中也〕
山把住云、一鏃破三関即且止、試与欽山発箭看。〔虎口裏横身。逆水之波。見義不為、無勇也〕
良擬議。〔果然摸索不著。打云、可惜許〕
山打七棒云、且聴這漢疑三十年。〔令合恁麼。有始有終。頭正尾正。這箇棒合是欽山喫〕

良禅客《りょうぜんかく》が欽山に問うた、「一本の矢で三重の関門を射通すなら、どうする」。〔きびしいぞ。なかなかお見事。たいした猛将だ〕
欽山《きんざん》「関門の主を出させて見よ」。〔真正面から来た。主山は高く按山《あんざん》は低いことを、みなの者はわからなくてはいけない。〕
良「それならば、過ちと分かったからには、必ずや改めましょう」。〔機を見て対応している。はや第二義門に落ちた〕
欽山「いつまで待てというのだ」。〔捉えたり放したり。風が通れば草は靡く〕
良「見事に放たれた矢は、場所にとらわれない」と、退出した。〔思った通りだ。申し立てをひるがえそうというのか。第二棒は打たれても応えないぞ〕

欽山「まあ来い、お前さん」。〔呼ぶのは簡単、追い払うのは大変だ。呼んで振り返ったとて、一体何ができよう〕
良禅客が振り返ると、〔やはりつかまえられなかった。命中だ〕
欽山はひっつかまえて、「一本の矢で三重の関門を射通すことはさておき、試しに欽山《わし》に矢を放ってみよ」。〔虎口に身を横たえた。河を遡る波だ。義を見て為さざるは勇なきなり〕
良はもたついた。〔やはり探し当てられない。打って、「惜しい」〕
欽山は七棒食らわせて、「こやつを三十年がとこ疑わせてやるとしよう」。〔命令はこうでなくてはならぬ。初めも終わりもそなわり、初めも終わりも正しい。この棒は欽山が喰らって然るべきだ〕

○この本則は、『伝灯録』巻一七・澧州欽山章に見える。
○良禅客＝未詳。禅客は、修行中の僧。宋代以降は、上堂の際に質問する役割の僧。第七則本則評唱既出。
○欽山＝欽山文邃。福州人、洞山良价の嗣。二十七歳で澧州欽山に住した。この問答は良禅客入参の折のもの。
○一鏃破三関時如何＝この厳しい追及は逃れようがない、さあどうする。
○放出関中主看＝関所は破っても関所の主は捉えられない。「関中主」は諸仏出世以前、父母未生以前の主人公。
○主山高、按山低＝服部天游『碧巌集方語解』に、「元ト雲門語録ニ出ツスベテ中華ニテ宮城第宅ヲ創営スルニ其地理遠山ノ環拱スルヲ吉トスソレニツキ主山按山輔山ト云コトアリ多クノ山ノ中ニ北ニ当ッテ一番ニ高クミゴトナル山アルヲ主山ト定メ主山ノ南ニ当テハナレ山有テ上手ニックヱノ形ノ如ナルヲ按山トシ左右ニツヾキテ主山ヲ輔ケタル形アル山ヲ輔山ト云ナリ(中略)雲門モ其目前ノ境致ニ就テ話頭トセラレシ所ナリ」とあり、『諸録俗語解』もこれを踏襲する。「按山」の用例としては、第六二則本則評唱にも、雲門の語として「良久云、与我拈面前按山来看」とある。風水に従った正しい土地柄ということか。ここで何を意味しているかわかりにくいが、欽山の対応の適切さを賞讃するものであろう。第六二則本則評唱「按山」の注参照。
○知過必改＝『千字文』の句。もとは『論語』学而第一「過則勿憚改」。欽山の責めに降参した。改めて出直しましょう。

○更待何時＝今ここで、改めたところを提示してみよ。

○風行草偃＝風が通ると草はなびく。事の自然に成就することの喩え。『論語』顔淵に「君子之徳風、小人之徳草、草上之風、必偃」とある。

○擬待翻款那＝「擬待」は、…しようとする、の意。「待」は「要」に同じ。「翻款」は、前来の妄言を翻してあらためて誠実の語を並べたてること(『葛藤語箋』三)。「那」は句末に添えて軽くなじるような語気を表す。第一則頌著語に既出。

○呼則易、遣則難＝第七五則頌に「呼即易、遣即難」とあり、評唱で「尋常道、喚蛇易遣蛇難。如今将箇瓢子吹来。喚蛇即易。要遣時即難。一似将棒与他卻易。復奪他棒遣去卻難。須是有本分手脚。方能遣得他去」と解説する。

○逆水之波＝海から川を上流へさかのぼる波。順を逆に反転する手なみ。常識や教条を逆転させる超人の機鋒。第四八則頌にも見える。

○見義不為、無勇也＝『論語』為政の語。欽山の正々堂々とした態度をほめる。

【評唱】

良禅客、也不妨是一員戦将、向欽山手裏、左盤右転、墜鞭閃鐙、末後可惜許、弓折箭尽。雖然如是、李将軍自有嘉声在、不得封侯也是閑。這箇公案、一出一入、一擒一縦、当機覿面提、覿面当機疾、都不落有無得失、謂之玄機。稍虧些子力量、便有顚蹶。這僧亦是箇英霊底衲子、致箇問端、不妨驚群。欽山是作家宗師、便知他問頭落処。

鏃者箭鏃也。一箭射透三関時如何。欽山意道、你射透得則且置、試放出関中主看。良云、恁麼則知過必改。也不妨奇特。欽山云、更待何時。看他恁麼祇対。欽山所問、更無些子空欠処。

後頭良禅客却道、好箭放不著所在、払袖便出。欽山纔見他恁麼道、便喚云、且来闍黎。良禅客果然把不住、便回首。欽山擒住云、一鏃破三関則且止、試与欽山発箭看。良擬議。欽山便打七棒、更随後与他念一道呪云、且聴這漢疑三十年。
如今禅和子尽道、為什麼不打八下、又不打六下、只打七下。不然、等他問道、試与欽山発箭看、便打。似則也似、是則未是在。這箇公案、須是胸襟裏不懐些子道理計較、超出語言之外、方能有一句下破三関、及有放箭処。若存是之与非、卒摸索不著。当時這僧、若是箇漢、欽山也大嶮。他既不能行此令、不免倒行。且道、関中主、畢竟是什麼人。看雪竇頌云、

良禅客もなかなかの猛者である。欽山の手の内で、右に回り左に転じ、鞭を下し鐙をきらめかす。最後は惜しいかな、弓折れ矢尽きた。とはいっても、李将軍はもともと評判が高かったが、侯に封ぜられず空しく終わった(のと同じこと)。この公案は、顕れたり隠れたり、把まえたり放したり、まの当たりの機が真っ向からさっと提示される。決して有無得失に落ちることなく、玄妙なはたらきと申せよう。いささかなりとも力量が不足したなら、蹴つまづいてしまう。この僧も優れた禅坊主で、問題を投げかけ、なかなかに皆をハッとさせた。欽山はやり手の師家、その問いの勘どころが分かっていた。

「鏃《ぞく》」とは矢じりのこと。一本の矢が三重の関門を射抜いたならどうなるか。欽山「お前が射抜きおおすのはさておき、試しに関門の主を出させて見よ」。良「それならば、過ちと分かったからには、必ずや改めましょう」。なかなか大したものだ。欽山「いつまで待てというのか」。見よ、かくあしらって、欽山の問いにはいささかの隙もない。良禅客はそこで、「見事に放たれた矢は、場所にとらわれない」と、袖を払って出ていこうとした。欽山は良がこのように言うのを見るや、喚びかけて、「まあ来い、お前さん」。良禅客やはり把みきれず、振り返る。欽山は押さえ込んで、「一本の矢で三重の関門を射通すのはさておき、試しに欽山《わし》に矢を放ってみよ」。良はもたついた。欽山はそこで七棒を喰らわせ、そのすぐ後で良に一篇の呪文を念じて言った、「こやつを三十年がとこ疑わせてやるとしよう」。

当今の禅坊主は皆、「どうして八棒喰らわせず、また六棒喰らわせずに、ただ七棒喰らわせたのかとか、もしそうでなければ、欽山が『試しに欽山《わし》に矢を放ってみよ』と問うたら(良のもたつくのを待たずに)打つのだ」とか言う。まあまあのところまでいってはいるが、それで良いかとなるとまだまだだ。この公案は、胸の内に少しもおもいはかりを巡らすことが無く、言葉の外に跳びだして始めて、一句のもとに三重の関門を破り、また矢を放つことが可能になる。是と非と(の分別)が残っているならば、最後まで探し当てられない。あの時、この僧がひとかどの男であったならば、欽山も大いに危なかったろう。かれがこの正令を行う力を有していないからには、反対に(欽山に)正令を行われてしまうのは免れない。さて、関門の主とは結局誰なのか。雪竇が頌を付けているぞ。

○李将軍自有嘉声在、不得封侯也是閑＝唐・羅隠の七言絶句「韋公子」の第三・四句。「撃筯(『全唐詩』は「柱」に作る)狂歌惨別顔、百年人事夢魂間、李将軍自嘉声在、不得封侯亦自閑」(雍文華校輯『羅隠集』、中華書局、一九八三年)。漢の将軍李広(?―前一一九)がしばしば匈奴を破り軍功著しかったにもかかわらず、投降した敵を殺害した咎をもって生涯侯に封ぜられずに終わった故事に基づく(『漢書』巻五四・李広蘇建伝)。
○玄機＝梁山縁観の語に、「垂鉤四海、只釣獰竜。格外玄機、為尋知己」とある。第三八則頌評唱既出。
○顛蹶＝つまづきたおれる。
○箇英霊底衲子＝「英霊」は才能が抜きんでてすぐれていること。第四則本則評唱既出。
○祗対＝「祗対」は「支対」とも書き、応える、応対する、対処する。第一則本則評唱既出。
○念一道呪＝「且聴這漢疑三十年」を、良禅客に対する呪文とみたものか。

【頌】

与君放出関中主、〔中也。当頭蹉過。退後退後〕

放箭之徒莫莽鹵。〔一死不再活。大誵訛。過了〕
取箇眼兮耳必聾、〔左眼半斤。放過一著。左辺不前、右辺不後〕
捨箇耳兮目双瞽。〔右眼八両。只得一路。進前則堕坑落壍、退後則猛虎銜脚〕
可憐一鏃破三関、〔全機恁麼来時如何。道什麼。破也、堕也〕
的的分明箭後路。〔死漢。咄。打云、還見麼〕
君不見、〔癩児牽伴。打葛藤去也〕
玄沙有言兮、〔那箇不是玄沙〕
大丈夫先天為心祖。〔一句截流、万機寝削。鼻孔在我手裏。未有天地世界已前、在什麼処安身立命〕

君のために関門の主を出させてやった。〔命中だ。面と向かいながらやり過ごした。下がれ下がれ〕
矢を放つものは、粗漏であってはならぬ。〔一旦死んだら二度とは生き返らぬ。非常に難解。もう行ってしまったぞ〕
眼に捉われれば必ず耳は聾になり、〔左眼では半斤。一手負けてやろう。左に進まず、右に退かない〕
耳を捨てれば眼は両方とも盲になる。〔右眼では八両。一路が開けただけ。進めば坑に堕ちる。退けば虎が脚を銜える〕
お見事、一本の矢で三重の関門を射抜くとは。〔全人格でこのようにやってきたらどうする。さあどう言う。射抜いたぞ、堕ちたぞ〕
ありありと矢の飛んだ跡が見える。〔うつけめ。こらっ。打って、「見えたか」〕
君は知っているか、〔癩病やみが仲間を連れている。言葉をもてあそんでいる〕
玄沙《げんしゃ》に次の言葉のあるのを。〔それは玄沙の言葉ではない〕

「ひとかどの男は、天に先んじて心の祖師となる」〔一言のもとに意識の流れが断ち切られ、あらゆるはたらきが止む。そいつの面目はわしの手中にある。天地世界の存在する以前、一体どこでおのれを安んじ生を全うするのか〕

○当頭蹉過＝面と向かいながらすれ違ってしまう。
○取箇眼兮耳必聾＝以下の数句は、評唱に言う通り、帰宗の頌にもとづく。この句と次の句は対句になり、眼や耳という感覚器官にとらわれて取捨する限り、「関中主」は捉えられないということ。
○左眼半斤、右眼八両＝半斤と八両では違うようだが、実は同じこと。第一二則頌著語既出。
○放過一著＝一手お負けしてやる。ゆるい手を打つ。第五則垂示既出。
○左辺不前、右辺不後＝進むもできず、退くもできない。次句の著語「進前則…猛虎銜脚」と同じ。
○進前則堕坑落塹、退後則猛虎銜脚＝進退きわまった絶体絶命の状態。
○可憐一鏃破三関＝「可憐」はほめ言葉。見事、あっぱれ。
○癩児牽伴＝同病相憐れむ。雪竇が玄沙を持ち出してきたことを言う。
○玄沙有言兮＝『不二鈔』に「一二三四五、日輪正当午、可怜大丈夫、先天為心祖」なる玄沙の頌を引く。本来は帰宗智常の長頌の中の語。評唱参照。
○那箇不是玄沙＝帰宗であって玄沙ではない。このような考証的な著語は珍しい。
○大丈夫先天為心祖＝悟ってみれば、実は天地が生ずるより昔から心の主人であった。「関中主」のことを言う。
○一句截流、万機寝削＝風穴の言葉。第三二則垂示既出。
○鼻孔在我手裏＝大丈夫の鼻づらを引き回しているのはこのわし(圜悟)だ。

〔評唱〕

此頌数句、取帰宗頌中語。帰宗昔日因作此頌、号曰帰宗。宗門中謂之宗旨之説。後来同安聞之云、良公善能発箭、要且不解中的。有僧便問、如何得中的。安云、関中主是什麼人。後有僧挙似欽山。山云、良公若恁麼、也未免得欽山口。雖然如是、同安不是好心。

雪竇道、与君放出関中主。開眼也著、合眼也著。有形無形、尽斬為三段。放箭之徒莫莽鹵。若善能放箭、則不莽鹵。若不善放、則莽鹵可知。取箇眼兮耳必聾、捨箇耳兮目双瞽。且道、取箇眼、為什麼却耳聾、捨箇耳、為什麼却双瞽。此語無取捨、方能透得。若有取捨、則難見。

可憐一鏃破三関、的的分明箭後路。良禅客問、一鏃破三関時如何。欽山云、放出関中主看。乃至末後同安公案、尽是箭後路。畢竟作麼生。君不見、玄沙有言兮、大丈夫先天為心祖。尋常以心為祖宗極則。這裏為什麼却於天地未生已前、猶為此心之祖。若識破這箇時節、方識得関中主、的的分明箭後路。若要中的、箭後分明有路。且道、作麼生是箭後路。也須是自著精彩始得。大丈夫先天為心祖。玄沙常以此語示衆。此乃是帰宗有此頌、雪竇誤用為玄沙語。如今参学者、若以此心為祖宗、参到弥勒仏下生、也未会在。若是大丈夫漢、心猶是児孫、天地未分、已是第二頭。且道、正当恁麼時、作麼生是先天地。

この頌の内の数句は、帰宗《きす》の頌の中の語を取っている。帰宗は昔この頌を作ったことで、帰宗と号した。宗門では教えのおおもとを説いたものといわれる。後に同安《どうあん》がこの公案を聞いて言った、「良公は見事に矢を放つ力はあったが、結局的に当てることはできないな」。そこである僧が問うた、「どうしたら的に当てられましょうか」。同安「関門の主は誰だ」。後にある僧が欽山にこの話を示した。欽山「良公がもしそのようにいえたなら、欽山の舌鋒を免れただろう。そうはいっても、同安に親切気があるわけではないが」。

雪竇は言う、「君のために関門の主を出させてやった」。眼を開けても、眼を閉じてもぴたりと見て取る。形のあるなしにかかわらずことごとく三つに斬る。「矢を放つものは粗漏であってはならない」。見事に矢を放つことができれば、粗漏ではない。見事に射るのでないなら、粗漏であるということだ。「眼に捉われれば必ず耳は聾になり、耳を捨てれば眼は両方とも盲になる」。さて、眼に捉われるとどうして耳が聾になるのか。耳を捨てるとどうして眼が両方とも盲になるのか。この語は取捨が無くなって始めて突き抜けることができる。取捨があるなら、見て取ることは難しい。

「お見事、一本の矢で三重の関門を射抜くとは。ありありと矢の飛んだ跡が見える」。良禅客は問うた、「一本の矢が三重の関門を射通すならどうする」。欽山「関門の主を出させて見よ」。最後の同安の公案に到るまで、どれも皆矢の飛んだ跡だ。結局はどういうことだ。「君は知っているか、玄沙に次の言葉のあるのを。『ひとかどの男は、天に先んじて心の祖師となる』」。つねづね心をもって仏祖の教えの極致としているのが、ここでどういうわけで天地の生ずる以前ですらなおこの心の祖師となるのか。この時節を見て取ったならば、その時始めて関門の主を知ることができる。「ありありと矢の飛んだ跡が見える」。的に当てようと思うなら、矢の後にはありありと飛んだ跡が見えるではないか。さて、矢の飛んだ跡とはどういうことか。本気になって打ち込まねばならぬ。「ひとかどの男は、天に先んじて心の祖師となる」。玄沙は常にこの言葉で教えた。これは帰宗にこういう頌のあるのを、雪竇が誤って玄沙の言葉として用いたのだ。当今参学する者が、この心を仏祖のおおもとの教えとするなら、弥勒仏の下生に到るまで参究しても、やはり理解できまい。ひとかどの男であれば、心は（自分の法を嗣ぐ）子や孫同様、天地が未だ分かれないとき既に第二義のことだ。さて、まさにこの時、天地に先んずるとはどういうことか。

○取帰宗頌中語＝雪竇の頌は『伝灯録』巻二九所収の帰宗智常の長頌の末尾の句「棄箇眼還聾、取箇耳還瞽。一鏃破三関、分明箭後路。可憐大丈夫、先天為心祖」を借りる。帰宗は帰宗智常。馬祖の法嗣。第四四則頌評唱既出。

○後来同安聞之云＝同安は同安常察。九峰道虔の法嗣。青原下六世。『十玄談』（『伝灯録』巻二九所収）を撰した。『伝灯録』巻一

七、『会要』巻二四、『会元』巻六に記載がある。但し、この問答は、『伝灯録』巻一七・欽山章に本則の箇所に続いて記載されている。「後有僧挙似欽山」以下の問答も同様。
○要且＝要するに、つまるところ、ともかく。二〇則本則評唱既出。
○挙似＝話柄を提示すること。「挙向」と同じ。「似」「向」は動作の方向を示す。
○良公若恁麼、也未免得欽山口＝『種電鈔』は『伝灯録』『会元』に「良公若解恁麼、也免得欽山口也」とあるのに従い、「良公若解恁麼道、也免得欽山口」に改める。ここでは『種電鈔』に従う。
○開眼也著、合眼也著＝第一〇則頌評唱、第二七則頌著語既出。
○也須是自著精彩始得＝「著精彩」は、『葛藤語箋』六に、「専一作事、令有光彩」の意とする。精神を奮い起こす。本気になって打ち込む。

第五十七則　趙州《じょうしゅう》の取捨選択を嫌う（一）

垂示云、未透得已前、一似銀山鉄壁。及乎透得了、自己元来是鉄壁銀山。或有人問且作麼生、但向他道、若向箇裏、露得一機、看得一境、坐断要津、不通凡聖、未為分外。苟或未然、看取古人様子。

突き抜ける前は、全く銀山鉄壁のようだが、一旦突き抜けたとなれば、おのれこそなんと鉄壁銀山だったのだ。あるいは、ある人がさてどうだと問うならば、ただ彼に言おう。もしここで、一つのはたらきを現すことができ、一つの対象を看てとることができたならば、要処に坐りこみ、凡夫も聖人も通さなくとも、分不相応とはいわれぬ、と。もしそこまでいっていないならば、古人の様を看よ。

○銀山鉄壁＝取りつく島もない難攻不落の堅固さの喩え。第四二則垂示、第四五則本則評唱(但し「鉄壁銀山」)にも見える。白雲守端(一〇二五—一〇七二)の上堂の語に、「古人留下一言半句、未透時撞著鉄壁相似、忽然一日覰得透後、方知自己便是鉄壁。如今作麼生透。復云、鉄壁、鉄壁」(『会元』巻一九)とある。「銀山鉄壁」と言っても「鉄壁銀山」と言っても同じ。悟る前は、銀山鉄壁に向っているようで、到底悟りに入れそうもない。悟ってみれば、自分こそがもともと堅固絶対の存在であったことがわかる。

【本則】

挙。僧問趙州、至道無難、唯嫌揀択。如何是不揀択。〔這鉄蒺蔾、多少人呑不得。大有人疑著在。満口含霜〕
州云、天上天下、唯我独尊。〔平地上起骨堆。衲僧鼻孔、一時穿却。金剛鋳鉄券〕
僧云、此猶是揀択。〔果然随他転了也。拶著這老漢〕
州云、田厙奴、什麼処是揀択。〔山高石裂〕
僧無語。〔放你三十棒。直得目瞪口呿〕

僧が趙州《じょうしゅう》に問うた、「『至高の道は難しいことはない。ただ取捨選択を嫌うのみ』という。取捨選択しないとはどういうことか」。〔この鉄の撒きビシを、多くの人は呑み下せまい。怪しいと思う人が確かにいるぞ。口一杯に霜が詰まった〕
趙州「天上天下、唯我独尊」。〔何もない所へゴミを盛り上げた。禅坊主の鼻に穴を通したぞ。金剛石で鉄の割符を鋳上げた〕
僧「そいつはまだ取捨選択だ」。〔やっぱり趙州にくっついて引き回された。このおやじに一突きくれた〕
趙州「いなか者め、どこが取捨選択だ。」〔山が高くて石が割れた〕
僧は言葉がなかった。〔三十棒勘弁してやろう。ただただ眼はぱっちり口はあんぐり〕

○この本則は、『趙州録』巻中に見える。主題は第二則、及び第五八、五九則に通底する。
○至道無難、唯嫌揀択＝『信心銘』冒頭の語。第二則本則既出。
○鉄蒺蔾＝鉄製のハマビシ。近寄り難い難問を喩える。第一二則本則著語既出。
○大有＝下に来る事実の存在を強調する。「大」は強辞。六朝以来の一般的な用法。

○満口含霜＝発言不能の様。第二則頌著語既出。
○平地上起骨堆＝余計なことをする喩え。第二三則本則著語既出。
○穿却鼻孔＝「穿鼻」は牛に鼻綱を通して自由に操ること。そのように人を意のままにする。第一則頌著語に「穿人鼻孔」として既出。
○金剛鋳鉄券＝「鉄券」は、帝王が功臣に与えて子孫の行末を安堵する鉄製の割符。それを仏陀は金剛石で造って仏弟子に与えた。
○田厙奴＝相手を罵る言葉。『祖庭事苑』巻二では、「厙」の音を式夜切（シャ）として、「舎」に作るべきとする。
○山高石裂＝高飛車だが、ボロを出した、の意か。『種電鈔』は「山崩石裂」に作る。
○目瞪口呿＝度胆を抜かれた時の様子。

〔評唱〕

僧問趙州、至道無難、唯嫌揀択。三祖信心銘、劈頭便道這両句。有多少人錯会。何故。至道本無難、亦無不難、只是唯嫌揀択。若恁麼会、一万年也未夢見在。趙州常以此語問人。這僧将此語倒去問他。若向語上覓、此僧却驚天動地。若不在語句上、又且如何。更参三十年。這箇些子関捩子、須是転得始解。捋虎鬚、也須是本分手段始得。

這僧也不顧危亡、敢捋虎鬚便道、此猶是揀択。趙州劈口便塞道、田厙奴、什麼処是揀択。若問著別底、便見脚忙手乱。争奈這老漢是作家、向動不得処動、向転不得処転。你若透得、一切悪毒言句、乃至千差万状世間戯論、皆是醍醐上味。若到著実処、方見趙州赤心片片。田厙奴、乃福唐人郷語、罵人似無意智相似。這僧道、此猶是揀択。趙州道、田厙奴、什麼処是揀択。宗師眼目、須至恁麼、如金翅鳥擘海直取竜呑。雪竇頌云、

僧が趙州に問うた、「『至高の道は難しいことはない。ただ取捨選択を嫌うのみ』云々」。三祖の『信心銘』は、冒頭にこの両句があるが、誤って理解している人が多くいる。なぜか。至高の道は本来難しいこともなく、難しくないこともない。ただただ取捨選択を嫌う。もしそのように理解するならば、一万年たっても夢にも見ることはあるまいからだ。趙州は常々この言葉で人に問うた。この僧はこの言葉で逆に趙州に問うた。言葉の上に求めるならば、この僧は天地を震撼させる。言葉の上にないならば、さてどういうことなのか。更に三十年参究せよ。このちょっとした「とぼそ」を転じ得て始めて理解できるのだ。虎の鬚を引っ張るのも、持ち前の手並みあってこそのもの。

この僧は危険を顧みず、すすんで虎の鬚をしごいて言った、「そいつはまだ取捨選択だ」。趙州は(僧が)口を開くなり(その口を)塞いで、「いなか者め、どこが取捨選択だ」といった。もし他のものに問うたなら、慌てふためくのが見られただろう。このおやじのやり手ぶりは手の出しようがない。動きのとれぬところで動き、転じようのないところで転ずる。お前がもし突き破れたならば、一切の悪毒言句からあらゆる姿にいたるまでの、世間の下らぬ論議が、みな醍醐の上味となる。確実なところまでいけば始めて、趙州のゆき届いたまごころが分かるだろう。「いなか者(田厙奴)」とは、福唐(福建省)者《もの》の鄙語で人の愚かな様を罵るもの。この僧は、「そいつはまだ取捨選択だ」と言い、趙州は、「いなか者め。どこが取捨選択だ」と言った。禅匠の根本の眼目とは、ここのところで金翅鳥が海を突き破って一気に竜を取って呑むようでなくてはならない。雪竇が次の頌を付けている。

○三祖信心銘＝中国禅宗三祖僧璨の作とされる『信心銘』をいう。本則にいうように、「至道無難、唯嫌揀択」に始まる四言百四十六句の詩。

○関捩子＝「関捩子」は、戸の開閉に便するために取りつけた「とまら」と、それを受ける敷居の「とぼそ」。この二つを総称していう。位置・視点をカラリと一転させる心機の喩え。第一則頌評唱既出。

○脚忙手乱＝てんてこまいする。
○赤心片片＝こまごまとゆきとどいたまごころ。第一則頌評唱既出。
○無意智＝『葛藤語箋』六に「没意智」として所載。道忠は「無思量之慧而行事也」とする。愚かもの。
○金翅鳥擘海直取竜呑＝「金翅鳥」は梵名迦楼羅。八部衆の一。両翅去ること三百三十六里、竜を取って食す。第五二則頌評唱にも見える。

【頌】

似海之深、〔是什麼度量。淵源難測。也未得一半在〕
如山之固。〔什麼人撼得。猶在半途〕
蚊虻弄空裏猛風、〔也有恁麼底。果然不料力。可煞不自量〕
螻蟻撼於鉄柱。〔同坑無異土。且得没交渉。闍黎与他同参〕
揀兮択兮、〔担水河頭売。道什麼。趙州来也〕
当軒布鼓。〔已在言前。一坑埋却。如麻似粟。打云、塞却你咽喉〕

海の深きにも似、〔なんという度量だ。みなもとが測り難い。だがまだ半分もつかまえておらぬ〕
山の固きにも似る。〔一体誰がゆり動かせよう。まだ道半ばだ〕
蚊や虻が天空の猛風を弄び、〔まだこういう奴がいる。やっぱり力量を弁えていない。全く自分の力量が分かっておらぬ〕
地虫や蟻が鉄柱をゆり動かす。〔一つ穴には違う土はない。とんと見当違い。お前さん(雪竇)もこいつと同類だ〕

選んだり、より分けたり、〔川っぷちで水を売るようなもの。何をいうのか。趙州がきたぞ〕
軒端にぶら下がった布張りの太鼓だ。〔言葉になる前にもうある。一つ穴に埋めてしまおう。麻の実や粟粒のよう（にどこにでも転がっている）。ピシリと打って、「お前の喉を塞いでやった」〕

○似海之深、如山之固＝趙州の答が奥深く、がっちりとして揺るがないことをうたう。
○也未得一半在＝殆ど分かっていない。「一半」は半分・わずかの意。第八則頌著語既出。
○蚊蝱弄空裏猛風＝ちっぽけな蚊や虻（僧）が巨大な相手（趙州）に立ち向かっている。「蚊蝱（＝虻）」は、『荘子』寓言に自由人の境地を説明して、「彼視三釜三千鍾、如観雀蚊虻相過乎前也」と言われているように、取るに足りない存在。『荘子』天下にも出る。
○螻蟻撼於鉄柱＝前句と同じことを言っている。歯が立つはずもない。『淮南子』主術「魚得水而游焉則楽、塘決水涸、則為螻蟻所食」。
○同坑無異土＝趙州も僧も同じ穴のむじな。第一二則頌著語、第二二則本則著語既出。
○且得没交渉＝「且得」は「且喜」とも。全く無関係になってしまう。勘どころから離れてしまう。第一則本則評唱以下頻出。
○揀兮択兮＝趙州と僧は、結局「唯嫌揀択」のところで、あれこれ揀択している。
○担水河頭売＝無駄なことを（敢えて）やること。
○当軒布鼓＝『漢書』巻七六・王尊伝に「毋持布鼓過雷門」と見え、顔師古は「雷門、会稽城門也、有大鼓。（中略）布鼓謂以布為鼓、故無声」と注す。雷門の大太鼓と粗末な布張りの太鼓との対比から、身の程知らずの振る舞いをするなの意に用いるが、ここでは、一切の揀択を超越した至道の堂々たる無功用の提示の意。
○一坑埋却＝第一三則頌著語、第三三則頌著語に「兼身在内」とともに用いられ、一網打尽の意。『種電鈔』「趙州・雪竇共に埋却して始めて太平を致す」。

〔評唱〕

雪竇注両句云、似海之深、如山之固。僧云、此猶是揀択。雪竇道、這僧一似蚊䖟弄空裏猛風、螻蟻撼於鉄柱。雪竇賞他胆大。何故。此是上頭人用底。他敢恁麼道、趙州亦不放他、便云、田厙奴、什麼処是揀択。豈不是猛風鉄柱。揀兮択兮、当軒布鼓、雪竇末後提起教活。若識得明白、十分你自将来了也。何故。不見道、欲得親切、莫将問来問。是故当軒布鼓。

雪竇は(「天上天下唯我独尊」「田厙奴」の)両句に注して、「海の深きに似、山の固きにも似る」とした。僧は、「そいつはまだ取捨選択だ」と言った。雪竇は「この僧は、蚊や虻が天空の猛風を弄び、地虫や蟻が鉄の柱をゆり動かそうとするのと全く同じだ」と言った。雪竇は彼の剛胆を讃えている。なぜか。これは上根の者の用いるものだからだ。僧は敢えてこのように言ったが、趙州も彼を捨て置かず、「いなか者め、どこが取捨選択だ」と言った。いかさま猛風や鉄柱ではないか。「選んだり、より分けたり、軒端にぶら下がった布張りの太鼓だ」と、雪竇は最後に活を入れた。はっきりと理解できたならば、お前(僧)はもう十分に自分で持ち出してきたということだ。なんとなれば、ほら、「ピタリと契合したいならば、問いによって問うてはならぬ」というではないか。だからこそ、「軒端にぶら下がった布張りの太鼓」なのだ。

○上頭人＝「頭」は「上」についた接尾辞。
○欲得親切、莫将問来問＝首山省念(九二六―九九三)の語に「要得親切、第一莫将問来問。還会麼。問在答処、答在問処。汝若将問来問、老僧在汝脚底。汝若擬議、即没交渉」とある(『会元』巻一一)。第一四則頌評唱などに既出。

第五十八則　趙州《じょうしゅう》の取捨選択を嫌う(二)

【本則】

挙。僧問趙州、至道無難、唯嫌揀択。是時人窠窟否。〔両重公案。也是疑人処。踏著秤鎚硬似鉄。猶有這箇在。莫以己妨人〕

州云、曾有人問我、直得五年分疎不下。〔面赤不如語直。胡孫喫毛虫、蚊子咬鉄牛〕

僧が趙州に問うた、「『至高の道は難しいことはない。ただ取捨選択を嫌うのみ』(というあなたの言葉)は、今どきの人々のねぐらとなってはいまいか」。〔二重の公案。これもまた疑問を起こさせる問題だ。分銅を踏みつけてみれば鉄の硬さ。まだ『これ』を引きずっている。おのれをもとに人をはかるな〕

趙州「以前ある者が私にそれを尋ねたが、そのまま五年間申し開きがかなわぬ」。〔嘘をついて恥じらうよりは正直にいったほうがましだ。猿が毛虫を啖い、蚊が鉄牛を刺すようなもの〕

○この本則は、『趙州録』巻上に見える。本則の主題は、第二則、第五七則、第五九則に一貫する。

○踏著秤鎚硬似鉄＝分銅を踏んづけてみると鉄の固さだ。「至道無難、唯嫌揀択」の公案にはなかなか歯が立たない。「分銅」は力量をはかる基準。

○猶有這箇在＝まだふっきれていないところがある。第三一則本則著語に既出。

○莫以己妨人＝自分の狭量で三祖や趙州をおしはかるな。「妨」は古訓に「タクラブ」とあり、くらべる意。「以己妨人」は「以己方人」(第二二則本則著語)に同じく、自分を基準に人の優劣をあげつらうこと。古くは、『韓詩外伝』や『三国志』鍾毓伝に「以己度人(己を以て人を度《はか》る)」と見える。
○直得五年分疎不下＝「直得」は、ずっとその状態が続いていることを表す。…という結果にまでなった。「分疎」はいいわけ、申しひらき。「不下」は、…できない、…しきれない。いいわけできない、釈明しきれないの意。時人の窠窟であろうがなかろうが、五年間申し開きできないほど奥深い。
○面赤不如語直＝趙州の卒直さをたたえる。第三四則本則著語に既出。
○胡孫喫毛虫、蚊子咬鉄牛＝猿が毛虫を口に入れたときのように呑み込み切れないし、蚊が鉄牛を刺そうとしても嘴の突き立てようがない。あつかいかねる代物。「至道無難」の公案はどうにも呑み込めない。

【評唱】

趙州平生不行棒喝、用得過於棒喝。這僧問得来、也甚奇怪。若不是趙州、也難答伊。蓋趙州是作家、只向伊道、曾有人問我、直得五年分疎不下。問処壁立千仞、答処亦不軽他。只恁麼会、直是当頭。若不会、且莫作道理計較。

不見投子宗道者、在雪竇会下作書記、雪竇令参至道無難、唯嫌揀択。於此有省。一日雪竇問他、至道無難、唯嫌揀択、意作麼生。宗云、畜生畜生。後隠居投子。凡去住持、将袈裟裹草鞋与経文。僧問、如何是道者家風。宗云、袈裟裹草鞋。僧云、未審意旨如何。宗云、赤脚下桐城。

所以道、献仏不在香多。若透得脱去、縦奪在我。既是一問一答、歴歴現成、為什麼趙州却道、分疎不下。且道、是時人窠窟否。趙州在窠窟裏答他、在窠窟外答他。須知此事不在言句上。或有箇漢、徹骨徹髄、信得及去、如竜得水、似虎靠山。頌云、

趙州は平生棒喝を用いることなく、(言句を)棒喝以上にはたらかせた。この僧がこのように問うことのできたのは、まことに殊勝である。趙州でなければ、彼に答え難かったろう。そもそも趙州は遣り手で、ただ彼に言った、「以前ある者が私にそれを尋ねたが、そのまま五年間申し開きがかなわぬ」。問いが千仞の断崖の如く屹立していればこそ、答えもまたそれを軽んじない。ただこのように理解すれば、そのままズバリ。理解できなくとも、ともかく理屈で分別してはならぬ。

見よ。投子《とうす》の宗《しゅう》道者は、雪竇の会下で書記となった。雪竇は、(法宗を)「至高の道は難しいことはない、ただ揀択を嫌うのみ」の句に参ぜさせた。(法宗は)ここでさとるところがあった。ある日、雪竇は彼に問うた、『至高の道は難しいことはない、ただ揀択を嫌うのみ』とはいかなる意味か」。宗「畜生、畜生」。後に投子山に引き籠もった。赴いて住持するところではどこでも、袈裟で草鞋と経文とを包んでいた。僧が問うた、「道者の家風とはいかなるものか」。宗「袈裟に草鞋を包む」。僧「はて、どういう意味か」。宗「裸足で桐城《とうじょう》に下るのだ」。

だから、「仏への供養は、香の多寡が問題なのではない」というのだ。突き抜けてしまえば、放つも取り込むも自分のもの。既に一問一答が、ありありと現前しているのに、なぜ趙州は「申し開きがかなわぬ」と言ったのか。さて、これは今どきの人々のねぐらなのか。趙州はねぐらの中で彼に答えたのか、ねぐらの外で彼に答えたのか。『このこと』は言葉の上にはないと知らなくてはならぬ。もし人あって、骨の髄まで信じ抜くことができれば、竜が水を得、虎が山に靠るようなものだ。頌にいう。

○直是当頭＝『種電鈔』に「相当趙州之意也」とする。

○投子宗道者＝投子法宗。雪竇重顕の法嗣。『会元』巻一六には「舒州投子法宗禅師、時称道者」として、評唱に引く僧との問答を記載する。
○書記＝書状を記す役職。
○畜生畜生＝動物、虫けらの類も皆この至道に帰するの意か。
○投子＝投子山。安徽省桐城県東北三里にある。
○赤脚下桐城＝「赤脚」は、裸足。すべての装飾を取り去った端的のところ。「桐城」は、『不二鈔』に「即云桐郷也。勝覧桐郷在淮西路舒州。投子山亦在舒州」の説明がある。舒州は現在の安徽省。
○献仏不在香多＝『五祖法演語録』上堂「浅聞深悟、深聞不悟、争奈何争奈何。献仏不在香多、悟了同未悟」。
○如竜得水、似虎靠山＝所を得て本領を発揮すること。第八則垂示、第三一則垂示既出。

【頌】
象王嚬呻、〔富貴中之富貴。誰人不悚然。好箇消息〕
獅子哮吼。〔作家中作家。百獣脳裂。好箇入路〕
無味之談、〔相罵饒你接觜。鉄橛子相似、有什麼咬嚼処。分疎不下五年強、一葉舟中載大唐。渺渺兀然波浪起、誰知別有好思量〕
塞断人口。〔相唾饒你潑水。咦。闍黎道甚麼〕
南北東西、〔有麼、有麼。天上天下。蒼天、蒼天〕
烏飛兎走。〔自古自今。一時活埋〕

象がうなり、〔貴い中にも貴い。身を竦めぬものはない。絶妙のあり様だ〕
獅子が吼える。〔遣り手中の遣り手。百獣の頭が割れる。絶妙の手掛かりだ〕

無味の談が、〔罵るなら言いたいだけ言え。鉄の棒そのまま、嚙みこなしようもない。申し開きできぬまま五年余、一隻の小舟に大唐国を載せる。果てしもない水面に高々と波が立つ。格別の思いのあるのを誰が知ろう〕

人々の口を塞ぐ。〔唾するなら水までぶっかけろ。チェッ、お前さん(雪竇)は何をいっているのか〕

天下四方に、〔あるか、あるか。あらゆるところにあるのか。やれかなしや〕

金烏は飛び、玉兎は走る。〔今も昔も変わらぬ。一時に生き埋めだ〕

○象王嚬呻、獅子哮吼＝「象王回顧、師子嚬呻」(『普灯録』巻一)の成句による。近寄りがたい凄まじさの比喩。

○無味之談＝洞山守初の「指通機頌」(『古尊宿語録』巻三八)に「洞山寂寞、一無可有、無味之句、塞断人口」とあるのに因る。ここでは「至道無難」の公案を指す。元来は『老子』第三五章「道之出口、淡乎其無味。視之不足見、聴之不足聞。用之不可既」、同第六三章「為無為、事無事、味無味」。第一七則本則評唱既出。

○相罵饒你接觜＝次の「相唾饒你潑水」とセットで用いる。第二則本則評唱、第九則本則著語に既出。

○分疎不下五年強＝『種電鈔』に拠れば、以下七言四句は白雲守端の本則に対する頌。

○咦＝驚き、感嘆、不服等を示す。第一二則頌に既出。

○烏飛兎走＝「烏」は金烏、即ち太陽。「兎」は玉兎、月をいう。大世界を日月が運行する様に「至道無難」を例える。

○自古自今＝古今に通じて変わらぬ極則。第三〇則頌に既出。

【評唱】

趙州道、曾有人問我、直得五年分疎不下、似象王嚬呻獅子哮吼、無味之談、塞断人口。南北東西、烏飛兎走、雪竇若無末後句、何処更有雪竇来。既是烏飛兎走、且道、趙州・雪竇・山僧、畢竟落在什麼処。

趙州が「以前ある者が私にそいつを尋ねたが、そのまま五年間申し開きがかなわぬ」と答えたのはつまり、「象がうなり、獅子が吼える。無味の談が、人々の口を塞ぐ」ようなもの。「天下四方に、金烏は飛び、玉兎は走る」。雪竇にこの最後の句がなかったら、雪竇の出番はない。金烏が飛び、玉兎が走った以上、さて、趙州、雪竇、それにわしは、結局どこに落ち着くのか。

第五十九則　趙州《じょうしゅう》の取捨選択を嫌う(三)

垂示云、該天括地、越聖超凡。百草頭上、指出涅槃妙心、干戈叢裏、点定衲僧命脈。且道、承箇什麼人恩力、便得恁麼。試挙看。

天地を統べおさめ、凡聖を超える。千草八千草《ちぐさやちぐさ》の葉先に玄妙なる涅槃の心を指し示し、干戈《かんか》入り乱れる中に、禅坊主の生死を定める。さて、誰のおかげで、このようにできるのか。取りあげてみよう。

○涅槃妙心＝『大梵天王問仏決疑経』などに、釈尊が「正法眼蔵、涅槃妙心」と摩訶迦葉に授けたという話が出ており、禅の伝法のはじめとされる。第六〇則本則評唱に出る。
○点定＝指定する。指し示す。

【本則】

挙。僧問趙州、至道無難、唯嫌揀択。〔再運前来。道什麼。三重公案〕
纔有語言、是揀択。〔満口含霜〕
和尚如何為人。〔拶著這老漢。㘞〕
州云、何不引尽這語。〔賊是小人、智過君子。白拈賊。騎賊馬趁賊〕

僧云、某甲只念到這裏。〔両箇弄泥団漢。逢著箇賊、垜根難敵手〕
州云、只這至道無難、唯嫌揀択。〔畢竟由這老漢。被他換却眼睛。捉敗了也〕

僧が趙州に問うた、「『至高の道は難しいことはない。ただ取捨選択を嫌うのみ。〔また同じ手を使った。何をいうのか。三重の公案〕。
少しでも言葉が出てきたら、もう取捨選択だ』とありますが、〔このおやじに一突きくれた。えい〕
和尚はどのように教えてくれるのですか」。〔口一杯に霜〕
趙州「どうしてその文句を最後まで引かないのか」。〔小人の悪党だが、智慧は君子以上。ひったくりだ。賊の馬を奪いとって賊を追う〕
僧「わたくしの覚えているのはここまでです」。〔泥団子をこねくる輩が二人。賊に出くわすと、収まり返っていては相手にはなれぬ〕
趙州「これこそが『至高の道は難しいことはない。ただ取捨選択を嫌うのみ』なのだ」。〔このおやじでなくては到底できぬ。趙州に目玉を取り換えられた。つかまってしまった〕

○この本則は、『趙州録』巻上に拠る。第五七、五八則と一連。
○再運前来＝また同じ手を使った。再び同じ問題を提起してきた。第三一則本則著語に既出。第五七、五八、五九則と三度にわたり『信心銘』の「至道無難、唯嫌揀択」を提起したことをいう。続く「三重公案」も同じ。
○満口含霜＝一言も口がきけない。
○為人＝人に教え説くこと、またはその為に様々な手段を弄すること。教化、接化。
○囮＝驚愕したときの発声、または力を出すときのかけ声。第一〇則頌著語、第二三則本則著語等に既出。

○賊是小人、智過君子＝趙州の手腕を半ばけなし、半ば褒める。『臨済録』行録に仰山慧寂の語として見える。
○白拈賊＝ひったくり。教化の手段の霊妙で痕跡を留めないことの比喩。第三〇則本則評唱に既出。
○騎賊馬趁賊＝相手の攻撃手段を逆手に取る。第一五則本則評唱では「騎賊馬趕賊」。
○弄泥団漢＝泥のかたまりをこねくりまわすやから。詮索好きをののしる。第二八則本則評唱、第三六則本則著語等に既出。
○堠根＝一つところにじっとして動かないこと。一つの境地、世界に安住すること。
○只這至道無難、唯嫌揀択＝それだけで十分。それが体得できれば「至道」に他ならない。
○被他換却眼睛＝彼(趙州)によって根底から見方を転換させられた。

〔評唱〕

趙州道、只這至道無難、唯嫌揀択。如撃石火、似閃電光。擒縦殺活、得恁麼自在。諸方皆謂、趙州有逸群之辯。

趙州尋常示衆、有此一篇云、至道無難、唯嫌揀択。纔有語言、是揀択、是明白。老僧不在明白裏。是汝等還護惜也無。時有僧問云、既不在明白裏、護惜箇什麼。州云、我亦不知。僧云、和尚既不知、為什麼道不在明白裏。州云、問事即得、礼拝了退。

後来這僧只拈他釁罅処、去問他。問得也不妨奇特、争奈只是心行。若是別人、奈何他不得。争奈趙州是作家、便道、何不引尽這語。這僧也会転身吐気、便道、某甲只念到這裏。一似安排相似。趙州随声拈起便答、不須計較。

古人謂之相続也大難。他辨竜蛇、別休咎、還他本分作家。趙州換却這僧眼睛、不犯鋒鋩、不著計較、自然恰好。你喚作有句也不得、喚作無句也不得、喚作不有不無句也不得。離四句、絶百非。何故。若論此事、如撃石火、似閃電光。急著眼看方見。若或擬議躊躇、不免喪身失命。雪竇頌云、

趙州が「これこそが『至高の道は難しいことはない、ただ取捨選択を嫌うのみ』なのだ」と言ったのは、電光石火のようだ。捉えたり放したり、活かしたり殺したり、かくも自在である。いずこでも皆、「趙州には抜群の弁舌がある」と言っている。

趙州は常々次の一篇を以て衆僧に教示した。「至高の道は難しいことはない、ただ取捨選択を嫌うのみ。少しでも言葉が出たとたん、もう取捨選択であり、もう明々白々だ。わしは明々白々のところにはおらぬ。お前たちはそれを後生大事にするのか」。その時ある僧が問うた、「明々白々のところにいないからには、一体なにを後生大事にするのですか」。趙州「わしも知らぬ」。僧「知らないのならば、和尚はなぜ明々白々のところにはおらぬといったのですか」。趙州「問いはそれでよい。礼拝して退れ」。

後にこの僧は、趙州のスキを捉え、行って彼に問うた。なかなかに見事に問うてはいるが、いかんせん分別計較を出ない。趙州でなくては、この僧をどうにもできなかったろう。いかんせん趙州はやり手で、「どうしてその文句を最後まで引かないのか」と言った。この僧も身を転じて気焔をあげ、「わたくしが覚えているのはここまでです」と言った。全く予め仕組んだかのようだ。趙州はその声に続けて、(『至高の道は…』を)取り上げて答え、分別を用いなかった。

古人はこのことを、「持続させることは、大変に難しい」と言った。竜蛇を弁じ、善悪を分かつのは、本物のやり手に任せよう。趙州はこの僧の目玉を入れ換え、切っ先に触れず、分別を容れず、自然にピタリと決まっている。お前たちがこれを有の句とよぶのも当たらぬ、無の句とよぶのも当たらぬ、不有不無の句とするのも当たらない。四句を離れ百非を絶する。何故か。この事を問題にするなら、電光石火のようなもので、さっと眼をつけて始めて見える。もたもたとまごついていては、必ず生命を失うことになる。雪竇が頌にいう。

○有此一篇＝「至道無難…礼拝了退」は第二則本則をまるまる引く。「後来這僧」以下が本則に対する評唱。
○釁罅処＝スキ。
○心行＝不用意に痕跡を残すような言行。
○古人謂之＝「古人」は洞山良价。『洞山録』に「如何是主中主。師云、恁麼道即易、相続也大難」とある。言いとめるだけならばまだ容易だが、持続させ、定着させることは非常に難しい。
○別休咎＝「休咎」は禍福、吉凶、善悪。
○離四句、絶百非＝「四句」はあらゆる立言が収まる四つの基本的な表現形式(四句分別)。ここでは四句のうち有句、無句、不有不無句の三つのみ挙げる。「百非」は有る限りの否定形式。四句と百非で、一切の言語表現をいう。

【頌】

水灑不著、〔説什麼。太深遠生。有什麼共語処〕
風吹不入。〔如虚空相似。硬剝剝地。望空啓告〕
虎歩竜行、〔他家得自在、不妨奇特〕
鬼号神泣。〔大衆掩耳。草偃風行。闍黎莫是与他同参〕
頭長三尺知是誰、〔怪底物。何方聖者。見麼見麼〕
相対無言独足立。〔咄。縮頭去。放過一著。山魈。放過即不可。便打〕

水も注ぎかけられず、〔何をいっているのか。非常に深遠だ。ともに語ることとてない〕
風も吹き込めぬ。〔まるで虚空のよう。がっちりと堅い。空に向かって訴えるばかり〕

虎のように歩み竜のように行き、〔あいつ(趙州)は自由自在だ。なかなかに見事だ〕鬼神さえ泣き叫ぶ。〔みな耳を塞いでいる。風が吹くと草がなびく。お前さん(雪竇)もあいつのお仲間ではないのか〕顔の長さが三尺、こいつは一体誰なのか。〔怪しいやつ。どこの聖者だ。見えるか見えるか〕面と向かってものも言わず片足で立っている。〔コラッ。頭を縮めろ。一手見逃してやろう。山のモノノケだ。見逃してはいかぬ。ビシッと打つ〕

○水灑不著、風吹不入＝水も風も寄せつけない。「至道」の堅固さをいう。「水」、「風」は虎、竜の縁語。『伝灯録』巻九・潙山章に「師問雲巌云、聞汝久在薬山是否。巌云、是。師云、薬山大人相如何。雲巌云、涅槃後有。師云、涅槃後有如何。雲巌云、水灑不著」の用例がある。
○硬剝剝地＝一枚岩のようなカチンカチンの硬さ。
○望空啓告＝空に向かって悲憤をあてどもなく訴える。第一則頌著語に既出。
○鬼号神泣＝趙州の答の前では、鬼神さえも泣き叫ぶ。
○草偃風行＝「風行草偃」は、第六則頌評唱等に既出。風が通ると草はなびく。衆生が自然に教化されること。
○闍黎莫是与他同参＝『種電鈔』によると、「他」は鬼神。趙州と取ることも可能。
○頭長三尺＝顔の長い異様な姿。至道と一体化した趙州。洞山の語による。評唱参照。
○咄＝第一則本則著語等に既出。叱咤の声。
○放過一著＝第五則垂示等に既出。手を緩めること。
○山魈＝山精、山臊、山繅、山獔、山粛とも。『抱朴子』内篇・登渉に「山中山精之形、如小児而独足、走向後、喜来犯人。（中略）又有山精、如鼓赤色、亦一足、其名曰暉」とある。

〔評唱〕

水灑不著、風吹不入。虎歩竜行、鬼号神泣。無你啗啄処。此四句頌趙州答話、大似竜馳虎驟。這僧只得一場懡㦬。非但這僧、直得鬼也号神也泣、風行草偃相似。末後両句、可謂一子親得。

頭長三尺知是誰、相対無言独足立。不見僧問古徳、如何是仏。古徳云、頭長三尺、頸長二寸。雪竇引用。未審諸人還識麼。山僧也不識。雪竇一時脱体画却趙州、真箇在裏了也。諸人須子細著眼看。

「水も注ぎかけられず、風も吹き込めぬ。虎のように歩み竜のように行き、鬼神さえ泣き叫ぶ」。お前がくちばしを突っ込むところはない。この四句は、趙州の答えのあたかも虎が走り竜が駆ける如きを頌した。この僧にとってはただ赤っ恥の一幕、この僧のみならず、そのまま鬼も叫び神も泣き、風が吹いて草が薙ぎ倒されるほどのものだ。最後の二句は、ただ一人の子だけがものにしているといえよう。

「顔の長さが三尺、こいつは一体誰なのか。面と向かってものも言わず片足で立っている」。見よ、僧が古徳に問うた、「仏とはどういうものですか」。古徳、「顔の長さは三尺、頸の長さは二寸」。これを雪竇は引いたのだ。さて、皆のものは知っているのか。ワシも知らぬ。雪竇は趙州を一気にそっくりそのまま描き出し、まさしく眼前にあるかのようだ。諸人はとっくり眼を据えて見なくてはならぬ。

○啗啄＝くらいついばむ。容喙する。
○一場懡㦬＝恥じかきの一幕。第一則本則著語等に既出。
○一子親得＝第二二則本則著語等に既出。ここでは、雪竇だけが趙州を正しく受けていることをいう。
○不見僧問古徳…＝「古徳」は洞山。『洞山語録』に「僧却問、如何是沙門行。師云、頭長三尺、頸長三寸。師令侍者持此語問

三聖然和尚。三聖於侍者手上掐一掐。侍者回挙似師。師肯之」とある。
○脱体＝体ごと、そっくりそのまま。第一則本則評唱等に既出。
○真箇在裏了＝「真箇」は、まことに、まことの。「在裏」は、居る。「裏」、「里」等、場所をあらわす語は現代語「呢」の来源にあたり、ある場所における動作、状態と存在を示す。

第六十則　雲門《うんもん》の拄杖

垂示云、諸仏衆生、本来無異。山河自己、寧有等差。為什麼却渾成両辺去也。若能撥転話頭、坐断要津、放過即不可。若不放過、尽大地不消一捏。且作麼生是撥転話頭処。試挙看。

諸仏と衆生とには、本来違いはない。山河とおのれとにも区別はない。いずれも二元対立に陥ったのはなぜか。古則を自在に操り、急所を押さえ込むことができても、緩めてはいけない。ゆるめなければ、全大地一ひねりも要しない。さて、古則を自在に操るとはいかなることか。取り上げてみよう。

○撥転話頭＝「撥転」は、手玉にとってあやつる。
○不消一捏＝「不消」は、…するには及ばない、…する必要がない。

【本則】

挙。雲門以拄杖示衆云、〔点化在臨時。殺人刀、活人剣。換却你眼睛了也〕
拄杖子化為竜、〔何用周遮。用化作什麼〕
呑却乾坤了也。〔天下衲僧、性命不存。還碍著咽喉麼。闍黎向什麼処安身立命〕
山河大地甚処得来。〔十方無壁落、四面亦無門。東西南北、四維上下、争奈這箇何〕

雲門《うんもん》が拄杖を衆僧に示していった、〔感化は臨機応変になされる。人を殺す刀であり、人を活かす剣でもある。お前の眼玉を取り替えてしまった〕

「この拄杖は竜と化して、〔どうしてまわりくどいことをするのだ。竜と化してどうするのか〕天地を呑みこんでしまった。〔天下の禅坊主は命がない。(竜の)咽喉はつっかえたか。お前さん(雲門)は一体どこで安心立命なさるのか〕

(お前たちは)山河大地をどこから手にいれるのだ。〔どこにも窓がなく、四面に門もない。東西南北四維上下、どうにも扱いきれぬ〕」

○本則は、『雲門広録』巻中に拠る。
○雲門＝雲門文偃。八六四―九四九。雪峰義存の嗣。雲門宗の祖。
○点化在臨時＝「点化」は、感化する、力を及ぼして感応させる。
○殺人刀、活人剣＝相手を生かすも殺すも自由自在。第一二則垂示などに既出。
○何用周遮＝「周遮」は、まわりくどい、くだくだしい。第三一則垂示既出。
○闍黎向什麼処安身立命＝天地が竜に呑まれたら、安心立命するところがない。
○山河大地甚処得来＝元来は雪峰の示衆に対して雲門がつけたコメント。
○十方無壁落、四面亦無門＝十方に窓がないうえ四面に門もない。一切の判断が入りこみようもない超脱の境涯。「壁落」は、窓のことか。あるいは、「碧落」と同義であるとすれば、天空、大空のこと。第三六則頌評唱既出。

〔評唱〕

只如雲門道、拄杖子化為竜呑却乾坤了也、山河大地甚処得来、若道有則瞎、若道無則死。還見雲門為人処麼。還我拄杖子来。如今人不会他雲門独露処、却道即色明心、附物顕理。且如釈迦老子四十九年説法、不可不知此議論。何故更用拈花、迦葉微笑。這老漢便搽胡道、吾有正法眼蔵、涅槃妙心、分付摩訶大迦葉。更何必単伝心印。諸人既是祖師門下客、還明得単伝底心麼。胸中若有一物、山河大地揔然現前。胸中若無一物、外則了無糸毫。説什麼理与智冥、境与神会。何故。一会一切会、一明一切明。

雲門は「この拄杖は竜と化して、天地を呑みこんでしまった。山河大地をどこから手にいれるのだ」といったが、(その山河大地が)あるといえばめくら、ないといえば死んでいる。雲門の教化のやり方を見たか。わしに拄杖をよこせ。当今の人は、雲門がひとり露呈したところを理解せずに、(雲門のやり方を評して)「現象に即して心を明め、物に附いて理を顕す」という。例えば、釈迦のおやじの四十九年間の説法などは、この(誤った)議論をわきまえていなくてはならぬ。ことさらに花をつまみあげ、迦葉が微笑んだのは何故か。このおやじは取り繕って言った、「私には真理の眼目、深妙な涅槃の心がある。摩訶大迦葉《まかだいかしよう》に手渡そう」。根本の精神を純粋に伝える必要がどうしてあろうか。みなの者は祖師門下の禅客であるからには、純粋に伝えられた精神を明らかに理解しているか。胸中にもし一物でもあれば、山河大地がわらわらと現前するだろう。胸中に一物もなければ、外には何一つない。理と智とが冥合し、対象と精神とが融会するなどといってはならぬ。何故か。一事を会得すれば一切が会得され、一事を明らかにすれば一切が明らかになるからだ。

○即色明心、附物顕理＝拄杖という色相に即して心を明らかにし、山河大地という物象に附いて理を示す。雲門の為人に対する義理による邪解。『伝灯録』巻一〇・甘贄章の「僧云、借事明心、附物顕理」に拠る。
○釈迦老子四十九年説法、不可不知此議論＝釈迦の四十九年間の説法は、所詮第二義的な義理を説いたものに過ぎない。
○更用拈花、迦葉微笑＝いわゆる拈華微笑の話。偽経の『大梵天王問仏決疑経』に説かれる。第一五則頌評唱参照。
○搽胡＝塗りたくる、装い立ててごまかす。塗糊、糁糊、糁胡とも。第一則本則評唱、第二則頌著語既出。
○正法眼蔵、涅槃妙心＝釈迦が体得した根本の真理のこと。拈華微笑によって摩訶迦葉に伝えられ、その後、祖師に代々受け継がれてきたとされる。やはり『大梵天王問仏決疑経』に見える。
○摩訶大迦葉＝「摩訶」は「大」の意であるから、この言い方は不適切。「摩訶迦葉」または「大迦葉」が正しい。
○単伝心印＝ブッダの根本精神を純粋に伝えること。第一則本則評唱既出。
○揔然＝隆起するさま。第九一則本則評唱に「万境揔然、覩之不動」とある。
○理与智冥、境与神会＝真如の理体と自己の一心とが冥合融会する。理智、境神の二元対立を出ぬ義解者流の立場。

長沙道、学道之人不識真、只為従前認識神。無量劫来生死本、痴人喚作本来人。忽若打破陰界、身心一如、身外無余、猶未得一半在。説什麼即色明心、附物顕理。古人道、一塵纔起、大地全収。且道、是那箇一塵。若識得這一塵、便識得拄杖子。纔拈起拄杖子、便見縦横妙用。恁麼説話、早是葛藤了也。何況更化為竜。慶蔵主云、五千四十八巻、還曾有恁麼説話麼。

長沙《ちょうさ》が言った、「仏道を学ぶ者が真理を認識しないのは、ひとえにこれまで心識の主体を認めてきたためだ。これが無量劫来の生死の根本である。痴《し》れものはこれを本来人(根源的主体)と喚ぶ」。もし迷妄の一切世界を打破し、身心が一つになって、身の外に余計なものが何一つなくとも、まだ半分もいっていない。「現象に即して心を明め、物に附いて理を顕す」などと言ってはならぬ。古人が言った、「一塵が起こるや、大地が完全に収まる」と。さて、これはいかなる一塵なのか。この一塵を理解すれば、すぐさま拄杖を理解することができよう。拄杖をつまみあげるや、自在のはたらきを見るだろう。このような話も、はや文字言説にとらわれている。拄杖が竜と化すに至ってはなおさらだ。慶蔵主《けいぞうす》は言った、「五千四十八巻、このような話があったか」。

○長沙道＝長沙景岑。南泉普願の嗣。「学道之人不識真」以下の四句は、『伝灯録』巻一〇の長沙章に所載。
○陰界＝五陰・十八界。心身及び一切の現象世界。
○身心一如、身外無余＝南陽慧忠の語。『伝灯録』巻二八・南陽慧忠国師語に所載。
○古人道＝洛浦（楽浦、落浦とも）元安。夾山善会の嗣。伝は『伝灯録』巻一六に所載。この語は『伝灯録』巻一九・雲門章に「一塵纔挙、大地全収。一毛頭師子、全身総是」として所載。華厳の法界縁起の思想を表す。第一九則本則評唱にも「一塵纔起、大地全収。一花欲開、世界便起。一毛頭師子、百億毛頭現」として引かれる。
○慶蔵主＝圜悟が大潙慕喆のもとに参じた時の同学。この語は出典未詳。
○五千四十八巻＝一切経の意。

雲門毎向拄杖処拈掇、全機大用、活潑潑地為人。芭蕉示衆云、衲僧巴鼻、尽在拄杖頭上。永嘉亦云、不是標形虚事褫、如来宝杖親蹤跡。如来昔於然灯仏時、布髪掩泥、以待彼仏。然灯曰、此処当建梵刹。時有一天子、遂標一茎草云、建梵刹竟。諸人且道、這箇消息、従那裏得来。祖師道、棒頭取証、喝下承当。且道、承当箇什麼。忽有人問如何是拄杖子、莫是打筋斗麼、莫是撫掌一下麼。総是弄精魂。且喜没交渉。雪竇頌云、

雲門は常に、拄杖について話題に取りあげ、禅機の大いなるはたらきをもって生き生きと人を教導した。芭蕉《ばしょう》は僧衆に示して、「禅坊主たる所以は、すべて拄杖の上にある」と言った。永嘉《えいか》もまた、「（拄杖は）形式的な表徴として意

味なく持っているのではない。如来の宝杖として親しくその足跡をたどっているのだ」と言った。昔然灯仏《ねんとうぶつ》の時代、(釈迦)如来は髪を敷き延べて地面を掩い、かの仏を待った。然灯仏が言った、「ここに仏寺を建立しなければならぬ」。その時一人の天子がいて、一本の草を目印に立て、「仏寺を建立しました」と言った。さて、みなの者、この勘どころはどこから得られようか。祖師はいった、「棒で打たれて証悟し、喝せられてうけとめる」。さて、なにをうけとめるのか。もし人が、「拄杖とはいかなるものか」と問うたら、とんぼを切るか、手を一つ拍つかするのではあるまいか。みな精神を無駄に費やす振舞だ。お見事に的外れ。雪竇が頌にいう。

○拈掇＝原義は、ものを手にのせていじること。とりあげて話題にすること。
○芭蕉示衆云…＝芭蕉慧清。仰山の嗣南塔光涌の法嗣。福本にはこの下に「你有拄杖子、我与你拄杖子、你無拄杖子、我奪你拄杖子」とあり、『種電鈔』も従う。福本の記すのは、『会元』巻九・芭蕉慧清章の冒頭に上堂の語として見える。
○衲僧巴鼻＝「巴鼻」は、てがかり、とらえどころ。第一二則本則評唱既出。
○永嘉亦云＝永嘉玄覚。六七五—七一三。この句は『証道歌』に「降竜鉢解虎錫、両股金鐶鳴歴歴、不是標形虚事持、如来宝杖親蹤跡」として見える。「事褫」は『証道歌』では「事持」になっており、その方がわかりやすい。第三一則頌評唱既出。
○如来昔於然灯仏時…＝「然灯仏」は、燃灯仏、錠光仏、定光仏、提和竭羅仏とも。菩薩としての修行中の釈迦に授記を与えたとされる過去仏。この話は『会元』巻一・釈迦牟尼仏章に見える。「如来昔…梵刹竟」は、福本では「有一天子従世尊行、仏指地云、此処宜建一宝刹。天子以拄杖標地云、建仏刹竟。仏遂讃云、有大智慧」に作る。
○時有一天子＝『五灯会元』巻一・釈迦牟尼仏章は「時衆中有一賢于長者」とし、『種電鈔』も「一天子」を「一賢于長者」に改める。
○梵刹＝清浄なる国土の意。寺院のことを言う。
○祖師道＝『明覚禅師語録』巻一に見える。
○承当＝うけがう、ひきうける、己の事とする。第七則本則評唱等に既出。

○打筋斗＝とんぼ返りをする。
○撫掌一下＝「撫掌」は、手をうつ、拍手をする。「一下」は一回。
○弄精魂＝物の怪に憑かれたように振舞う。第一則本則評唱等に既出。

【頌】

拄杖子呑乾坤。〔道什麼。只用打狗〕
徒説桃花浪奔。〔撥開向上一竅、千聖斉立下風。也不在拏雲攫霧処。説得千徧万徧、不如手脚羅籠一徧〕
焼尾者不在拏雲攫霧、〔左之右之。老僧只管看。也只是一箇乾柴片〕
曝腮者何必喪胆亡魂。〔人人気宇如王。自是你千里万里。争奈悚然〕
拈了也。〔謝慈悲。老婆心切〕
聞不聞。〔不免落草。用聞作什麼〕
直須灑灑落落、〔残羹餿飯。乾坤大地、甚処得来〕
休更紛紛紜紜。〔挙令者先犯。相次到你頭上。打云、放過則不可〕
七十二棒且軽恕、〔山僧不曾行此令。拠令而行。頼値得山僧〕
一百五十難放君。〔正令当行。豈可只恁麼了。直饒朝打三千、暮打八百、堪作什麼〕
師驀拈拄杖下座。大衆一時走散。〔雪竇、竜頭蛇尾作什麼〕

拄杖が天地を呑みこんだ。〔何をいうのか。（ワシなら拄杖で）犬でも打とうぞ〕
雪融けの増水が押し寄せるなどと言っても無駄。〔至高の眼を開けば、あまたの聖人もみな風下に立つ。〔肝腎なの

は)雲や霧をつかむことなどではない。千遍万遍そんなことをいうより、腕を奮って一遍に(竜を)捉えこむ方がましだ〕

尾を焼いて竜となっても、雲や霧をつかむのが眼目ではなく、〔あたりをうろつくばかり。わしはひたすら看ておるぞ。一片の枯れ枝に過ぎぬ〕

(竜になりそこねて)鰓《えら》をさらしていても、必ずしも意気阻喪しているとは限らぬ。〔一人一人の気宇は王のように壮大だ。もとよりお前らには全く縁がない。どうしたところでビビってしまうだろう〕

さて話はおしまいだ。〔お慈悲に感謝。老婆心切〕

聞いたか。〔やはり第二義門に落ちた。聞いたからといって何になる〕

まずはさっぱりとものにこだわらぬこと。〔食い残しの羹《あつもの》、饐《す》えた飯のよう。天地はどこから手に入れるのか〕

この上、ごたごたは止めだ。〔法令を示した奴がまず違反した。順次にお前らに廻っていくぞ。打って、「放っておいてはいかぬ」〕

ひとまず七十二棒で勘弁してやる。〔ワシはこんな法令は行ったことがない。法令通りに行うぞ。わしに会ったのが幸いだったな〕

(本来なら)百五十棒でもお前を許せないところだ。〔法令がまともに行われるならば、それくらいで済ましてなるものか。たとえ朝に三千、夜に八百打っても、一体何になろうか〕

師(雪竇)はさっと拄杖を取りあげて座を下りた。聴衆は一度に逃げ去った。〔雪竇も竜頭蛇尾でどうにもならぬ〕

○徒説桃花浪奔＝「桃花浪」は、桃の咲く季節に、雪融けの水で川が増水すること。『礼記』月令の「仲春之月、(中略)始雨水、桃始華」が典拠。『漢書』溝洫志では、顔師古は「桃花水」に注して前記の『礼記』の句を引き、「蓋桃華時、既有雨水、川谷冰泮、衆流猥集、波瀾盛長、故謂之桃華水耳」と説明する。この頌は更に、禹王が黄河上流の竜門山、孟津の滝を三段のダムにして治水したという禹門三級の故事と、竜門の滝を登りきった魚は竜になるという登竜門の故事を踏まえる。第七則頌及び頌評唱参照。雪竇の意は、桃花浪を乗り超えて竜となろうがなるまいが、小さな拄杖が天地を含み込んでいるところに目をつけよ、ということ。

○向上一竅＝身体には九つの竅があるとされるが、それらよりもう一つ上で機能する竅。第三の眼。第三六則頌評唱に既出。

○拏雲攫霧＝竜となった魚が雲霧を自在に使う意。

○手脚羅籠＝手脚を使ってとらえこむ。

○焼尾者…＝魚が竜に化する時、雷がその尾を焼くとの伝説に拠る。晩唐の許渾の七言律詩「晩登竜門駅楼」にも「風雲有路皆焼尾、波浪無程尽曝腮」の句がある。悟りを開いたからといって、雲霧を自在に扱うようなところに本質があるのではない。

○左之右之＝まわりをうろつくばかり。第三六則頌著語既出。

○老僧只管看＝「看」字、福本は「一面用」。

○一箇乾柴片＝一片の枯れ柴。転じて価値の乏しいもの。竜どころか枯れ柴だ。

○曝腮者…＝「曝腮」は、竜となれぬ魚がエラをさらして死ぬことで、落第の子弟に譬える。「喪胆亡魂」は、失望落胆。前句とともに、竜になれるかなれないか(悟りを開けるか否か)というところばかりこだわっていると、本質を見失うということ。

○千里万里＝はるかに遠い。全くおよびもつかない。第二一則本則評唱既出。

○拈了也＝以下は雪竇のコメント。

○不免落草＝福本はこの下に「亦不必呵呵大笑」。

○直須灑灑落落＝「直須」の「直」は意味を強める接頭語。「灑灑落落」は、きれいさっぱり汚れを落したさま。超然としてあかぬけしているさま。第一則本則評唱既出。

○残羹餿飯＝食べ残しのあつものと饐えた飯。あれこれの言説は、所詮古人の糟粕だから、きれいさっぱり洗い流してしまえ。

○紛紛紜紜＝ごたごたがやがや騒ぎたてる。

○挙令者先犯＝法令を提示したものが先ず違反した。雪竇のその言葉自体がすでに紛糾のたね。

○相次＝順次に。
○七十二棒且軽恕＝「七十二棒を勘弁してやる」とも解しうるが、『種電鈔』の「与七十二棒是随軽恕之」、下文評唱の「七十二棒且軽恕、雪竇為捨重従軽」の内容より見て、本来は重い百五十棒に値する罪だが、軽い七十二棒を与えて勘弁してやる意と解する。
○山僧不曾行此令＝わしなら七十二棒で許してやるなどということはしない。
○頼値得山僧＝「得山僧」、福本は「山僧已行了」。
○正令当行＝法令がまともに施行される。

〔評唱〕

雲門委曲為人、雪竇截径為人。所以撥却化為竜、不消恁麼道、只是拄杖子呑乾坤。雪竇大意、免人情解。更道、徒説桃花浪奔、更不必化為竜也。蓋禹門有三級浪、毎至三月、桃花浪漲。魚能逆水而躍過浪者、即化為竜。雪竇道、縦化為竜、亦是徒説。焼尾者不在拏雲攫霧。魚過禹門、自有天火焼其尾、拏雲攫霧而去。雪竇意道、縦化為竜、亦不在拏雲攫霧也。曝腮者何必喪胆亡魂。清涼疏序云、積行菩薩、尚乃曝腮於竜門。大意明華厳境界、非小徳小智之所造詣、猶如魚過竜門、透不過者、点額而回、困於死水沙磧中、曝其腮也。雪竇意道、既点額而回、必喪胆亡魂。

雲門はまわりくどく教化し、雪竇は直截に教化した。だから(雪竇は)「竜と化す」のを払いのけ、かくいうまでもなく、ただ「拄杖が天地を呑みこんだ」といったのだ。雪竇の深意は、分別情解を超えている。(雪竇は)更に言った、「雪融けの増水が押し寄せるなどと言っても無駄」。この上竜と化す必要はないのだ。そもそも禹門《うもん》に三段の浪があり、三月になるといつも、雪融けの水が満ちる。魚が水流に逆らい、浪を躍りこえることができれば、竜と化す。雪竇はいう、「たとえ竜と化しても、いうも無駄なこと。尾を焼いて竜となっても、雲や霧をつかむわけではない」。魚が禹門を過ぎると、天の火で自然に尾が焼かれ、雲霧をつかんでいってしまう。雪竇のいわんとするのは、「たとえ竜と化しても、雲や霧をつかむのが眼目でない」ということだ。「(竜になりそこねて)鰓をさらしていても、必ずしも意気阻喪しているとは限らぬ」とは、清涼《しょうりょう》澄観《ちょうがん》の『華厳大疏《けごんだいしょ》』の序に、「修行を積んだ菩薩でさえ、鰓を竜門にさらす」と言っている。この趣旨は、華厳の境界は小徳小智の到り得るものではなく、あたかも魚が竜門を通るのに、通り得ないものは額をぶつけて引き返し、(川べりの)淀みや砂にあって身動きもならず、その鰓をさらすようであることを明らかにしたものだ。雪竇のいわんとするのは、「額をぶつけて引き返したからといって、必ずしも意気阻喪しているとは限らぬ」ということだ。

○蓋禹門有三級浪＝「禹門」は、山西省河津県の西の孟津。竜門とも。第七則頌評唱参照。
○清涼疏序云＝引用は、澄観『大方広仏華厳経疏』序の「若夫高不可仰、則積行菩薩曝腮鱗於竜門。深不可窺、則上徳声聞杜視聴於嘉会」。
○点額＝『水経注』巻四に「(鯉魚)三月上則渡竜門、得渡為竜矣、否則点額還」。額を打ちつけること。
○必喪胆亡魂＝「必」の上に「何」一字を脱するか。「何」があるものとして訳した。

拈了也、聞不聞、重下注脚、一時与你掃蕩了也。諸人直須灑灑落落去、休更紛紛紜紜。你若更紛紛紜紜、失却拄杖子了也。七十二棒且軽恕、雪竇為你捨重従軽。古人道、七十二棒、翻成一百五十。如今人錯会、却只算数目。合是七十五棒、為什麼却只七十二棒。殊不知、古人意在言外。所以道、此事不在言句中。免後人去穿鑿。雪竇所以引用。直饒真箇灑灑落落、正好与你七十二棒。猶是軽恕。直饒総不如此、一百五十難放君。一時頌了也、却更拈拄杖重重相為。雖然恁麼、也無一箇皮下有血。

「さて話はおしまいだ。聞いたか」とは、重ねて注釈して、一気にお前たちのために(妄想を)なぎ払ってくれたのだ。みなの者、「さっぱりとものにこだわらぬこと。この上、ごたごたは止めだ」。お前たちがこの上ごたごたしていたら、拄杖を失くしてしまうぞ。「ひとまず七十二棒で勘弁してやる」と、雪竇はお前たちのために重きを捨て、軽きに従った。古人いわく、「七十二棒が、百五十になってしまった」。当今の人は誤って理解して、ただただ数を数えて、「七十五棒であるはずだ。どうして七十二棒なのか」などという。だが、古人の意は言葉の外にあるのだ。だから、「根本の大事は言句のうちにはない」というのだ。後人の穿鑿を免れている。だから雪竇は(古人の句を)引いたのだ。たとえ本当にさっぱりこだわりがなくとも、お前に七十二棒喰らわせてやろうか。それでもまだ勘弁してやっているのだ。たとえ全くこうでなくとも、「百五十棒でもお前を許し難い」のだ。(このように雪竇は)一気に頌をつけて、その上拄杖を取りあげて重ね重ね(お前たちを)教え導いたのだ。ここまでしても、一人として皮下に血の流れているものはいないのだ。

○古人道＝「七十二棒翻成一百五十」は、第四八則頌著語にも見える。『不二鈔』に拠れば、『重修雲門録』中の語で、もとは「雲門挙、『雪峰云、我且死馬医、一口呑尽乾坤』。師云、山河大地何処得来。直饒者裏倜儻分明、特舎児、七十棒反成一百四十」の形であったらしい。現行本の『雲門広録』にはない。
○此事不在言句中＝第五五則本則評唱等に既出。
○皮下有血＝活撥撥地にはたらく奴。

第六十一則　風穴《ふけつ》の一塵

垂示云、建法幢、立宗旨、還他本分宗師。定竜蛇、別緇素、須是作家知識。剣刃上論殺活、棒頭上別機宜、則且置。且道、独拠寰中事、一句作麼生商量。試挙看。

仏法の旗をおしたて、教えをうち立てるのは、本来の立場をがっちり摑んだ師匠にまかせろ。竜と蛇を見分け黒と白を分かつのは、やりての和尚でなくてはならぬ。剣によって殺すか活かすかを論じ、棒について場に応じたやり方を見抜くことはともかく、さて、天下にただ一人君臨することについて、一句をどのように考えるか。取り上げてみよう。

○還他本分宗師＝「還」は、「…にまかせる」の意味にとる。第五九則本則評唱「他辨竜蛇別休咎、還他本分作家」、第七九則本則評唱「咬豬狗底手脚、須還作家始得」などと同様の表現。

○独拠寰中事＝第一〇〇則頌評唱には「可謂光前絶後、独拠寰中」とある。『宏智広録』巻一・上堂に「聖王無為垂拱而治、賢臣出仕准政而行、心協二儀、徳被万物、便能一統天下、独拠寰中」とあるように、聖王が天下にひとり君臨することをいう。本分の主人公のありさま。

【本則】
挙。風穴垂語云、〔興雲致雨。也要為主為賓〕
若立一塵、〔我為法王、於法自在。花簇簇、錦簇簇〕
家国興盛。〔不是他屋裏事〕
不立一塵、〔掃蹤滅跡。失却眼睛、和鼻孔失也〕
家国喪亡。〔一切処光明。用家国作什麼。全是他家屋裏事〕
雪竇拈拄杖云、〔須是壁立千仞始得。達磨来也〕
還有同生同死底衲僧麼。〔還我話頭来。雖然如是、要平不平之事、須於雪竇商量始得。還知麼。若知、許你自由自在。若不知、朝打三千、暮打八百〕

風穴《ふけつ》が説示した。〔雲を興し雨を呼ぶ。やはり主となり客とならねばならぬ〕
「もし一塵をたてれば〔わしは仏法の王であり、仏法において自在である。花が錦の様に群がり咲いて美しい〕
国が興隆する。〔奴の所のことではない〕
一塵もたてなければ〔跡を消し去った。眼を失い、鼻まで失った〕
国が滅亡だ。〔あらゆるところに光明が満ちる。国で何をするのだ。全て奴の所のこと〕
雪竇は拄杖を取って言った。〔千仞の絶壁の如くそそりたたねばならぬ。達磨がござったぞ〕
「生死をともにする僧はおらんか」。〔わしに話を返せ。しかし、不公平を正すなら、雪竇に相談しなくてはならぬ。わかるか。わかればお前は自由自在、わからなければ朝に三千、夜に八百のめった打ちだ〕

○この本則は、『広灯録』巻一五・風穴章に「師上堂云、若立一塵、家国興盛、野老顰蹙。不立一塵、家国喪亡、野老安貼」の形で出る。
○風穴＝風穴延沼。八九六―九七三。臨済下四世。浙江余杭の人。南院慧顒に継ぎ、汝州風穴山に住す。伝は『伝灯録』巻一三、『広灯録』巻一五、『会元』巻一一に見える。第三八則本則参照。
○一塵＝一微塵の略。眼が見うる最も微細なもの。「一塵を立てる」とは、仏法を積極的に定立することをいう。
○我為法王、於法自在＝『法華経』譬喩品の語。第六四則本則評唱にも見える。基の『妙法蓮華経玄賛』巻六本に「為法王故、通識薬病、於法自在、別識法薬」というように、仏法を主宰し、自在に操ることをいう。
○家国興盛＝「家国」は国家のこと。『広灯録』に「野老顰蹙」とあるように、国家の隆盛など、庶民には余計なこと。それと同じく、さかんに仏法を説き、隆盛したところで何の役に立とう、というニュアンス。『禅林僧宝伝』巻三にあるように、後漢(五代)の乾祐二年(九四九)、汝州の宋太師の力で風穴山が復興され、陞座のときの上堂とすれば、極めて痛烈な皮肉である。
○他屋裏事＝第八則本則評唱「他屋裏人」、第一六則本則評唱「他家裏事」などを参照。他とは風穴のこと。
○失却眼睛、和鼻孔失也＝第八則本則「眼睛也落地、和鼻孔也失了」に近い。なお、『不二鈔』では福本に「失却鼻孔、和尚眼睛一時尋討不見」とあるという。
○家国喪亡＝国家の観念もなくなったところこそ最高。仏法への執着を払い去った没蹤跡の境地。
○壁立千仞＝厳しくて人を寄せつけないことの比喩。第八則垂示既出。
○還有同生同死底衲僧麼＝わしと一緒に第一義の立場に立とうとするほどの者がいるか。ただし、頌評唱に言うように、「同死同生底衲僧」を「謀臣猛将」と取るならば、「家国興盛」と生死をともにする方向になろう。
○還我話頭来＝話の問題点を改めて出し直せ。対応がずれた時に、改めて噛み合った対応をするように求める。
○要平不平之事＝不公平・不公正を正す。第一〇〇則頌評唱に「古有俠客、路見不平、以強凌弱、即飛剣取強者頭」とあるのを参照。ここでは、「不立一塵」の一切平等の立場に立とうとするならば、の意。
○朝打三千、暮打八百＝『祖堂集』巻八・雲居章に「問、遊子帰家時如何。師云、且喜得帰来。進曰、将何奉献。師云、朝打三

千暮打八百」とある。限り無く打ちたたくこと。

〔評唱〕

只如風穴示衆云、若立一塵、家国興盛、不立一塵、家国喪亡、且道、立一塵即是、不立一塵即是。到這裏、須是大用現前始得。所以道、設使言前薦得、猶是滞殻迷封。直饒句下精通、未免触途狂見。他是臨済下尊宿、直下用本分草料。若立一塵、家国興盛、野老顰蹙。意在立国安邦、須藉謀臣猛将、然後麒麟出、鳳凰翔、乃太平之祥瑞也。他三家村裏人、争知有恁麼事。不立一塵、家国喪亡、風颯颯地。野老為什麼出来謳歌。只為家国喪亡。

洞下謂之転変処。更無仏無衆生、無是無非、無好無悪、絶音響蹤跡。所以道、金屑雖貴、落眼成瞖。又云、金屑眼中瞖、衣珠法上塵。己霊猶不重、仏祖是何人。七穿八穴、神通妙用、不為奇特。到箇裏、衲被蒙頭万事休、此時山僧都不会。若更説心説性、説玄説妙、都用不著。何故。他家自有神仙境。

南泉示衆云、黄梅七百高僧、尽是会仏法底人、不得他衣鉢。唯有盧行者、不会仏法、所以得他衣鉢。又云、三世諸仏不知有、狸奴白牯却知有。

野老或顰蹙、或謳歌。且道、作麼生会。且道、他具什麼眼却恁麼。須知野老門前、別有条章。雪竇双提了、却拈拄杖云、還有同生同死底衲僧麼。当時若有箇漢出来、道得一句、互為賓主、免得雪竇這老漢後面自点胸。

たとえば風穴は人々に示して「もし一塵をたてれば国が興隆する。一塵もたてなければ国が滅亡だ」と言っているが、さて、一塵を立てるのが正しいのか、一塵も立てないのが正しいのか。ここになると、仏法の大いなる作用が現れていなくてはだめだ。そこで、「たとえ言葉以前のところで受けとめても、殻を破れず迷って出られない。たとえ句に深く通じても、到るところで出鱈目《でたらめ》な見解を振り回すことになる」というのだ。彼は臨済の流れをくむ和尚なので、ずばりと本物の餌を用いた。「もし一塵をたてれば国が興隆し、田舎親爺が眉を顰める」。そのこころはこういうことだ。つまり、国をがっちり打ち立てて守ってゆくには、謀略に長けた臣下や勇猛な将軍の助けが必要で、それでこそ麒麟が現れ、鳳凰が飛ぶことになり、それが太平の瑞祥である。(しかし)寒村の住民がどうしてそんなことを知っていようか、というのだ。「一塵もたてなければ国が滅亡だ」。風がさあっと吹きわたる。田舎親爺がどうして出てきて歌うのか。つまりは国が滅亡するからだ。

洞山《とうざん》門流ではこれを転変の処という。仏も衆生も、是も非も、良いも悪いも全く無く、響きや痕跡も絶えて無い。そこで、「金の屑は貴重だけれども、目に入れば眼病になる」といい、また「金の屑は眼中の病のたね、服に縫いつけた宝玉は仏法につくごみ。己の霊性さえ何でもないに、仏や祖師が何者ぞ」というのである。自由自在な神通力の不思議な働きも、大したことはない。ここになると、「つぎはぎ布団を頭から引っ被って全て打ち止め、この時わしは何も分からん」というところで、更に心や性、玄妙なことなど説いてみても、すべて役に立たない。なぜか。奴(風穴)のところには奴なりの神仙の境地が有るからだ。

南泉《なんせん》が衆に対していった、「黄梅山《おうばいさん》の(弘忍《こうにん》門下の)七百人の高僧は、すべて仏法をつかんだ人だったのに、その衣鉢を得られなかった。ただ盧行者《ろあんじゃ》(六祖慧能《えのう》)だけが、仏法をわからず、そこでその衣鉢を得た」。また、「三世の諸仏は根本的存在を知らず、猫や白牛が知っている」という。

田舎親爺は眉を顰めたり、歌ったりだが、さて、どのように理解するか。彼はどんな眼力を具えていてこうするのか。親爺のところには独自のきまりがあると知らねばならぬ。雪竇は並べて挙げた後、拄杖をとって言った。「生死をともにする僧はおらんか」。その時、もし一人前の男が出てきて一句を語り、互いに主客として応酬すれば、雪竇のおやじが後で胸を指差し偉そうにすることもなかったであろうに。

○設使言前薦得…＝『伝灯録』巻一三・風穴章に見える風穴の語。
○滞殻迷封＝殻を破れず、迷って出られない、の意味でとる。『祖庭事苑』巻六に、「滞殻」については「殻当作穀、猶物在穀而未出」、「迷封」については「封、執也。言執事而不脱迷也」という。「封」にはこの訓は相応しくないので、封じ込められるという方向でとる。なお、他の用例として『宏智広録』巻一・真州長蘆崇福禅院語録に、「師乃云、釈迦出世、以衆生妄想迷封、而説種種法。達磨西来、以底事現成円満、而伝密心」とあり、同小参には「兄弟此箇田地、亘徹古今、是你諸人分上本有底事。祇為一念封迷、諸縁籠絡、所以不得自在去」と、「封迷」の形で見える。
○触途狂見＝「触途」は『葛藤語箋』「触途成滞」条に「忠曰、触処(注：処恐途乎)者随処之義也」とあるのに従う。
○転変処＝洞山五位の中、前の四位を転じて「兼中到」に変ずること。差別の偏位を転じて正位に変ずる位。『種電鈔』に「五位中転前四位変兼中到、此名転変也」という。
○金屑雖貴、落眼成瞖＝『臨済録』勘弁に見える王常侍の語。
○金屑眼中瞖、衣珠法上塵…＝雲門文偃の法嗣徳山縁密の「褒貶句」頌。『雲門広録』巻下に見える。「衣珠」は、『法華経』五百弟子受記品に出る、衣服に縫い込まれた「無価珠」に譬えられた最高の悟りをさす。『種電鈔』には「仏性宝珠」という。
○衲被蒙頭万事休、此時山僧都不会＝『伝灯録』巻二〇「石頭和尚草庵歌」の句。「衲被」はつぎはぎのふとん。「蒙頭」は頭からかぶる。
○他家自有神仙境＝『種電抄』に「彼家国喪之処、自有離浮幻真致妙境也」とある。
○南泉示衆云＝『祖堂集』巻一六・南泉章には「只如五祖大師下、有五百九十九人、尽会仏法。唯有盧行者一人、不会仏法、他只会道」とあり、また『古尊宿語要』巻一・南泉語要にも「只如五祖会下、四百九十九人、尽会仏法、惟盧行者一人、不会仏法、只会道、不会別事」等類似の発言が複数見られる。
○三世諸仏不知有、狸奴白牯却知有＝南泉の語。『祖堂集』巻一三・福先招慶章に見える。巻一六の南泉章には「諸仏不知有、狸奴白牯却知有」とある。仏は仏性そのものになりきっているので、それを事新しく認知することもなく、仏でないものこそそれを認知するのだ、という解釈もなされるが、仏の方こそ事事しさが残るが、そうした計らいの無い猫や牛の自然体の方にしたたかな真実が吾がものとされている、ということとも考えられる。「狸奴」は『大光明蔵』巻上・澧州茗渓道行章の宝曇の評語に、「人之養狸奴、謂其疾如風、遂字之為風。或曰、墻能礙風、即字之為墻。彼人曰、墻為鼠穴、即字之為鼠。彼又笑曰、鼠為猫所捕者、不若復字之為猫」とあり、陸游の「贈猫」の詩に「裹塩迎得小狸奴、尽護山房万巻書」とあるとおり、猫のこと。「白牯」は白い去勢牛。「知有」については、第四一則頌評唱「雪竇是知有底人」の注を参照。

○野老門前、別有条章＝『種電鈔』に「仏法玄妙外別有威音已前条式憲章故也」とある。条章は箇条書きにされたのっとるべき規範。

○雪竇双提了＝『種電鈔』では「提」を「拈」とし、「建立掃蕩双拈」とある。

○点胸＝第二一則本則評唱、第二三則本則評唱既出。第二三則の例などと同じく、自惚れるという意味が入るものと考えられる。

【頌】

野老従教不展眉、〔三千里外有箇人。美食不中飽人喫〕

且図家国立雄基。〔太平一曲大家知。要行即行、要住即住。尽乾坤大地、是箇解脱門。你作麼生立〕

謀臣猛将今何在、〔有麼、有麼。土曠人稀、相逢者少。且莫点胸〕

万里清風只自知。〔旁若無人。教誰掃地。也是雲居羅漢〕

田舎親爺が眉をひそめようとも、〔三千里のかなたに人がいる。美食も満腹の者の口にはあわぬ〕まずは国の大きな基礎を築こうぞ。〔太平をことほぐ一曲は皆が知っている。行きたければ行き、止まりたければ止まれ。乾坤大地のすべてが解脱の世界。お前はどうやって打ち立てる〕謀略に長けた臣下や勇猛な将軍はいま何処に、〔いるか、いるか。がらんと広い土地に人は稀、出会うものは殆ど無い。ともあれ偉ぶるな〕万里を吹き抜ける涼風だけが知っていよう。〔回りを全く気にしておらぬ。誰に一掃させるのか。やはり雲居寺の羅

漢様だ〕

○従教＝たとえ…であっても。
○美食不中飽人喫＝おいしい食事も、満足しきっている野老には不必要。
○謀臣猛将今何在＝「家国興盛」の「謀臣猛将」などどこかへ行ってしまった。次句とともに、「立一塵」を超えて「不立一塵」に至った境地を詠ったもの。
○土曠人稀、相逢者少＝『伝灯録』巻六・中邑洪恩章に「向十字街頭叫喚云、土曠人稀、相逢者少」とある。孤絶独往のさま。
○万里清風只自知＝第一則頌「清風匝地有何極」と同義。
○掃地＝第二九則本則評唱「掃地人」参照。自惚れ者を足元から一掃することか。
○雲居羅漢＝自惚れたさまを揶揄したもの。第一一則本則著語、頌著語、第二三則本則著語既出。

〔評唱〕

適来双提了也。這裏却只拈一辺、放一辺、裁長補短、捨重従軽。所以道、野老従教不展眉、我且図家国立雄基、謀臣猛将今何在。雪竇拈拄杖云、還有同生同死底衲僧麼、一似道還有謀臣猛将麼。一口呑却一切人了也。所以道、土曠人稀、相逢者少。還有相知者麼。出来一坑埋却。万里清風只自知、便是雪竇点胸処也。

先に並べて取り上げたが、ここでは一方だけ取り上げてもう一方をさしおいた。長所を切り取って短所を補い、重い方を捨てて軽い方をとったのだ。そこで、「田舎親爺が眉をひそめようとも、わしはまずは国の大きな基礎を築こうぞ。謀略に長けた臣下や勇猛な将軍はいま何処に」というのである。雪竇は杖をとって「生死をともにする僧はおらんか」といったが、あたかも「謀略に長けた臣下や勇猛な将軍はいるか」というが如くで、一口にあらゆる人を飲み込んでしまっている。そこで、「がらんと広い土地に人は稀、出会うものはほとんど無い」というのだ。わかるやつがいるか。出てきたら一穴に埋めてやる。「万里を吹き抜ける涼風だけが知っていよう」とは、雪竇のうぬぼれたところである。

○這裏却只拈一辺、放一辺＝「不立一塵」の方はさておいて、「立一塵」について頌をつけた。

第六十二則　雲門《うんもん》のひとつの宝

垂示云、以無師智、発無作妙用、以無縁慈、作不請勝友。向一句下、有殺有活。於一機中、有縦有擒。且道、什麼人曾恁麼来。試挙看。

師によらぬ智慧によって、作為なく霊妙なはたらきを発揮し、対象によらぬ慈悲によって、自ら進み出る優れた友となる。一つの句に殺すことと生かすことがあり、一つのはたらきに泳がすことと捕らえることとがある。さて、誰がかくの如くであったか。とりあげてみよう。

○無師智＝他の力を借りず、師無くして自然に獲得した智慧。『法華経』譬喩品に「若有衆生、従仏世尊聞法信受、勤修精進、求一切智・仏智・自然智・無師智、如来智見・力・無所畏、愍念安楽無量衆生、利益天人、度脱一切、是名大乗」とある。基の『妙法蓮華経玄賛』巻五末では、「不待他縁、名無師智。或智性名自然智、智相名無師智」との解釈が与えられる。
○無作妙用＝情識分別を離れた仏そのままのはたらき。『種電鈔』は、『楞厳経』巻六の「是名妙浄三十二応入国土身、皆以三昧聞薫聞修無作妙力、自在成就」とあるのを踏まえるとする。「無作」は、禅関係では『楞伽師資記』道信章などにも見える。
○無縁慈＝対象を分別することなく仏の心から自ずと発せられる慈心。衆生縁慈・法縁慈が、対象によって喚起されるものであるのに対していう。南本『涅槃経』巻一四・梵行品に「迦葉菩薩白仏言、…世尊、慈有三縁、一縁衆生、二縁於法、三則無縁。悲喜捨心亦復如是。…無縁者、縁於如来、是名無縁。慈者多縁貧窮衆生。如来大師永離貧窮、受第一楽。若縁衆生、則不縁仏、法亦如是。以是義故、縁如来者、名曰無縁。…無縁者不住法相及衆生相、是名無縁」とある。

○不請勝友＝他から請われることなく自分から進んで友となること。『華厳経』(八十巻本)巻六〇・入法界品の「悉曾供養無量諸仏、常能利益一切衆生、為不請友」、『維摩経』巻一・仏国品の「衆人不請友而安之」などによる。なお、後者について、僧肇の『注維摩詰経』巻一には「真友不待請、譬慈母之赴嬰児也」との解がある。

【本則】

挙。雲門示衆云、乾坤之内、〔土曠人稀。六合収不得〕
宇宙之間、〔休向鬼窟裏作活計。蹉過了也〕
中有一宝、〔在什麼処。光生也。切忌向鬼窟裏覓〕
秘在形山。〔拶。点〕
拈灯籠向仏殿裏、〔猶可商量〕
将三門来灯籠上。〔雲門大師、是即是、不妨誵訛。猶較些子。若子細検点将来、未免屎臭気〕

雲門《うんもん》が皆に教示した、「天地の内、〔土地は広々、人はまれ。(この宝は)天地四方に収めとれぬ〕
宇宙の間、〔幽鬼の住処で暮らしをたてようとするな。行き違ったぞ〕
その中にひとつの宝が有り、〔何処にあるのだ。光ったぞ。決して幽鬼の住処で探したりしてはならぬ〕
肉体に隠れている。〔ひと突き。これだ〕
灯籠を掲げて仏殿の中へ行き、〔考える余地有り〕
三門をとって灯籠の上に乗せる」。〔雲門先生、正しいは正しいが、なかなかに難解だ。しかしまだ少したりない。子

細に調べてみると、糞の臭気がぬけておらぬ〕

○この本則は、『雲門広録』巻中・垂示代語に見える。
○雲門＝雲門文偃。八六四―九四九。第一則頌評唱、第六則本則などに既出。
○乾坤之内…＝伝僧肇『宝蔵論』広照空有品に、「夫天地之内、宇宙之間、中有一宝、秘在形山、識物霊照、内外空然、寂寞難見、其号玄玄」の形で出るのを踏まえる。
○六合＝天地四方のこと。
○中有一宝＝「一宝」は仏性のこと。
○形山＝人間の肉体のこと。
○拶＝突くこと。一拶の形は第一則本則評唱、第二則本則著語等既出。
○点＝これだ、と指し示したもの。第四則本則著語既出。
○拈灯籠向仏殿裏＝次句とともに、雲門が僧肇の語にコメントを付けたもの。「向」はここでは後の「来」と対応するものとして、動詞ととっておく。僧肇の形而上的表現を具体的、現象的な場に提示する。
○将三門来灯籠上＝「三門」は寺院の山門。空・無相・無作の三解脱門を表わす。古くは実際に三つの門が設けられた。その山門を持って来て、仏殿内の灯籠の上に置くという、常識を超えたはたらき。理屈をつければ、灯籠や三門を仏殿の中に収めることで、仏性が肉体の中にあることの不思議さを喩えたものと考えられる。
○誵訛＝難解なこと。第七則頌評唱既出。
○未免屎臭気＝さとり臭さが抜けていない。

〔評唱〕

雲門道、乾坤之内、宇宙之間、中有一宝、秘在形山。且道、雲門意在釣竿頭、意在灯籠上。此乃肇法師宝蔵論数句。雲門拈来示衆。肇公時於後秦逍遥園、造論写維摩経、方知荘老未尽其妙。肇乃礼羅什為師。又参瓦棺寺跋陀婆羅菩薩、従西天二十七祖処、伝心印来。肇深造其堂奥。肇一日遭難。臨刑之時、乞七日假、造宝蔵論。

雲門便拈論中四句示衆。大意云、如何以無価之宝、隠在陰界之中。論中語言、皆与宗門説話相符合。不見鏡清問曹山、清虚之理、畢竟無身時如何。山云、理即如是、事作麼生。清云、如理如事。山云、瞞曹山一人即得、争奈諸聖眼何。清云、若無諸聖眼、争知不恁麼。山云、官不容針、私通車馬。所以道、乾坤之内、宇宙之間、中有一宝、秘在形山。大意明人人具足、箇箇円成。

雲門《うんもん》が言った、「天地の内、宇宙の間、その中にひとつの宝が有り、肉体に隠れている」。さて、雲門の意図は釣り竿にあったのか、灯籠にあったのか。これは肇《じょう》法師の『宝蔵論《ほうぞうろん》』の数句で、雲門が取り上げて皆に示したのだ。肇公は当時後秦の逍遥園《しょうようえん》で、論を作り『維摩経』を書写して、はじめて荘子・老子がまだ充分奥深いところを究めたものではないことを知った。そこで彼は羅什《らじゅう》を師と仰ぐこととし、また瓦棺寺《がかんじ》の跋陀婆羅《ばつだばら》菩薩が、インドの二十七祖から心印(仏陀の根本精神)を伝えていたのに参じた。彼は深くその内奥にまで達したのである。彼はある時危難に遭い、処刑されるまぎわに七日の猶予を乞い、『宝蔵論』を書いたのである。

雲門は同論の中の四句を取り上げて皆に示した。その大意は、どのように値のつけようもなく貴重な宝が現象世界の中に隠れているのか、ということだ。論中の言葉は、みなわが禅家で言うことと一致している。ほら、次のようにあるではないか。鏡清《きょうせい》が曹山《そうざん》に問うた、「『清浄虚無の道理からいえば、結局身体など無い』時はどうだ」。曹山「真理としてはそうだが、現実の事象はどうだ」。鏡清「真理そのまま、事象そのまま」。曹山「わし一人を騙すのはよいが、諸聖人の目はどうしようもないぞ」。鏡清「諸聖人の目がなければ、こうならぬとは分るまい」。曹山「おおやけには針も通さぬが、私には車馬が通る」。そこでいうのだ、「天地の内、宇宙の間、その中にひとつの宝が有り、肉体に隠れている」と。その大意は、誰にも完備しており、それぞれに完全だということである。

○雲門意在釣竿頭＝後出の頌を踏まえる。
○肇法師＝僧肇のこと。三八四―四一四。鳩摩羅什の弟子で『肇論』の作者。『高僧伝』巻六参照。『宝蔵論』は彼の作と伝えられるが、中唐以後に牛頭系の禅家によって仮託されたものと考えられている。鎌田茂雄『中国華厳思想史研究』参照。
○肇公時於…＝『高僧伝』僧肇伝には、「釈僧肇、京兆人也。…愛好玄微、毎以荘老為心要。嘗読老子徳章、乃歎曰、美則美矣、然期神冥累之方、猶未尽善也。後見旧維摩経、歓喜頂受、披尋翫味、乃言始知所帰矣。因此出家。…後羅什至姑臧、肇自遠従之。什嗟賞無極。及什適長安、肇亦随返。姚興命肇与僧叡等入逍遥園、助詳定経論」とあり、多少事実関係が異なる。また、僧肇が瓦官寺で仏陀跋陀羅(本文には跋陀婆羅とある)に従学したとすることについては、『肇論』答劉遺民書に「請大乗禅師一人。…禅師在瓦官寺教習禅道、門徒数百、夙夜匪懈、邕邕蕭蕭、致可欣楽」とあることによるであろう。なお、湯用彤氏は通行本『肇論』にいう瓦官寺とは、宮寺の誤りだとする(『漢魏両晋南北朝仏教史』)。また、逍遥園については、『水経注』巻一九渭水にみえるものというが、他の説もある。なお仏陀跋陀羅は『華厳経』(六十巻本)の訳者として有名だが、本来小乗の禅を伝えた人である。それが、後に禅の灯史類が次々に製作されるようになる中で、禅の法系に組み込まれていったことについては、柳田聖山『初期禅宗史書の研究』参照。また、僧肇が刑死したという伝承については、『伝灯録』巻二七に「僧肇法師遭秦主難、臨就刑説偈曰、四大元無主、五陰本来空。将頭臨白刃、猶似斬春風」というのが見えるが、湯氏は唐代以前にこの説はないようであり、確実ではないと述べている(同上)。更に、刑死の間際に『宝蔵論』を書いたということについては、古い記録を見出せない。
○臨刑之時、乞七日假＝「假」は「暇」(いとま)の意。
○如何以無価之宝、隠在陰界之中＝『宝蔵論』広照空有品の「如何以無価之宝、隠在陰入之坑」による。
○鏡清問曹山…＝『伝灯録』巻一七・曹山寂章に出る。「清虚之理、畢竟無身」は『宝蔵論』広照空有品の語。また、「争知不恁麼」は『伝灯録』では「争鑑得箇不恁麼」とある。鏡清は鏡清道怤、曹山は曹山本寂。

○理・事＝不生不滅の真理と、生滅変化する森羅万象。
○官不容針、私通車馬＝表向きは峻厳でも、裏口からは何のチェックも無く迎え入れられる。

雲門便拈来示衆、已是十分現成。不可更似座主相似、与你注解去。他慈悲更与你下注脚道、拈灯籠向仏殿裏、将三門来灯籠上。且道、雲門恁麼道、意作麼生。不見古人云、無明実性即仏性、幻化空身即法身。又云、即凡心而見仏心。形山即是四大五蘊也、中有一宝、秘在形山。所以道、諸仏在心頭、迷人向外求。内懐無価宝、不識一生休。又道、仏性堂堂顕現、住相有情難見。若悟衆生無我、我面何殊仏面。心是本来心、面是娘生面。劫石可移動、箇中無改変。有者只認箇昭昭霊霊為宝。只是不得其用、亦不得其妙、所以動転不得、開撥不行。古人道、窮則変、変則通。

拈灯籠向仏殿裏、若是常情、可測度得、将三門来灯籠上、還測度得麼。雲門与你一時打破情識意想得失是非了也。雪竇道、我愛韶陽新定機、一生与人抽釘抜楔。又云、曲木拠位知幾何、利刃剪却令人愛。他道、拈灯籠向仏殿裏。這一句、已截断了也。又将三門来灯籠上。若論此事、如撃石火、似閃電光。

雲門は取り上げて皆に示したが、すでに充分完璧であった。その上に講経僧のようにお前たちに注解してやってはならない。（ところが）彼は慈悲深く更にお前たちのために注釈をつけて言った、「灯籠を掲げて仏殿の中へ行き、三門をとって灯籠の上に乗せる」。さて、雲門がこう言った意図はどうだろう。ほら、古人が言うではないか、「無明の本性はそのままに仏性であり、幻化する空なる身はさながら法身である」。また、「凡心において仏心を見て取る」。形山とは、四大五蘊である。「その中にひとつの宝が有り、肉体に隠れている」。そこで言うのだ、「諸仏は心にいるが、迷った輩は外に求める。内に値のつけようもなく貴重な宝を抱えながら、わからなければ一生がそれで終わり」。

また、「仏性は明らかに露呈しているが、現象に執する衆生にはわからない。もし衆生に我無きことがわかれば、私の顔は仏と違わない」。また、「心は本来の心、顔は母親の生んだままの顔。劫石も動かしえたとて、ここに変化はない」。ある連中は、明らかで霊妙なやつが宝だと思うだけで、そのはたらきは手にいれられず、その霊妙さも得られない。そこで身動きもできぬし、はねのけることもできない。古人は言った、「窮すれば変じ、変ずれば通ず」。「灯籠を掲げて仏殿の中へ行き」、もし凡情で察しがつくなら、「三門をとって灯籠の上に乗せる」は理解できるか。雲門はお前たちの為に一気に凡情からする考えや得失是非を打ち砕いたのだ。雪竇は言った、「わしは韶陽《しょうよう》(雲門)の斬新なるはたらきを愛する。(彼は)一生学人のために釘や楔をぬいてやったのだ」。また、「曲木に座を占めるものは何人もあるだろうが、(雲門は)鋭い刃で切り捨てて人を魅了する」。彼は言った、「灯籠を掲げて仏殿の中へゆき」、この一句で既に断ち切っているが、更に「三門をとって灯籠の上に乗せる」。この大事を論ずれば、電光石火の如くである。

○座主＝経典を講義する僧。
○古人云＝『証道歌』に出る。この句の表現が踏まえる経・論については、筑摩『信心銘・証道歌・十牛図・座禅儀』三六頁参照。
○又云＝清涼澄観『大方広仏華厳経疏』序に出る。
○四大五蘊＝「四大」は地・水・火・風。「五蘊」は色・受・想・行・識。現象的な物質・精神を形づくる要素。
○所以道＝唐・法照『浄土五会念仏誦経経観行儀』巻中に見える。
○又道＝『伝灯録』巻一〇・長沙景岑章に出る景岑の偈。『伝灯録』では、二句目が「住性有情難見」となっている。「住相」は相に執着するととっておく。「有情」は、衆生のこと。
○心是本来心、面是娘生面。劫石可移動、箇中無改変＝『伝灯録』巻三〇・南嶽懶瓚和尚歌に出る。『伝灯録』では一句目が

「心是無事心」となっている。「劫石」は、劫という非常に長い時間を表すのに用いられる巨大な石のことか。たとえば『菩薩瓔珞本業経』巻下には一、二里から一〇里立方の石を三銖の重さの天衣で人間界の時間で三年に一度払い、石が磨滅してなくなるまでが小劫、八〇里立方の石を三銖の重さの梵天衣で梵天界の時間で三年に一度払い、石が磨滅してなくなるまでが中劫、八〇〇里立方の石を三銖の重さの浄居天衣で浄居天の時間で三年に一度払い、石が磨滅してなくなるまでが一大阿僧祇劫というとある。

○昭昭霊霊＝第九九則本則評唱によれば、識神のことをいう。しかし、『臨済録』示衆には、いきいきとはたらく仏性そのものの形容として用いている。ここでは一応後者としておく。『種電鈔』は前者ととる。また、『伝灯録』巻一八・玄沙師備章に「昭昭霊霊」を巡る議論が見える。

○動転＝身動きする。

○開撥＝撥開と同じと見て、はねのけるの意ととっておく。

○古人道、窮則変、変則通＝『周易』繫辞下伝にもとづく語。第一〇則頌評唱によれば、晦堂祖心の語だという。

○若是常情、可測度得＝『不二鈔』によると、福本には「若用作常情、何以測度得」とあったという。一夜本は「若用作常情、可以測度得」に作る。

○雲門与你一時打破…＝「利刃翦却令人愛」まで、『不二鈔』によると、福本には「雲門与你一時打破情塵意想得失是非了也。還模索得麼。可謂言無味、語無味。識得鉤頭意、莫問定盤星。所以道、我愛韶陽老古錐、利刀翦却令人愛」とあったという。『一夜本』も「雲門与你一時打破情塵意想得失是非了也。還莫得麼。可謂言無味、語無味。識得鉤頭意、莫認定盤星。所以道、我愛韶陽老古錐、利刀剪却令人愛」とある。

○我愛韶陽新定機、一生与人抽釘抜楔＝韶陽は雲門、新定は睦州道蹤のこと。第六則本則評唱既出。

○曲木拠位知幾何、利刃翦却令人愛＝『雪竇語録』巻五・祖英集「送勝因長老」の句。雲門を讃えて、「韶陽間出多慷慨、権要雄雄曾絶待。曲木拠位知幾何、利刃翦却令人愛」の形で出るもの。『種電鈔』に従い、曲木に坐り禅師としてふるまう者は多いが、その中でも雲門は鋭いはたらきが抜きんでて素晴らしい、の意ととる。

雲門道、汝若相当去、且覓箇入路。微塵諸仏、在你脚跟下、三蔵聖教、在你舌頭上、不如悟去好。和尚子莫妄想。天是天、地是地。山是山、水是水。僧是僧、俗是俗。良久云、与我拈面前按山来看。便有僧出問云、学人見山是山、水是水時如何。門云、三門為什麼従這裏過。恐你死却。遂以手劃一劃云、識得時、是醍醐上味、若識不得、反為毒薬也。

所以道、了了了時無可了、玄玄玄処直須呵。雪竇又拈云、乾坤之内、宇宙之間、中有一宝、秘在形山。掛在壁上、達磨九年、不敢正眼覷著。而今衲僧要見、劈脊便棒。看佗本分宗師、終不将実法繋綴人。玄沙云、羅籠不肯住、呼喚不回頭。雖然恁麼、也是霊亀曳尾。雪竇頌云、

雲門は言った、「お前たち、もし立ち向かえるなら、(悟りへの)入り口を探せ。数限り無い仏たちが、お前の足元におり、三蔵の聖なる教えが、お前の舌上にあろうとも、悟ることのよきには及ばないぞ」。「諸君、余計な分別をおこすな。天は天、地は地、山は山、川は川、僧は僧、俗は俗だ」。しばらくして言った、「わしに前にある按山《あんざん》をもってきてみてくれ」。僧が出てきて問うた、「わたくしが山は山、川は川と見た時はどうでしょう」。雲門「三門はなぜここから通るのか。お前は死んでしまうのではないか」。そして手でくぎるしぐさをして言った、「分かった時は、醍醐にも勝る味。わからねば逆に毒薬となる」。

そこでいうのだ、「徹底的にけりをつけた時にはけりをつけるべきものは無く、何重にも奥深い所こそどやしつけなくてはならぬ」と。雪竇はまたとりあげて言った、「天地の内、宇宙の間、その中にひとつの宝が有り、肉体に隠れている。壁に掛けたまま、達磨は九年間、まともに見つめようとしなかった。今お前たちが見ようとするなら、背中めがけて棒を食らわすぞ」。ほら、本来の境地に立った師匠たちは、結局不変の真理などで人を縛りつけたりしないのだ。玄沙《げんしゃ》は言った、「包みとらんとすれど留まらず、呼んでも振り返らない」。そうはいっても、霊妙な亀が尾を

引きずるというものだ。雪竇が頌をつけた。

○雲門道…＝『雲門広録』巻中・垂示代語に「一挙不再説。作麼生是一挙。又云、你汝若不相当、且覓箇入頭路。微塵諸仏尽在你舌頭上、三蔵聖教在你脚跟下、不如悟去好。還有人悟得麼。出来道看」とある。『不二鈔』によれば、蜀福両本は「汝若相当去」のかわりに「汝若不相当去」となっているという。『種電鈔』、一夜本も「不」がある。ここでは「不」を入れて「立ち向かえぬなら」の方が適当であろう。

○相当＝相手に立ち向かう。

○微塵＝微塵数の、ということで、無数にあること。

○和尚子莫妄想…＝『雲門広録』巻上・対機に出る。最後の問答は『雲門広録』では「師云、三門為甚麼従這裏過。進云、与麼則不妄想去也。師云、還我話頭来」となっている。『会元』巻一五・雲門章には「三門為甚麼従這裏過」の代わりに「山門為甚麼騎仏殿、従這裏過去」とある。また、『圜悟心要』巻下終・示悟侍者にも引き、そこでは「雲門示衆云、和尚子莫妄想。山是山、水是水、僧是僧、俗是俗。時有僧問、学人見山是山、見水是水時如何。雲門以手劃一劃云、仏殿為什麼従箇裏去」となっている。なお「恐你死却」「識得時、是醍醐上味、若識不得、反為毒薬也」については、『不二鈔』にも言うとおり、雲門の語であることが確認できない。

○按山＝陰宅風水で、墓穴を造営する山の前方程近くに有る低い山を「案山」という。『地理人子須知』巻五上「総論朝案二山」に「夫曰朝曰案、皆穴前之山、……蓋其近而小者称案、遠而高者称朝、謂之案者如貴人拠案処分政令之義、謂之朝者即賓主相対抗礼之義、故案山近小而朝山高遠也」とある。また『碧巌集方語解』には、中国で宮城・邸宅を造営する時、北方に高い山、南方に低い山があり、北の高い山に続いてそれを輔ける山が有るところをよしとし、それぞれ主山・案山・輔山というとするが、その説のように、陽宅風水、特に寺院造営上の風水を踏まえていったものともとれる。第五六則本則著語に「主山高按山低」とあり、『西巌了慧禅師語録』巻上に「只如前是案山後是主山」の用例があるので、禅籍では後ろにある主山と対になる概念として使われているのは間違いない。なお無著道忠『虚堂録犁耕』には『虚堂録』巻一・慶元府顕孝禅寺開山語録の「為甚麼客山高、主山低」という類似の用例をふまえて「忠曰、客山在寺前、対吾如客、故云。主山、寺後之山。蓋顕孝主山低、客山高也」というが、この客山も同じであろう。
○劃＝しきる、くぎりをつける。ここではそういう動作をすること。
○了了了時無可了、玄玄玄処直須呵＝『伝灯録』巻二九・同安禅師詩十首のうち、「正位前」の詩の二句「了了了時無所了、玄玄玄処亦須訶」を踏まえる。
○雪竇又拈云＝『明覚禅師語録』巻二・後録に「乾坤之内、宇宙之間、中有一宝、挂在壁上、達磨九年、不敢正眼覰著。如今衲僧要見、劈脊打」の形で出る。『不二鈔』『種電鈔』は、本文の「秘在形山」の一句を、この出典及び福本に従って削るべきだとする。
○正眼覰著＝正面から見つめる。
○実法＝不変の真理。
○繋綴＝つなぎ止める。
○玄沙云＝『玄沙広録』巻中、『会要』巻二三・玄沙章、『会元』巻七・玄沙章に「牢籠不肯住、呼喚不回頭」の形で示衆・上堂の語として見える。羅籠・牢籠ともにとりこむ、閉じ込めるの意。羅籠不住の形は第五則本則評唱既出。
○霊亀曳尾＝悟りの痕跡が残っている。第四則本則著語既出。

【頌】

看看、〔高著眼。用看作什麼。驪竜玩珠〕
古岸何人把釣竿。〔孤危甚孤危、壁立甚壁立。賊過後張弓。脳後見腮、莫与往来〕
雲冉冉、〔打断始得。百匝千重。炙脂帽子、鶻臭布衫〕
水漫漫。〔左之右之、前遮後擁〕
明月蘆花君自看。〔看著則瞎。若識得雲門語、便見雪竇末後句〕

見よ見よ、〔高く目をつけろ。見てどうするのだ。黒竜が珠を玩んでいる〕
もの古りた岸辺で誰が釣竿を手にするのか。〔そびえ立つ、ひどくそびえ立つ。そそりたつ、大層そそりたつ。賊が去ってから弓を構えている。頭の後ろから腮《あご》が見えるようなやつとはつきあうな〕
雲がゆったり、〔断ち切ってこそ。幾重にも幾重にも。脂じみた帽子に、腋臭臭い肌着だ〕
水がひろびろ、〔ああしたりこうしたり、前で遮り後ろから抱き止める〕
明月と蘆《あし》の花を君自分で見たまえ。〔見れば盲となる。雲門の語が分かれば、雪竇の最後の句がわかる〕

○驪竜玩珠＝驪竜（黒い竜）は顎の下に宝珠を所持しているといわれ（『荘子』列禦寇）、仏性に譬えられる。その宝珠を竜自身がめでている情景。
○古岸何人把釣竿＝『種電鈔』に「雲門示衆処、似在古岸絶勝地、把釣竿、而不知王侯、不管栄枯、神古眼高、風流麗落、世無類者相似。畢竟大無心境界、禅道仏法気味、所泯絶真域也」と解している。
○脳後見腮、莫与往来＝頭の後ろから腮が見えるような化け物とはつき合うな。第二五則本則著語既出。
○冉冉＝ゆっくり進むさま。
○炙脂帽子、鶻臭布衫＝垢じみた帽子と腋臭の臭いのついた衣。煩悩・情識の譬え。第一二則頌評唱に「膩脂帽子、鶻臭布衫」の形で既出。頌の悟りくささを揶揄する。
○左之右之＝第六〇則頌著語にみえ、第三六則頌著語にも出る（「左之右之添一句」の形）。左したり右したりということで、ああだこうだともたもたすることととる。
○明月蘆花君自看＝「明月蘆花」は白一色で区別のつかない悟りの風光。『伝灯録』巻二九・同安禅師詩十首のうち、「正位前」の詩に、「鷺鷥立雪非同色、明月蘆花不似他」の用例あり。

【評唱】

若識得雲門語、便見雪竇為人処。他向雲門示衆後面両句、便与你下箇注脚云、看看。你便作瞠眉瞠眼会、且得没交渉。古人道、霊光独耀、迥脱根塵。体露真常、不拘文字。心性無染、本自円成。但離妄縁、即如如仏。若只向瞠眉努眼処坐殺、豈能脱得根塵。雪竇道、看看、雲門如在古岸把釣竿相似。雲又冉冉、水又漫漫。明月映蘆花、蘆花映明月。正当恁麼時、且道、是何境界。若便直下見得、前後只是一句相似。

もし雲門の言葉がわかれば、雪竇の人のためにする所がわかる。彼は雲門が衆僧に示した後の方の二句について、お前のために注釈をつけて言った、「見よ、見よ」。お前がここで眉を吊り上げ目を見はることと理解するなら、まったくの大はずれ。古人は言った、「霊妙な光がひとり輝き、はるかに相対世界を超えている。変わりなき真実の姿をさらけ出し、言語にとらわれない。心性はけがれなく、もともと完全だ。虚妄の事物を離れさえすれば、真理を体得した仏そのものだ」。もし、ただ眉を吊り上げ目を見はるところにすわりこんでしまうなら、どうして六根六塵の相対世界から脱しえようか。雪竇は言った、「見よ、見よ」。雲門は、もの古りた岸辺で釣り竿を手にする如くだ。「雲はまたゆったり、水はまたひろびろ」。明月が蘆の花に照り映え、蘆の花に明月が照り映える。まさにこうした時、さてどういった境地か。もし直ちにわかれば、前も後もただ一句のようになる。

○瞠眉瞠眼＝「瞠」は目をみはること。「瞠眉」は眉をつりあげることか。
○古人道＝『伝灯録』巻九・古霊神讃章に、古霊神讃がもとの受業の師に対して百丈の門風を歌った偈として引かれる。『祖堂集』巻一六・古霊章にも見える。
○根塵＝六根(主観)と六境(客観)。一切の相対・対立の意に用いる。
○真常＝如来所得の法が真実常住であることをいう。
○妄縁＝「縁」とは内外の事物。その本体が妄であり、また我が妄をひきおこすものであることをいう。

○如如仏＝如如の理体を悟得した仏。「如如」とは、諸法の理体が不二平等であること。真如。
○坐殺＝尻を据える、おさまりかえる。
○前後＝『種電鈔』は、前とは「雲冉冉、水漫漫」、後とは「名月映蘆花、蘆花映名月」というが、不自然である。雲門の語の前半（『肇論』の引用部分）と後半とのことをいうとも考えられる。

第六十三則　南泉《なんせん》が猫を斬る

垂示云、意路不到、正好提撕。言詮不及、宜急著眼。若也電転星飛、便可傾湫倒嶽。衆中莫有辨得底麼。試挙看。

思慮分別のとどかぬ所こそ、取り上げるのにふさわしい。言葉の及ばぬあたりこそ、すぐさま注目するがよい。もし稲妻の如く翻り、星の如く飛び去れば、池をくつがえし山岳を逆さにする事ができる。皆の中にわかるものはいないか。取り上げてみよう。

○意路不到、正好提撕＝「意路」は俗世間の思慮分別のこと。第五則本則評唱既出。「提撕」は、師匠が修行者を指導することの意もあるが、ここは『無門関』第一則に「将三百六十骨節、八万四千毫竅、通身起箇疑団、三箇無字、昼夜提撕」とあるように、修行者がみずからの啓発のために問題を取り上げて意識を集中させること。
○傾湫倒嶽＝池の水をくつがえし、高山をさかさまにする。禅者の見事な手並み。

【本則】

挙。南泉一日、東西両堂争猫児。〔不是今日合鬧、也一場漏逗〕

南泉見遂提起云、道得即不斬。〔正令当行、十方坐断。這老漢有定竜蛇手脚〕
衆無対。〔可惜放過。一隊漆桶、堪作什麼。杜撰禅和、如麻似粟〕
泉斬猫児為両段。〔快哉、快哉。若不如此、尽是弄泥団漢。賊過後張弓、已是第二頭。未挙起時、好打〕

南泉《なんせん》山である日、東西の両堂の僧が猫のことで争っていたが、〔今日はじめての大騒ぎではなく、またもやぼろをだした一幕だ〕

南泉はそれを見て、猫を持ち上げて言った。「言うことができれば、斬らぬ」。〔朝廷の法令が今まさに行われ、十方の動きが封じられた。このおやじ、竜と蛇を見定める技量の持ち主だ〕

皆答えなかった。〔惜しい、見逃してしまった。蒙昧な者どもが何になろう。でたらめ坊主が麻の実や粟粒のように、うようよだ〕

南泉は猫を二つに斬った。〔見事、見事。此の如くならねば、いずれも泥団子をこねまわすやからだ。盗賊が行ってしまってから弓を構えるのでは、すでに第二段階に転落だ。取り上げる前に打ってやれ〕

○本則は、『祖堂集』巻五・徳山章、『伝灯録』巻八・南泉章、同巻一五・徳山章、『趙州録』巻上等に見えるが、多少異同がある。有名な話である。
○南泉＝この書き出しのスタイルは『碧巌録』には珍しく、『無門関』の形に近いが、ここでは前の南泉を、南泉普願(七四九―八三四。第二六則既出)が禅院を興して住した安徽省貴池県の山をさすものと取る。
○東西両堂＝僧堂を東西に二分したもの。
○不是今日合鬧、也一場漏逗＝『不二鈔』によると、福本には「不可今日合鬧一場、這漢漏逗」とあったという。また、『種電鈔』は「不是今日合鬧也、一場漏逗」と切るが、とらない。意味としては、『種電鈔』に「尋常角業識鬧啾啾地也」とある通り、不断からやかましく騒いでいる上、またここでぼろを出した、の意であろう。「合鬧」ははめをはずして騒ぐこと。第八四則本則著語にも「這漢太煞合鬧一場、合取口」の形で出る。『禅学俗語解』には「大家合攏来相鬧也。そうそうがより合うてヤカマシクいふ也」とある。
○正令当行＝天子の法令が目の当たりに実施された。
○弄泥団漢＝泥の塊をいじくる男。意味もなくものをこねくりまわす連中。第二八則本則評唱既出。
○賊過後張弓、已是第二頭＝南泉の提起を見逃してしまうような輩は、もう第二義門に転落。

〔評唱〕

宗師家、看他一動一静、一出一入。且道、意旨如何。這斬猫児話、天下叢林、商量浩浩地。有者道、提起処便是。有底道、在斬処。且得都没交渉。他若不提起時、亦匝匝地作尽道理。殊不知、他古人有定乾坤底眼、有定乾坤底剣。你且道、畢竟是誰斬猫児。

只如南泉提起云、道得即不斬、当時忽有人道得、且道、南泉斬不斬。所以道、正令当行、十方坐断。出頭天外看、誰是箇中人。其実当時元不斬。此話亦不在斬与不斬処。此事軒知、如此分明、不在情塵意見上討。若向情塵意見上討、則辜負南泉去。但向当鋒剣刃上看、是有也得、無也得、不有不無也得。所以古人道、窮則変、変則通。而今人不解変通、只管向語句上走。南泉恁麼提起、不可教人合下得甚語。只要教人自薦、各各自用自知。若不恁麼会、卒摸索不著。雪竇当頭頌云、

禅の師匠の、その動静、出入りのさまについて、さてその意味はどんなものか。この猫を斬った話は、天下の寺々で果てなきまでに議論されている。有るものは、持ち上げたところがそうだといい、あるものは斬ったところにある、と言っている。ところがいずれも的外れだ。彼が持ち上げなかったとしても、やはりごたごたと理屈を付けおったで

あろう。ところが実は、古人には天下を鎮める眼力があり、天下を鎮める剣があるのだ。さて、結局誰が猫を斬ったのか。

ところで、南泉が持ち上げて、言いえれば斬らないと言ったが、そのとき言いえる人がいたならば、さて、南泉は斬ったか斬らなかったか。そこで言う、「朝廷の法令が今まさに行われ、十方の動きが封じられた」。天の外に頭を突き出して見ろ、いったい誰が『ここ』の者であろうか。実はそのとき元来斬ってはいなかったのだ。この話の要点は斬るか斬らないかにはない。このことをはるかに見て取り、かくの如くはっきりさせ、思慮分別に求めるな。もし思慮分別に求めるなら、南泉にそむくことになる。ただ剣の刃において見れば、有もよし、無もよし、有ならず無ならぬもよし。そこで古人は、「窮すれば変ず、変ずれば通ず」と言ったのだ。今のものは変通を解さず、ひたすら語句の上をゆくばかり。南泉がかく取り上げたが、人に何か言わせてはならない。ただ、人が自分で理解し、それぞれに自分で味わい自分で知るようにさせねばならぬ。もしかく会得しなければ、結局さぐりあてられない。雪竇がすぐさま頌をつけていった。

○宗師家＝第二六則本則評唱既出。ここでは南泉のことをさすか。
○浩浩地＝(広大で、或いは長く続き)はてしないさま。第七則頌評唱に「諸方商量這話浩浩地」の形で既出。
○匝匝地作尽道理＝ここでは、『禅学俗語解』に言う如く、第八則本則評唱に「咂咂地与他酬唱作什麼」とある「咂咂地」と同じ意味か。とすればぺちゃぺちゃとおしゃべりするさま。
○定乾坤底眼＝天下の秩序を安定させる眼力。第八則頌評唱既出。
○忽＝もし。第三則頌評唱既出。
○正令当行、十方坐断＝『会元』巻一二・浮山法遠章「問、祖師門下、壁立千仞、正令当行、十方坐断、和尚将何表示。師曰、寒猫不捉鼠」。

○出頭天外看、誰是箇中人＝唯我独尊の境地。「箇中人」とは、仏法を会得した者の意。
○軒知＝はるかに知る。時や所の隔てをこえて、それとわかること。従来は『種電鈔』『葛藤語箋』など、「軒」を「明らかに」と訓じてきたが、『禅語辞典』は誤りだとする。ただし、「軒露」は明らかに現れるの意であり、第九八則本則著語の「軒知你鼻孔在別人手裏」なども「明らかに知る」の可能性もあるかに思われる。
○向当鋒剣刃上看＝言語を超えた端的のところ。
○古人道＝第一〇則頌評唱には「黄竜心和尚道、窮則変、変則通」とあり、晦堂祖心の語とされるが、出典未詳。第六二則本則評唱にも出る。
○不可教人合下得甚語＝「合」は「…すべきである」の意。『伝灯録』巻二七・諸方雑徴拈代別語に、「法眼和尚謂小児曰、因子識得爺。爺名什麼。無対。法眼却問一僧。若是孝順之子、合下得一転語。且道、合下得什麼語。無対」とあり、また、同巻一五・洞山良价章には、「師有時垂語曰、直道本来無一物、猶未消得他衣鉢。遮裏合下得一転語、且道下得什麼語」とある。第六六則本則評唱にも「諸人且道、這裏合下得什麼語、免得他笑」とある。ただ、ここでは落ち着きが悪く、衍字か。
○当頭＝その場で。即座に。第五則頌評唱既出。

【頌】
両堂倶是杜禅和、〔親言出親口。一句道断。拋款結案〕
撥動煙塵不奈何。〔看你作什麼折合。現成公案。也有些子〕
頼得南泉能挙令、〔挙払子云、一似這箇。王老師猶較些子。好箇金剛王宝剣、用切泥去也〕
一刀両段任偏頗。〔百雑砕。忽有人按住刀、看他作什麼、不可放過也。便打〕

両堂の僧ともにでたらめ坊主、〔自分のことは自分の口から出る。一句で言い切った。口書きに従って判決を下す〕
土ぼこりを巻き上げてもどうしようもない。〔お前がどう決着つけるかな。目の前に提示された公案だ。ここにも

少々ある〕

さいわいに南泉が法令を示しえて、〔払子を挙げて、「これそっくりだ」。王老師、まだもう一息だ。見事な金剛の宝剣を、泥を切るのに用いよった〕

一刀両断し、釣合いの悪さなどおかまいなしだ。〔木っ端微塵だ。もし刀を押さえつけるものがあったら、南泉がどうするか見て取り、見逃してはならぬ。そこで打つ〕

○杜禅和＝杜撰な僧の意。

○親言出親口＝自分のことは自分の口から言ってしまうものだ。雪竇自身も杜禅和だ。第一〇則頌著語既出。

○煙塵＝戦塵。『種電鈔』『不二鈔』ともに煙塵の一句を両堂の僧の争いを戦争に譬えたものと取る。

○折合＝しめくくりをつける。決着をつける。

○現成公案＝目の前に提示された問題。第五一則垂示既出。

○也有些子＝『種電鈔』はこれを「不奈何処却好処些子」と褒め言葉ととり、第四四則頌著語他の「也有些子」にも一貫して一定の肯定的評価を含む語としての解釈を下している。それに従う。どうしようもないところに、いささか見所がある。

○挙令＝法令を提示する。第六〇則頌著語に「挙令者先犯」の用例あり。

○挙払子云、一似這箇＝『種電鈔』に、「是れ宗師家不伝の宝剣なり」と解する。

○王老師＝南泉の別称。第二一則頌著語既出。

○偏頗＝筑摩『雪竇頌古』に「偏りの意であるが、ここでは南泉の行為・思考が不均衡、つまり中庸をえぬのをいう」とするのに従う。両断された猫の二つの部分に長短があるとする解はとらない。

○忽有人按住刀＝刀をおさえつけて、南泉が猫を斬れないようにしたならば、の意。

【評唱】

両堂倶是杜禅和、雪竇不向句下死、亦不認驢前馬後、有撥転処、便道、撥動煙塵不奈何。雪竇与南泉把手共行、一句説了也。両堂首座、没歇頭処、到処只管撥動煙塵、奈何不得。頼得南泉与他断這公案、収得浄尽。他争奈前不搆村、後不迭店。所以道、頼得南泉能挙令、一刀両段任偏頗。直下一刀両段、更不管有偏頗。且道、南泉拠什麼令。

「両堂の僧ともにでたらめ坊主」。雪竇は言葉にとらわれず、またロバやウマのまわりをうろつく輩にかまわず、機転をきかせて、「土ぼこりを巻き上げてもどうしようもない」と言ったのだ。雪竇は南泉と手をとって行き、一句で説きおえた。両堂の首座は、おちつきどころなく、いたるところでひたすら土ぼこりをまきあげるばかりで、どうしようもない。幸いに南泉がやつらのためにこの公案に断を下し、きれいさっぱり収め取った。やつらは前に進んでも村にゆきつけず、後ろに戻っても旅籠につけないのを、どうしようもなかった。そこで、「さいわいに南泉が法令を示しえて、一刀両断し、釣合いの悪さなどおかまいなしだ」というのだ。ずばりと一刀両断し、偏りがあろうとかまわないのだ。さて、南泉は何の法令に拠ったのか。

○向句下死＝言葉にとらわれて身動きとれなくなること。
○認驢前馬後＝『祖堂集』巻六・洞山和尚章に「今時学者例皆如此、只認得驢前馬後、将当自己眼目。仏法平沈、即是便是」とあり、また第五三則本則評唱には「若只依草附木、認箇驢前馬後、有何用処」、第九九則本則評唱に「看他奇特漢、豈只去認箇昭昭霊霊、落在驢前馬後」とあり、よからぬ意味であることは明らかである。ロバやウマの綱を引き、そのまわりをうろうろする如き下らぬもの、という意味で、主体性を失い他に追従するもののたとえととる。
○撥転＝手玉にとってあやつる。第一則頌評唱既出。本来ははじいて回転させるの意。
○歇頭＝歇子と同じく、休むの意か。

○前不搆村、後不迭店＝「搆」は届く。「迭」も到達する。前へ進んでも村にはたどりつけず、引き返しても旅籠には行き着けぬ。行きもならず戻りもならぬ宙ぶらりんの状態をいう。

第六十四則　趙州《じょうしゅう》が草鞋を頭に載せる

【本則】

挙。南泉復挙前話、問趙州。〔也須是同心同意始得。同道者方知〕

州便脱草鞋、於頭上戴出。〔不免拖泥帯水〕

南泉云、子若在、恰救得猫児。〔唱拍相随。知音者少。将錯就錯〕

南泉はまた先の話をとりあげて趙州に問うた。〔やはり心もちを同じうしなくてはならぬ。同じ仏道を歩むものだけがわかるのだ〕

趙州はすぐに草鞋を脱ぐと、頭の上に載せて出ていった。〔泥水まみれを免れず〕

南泉が言った、「君がいたら、ちゃんと猫を助けられたがな」。〔歌と拍子とがぴったりあっている。深く心を許し合うものは少ない。過ちをあくまで押し通す〕

○本則は、第六三則の話の続きである。

○也須是同心同意始得＝『不二鈔』によれば福本にはこの下に、底本では頌の著語である「不消更斬（あらためて斬るには及ばぬ）」の四字があったという。

○州便脱草鞋、於頭上戴出＝趙州のこの動作について、評唱に挙げるように、当時いくつかの解釈があったようだが、その意味はっきりしない。
○唱拍相随＝歌と拍子とが調和する。第四則頌著語既出。
○将錯就錯＝第八則本則著語既出。自分の間違いを逆手に利用する。自分の過ちを強引に自己主張に転化すること。

〔評唱〕

趙州乃南泉的子、道頭会尾、挙著便知落処。南泉晩間復挙前話問趙州。州是老作家、便脱草鞋、於頭上戴出。泉云、子若在、却救得猫児。且道、真箇恁麼不恁麼。南泉云、道得即不斬。如撃石火、似閃電光。趙州便脱草鞋、於頭上戴出。

佗参活句、不参死句。日日新、時時新。千聖移易一糸毫不得。須是運出自己家珍、方見他全機大用。他道、我為法王、於法自在。人多錯会道、趙州権将草鞋作猫児。有者道、待他云道得即不斬、便戴草鞋出去、自是你斬猫児、不干我事。且得没交渉、只是弄精魂。殊不知、古人意、如天普蓋、似地普擎。他父子相投、機鋒相合。那箇挙頭、他便会尾。如今学者、不識古人転処、空去意路上卜度。若要見、但去他南泉・趙州転処便見好。頌云、

趙州は南泉の嫡子で、頭を言えば尾を理解し、取り上げればすぐに落ち着き所がわかるのだ。南泉は夜、また先の話を趙州に問うた。趙州は年期の入った禅匠だったので、すぐ草鞋を脱いで、頭に載せて出ていった。南泉は、「君がいたら、猫を助けられただろうに」と言った。さて、本当に、こうなのかこうでないのか。南泉は、「言いえれば斬らない」と言った。電光石火のようだ。趙州はすぐ草鞋を脱ぐと、頭に載せて出ていった。

彼は活きた句に参じ、死んだ句には参じない。日々新しく、時々に新しい。大勢の聖人達も毛筋ほども動かせぬ。

自分の家の宝をもち出してきてこそ、彼の完全なる働きがわかる。彼は、「わしは仏法の王であり、仏法において自在である」と言った。人は多く誤って理解し、趙州は仮に草鞋を猫としたのだ、という。あるものは、「言いえれば斬らない」と言った時に、草鞋を頭に載せて出てゆき、お前が勝手に猫を斬るのであって、おれには関係ないぞというものだ、という。どっこいまとはずれ、ただ精神を無駄に使っているだけだ。古人の意図は、天が広く覆うが如く、地が広く支えるが如くであるのを知らないのだ。

彼らは父子のように呼吸があい、切っ先が切り結んだのだ。あちらが頭をとりあげれば、こちらは尾を心得る。今の学者は、古人の一段上へと転ずるところを知らず、虚しく意識分別において推し量っている。もし分りたければ、南泉・趙州が身を転ずるところにゆけば、好消息をえられよう。頌していう。

○的子＝嫡子。直系の実子。第二一則頌評唱既出。
○道頭会尾＝『種電鈔』に「南泉道始、趙州便会終」とある通り、始めを言えばすぐに終わりを悟ること。挙一明三。
○真箇＝まことに、まことの。第二八則本則評唱既出。
○日日新、時時新＝『礼記』大学「湯之盤銘曰、苟日新、日日新」をふまえた表現。ひとところに凝滞せずに、常に新たであること。『種電鈔』に「一回一回新鮮作略也」とある。
○自己家珍＝自らのうちなる真実。「従門入者、不是家珍」(第五則本則評唱など)参照。
○他道＝『不二鈔』によると福本には「不見道(ほら、……とあるではないか)」とあったといい、一夜本も同じである。『種電鈔』は本文に従い、他を趙州ととっているが、根拠がない如くである。前者の方がよいか。
○我為法王、於法自在＝『法華経』譬喩品の語。第六一則本則著語既出。
○弄精魂＝第一則本則評唱既出。『禅語辞典』では物の怪に憑かれたように振る舞う意とする。一方、朱熹は禅について「不必看経、不必静坐、越弄得来濶、其実只是作弄這些精神」(『朱子語類』巻一二六)とか、「於自己身上認得一箇精神魂魄有知有覚之物、即便目為己性、把持作弄、到死不肯放舎」(『朱文公文集』巻四一・答連嵩卿第一書)という如く「弄精魂」に近い語で形容しつつ批判していくが、これらは普通、禅を、理ならず気にすぎぬ知覚運動を性と誤解したものと見ての発言として、「精神をいじくる」(吉川幸次郎・三浦国雄『朱子集』三九〇頁)などと訳される。『漢語大詞典』には、「弄精神」「弄精魂」を同じ意味だとし、「傷神、費心思(こころを疲れさせる)」の意味だとする。ここでは、『漢語大詞典』の説で解する。

○如天普蓋、似地普擎＝擎は捧げる、挙げる。第八〇則本則評唱にも出る。

○転処＝後出の頌の評唱に「他是透徹底人、跁著磕著便転」とあるのと照応する。一段上へと超出すること。

【頌】

公案円来問趙州、〔言猶在耳。不消更斬。喪車背後懸薬袋〕

長安城裏任閑遊。〔得恁麼快活。得恁麼自在。信手拈来草。不可不教你恁麼去也〕

草鞋頭戴無人会、〔也有一箇半箇。別是一家風。明頭也合、暗頭也合〕

帰到家山即便休。〔脚跟下好与三十棒。且道、過在什麼処。只為你無風起浪。彼此放下。只恐不恁麼。恁麼也大奇〕

案件を丸く収めて趙州に問い、〔言葉がなお耳に残る。更に切る必要なし。霊柩車の後ろに薬草の袋をぶら下げる〕

長安の町でのんびりと遊覧するがよい。〔かくも楽しく、かくも自由たりえている。手あたり次第に草を摘む。お前にかくあらせねばならぬ〕

草鞋を頭に載せたが、わかるものは誰もいない。〔一人位はいる。また別の一流儀だ。明るいのもぴたり、暗いのもぴたり〕

故郷に帰ってそれでおしまいだ。〔足元に三十棒くらわせてやろう。さて、過ちはどこにある。ただお前が、風もな

いのに波をたてるからだ。お互い放り出した。そうはゆかぬと思うが、そうならまたなんとも素晴らしい〕

○円来＝筑摩『雪竇頌古』に「円来は、一件落着の意」とある。円は、整える、辻褄を合わせる、まるくおさめるの意であろう。
○喪車背後懸薬袋＝手遅れのこと。『宗門方語』に「事已不及」とあり、『不二鈔』にも「方語、事過不及」とある。
○長安城裏任閑遊＝筑摩『雪竇頌古』は、「趙州が草鞋を頭にのせて出ていったのをうけて、趙州がのんびりと思うがままに遊ぶのを南泉がうれしそうに眺めているとみたてたもの」という。
○不可不教你恁麼去也＝この「你」は『大講座』に従って趙州とみる。
○明頭也合、暗頭也合＝第三九則頌評唱「是明頭合、暗頭合」参照。「明」は判断できるところ、「暗」は判断を超えたところ。
○家山＝ふるさと。本来の家郷。いわゆる帰家穏坐。
○只為你無風起浪＝ここの你は『大講座』に従って両堂の僧、南泉、趙州、雪竇すべてを含むとみる。
○彼此放下＝南泉も趙州も家に帰って荷物を下ろした。本来の無為の境地に立ち帰った。
○只恐不恁麼＝『種電鈔』に「抑二大老」とあるのに従う。

【評唱】

公案円来問趙州、慶蔵主道、如人結案相似。八棒是八棒、十三是十三。已断了也。却拈来問趙州、州是他屋裏人、会南泉意旨。他是透徹底人、堊著磕著便転、具本分作家眼脳、纔聞挙著、剔起便行。雪竇道、長安城裏任閑遊、漏逗不少。古人道、長安雖楽、不是久居。又云、長安甚鬧、我国晏然。也須是識機宜、別休咎始得。

草鞋頭戴無人会、戴草鞋処、這些子、雖無許多事、所以道、唯我能知、唯我能証、方見得南泉・趙州・雪竇同得同用処。且道、而今作麼生会。帰到家山即便休、什麼処是家山。他若不会、必不恁麼道。他既会、且道、家山在什麼処。便打。

「案件を丸く収めて趙州に問う」。慶蔵主《けいぞうす》は、「人が案件に決着をつけるようなもの、棒八本なら八本、十三本なら十三本で、もう断が下ったのだ」といった。(南泉は)それを持ち出して趙州に問うた。趙州は身内の者で、南泉の意図を理解した。彼は底まで突き抜けてわかった男なので、ごつんごつんとぶつかると一段上へと身を転じた。本分に腰を据えたやり手の眼力と頭脳を備えており、とり上げるのを耳にするや、地を蹴って行ってしまった。雪竇は、「長安の町でのんびりと遊覧するがよい」と言ったが、したたかにぼろを出した。古人は、「長安は楽しいが、長居するところではない」と言い、また、「長安はとてもにぎやかで、我が国は太平だ」と言った。その場に適った行動や吉凶を見極めなくてはならぬ。

「草鞋を頭に載せたが、わかるものは誰もない」。草鞋を頭に載せたところの、このポイントは、あれこれあるわけではないのだが、そこで、「自分だけが知りえ、自分だけがものにしえるようであってこそ、南泉・趙州・雪竇が同じく手にいれ同じく味わったものを理解できる」というのだ。さて、いまどのように理解するのか。「故郷に帰ってそれでおしまいだ」。どこが故郷か。彼はわかっておらねば、こんなふうにはいわなかったはず。彼がわかっていたなら、さて、故郷はどこにある。そこでピシリと打つ。

○慶蔵主＝圜悟が大潙慕喆の下にいたときの先輩。
○跉著磕著＝千鳥足であちこちぶつかるさま。第二七則頌著語、第三九則本則著語などに既出。
○剔起便行＝「剔起」は、はねあげる意。第四七則本則評唱既出。
○古人道＝雪竇と同時代の琅邪慧覚の上堂の語として『会元』巻一一・琅邪章に見える。

○又云＝『伝灯録』巻一四・高沙弥章に「薬乃再問師曰、見説長安甚鬧。師曰我国晏然」という問答が見える。
○這些子＝かなめのポイント。第一則頌評唱に出る「這箇些子」と同じ。
○唯我能知、唯我能証＝第七三則頌評唱に「雪竇道、此事唯我能知、直饒三世諸仏、也覷不見」とあるのによれば、何か出典があるようだが、未詳。

第六十五則　外道が仏を問う

垂示云、無相而形、充十虚而方広。無心而応、徧刹海而不煩。挙一明三、目機銖両。直得棒如雨点、喝似雷奔、也未当得向上人行履在。且道、作麼生是向上人事。試看。

すがた無くしてかたちをとり、十方虚空に満ちて正しく広大である。無心にして応じ、全世界にゆきわたってもくだくだしくない。一隅を例挙しただけで他の三隅を明察し、目分量で僅かな重さをはかる。たとえ雨ふるように棒を振るい、雷鳴の如くに喝を与えたとしても、至高の境地の人の生きざまにぴったりとはゆかない。さて、どういうのが至高の境地の人のありかたたか。とりあげてみよう。

○十虚＝『種電鈔』にいう通り、十方虚空か。『圜悟語録』巻四に「十虚同一遍、寧分彼此。大千同一塵、豈有去来」の用例有り。
○方広＝一般には仏教経典の呼称として用いる語。方は理の方正を、広は言詞の広博をいう。
○刹海＝海のように限りない無数の仏国土。刹塵。『華厳経』(六十巻本)巻二・世間浄眼品に「諸仏刹海備十方」とあるように、『華厳経』で重視される。
○挙一明三、目機銖両＝明敏なさま。第一則垂示既出。
○試看＝玉峰刊本および『種電鈔』では「試挙」。

【本則】

挙。外道問仏、不問有言、不問無言。〔雖然如是屋裏人、也有些子香気。双剣倚空飛。頼是不問〕

世尊良久。〔莫謗世尊。其声如雷。坐者立者、皆動他不得〕

外道讃歎云、世尊大慈大悲、開我迷雲、令我得入。〔伶俐漢一撥便転。盤裏明珠〕

外道去後、阿難問仏。外道有何所証而言得入。〔不妨令人疑著。也要大家知、錮鏴著生鉄〕

仏云、如世良馬見鞭影而行。〔且道、喚什麼作鞭影。打一払子。棒頭有眼明如日、要識真金火裏看。拾得口喫飯〕

外道が仏陀に問うた、「言葉で示すのも問いませんし、言葉で示さぬのも問いません」。〔身内のものではないが、やや香気がある。二ふりの剣が空を翔ぶ。幸いにも問わなんだ〕

世尊は暫くそのままにしていた。〔世尊の悪口をいうな。その声は雷のようだ。坐せる者立てる者、だれも彼を動かせぬ〕

外道が賛嘆して言った、「世尊は大慈大悲、わが迷いの雲を払って、私を悟りの世界に入らしめて下さった」。〔さといやつ、一寸弾くと即座に回った。まるで皿の中の(自在に転がる)透明な玉だ〕

外道が去った後、阿難が仏陀に問うた、「外道は何をつかんで、悟りの世界に入れたといったのでしょう」。〔なんとも引っ掛かる問題だ。やはり皆が知らねばならぬ。釜の穴を鋳かけるのに銑鉄を用いるというもの〕

仏陀は言った、「それは世間の名馬が鞭の影をみただけで走り出すようなものだ」。〔さて、なにを鞭の影というのか。払子で一打ち。棒の先に眼があり日輪の如く明らかだ。真の黄金を見分けたいなら火の中で確かめろ。飯食う口を確保できた〕

○本則は、『祖堂集』巻一、『伝灯録』巻二七、『心賦注』巻一にみえる。そのもとづくところは『楞厳経』巻四。なお、この話は既に第一八則本則評唱に引用されている。
○雖然如是屋裏人、也有些子香気＝『不二鈔』『種電鈔』に、福本には「如是」を「不是」に作るという。また一夜本も「不是」となっている。ここは「不是」に従い、「身内のものではないが、いささか香気がある」の意ととる。
○双剣倚空飛＝外道の二つの「不問」の問いの鋭さを讃えたもの。
○良久＝第一八則本則既出。しばらく無言のままでいること。
○伶俐漢一撥便転＝『種電鈔』に、「美外道頓機也」という通り、外道の打てば響く如き素早きはたらきを讃えたもの。「撥」は弾く。なお、ここの「転」には、まわるの意味の背後に、当然ながら一段上のレベルへと境地を高める意味が存在しよう。
○盤裏明珠＝『種電鈔』に、「外道俊機転自在」という通り、上と同じく外道の変転自在な様を讃えたもの。なお、『不二鈔』によると、福本はこの部分を「云盤裏走明珠、不撥而自転」としているという。話の筋からいうと底本の方がよいように思われる。
○錮鏴著生鉄＝「錮鏴」は錮露または錮路と同じで、金属を溶かしたもので器物の穴を塞ぐこと。いかけ。「生鉄」は鋳物を作る銑鉄。文脈的な意味ははっきりしないが、鶏を割くのに牛刀を用いる如き不適合という方向か。
○良馬見鞭影而行＝『雑阿含経』巻三三「爾時世尊告諸比丘、世有四種良馬。有良馬、駕以平乗、顧其鞭影馳駃、善能観察御者形勢、遅速左右随御者之心。是名比丘世間良馬第一之徳」の一節に見える最高の良馬の記述を踏まえる。
○打一払子＝これが圜悟の鞭の影。
○棒頭有眼明如日、要識真金火裏看＝第二〇則本則評唱既出。ここでは、鞭の縁で棒が言われたか。
○拾得口喫飯＝めしを食う口にありついた。食いっぷちを得た、の意であろう。『種電鈔』では「抑世尊説過処」という。釈迦が余計なことを喋って師匠面しているのを揶揄したもの。

【評唱】

此事若在言句上、三乗十二分教、豈是無言句。或道無言便是、又何消祖師西来作什麼。只如従上来許多公案、畢竟如何見其下落。這一則公案、話会者不少。有底喚作良久、有底喚作拠坐、有底喚作黙然不対。且喜没交渉。幾曾摸索得著来。此事其実不在言句上、亦不離言句中。若稍有擬議、則千里万里去也。看他外道省悟後、方知亦不在此、亦不在彼、亦不在是、亦不在不是。且道、是箇什麼。天衣懐和尚頌云、維摩不黙不良久、拠坐商量成過咎。吹毛匣裏冷光寒、外道天魔皆拱手。

「根本の大事が言葉に存するとすれば、三乗十二分教、どうして言葉が無かろうか」。もし言葉にならぬものだというのなら、更にどうして祖師達磨が西からやってくる必要があったろうか。たとえば、これまでのあまたの公案について、結局その落ち着き所をどう見てとるか。この公案については、話の理路によって解するものが少なくない。ある者は「暫く黙っている(話)」と呼び、またある者は「座席に腰をすえる(話)」と呼び、ある者は「黙って答えない(話)」と呼んでいる。どっこい大外れ。それでどうして探り当てられよう。根本の大事は実は言葉には無く、また言葉を離れないのだ。もし僅かでも何か言おうとしてもたつけば、千里万里も離れてしまう。ほら、かの外道ははっと悟った後ではじめて、こちらにもなくあちらにもなく、「である」にもなく「でない」にもないことがわかったのだ。さて、何物か。天衣《てんえ》義懐《ぎかい》和尚が頌にうたっている、「維摩は黙さず、間をおきもしなかった。座席に腰を据えるなどの議論は間違いだ。吹きつけた毛も切れる鋭い剣が箱の中でひんやりと冷たく輝く。外道・天魔は皆慎んで礼拝するばかり」。

○此事若在言句上、三乗十二分教、豈是無言句＝雲門の語。第九則本則評唱既出。「三乗十二分教」は仏の一切の説法。
○何消祖師西来作什麼＝「何消」「作什麼」のどちらかが衍文であると思われる。前の雲門の語の続き、「何須達磨西来」をふまえた表現。
○話会＝第一二則本則評唱既出。字面で解する。話の筋に従って理解する。
○有底喚作良久、有底喚作拠坐、有底喚作黙然不対＝本則に取られた話への翠巌可真のコメントに「咸言良久拠坐不対、要且不是」とある（『宗門統要集』巻一）。
○拠坐＝腰をきちっと据える。
○幾曾＝どうして…ということがあろうか。第二五則本則評唱既出。
○擬議＝躊躇する、口ごもる。
○天衣懐和尚＝天衣義懐。九九三—一〇六四。雪竇重顕の法嗣。ここに引かれた頌の出典は未詳。
○拠坐商量成過咎＝『種電鈔』に「若作拠坐会便成過咎」とあるのにより、人々の色々な議論は意味がないことをそしったものとみる。
○外道天魔皆拱手＝『種電鈔』に「触著喪身失命故也」とある如く、吹毛剣の威勢を恐れるさまをいう。

百丈常和尚参法眼。眼令看此話。法眼一日問、你看什麼因縁。常云、外道問仏話。眼云、你試挙看。常擬開口。眼云、住住。你擬向良久処会那。常於言下忽然大悟。後示衆云、百丈有三訣、喫茶・珍重・歇。擬議更思量、知君猶未徹。翠巌真点胸拈云、六合九有、青黄赤白、一一交羅。

百丈道常《ひゃくじょうどうじょう》和尚が法眼《ほうげん》に参じた。法眼はこの話に取り組ませた。ある日法眼が問うた、「君はどういう話に取り組んでいるかね」。常和尚「外道が仏に質問した話です」。法眼「君、取り上げてみたまえ」。道常が口を開こうとすると、法眼は言った、「やめろやめろ。君は暫く黙っていたところで理解しようというのか」。道常はその言葉を聞いて、にわかに大悟したのである。後に彼は衆僧に対してこう語った、「わしには三つの秘訣がある。茶を飲め、御苦労、休みたまえだ。語らんとして思慮を巡らせたとすれば、君はまだ充分徹底していないということだ」。

自信家の翠巌可真《すいがんかしん》はとりあげて、「天地四方中国全土、青・黄・赤・白が、互いに複雑に重なりあっている」といっている。

○百丈常和尚＝法眼文益の法嗣、百丈道常のこと。この話は『伝灯録』巻二五・百丈道常章にやや違った形で見られる。
○因縁＝悟入への契機となる話のこと。
○那＝疑問の語気を表す句末助詞。太田辰夫『中国語歴史文法』三六六頁参照。
○三訣＝『会元』巻一〇・百丈道恒章に、「上堂、衆纔集、便曰『喫茶去』。或時衆集、便曰『珍重』。或時衆集、便曰『歇』。後有頌曰、『百丈有三訣、喫茶・珍重・歇。直下便承当、敢保君未徹』」と見える。
○珍重＝どうも。お大事に。別れを告げる言葉。第四則本則評唱既出。『臨済録』上堂参照。
○翠巌真＝翠巌可真。？―一〇六四。石霜楚円の法嗣。自信家であったことは、『会要』巻一四、『会元』巻一二の彼の伝に見える。
○点胸＝自分の胸を指でトンと突く。自信たっぷりのしぐさ。ただし、第二二則本則評唱の例（「峰自点胸云」）はただ胸をゆびさす意。「点胸」は翠巌のあだ名ともいう。
○六合九有、青黄赤白、一一交羅＝『不二鈔』に、本則と同じ話に付けられた翠巌可真のコメント「六合九有、緇黄青紫、一一交参、咸言良久、拠坐不対、要且不是…」（『宗門統要集』巻一）を引き、「今碧巌所引似不成語、当須如統要所載」という。それに従えば、「天地四方中国全土、仏・道の僧や官人が、各々混じつつ参じている」と訳すべきであろう。「九有」は九州で、中国全土。「青黄赤白」を用いた例としては、例えば『伝灯録』巻二五・杭州霊隠山清聳章に「又曰、見色便見心。且喚什麼作心。山河大地、万象森羅、青黄赤白、男女等相、是心不是心、…」とあり、第八八則頌評唱に「不能辨青黄赤白、正是瞎」とある。経論の記述を踏まえて代表的色彩を列挙したものだが、色だけでなく、色形をもった様々の個体。また、「交羅」は複雑に交錯し、重なりあうこと。

外道会四維陁典論、自云、我是一切智人。在処索人論議。他致問端、要坐断釈迦老子舌頭。世尊不費繊毫気力、他便省去。讃歎云、世尊大慈大悲、開我迷雲、令我得入。且道、作麼生是大慈大悲処。世尊隻眼通三世、外道双眸貫五天。潙山真如拈云、外道懐蔵至宝、世尊親為高提。森羅顕現、万象歴然。且畢竟外道悟箇什麼。如趁狗逼墻、至極則無路処、他須回来便乃活鱍鱍地。若計較是非、一時放下、情尽見除、自然徹底分明。

外道去後、阿難問仏云、外道有何所証、而言得入。仏云、如世良馬見鞭影而行。後来諸方便道、又被風吹別調中。又云、竜頭蛇尾。什麼処是世尊鞭影、什麼処是見鞭影処。雪竇云、邪正不分、過由鞭影。真如云、阿難金鐘再撃、四衆共聞。雖然如是、大似二竜争珠、長他智者威獰。雪竇頌云、

外道は四ヴェーダの経典・論書を会得しており、自分は一切の存在に関する真理をわきまえた男だと言い、いたるところで人をつかまえては議論をしていた。彼が質問を持ちだしたのは、釈迦おやじの舌の動きを封じ込めてやろうというのだった。(ところが)世尊はこれっぽっちの精力も費やさずに、(外道は)心に悟ったのであった。(そして)賛嘆して言った、「世尊は大慈大悲、わが迷いの雲を払って、私を悟りの世界に入らしめて下さった」。さて、どういうのが大慈大悲のところか。「世尊の独眼は三世を見通し、外道の双瞳は五天竺を貫き見る」。潙山真如《いさんしんにょ》が取り上げて言っている、「外道はこの上なき宝を内に蔵しており、世尊は手ずから高く取り上げてやった。万物の様々な姿が顕現し、多様な形が明らかに現れる」。

ところで結局外道は何を悟ったのか。犬を追って壁際に追い詰めるように、その極み、逃げ道がなくなったところで、戻ってきてこそ、彼はいきいきと活動できるのである。もし思い量りや是非の判断を一気に放り出し、分別意識からする考えを取り除いてしまえば、自然にとことん明らかになろう。

外道が去った後、阿難が仏陀に問うた、「外道は何をつかんで、悟りの世界に入れたと言ったのでしょう」。仏陀は言った、「世間の名馬が鞭の影をみただけで走り出すようなものだ」。のちにあちこちの連中が、「また風に吹かれて別の音色を奏でる」といい、また「竜頭蛇尾」といった。どこが世尊の鞭の影か。どこが鞭の影を見るところか。雪竇は「邪正を分かたなかったのが、鞭の影でしくじった」といい、真如は「阿難は鐘を再度鳴らし、四衆はみな聞いた。そうではあるが、まったく二匹の竜が珠を取り合うようで、智者の凶猛な勢をます結果となった」という。雪竇が頌をつけていう。

○四維陁＝リグ・サーマ・ヤジュル・アタルヴァの四ヴェーダのこと。バラモン教の根本聖典。
○典論＝経典・論著。
○一切智＝仏智の名。三智(一切智・道種智・一切種智)の一。一切の法を知了する智慧。
○在処＝どこでも、いたるところで。
○世尊隻眼通三世、外道双眸貫五天＝石霜楚円の法嗣・道吾悟真が本則と同じ話につけたコメント(『宗門統要集』巻一)。「五天」は五天竺で、天竺を東西南北中に分けたもの。
○潙山真如拈云＝翠巌可真の法嗣、大潙慕喆(?—一〇九五)が本則と同じ話につけたコメント(『宗門統要集』巻一)だが、『宗門統要集』とは若干字句の異同がある。
○趁狗逼墻＝「趁」は、追いかけるの意。
○極則＝本来は最高の準則の意。ここでは副詞的に用いているか。第九則本則評唱に「若極則理論也、未是安穏処在」とあるのも参考になる。
○計較＝とやかくあげつらうこと。第一則本則評唱既出。
○放下＝置く、おろす。
○又被風吹別調中＝汾陽善昭の法嗣瑯邪慧覚が本則と同じ話につけたコメント「依稀似曲纔堪聴、又被風吹別調中」(『宗門統要集』巻一、『古尊宿語録』巻四六・瑯邪慧覚禅師語録に見える）の後半。もとは唐の高駢の詩「風箏」の一部。第七則頌著語既出。同所注参照。ここでは最初はよいが、後がいけないの意で用いられているか。
○雪竇云＝雪竇が本則と同じ話につけたコメント。『宗門統要集』巻一、『雪竇語録』巻一・拈古に見える。『種電鈔』は「邪正不分」に「良久上、第一頭地故也」、「過由鞭影」に「為阿難説破、已落在第二頭故」とする。
○真如云＝上に引用された部分に続いて『宗門統要集』巻一に見えるが、若干語句の異同がある。
○阿難金鐘再撃、四衆共聞＝『楞厳経』巻四の、釈迦が阿難と問答し、羅睺羅に鐘を撞かせて皆に聞かせた話をふまえた表現である。
○大似二竜争珠、長他智者威獰＝「二竜」は仏と阿難、「智者」は外道を指す。
○威獰＝『圜悟語録』巻四に、「竜得水時添意気、虎逢山勢長威獰」の用例がある。

【頌】

機輪曾未転、〔在這裏。果然不動一糸毫〕
転必両頭走。〔不落有、必落無。不東則西。左眼半斤、右眼八両〕
明鏡忽臨台、〔還見釈迦老子麼。一撥便転。破也破也、敗也敗也〕
当下分妍醜。〔尽大地是箇解脱門。好与三十棒。還見釈迦老子麼〕
妍醜分兮迷雲開、〔放一線道。許你有箇転身処。争奈只是箇外道〕
慈門何処生塵埃。〔偏界不曾蔵。退後退後、達磨来也〕
因思良馬窺鞭影、〔我有拄杖子、不消你与我。且道、什麼処是鞭影処、什麼処是良馬処〕
千里追風喚得回。〔騎仏殿出三門去也。転身即錯、放過即不可。便打〕
喚得回、鳴指三下。〔前不搆村、後不迭店。拗折拄杖子、向什麼処去。雪竇雷声甚大、雨点全無〕

からくり仕掛けの車輪は回ったことなし、〔ここにあった。やはり少しも動かせぬ〕
回るなら必ず二方向どちらかに向かう。〔有に落ち込まねば無に落ち込む。東でなければ西。左目は半斤、右目は八両〕
澄んだ鏡が台に据えられると、〔釈迦のおやじが見えるか。弾《はじ》けば即座に回る。やっつけられた、やっつけられた。まけだ、まけだ〕
即座に美醜を辨別する。〔大地あまねく解脱への入り口だ。三十叩きにしてやれ。釈迦のおやじが見えるか〕
美醜が辨別されて迷いの雲が切れ、〔一筋の道をつけた。おぬし一段上に身を転じたな。しかし外道に過ぎぬのはどうにもならぬ〕
慈悲の門のどこに塵埃を生じよう。〔世界中隠されたものとてなし。下がれ、下がれ。達磨が来たぞ〕
良馬が鞭の影をちらりと見ることを思うと、〔わしには拄杖がある。おぬしにもらう必要はない。さて、どこが鞭の影なのか。どこが良馬なのか〕
千里の遠くに風を追って走る名馬「追風」も呼び戻せるぞ。〔仏殿に跨がって三門を出てゆく。身を転ずれば失敗だ。見逃してはいかん。そこで打つ〕
呼び戻せたら、三度指鳴らし。〔前に進んでも村に到れず、引き返しても旅籠にゆきつけぬ。拄杖をへし折ってどこへゆくのか。雪竇は、雷鳴は巨大だが、雨は一滴もない〕

○機輪曾未転＝『種電鈔』の言うとおり、外道の境地を讃えたものであろう。「機輪」は機械仕掛けの輪状のもの。ここでは「走」とあるから、車輪ととる。しかしその背後の意味があることは評唱参照。

○転必両頭走＝動けば必ず有無両辺のいずれかに落ち込む。
○左眼半斤、右眼八両＝第一二則頌著語既出。どちらも似たり寄ったりだということ。
○明鏡忽臨台＝『六祖壇経』の有名な話をふまえた表現。『種電鈔』に、「世尊の良久の端的を頌す。古今を照破し、万象を影現す。有形無形何物か是れ其の形質を逃るることを得んや」と解する。真理を映し出す鏡がきちんと台に据えられる。
○破也破也、敗也敗也＝『種電鈔』は、「外道一機、敗破了」という。
○放一線道。許你有箇転身処＝『種電鈔』に従って、いずれも外道を讃えたものとみるのがよい。
○塵埃＝迷いの雲のこと。
○偏界不曾蔵＝悟りの世界が常に開かれていることをいう。
○退後＝引き下がる。塵埃を生じない究極のところには足の踏み入れようもないから(『種電鈔』)。
○達磨来也＝釈迦の境地はそのまま達磨と一つ。
○我有拄杖子、不消你与我＝釈迦から鞭をあてられる必要がない。自分本来で持っているものだ。
○千里追風喚得回＝「追風」は名馬の名。崔豹『古今注』巻中に「秦始皇有七名馬。追風・白兎…」と見える。名馬である外道と、それを呼び戻す釈尊との呼応。
○騎仏殿出三門＝世尊の自在な作略。
○転身即錯＝「転身」は通常一段上の次元へ脱皮すること。ここではよくない意味で、名馬が呼ばれて帰ってくるの意で用いられているか。
○喚得回、鳴指三下＝二句ずつ対になる頌の構造から見ると、この一句ははみ出しており、雪竇が後で加えたコメントか。「鳴指」は指の先を鳴らすこと。『種電鈔』や『大講座』などでは不満を表し排斥するという意味にとっている。筑摩『雪竇頌古』では、外道を褒めたものとみるが、著語の方向からするとやはりよくない意味のようである。頌の第一、二句と考え合わせれば、呼ばれて戻るということは、「未転」から「転」になることで、第二義に陥っている。
○前不搆村、後不迭店＝身動きならぬさま。第六三則頌評唱既出。
○雪竇雷声甚大、雨点全無＝雪竇の頌は大袈裟だが、実質の内容を伴わないとして、抑下する。

【評唱】

機輪曾未転、転必両頭走。機乃千聖霊機、輪是従本已来諸人命脈。不見古人道、千聖霊機不易親、竜生竜子莫因循。趙州奪得連城璧、秦王・相如総喪身。外道却是把得住、作得主、未嘗動著。何故。他道、不問有言、不問無言。豈不是全機処。世尊会看風使帆、応病与薬、所以良久、全機提起。外道全体会去、機輪便阿轆轆地転、亦不転向有、亦不転向無、不落得失、不拘凡聖、二辺一時坐断。世尊纔良久、他便礼拝。如今人多落在無、不然落在有、只管在有無処両頭走。

雪竇道、明鏡忽臨台、当下分妍醜。這箇不曾動著、只消箇良久。如明鏡臨台相似、万象不能逃其形質。

「からくり仕掛けの車輪は回ったことなし、回るなら必ず二方向どちらかに向かう」。ここのからくりというのは、聖人たちの霊妙なはたらき、車輪というのは人々の本来の命である。ほら、古人がいうではないか、「聖人たちの霊妙なはたらきは近づきがたく、竜は竜を生むのであって因襲には従わない。趙州が連城《れんじょう》の璧《へき》を奪い取り、秦王も藺相如《りんしょうじょ》も皆絶命だ」。ところが外道はぐっとつかんで主体性を失わず、動きはしなかった。なぜか。彼は「言葉に示せるのも問いませんし、言葉に示せぬのも問いません」といった。まるごと優れたはたらきではないか。世尊は風を見て帆を操り、病に応じて薬を与える技量を有していたので、「しばらく間をおき」、すぐれた働きをまるごと提示した。外道はまるごとがっちり受けとめて、からくり仕掛けの車輪ががらがらと回ったが、有にも向かわず、無にも向かわず、損得に落ちず、凡聖を問題にしないで、両辺とも一気に断ち切った。世尊が暫く間をおくと、彼は礼拝した。今の人は、多く無に転落しているか、さもなくば有に転落しており、ひたすら有・無についてそのいずれかに向かっている。

雪竇はいう、「澄んだ鏡が台に据えられると、即座に美醜を辨別する」。「これ」は動きはせず、「暫く間をおく」ようにしさえすれば、澄んだ鏡が台にしつらえられた如くで、万物の姿はその持ち前から離れられない。

○従本已来＝本来の、ということであろう。
○古人道＝『雪竇語録』巻五「庭前柏樹子二首」の一。雪竇が趙州の鋭いはたらきを讃えたもの。
○因循＝沿襲・守旧の意。
○連城璧、相如・秦王＝『史記』廉頗藺相如伝に出る、秦の昭王が趙の和氏の璧を欲し、十五の城と交換することを持ちかけたとき、藺相如がその璧を奉じて秦に入り、偽って璧を奪おうとした秦王を巧みに欺き、璧をまっとうして帰ったという話をふまえる。
○阿轆轆地＝「阿」は接頭語。「轆轆」はここでは車の回る音。「地」は副詞語尾。
○這箇＝これ。根源的な主体。
○万象不能逃其形質＝『雪竇語録』巻一に「上堂問答罷乃云、映映時若千日、万象不能逃影質」の語が見える。

外道云、世尊大慈大悲、開我迷雲、令我得入。且道、是什麼処是外道入処。到這裏、須是箇箇自参自究、自悟自会始得。便於一切処、行住坐臥、不問高低、一時現成、更不移易一糸毫。纔作計較、有一糸毫道理、即礙塞殺人、更無入作分也。

後面頌、世尊大慈大悲、開我迷雲、令我得入。当下忽然分妍醜。妍醜分兮迷雲開、慈門何処生塵埃。尽大地是世尊大慈大悲門戸。你若透得、不消一捏。此亦是放開底門戸。不見世尊於三七日中、思惟如是事。我寧不説法、疾入於涅槃。

因思良馬窺鞭影、千里追風喚得回、追風之馬、見鞭影而便過千里、教回即回。雪竇意賞他道、若得俊流方可、一撥便転、一喚便回。若喚得回、便鳴指三下。且道、是点破、是撒沙。

外道が言った、「世尊は大慈大悲、わが迷いの雲を払って、私を悟りの世界に入らしめて下さった」。さて、どこが外道が悟入したところか。ここになると、それぞれに自分で取り組み、自分でものにしなければならぬ。そうなれば、あらゆる場で、行住坐臥の営みに、高低を問わず、一挙にそのままに完全であり、毛すじほども動かすことはない。わずかでも思慮を巡らし、毛ほどでも理屈を生ずれば、封じ込められてしまい、取り込んでわがものとする見込みはないのである。

あとで、「世尊は大慈大悲、わが迷いの雲を払って、私を悟りの世界に入らしめて下さった」ことを頌に歌って、「即座に美醜を辨別する。美醜が辨別されて迷いの雲が切れ、慈悲の門のどこに塵埃を生じよう」という。世界すべてが世尊の大慈大悲の入り口であり、お前がもし突き抜けてわかれば、ひとひねりも要らない。これもまた開いた入り口だ。ほら、世尊は二十一日間、こうした事を考えた、「私は法など説かずに、速やかに涅槃に入ろう」と。

「そこで良馬が鞭の影をかいま見るを思う、千里の遠くに風を追って走る名馬も呼び戻せるぞ」。風を追って走る名馬は、鞭の影を見れば、即座に千里以上も走りゆくが、戻ってこいといえばすぐ戻ってくる。雪竇の意は、奴を褒めて、すぐれものであってこそ、一弾きで即座に回り、一声ですぐ戻ってくるというのである。「もし呼び返せるなら、三度指を鳴らす」。さて、これはポイントを指摘したのか、砂をまき散らしたのか。

○凝塞殺人＝人をすっかり閉じ込めてしまう。第一九則本則評唱既出。
○入作＝とりこんで己れの力量を発揮すること。第一七則本則評唱既出。
○不見世尊於三七日中…＝『法華経』方便品の語。前半二句と後半二句の間には本来若干の句が有る。仏は悟りを開いたとき、世人がその悟りを理解できないことを恐れ、法を説かないまま涅槃に入ろうと考えた。究極の真理は言語の表現を絶し、説くことができない。

○俊流＝傑出した者。

○点破＝問題点を摘抉する、かんどころを種明かしする。第四八則本則著語既出。

○撒沙＝第四一則頌著語既出。第九則頌著語に見える「撒沙撒土」に同じ。既定の価値を敢えて無価値なものに化すること。余計なことをする。あるいは、貴いものとされているものをさえ更に超え出ようとする向上のはたらきとも解される。

第六十六則　巌頭《がんとう》の剣

垂示云、当機覿面、提陥虎之機、正按傍提、布擒賊之略。明合暗合、双放双収。解弄死蛇、還佗作者。

今この場に目の当りに虎をも罠に陥れる技を提示し、正面から引き立てたり脇から援助して、賊を捕える策略をめぐらす。明るくてもピッタリいき、暗くてもピッタリいき、二人ながら緩め、二人ながら絞り上げる。死んだ蛇を使えるのは、やり手に任せよう。

○当機覿面＝「当機」も「覿面」も、目の当りに、の意。第五六則本則評唱既出。
○陥虎之機＝虎を落とし穴に誘い込むはたらき。第一〇則本則著語既出。
○正按傍提＝真正面からおさえつけたり、側面的に引き立ててやったり、修行者を導く手だて。『圜悟語録』巻四「正按傍提、須是作家手段」。
○明合暗合＝「明」は現象として現われた姿。「暗」は本来の姿。明頭合暗頭合(第三九則頌評唱既出)と同じ。
○解弄死蛇＝「解」は能の義。「弄蛇」は、蛇使い。「死蛇」は第四三則頌評唱既出。文字どおり死んだ蛇が原義であるが、形骸化した教えを指すと考えられる。
○還佗作者＝「佗」は「他」の異体字。「還他」は、…させる(譲)の意にとる。第四則本則評唱参照。

【本則】

挙。巌頭問僧、什麼処来。〔未開口時、納敗欠了也。穿過髑髏。要知来処也不難〕
僧云、西京来。〔果然一箇小賊〕
頭云、黄巣過後、還収得剣麼。〔平生不曾做草賊、不懼頭落、便恁麼問。好大胆〕
僧云、収得。〔敗也。未識転身処。茅広漢如麻似粟〕
巌頭引頸近前云、囫。〔也須識機宜始得。陥虎之機。是什麼心行〕
僧云、師頭落也。〔只見錐頭利、不見鑿頭方。識甚好悪。著也〕
巌頭呵呵大笑。〔尽天下衲僧不奈何。欺殺天下人。尋這老漢頭落処不得〕
僧後到雪峰。〔依前顢頇懞憧。這僧往往十分納敗欠去〕
峰問、什麼処来。〔不可不説来処。也要勘過〕
僧云、巌頭来。〔果然納敗欠〕
峰云、有何言句。〔挙得、不免喫棒〕
僧挙前話。〔便好趕出〕
雪峰打三十棒趕出。〔雖然斬釘截鉄、因甚只打三十棒。拄杖子也未到折在。且未是本分。何故、朝打三千、暮打八百。若不是同参、争辨端的。雖然如是、且道、雪峰・巌頭落在什麼処〕

巌頭《がんとう》が僧に問うた、「どこから来た」。〔ものを言う前からしてやられている。脳髄を突き通している。どこから来たか知るのもたやすいことだ〕
僧「長安から来ました」。〔やはりこそ泥だ〕
巌頭「黄巣《こうそう》が通り過ぎてから、剣を手に入れたか」。〔日頃田舎盗賊などしてないから、首が落ちることを恐れない。

そこでこう問うたのだ。大胆だ〕
僧「手に入れました」。〔敗れたり。（一段上へと）身を転ずることを知らない。間抜けな奴が麻の実や粟粒のようにぞろぞろ〕
巌頭は首を伸ばし差し出して、「ストン」。〔その場に応じたやり方を知らねばいけない。虎をも罠に陥れる技だが、何たるやり口だ〕
僧「先生の首が落ちました」。〔錐の先の鋭いことが分かっているばかりで、鑿の先の四角い切れ味は分かっていない。ものの好し悪しも分からない。当たったぞ〕
巌頭はカラカラと大笑いした。〔世界中の坊主もどうにもならぬ。世界中の人々を騙しおおせても、このおやじの頭がどこに落ちたか捜し出せないぞ〕
僧はその後雪峰《せっぽう》に来た。〔やはりぐずでぼんやりしている。（この僧は）いつも十分に失敗している〕
雪峰「どこから来た」。〔どこから来たか言わねばならない。また見破られるぞ〕
僧「巌頭から来ました」。〔やはりしてやられた〕
雪峰「なんと言っていたか」。〔提起できても、棒打ちを免れない〕
僧は先の話を提起した。〔では追い出してしまえ〕
雪峰は三十棒食らわして追い出した。〔釘や鉄を断ち切るほどだが、何故三十棒食らわしただけなのだ。杖はまだ折れるに至っていないぞ。まだ本来の姿でないぞ。何故朝に三千棒、暮れに八百棒食らわすのか。もし同門でなかったら、どうしてズバリのところをはっきりさせようか。そうではあるが、さて、雪峰や巌頭はどこに落ち着いたのだ〕

○この本則は、『伝灯録』巻一六・巌頭章に出る。
○巌頭＝巌頭全奯。八二八―八八七。第五則本則評唱既出。
○納敗欠＝失敗する。第四則本則著語既出。ここでは僧に対して言っている。
○西京＝長安のこと。洛陽を東京とする。
○果然一箇小賊＝巌頭に引きずり回されている。黄巣のような大賊ではない。
○黄巣過後、還収得剣麼＝黄巣は、八七四年王仙芝に呼応し反乱を起こし、やがて反乱軍の中心人物となり、八八〇年長安を陥れ大斉国を建てたが、唐朝の反撃にあい八八四(中和四)年郷里山東で自決した。彼の反乱は唐の貴族制に最終的な止めを刺し、五代十国の戦乱の実質的な幕開けとなった。『不二鈔』によると、李克用が長安を黄巣から奪い返したのが八八三年(中和三)、巌頭の死はその五年後であるので、この問答はこの五年間の内になされたことになる。黄巣は「天賜黄巣」と銘のある剣を手に入れて、反乱を起こしたという。ここはその話にひっかけて、鋭く自在の境地を手に入れたかと問う。
○草賊＝草野の賊。反旗を翻した賊軍。『旧唐書』巻一九下に「草賊王仙芝寇掠河南十五州」の表現が見える。『旧唐書』の例は王仙芝の反乱を敢えて過小に見ようとする意図がはたらいてはいるが、草賊はかなりの規模をもった盗賊や反乱軍も指す。ここでは、巌頭のはたらきが並の草賊を超えた壮大なものであることをいう。
○大胆＝ひるんだり、怖じけづいたりしない。
○転身＝行き詰まった所で一転して悟りを得る。第九則垂示などに既出。
○茅広漢如麻似粟＝「茅広」は、間抜けな、ぼさっとした。「如麻似粟」は数の多い譬え。第一七則頌著語既出。なお、『不二鈔』『種電鈔』によれば、「茅」字、福本は「謀」に作る。
○囫＝首の落ちる音。第二〇則本則評唱既出。
○是什麼心行＝「心行」は不用意に痕跡を残す言行。第三九則本則著語既出。ここでは、巌頭の振舞に多少の批判を示している。
○只見錐頭利、不見鑿頭方＝錐の切っ先の尖りを唯一鋭利であるとして、鑿の刃先の平たさにも別の鋭利があることを見ていない。『龐居士語録』「居士到長髭禅師。……髭云、居士只見錐頭利、不見鑿頭方」。ここでは、僧の反応が一見機転をきかせて鋭利そうに見えるが、巌頭の奥深いところがわかっていないことをいう。

○雪峰＝雪峰義存。八三二―九〇八。巌頭と同じく、徳山の法嗣。第五則本則既出。
○顢頇懞憧＝ぐずぐずぼんやりしている。「顢頇」は第二一則本則評唱、第三九則本則評唱などに既出。「懞憧」は第四六則本則評唱に見える。

〔評唱〕

大凡挑嚢負鉢、撥草瞻風、也須是具行脚眼始得。這僧眼似流星、也被巌頭勘破了、一串穿却。当時若是箇漢、或殺或活、挙著便用。這僧砑郎当、却道収得。似恁麼行脚、閻羅老子、問你索飯銭在。知他踏破多少草鞋、直到雪峰。当時若有些子眼筋、便解瞥地去、豈不快哉。這箇因縁、有節角誵訛処。此事雖然無得失、得失甚大。雖然無揀択、到這裏、却要具眼揀択。

およそ袋や鉢を背負い、行脚修行に努めるのにも、ひとかどの雲水の見識がなければならぬ。この僧、目端《めはし》はきくが、巌頭に見破られてひとつきぐさりとやられてしまった。このときひとかどの奴であったら、殺すも活かすも提起するや、すぐそれをはたらかせる。この僧は弛んだ奴で、「手に入れました」と言った。このような修行では、閻魔様がお前に飯代を請求するぞ。たくさんのわらじを履き潰して、まっすぐ雪峰に来たのだろうか。当時、少し目があって、ちらりとでも見ることができれば、素晴らしいではないか。この問答にはごつごつした難解なところがある。根本の大事には得失は無いのだが、得失が大層大きい。選び取ることなど無いのだが、ここでは目があって選び取らなければいけない。

○撥草瞻風＝第一七則本則評唱既出。煩悩を払って本来の風光を見るという修行の象徴的表現であるが、実際の山野を巡る行脚と二重映しになっている。

○行脚眼＝ひとかどの雲水の見識。修行者としての根本的な覚悟。『伝灯録』巻一四・薬山章「須是行脚眼始得」。『玄沙語録』巻中「若検得出、許上座有行脚眼」。

○挙著＝問題を提起する。第五則本則評唱などに見える。

○砑郎当＝ゆるんだ様。「訝郎当」という表現で第三一則本則著語既出。『葛藤語箋』では「謂疑惑也」と解されている。

○閻羅老子、問你索飯銭在＝あちこちの僧堂で無駄飯を食って、死んだらその飯代を閻魔様から請求されるぞ。

○知他＝…だろうか。反語的な疑問表現。僧がまじめに行脚していたのかどうか疑わしい。

○因縁＝機縁。悟入への契機。

○節角諸訛＝ゴツゴツして分かりにくい。第七則頌評唱既出。また、「節角聱訛」の形で第四則頌評唱既出。

看他竜牙行脚時、致箇問端、問徳山、学人仗鏌鎁剣、擬取師頭時如何。徳山引頸近前云、囫。竜牙云、師頭落也。山便帰方丈。牙後挙似洞山。洞山云、徳山当時道什麼。牙云、他無語。洞山云、佗無語則且置、借我徳山落底頭来看。牙於言下大悟、遂焚香遥望徳山礼拝懺悔。有僧伝到徳山処。徳山云、洞山老漢、不識好悪。這漢死来多少時也。救得有什麼用処。

這箇公案、与竜牙底一般。徳山帰方丈、則暗中最妙。

そら、竜牙《りゅうげ》が修行行脚していた時、この問いを出して、徳山《とくさん》に問うた、「拙者が鏌鎁《ばくや》の剣を持って先生の首をとろうとしたらどうしますか」。徳山は首を伸ばし差し出して、「ストン」。竜牙「先生の首が落ちました」。徳山は方丈に帰った。竜牙は後に洞山《とうざん》にこの話をした。洞山「徳山はその時何と言った」。竜牙「何も言いませんでした」。洞山「何も言わなかったことはさておき、わしに徳山の落ちた首を貸してくれないか」。竜牙は言下に大悟した。そして、香を焚き遥かに徳山を望んで礼拝し懺悔した。ある僧が徳山に伝えた。徳山「洞山のおやじ、善し悪しを知らんな。こ奴は死んでからかなりたつ。救って何になろう」。

この公案は竜牙のと同じだ。徳山が方丈に帰ったのが、言葉にならない最も玄妙なところだ。

○竜牙行脚時…＝この話は、第二〇則本則評唱にも引かれている。注はその箇所を参照。

巌頭大笑、他笑中有毒。若有人辨得、天下横行。這僧当時若辨得出、千古之下、免得検責。於巌頭門下、已是一場蹉過。看他雪峰老人是同参、便知落処、也不与他説破、只打三十棒趕出院。可以光前絶後。這箇是拈作家衲僧鼻孔、為人底手段、更不与他如之若何、教他自悟去。

本分宗師為人、有時籠罩、不教伊出頭、有時放令死郎当地、却須有出身処。大小大巌頭・雪峰、倒被箇喫飯禅和勘破。只如巌頭道、黄巣過後、還収得剣麼、諸人且道、這裏合下得什麼語、免得他笑、又免得雪峰行棒趕出。這裏誵訛、若不曾親証親悟、縦使口頭快利至究竟、透脱生死不得。山僧尋常教人覷這機関転処。若擬議、則遠之遠矣。

巌頭が大笑いしたが、彼の笑いの中には毒がある。もし分かる人がいれば、天下を思いのまま行くことができる。この僧がその時分かったならば、永遠に絞り上げられずに済んだのに。巌頭の門でもう擦れ違ってしまった。そら、雪峰老人は同門で、落ち着き所を知っていたが、やはり彼に説き明かさず、三十棒を食らわして寺から追い出すだけだった。空前絶後なのだ。このことはやり手坊主の鼻をつまみ、人のために計らってやる手並だが、彼の為にはどうにもできないで、自ら悟らせることになった。

本来の立場をがっちりつかんだ師匠が人の為に計らうと、ある時は丸めこんで頭を出させないし、ある時はだらり伸びきったままに放っておいて、必ず囚われの見地から脱出させるのだ。巌頭や雪峰ともあろうものが、このゴクツブシの坊主に見破られた。巌頭が、「黄巣が通り過ぎてから、剣を手に入れたか」と言ったのは、皆のもの、さて、ここですぐ何と言ったら、彼に笑われずに済むかな。又、雪峰に棒打ちされ追い出されずに済むかな。ここの難解な言葉を、もし身を以て確かめ悟らなければ、たとえこれ以上なく口先はうまくとも、生死を抜け出ることはできない。わしは常々このからくりのガラリ回るところを覗かせているのだが、もし思案を巡らせば、どんどん遠ざかる。

○可以光前絶後＝「光前絶後」は空前絶後に同じ。第一四則頌評唱既出。『不二鈔』は、「光前」を祖先・先人の名を輝かすと解釈するが、これは誤り。なお、「可以」の「以」を福本は「謂」に作る(『不二鈔』)。
○如之若何＝本書は「如之何」と同じと解した。一説に、この四字で「かくかくしかじか」。
○有時籠罩＝「籠罩」はまるめこむ。第三一則本則評唱にも見える。
○有時放令死郎当地＝「死郎当」はだらり伸びきった死体の形容。第四八則本則評唱にも見える。
○喫飯禅和＝『種電鈔』では、「抑二大老為瞎漢、費許多英気也」と説明しており、「喫飯禅和」を「瞎漢」と言い換えている。「喫飯禅和」は、けなし言葉で、ゴクツブシの坊主、無駄飯食い。「禅和」は坊主の意。
○機関転処＝からくりがカラリと回る。ポイントとなるところで悟りに向って転換する。

不見投子問塩平僧云、黄巣過後、収得剣麼。僧以手指地。投子云、三十年弄馬騎、今日却被驢子撲。看這僧也不妨是箇作家。也不道収得、也不道収不得。与西京僧、如隔海在。真如拈云、他古人、一箇做頭、一箇做尾、定也。

雪竇頌云、

そら、投子《とうす》が塩平《えんぺい》の僧に問うた、「黄巣が通り過ぎてから、剣を手に入れたか」。僧は手で地を指した。投子「三十年馬に乗って来たが、今日は驢馬に蹴られた」。

この僧もなかなかのやり手だ。「手に入れた」とも言わぬし、「手に入れられぬ」とも言わない。長安の僧とは海を隔てるように大違いだ。

真如《しんによ》が取り挙げて、「あの古人は、一人が頭になり、一人がしっぽになっている。これで決まりだ」。

雪竇が頌に歌って、

○不見投子問塩平僧云…＝この話は、少し語句の違いはあるが、『伝灯録』巻二〇・疎山証章に見える。「塩平」は「延平」の音通による訛誤である。延平は福建省南平県。投子は投子大同。第五則本則評唱既出。『伝灯録』によると、延平の僧は疎山証。疎山証は、疎山匡仁の法嗣。尚、『不二鈔』によれば、「如隔海在」までの六十七字は福本に無い。

○真如拈云…＝第六五則本則評唱に大潙慕喆が潙山真如と呼ばれている。ここの真如も大潙慕喆。ただし、この語出典未詳。「一箇做頭」は投子、「一箇做尾」は塩平の僧。

【頌】

黄巣過後曾収剣、〔孟八郎漢有什麼用処。只是錫刀子一口〕

大笑還応作者知。〔一子親得。能有幾箇。不是渠儂、争得自由〕

三十山藤且軽恕、〔同条生、同条死。朝三千、暮八百。東家人死、西家人助哀。却与救得活〕

得便宜是落便宜。〔抛款結案。悔不慎当初。也有些子〕

黄巣が通り過ぎてから剣を手に入れた。〔出来損ないが何の役に立とう。ただ錫の刀が一振り〕
（巌頭の）大笑いもやり手には分かるはずだ。〔一人だけよく分かっている。幾人いるであろう。かれでなくては、どうして自在に出来ようか〕
三十棒も大目に見てやったもの。〔同じ生を生きて、同じ死を死んでいる。朝に三千、暮れに八百棒打ちだ。東隣が死んで、西隣がお悔やみをしている。かえって救って活かしてやった〕
してやったつもりが、してやられた。〔自白によって判決を下した。最初に慎重にしなかったのを悔やんでいる。もう少しだ〕

○孟八郎漢＝「孟八郎」は人を罵る言葉。第二八則本則著語既出。
○錫刀子＝錫の刀では人を切り殺すことが出来ない。
○一子親得＝第二二則頌著語既出。「一子」はここでは雪峰を指す。
○渠儂＝三人称の代名詞。第二六則頌著語既出。
○三十山藤＝「山藤」は山形の拄杖。
○同条生、同条死＝第一五則頌評唱に「只如巌頭道、雪峰雖与我同条生、不与同条死」と見える。「条」は、生命・運命にかかわるものを数える量詞。
○朝三千、暮八百＝『碧巌録』にしばしば見える。例えば第六〇則頌著語。「朝打三千暮打八百」と同じと解した。
○却与救得活＝雪峰の三十棒は活人剣であるので、僧を救って活かした。
○得便宜是落便宜＝してやったつもりが、してやられた。唐代からの諺。宋代の詩や元・明の小説に見られる（筑摩『龐居士語録』六六頁―六七頁）。『祖堂集』巻一四・石鞏慧蔵章「登時将謂得便宜、如今看却輸便宜」。「得便宜」は利益をあげる。第四則頌評唱既出。

○抛款結案＝自白に基づいて判決を下す。第一則頌評唱既出。

〔評唱〕

黄巣過後曾収剣、大笑還応作者知。雪竇便頌這僧与巌頭大笑処。這箇些子、天下人摸索不著。且道、他笑箇什麼。須是作家方知、這笑中有権有実、有照有用、有殺有活。

三十山藤且軽恕、頌這僧後到雪峰面前、這僧依旧莽鹵、峰便抛令而行、打三十棒趕出。且道、為什麼却如此。你要尽情会這話麼。得便宜是落便宜。

「黄巣が通り過ぎてから剣を手に入れた。（巌頭の）大笑いもやり手には分かるはずだ」。雪竇はこの僧が巌頭から大笑いされたことを頌に歌った。この僅かばかりが、世の人々には探り当てられない。さて、彼は何を笑ったのか。やり手でなくては分からない。この笑いには、方便と真実、観照と活動、殺と活がある。

「三十棒も大目に見てやったもの」。この僧が後に雪峰の面前に来たことを頌に歌った。この僧はやはり粗略だ。雪峰は規則どおりにやって、三十棒食らわして追い出した。さて何故こうなったのだ。思うがままにこの話を理解しようとしたか。してやったつもりが、してやられた。

○莽鹵＝でたらめ。第一九則本則評唱既出。

○尽情＝思いのまま。第一一則頌評唱に見える。

第六十七則　傅大士《ふだいし》の講経

【本則】

挙。梁武帝請傅大士、講金剛経。〔達磨兄弟来也。魚行酒肆即不無、衲僧門下即不可。這老漢老大大、作這般去就〕

大士便於座上揮案一下、便下座。〔直得火星迸散。似則似、是則未是。不煩打葛藤〕

武帝愕然。〔両回三度被人瞞。也教他摸索不著〕

誌公問、陛下還会麼。〔党理不党情。肐膊不向外。也好与三十棒〕

帝云、不会。〔可惜許〕

誌公云、大士講経竟。〔也須逐出国始得。当時和誌公一時与趕出国、始是作家。両箇漢、同坑無異土〕

梁《りょう》の武帝《ぶてい》が傅大士《ふだいし》に『金剛経《こんごうきょう》』を講義してもらおうとした。〔達磨の兄弟がやって来た。魚屋や酒屋でも（達磨の兄弟が）いない訳ではないが、わしの門下だったら許さないぞ。このおやじ、いい歳をしてこんなことをしている〕

大士は講義の席でさっと机を払って、席を下りた。〔火花がほとばしっているぞ。似ていることは似ているが、そうかと言えば、そうではない。言葉をこね回すまでもない〕

武帝は愕然とした。〔二度も三度も人に騙されている。やはり武帝に探り当てられないようにした〕

誌公《しこう》が問う、「陛下分かりましたか」。〔根本の真理に立って、分別には立っていない。腕は外には向けられない。三

十棒を食らわせろ〕
帝「分からぬ」。〔惜しい〕
誌公「大士は経を講義し終わりました」。〔国から追い出さねばだめだ。この時誌公と一緒に国から追い出してこそ、やり手なのだ。二人とも同じ穴のむじなだ〕

○この本則は、『汾陽頌古』に見える。
○梁武帝＝蕭衍。四六四―五四九。南朝梁の建国者。第一則本則既出。
○傅大士＝善慧大士傅翕。梁代の在家の仏教者。「大士」は菩薩のこと。伝は『伝灯録』巻二七など。第一則本則評唱既出。
○金剛経＝『金剛般若波羅蜜経』一巻。般若空の思想を説く。第四則本則評唱既出。
○達磨兄弟＝傅大士を指す。武帝に対して禅を示しているところが達磨に同じ。
○魚行酒肆＝酒屋魚屋。評唱に引く傅大士の事蹟を踏まえている。
○老老大大、作這般去就＝いい歳をしてこんなことをする。第一八則本則著語にも見える。ここでは、傅大士が講経をすることを指す。
○揮案＝「案」は机。『会元』巻一六・天衣如哲章「師揮案一下曰、一斉分付与秋風」。
○両回三度被人瞞＝達磨にしてやられ(第一則本則)、今度は傅大士にしてやられる。
○誌公＝志公とも記す。宝誌(志)。四二五―五一四。伝説に満ちた高僧。第一則本則既出。
○党理不党情＝根本の真理に与して、人情には与しない。ここでは、傅大士の行いを是とし、武帝の驚きを非とする。
○肐膊不向外＝「肐膊」は腕のこと。腕は外側に曲がらない。余計なお節介をするな。第一則本則著語「臂膊不向外」注を参照。なお、『不二鈔』によれば、福本は「膊股不向外」に作る。
○同坑無異土＝同じ不毛の土地を掘り返しても、真理の金脈は見つからない。第一二則頌著語既出。

〔評唱〕
梁高祖武帝、蕭氏諱衍、字叔達。立功業、以至受斉禅。即位後、別註五経講議、奉黄老甚篤、而性至孝。一日思得出世之法、以報劬労。於是捨道事仏、廼受菩薩戒。於婁約法師処、披仏袈裟、自講放光般若経、以報父母。
時誌公大士、以顕異惑衆、繫於獄中。誌公乃分身、遊化城邑。帝一日知之感悟、極推重之。誌公数行遮護、隠顕逮不可測。

梁の高祖武帝は、蕭《しょう》氏、衍《えん》と諱《いみな》し、叔達《しゅくたつ》と字《あざな》した。功業を立て、斉《せい》から禅譲を受けるに至った。即位してから、五経に特に注を付け講義した。黄老を大層尊崇し、人柄は至って孝行であった。ある日世間を超出する方法を身につけ、苦労に報いたいものだと思い、道教を捨て、仏教に帰依し、菩薩戒を受けた。婁《る》約《やく》法師のところで仏の袈裟を着て、自ら『放光《ほうこう》般若経』を講義し、父母に報恩した。
当時誌公大士は、怪異を見せて人々を惑わしたので、獄中につながれていた。誌公は分身の術を使い、街中に遊んでいた。帝は、ある日これを知って、悟って大いに尊重した。誌公は、しばしば隠身の術を行って、どこに現れるか全く予測できなかった。

○別註五経講議＝『南史』武帝本紀に見える。なお、「別」はあるいは「五経のそれぞれに別に」の意か。
○劬労＝苦労する。苦しむ。『詩』小雅・鴻雁「之子于征、劬労于野」。
○捨道事仏＝この事は『仏祖歴代通載』に詳しい。武帝が仏教を奉じたことは、『南史』にも見える。
○婁約法師＝慧約。第一則本則評唱既出。

○時誌公大士…＝待考。
○遮護＝モノを覆い隠す。

時婺州有大士者、居雲黄山。手栽二樹、謂之双林、自称当来善慧大士。一日修書、命弟子上表聞於帝。時朝廷以其無君臣之礼不受。

傅大士将入金陵城中売魚。時武帝或請誌公講金剛経。誌公曰、貧道不能講、市中有傅大士者、能講此経。帝下詔、召之入禁中。傅大士既至、於講座上、揮案一下、便下座。

当時便与推転、免見一場狼籍、却被誌公云、陛下還会麼。帝云、不会。誌公云、大士講経竟。也是一人作頭、一人作尾。誌公恁麼道、還夢見傅大士麼。一等是弄精魂、這箇就中奇特。雖是死蛇、解弄也活。既是講経、為甚却不大分為二。一如尋常座主道、金剛之体堅固、物物不能壊、利用故能摧万物、如此講説、方喚作講経。

雖然如是、諸人殊不知、傅大士、只拈向上関捩子、略露鋒鋩、教人知落処、直截与你壁立万仞。恰好被誌公不識好悪、却云大士講経竟。正是好心不得好報。如美酒一盞却被誌公以水攙過、如一釜羹被誌公将一顆鼠糞汚了。且道、既不是講経、畢竟喚作什麼。頌云、

当時、婺州《ぶしゅう》に大士がおり、雲黄《うんこう》山に住まい、手ずから二本の木を植えて、双林《そうりん》と呼び、自らは当来の善慧《ぜんね》大士と称していた。ある日、書信をしたため、弟子に命じ、帝に奉った。当時、朝廷は君臣の礼に適っていないので受けとらなかった。

傅大士は金陵の街に入って魚を売ろうとしていた。当時、武帝は誌公に『金剛経』も講義してもらおうとした。誌

公「私には講義できません。街中に傅大士という者がおり、この経をよく講義できます」。帝は詔を出して、宮中にお召しになった。傅大士はやって来ると、講義の席で机をさっと払って、席を下りた。

その時、(傅大士を)突きころばしていれば、メチャクチャな一幕を見ずに済んだのだが、誌公に、「陛下分かりましたか」と言われてしまった。帝が「分からぬ」と言うと、誌公は、「大士は経を講義し終わりました」と言った。

一人が頭になって、一人がしっぽになっている。誌公がこう言ったのは、傅大士を夢にも見たのであろうか。おしなべてものに取り憑かれているが、ここは中でも飛び抜けている。死んだ蛇でも、うまく扱えば生き返る。経を講義するのであるから、なぜ二つに大きく分けないのか。世の常の学僧がこう言っている通りだ。金剛は本体が堅いから、どんな物でも壊すことができないが、はたらきが鋭いから、万物を壊すことが出来る、と。このように言うならば、講経と呼ぶのだ。

こうではあるが、皆は全く知らないでいる。傅大士は一段上へと向かわせるからくりをつかんで、ほぼ切っ先をあらわにし、人にツボを知らせているのだ。ずばりお前たちのために、万仞もの高さで壁のごとくに立ちはだかっている。誌公に善し悪しをも弁えず、「大士は経を講義し終わりました」とまんまと言われてしまった。好い心が好い報いを受けないと言うやつそのものだ。一杯の美酒が誌公に水をさされてしまったようなものだ。鍋一杯の煮込みが誌公に鼠の糞で汚されてしまったようなものだ。さて、経の講義でないのならば、煎じつめたところ何と呼ぶのであろうか。頌に歌って、

○婺州＝浙江省に属する。
○双林＝釈尊が涅槃に入った沙羅双樹林に擬する。
○自称当来善慧大士＝「当来」は未来。『伝灯録』などによると「当来解脱善慧大士」、即ち将来解脱に至る善慧大士の意。

○弄精魂＝モノに憑かれた貌。第一則本則評唱既出。第六四則本則評唱注参照。
○雖是死蛇、解弄也活＝形骸化した教えも、使いこなせば命を吹き込める。『雪竇拈古』にも用例を見る。「挙保福簽瓜次、太原孚上座到来。福云、道得、与爾瓜喫。孚云、把将来。福度一片瓜与孚。孚接得便去。師云、雖是死蛇、解弄也活。誰是好手者、試請弁看」。第六六則垂示「解弄死蛇」注参照。ここは講経などという常套的なものでも、やり方次第で生命が通うということ。
○為甚却不大分為二＝経典の講義は、まず経題の解釈からはじめる。『金剛般若経』の「金剛」(ダイヤモンド)は、通常、堅固(堅いこと)と利用(鋭いこと)の二つの意味で解釈される。『文殊所説最勝名義経』「堅固及利用、此金剛最勝」。
○座主＝教家の学僧。第一〇則本則評唱既出。
○利用＝はたらきを十分に遂げさせる。『書経』大禹謨「正徳、利用、厚生、惟和」。ただし、この場合は、はたらきの鋭いことの意で解する方がよい。
○向上関捩子＝至高の境地に入る転機。
○一顆鼠糞汚了＝『伝灯録』巻二七・諸方雑徴拈代別語「有僧親附老宿一夏、不蒙言誨。僧歎曰、只恁麼空過一夏、不聞仏法。得聞正因両字亦得也。老宿聞之乃曰、闍梨莫嗇速。若論正因、一字也無。恁麼道了、叩歯三下曰、適来無端恁麼道。近隣房僧聞曰、好一鑊羹、被両顆鼠糞汚却」。「鼠糞」は、ここでは誌公の言葉を譬える。誌公の一言で傅大士の手立てが皆だめになる。

【頌】

不向双林寄此身、〔只為他把不住。嚢裏豈可蔵錐〕
却於梁土惹埃塵。〔若不入草、争見端的。不風流処也風流〕
当時不得誌公老、〔作賊不須本。有牽伴底癩児〕
也是栖栖去国人。〔正好一状領過。便打〕

双林にこの身を寄せず、〔しっかりつかんでおれなかったからだ。袋の中に錐をしまっておれようか〕
梁の地に埃《ほこり》を巻き起こした。〔もし身を落さなかったなら、どうしてズバリの処が見られるだろうか。殺風景のところが実はめでたい風景なのだ〕
あの時誌公おやじがいなかったなら、〔盗人をするには元手はいらぬ。仲間を連れた癩病患者がいるぞ〕
やはりセカセカ国を出た人であったのに。〔同罪で引っ括れ。そこで打つ〕

○不風流処也風流＝味気無い所が味わい深い。『白雲守端広録』巻四「臨済三頓棒、一挙挙倒黄鶴楼、一踢踢翻鸚鵡州。有意気時添意気、不風流処也風流」。
○作賊不須本＝盗人をするのに元手はいらない。誌公がまんまと傅大士の尻馬に乗ったことを言う。
○有牽伴底癩児＝第一二則頌著語に「癩児牽伴」と言う表現が見える。ここは、雪竇も傅大士や誌公と同類だ、の意。
○栖栖＝梁から魏に渡った達磨のイメージを傅大士に重ねている。「栖栖」は『論語』憲問に「丘、何為《なんす》れぞ是れ栖栖たる者ぞや」と、隠者微生畝が孔子に批判的にこの語を用いている。達磨に止まらず、批判的に見られた孔子のイメージも重なっているのではないか。

【評唱】

不向双林寄此身、却於梁土惹埃塵。傅大士与没板歯老漢一般相逢。達磨初到金陵、見武帝。帝問、如何是聖諦第一義。磨云、廓然無聖。帝云、対朕者誰。磨云、不識。帝不契。遂渡江至魏。武帝挙問誌公。公云、陛下還識此人否。帝云、不識。誌公云、此是観音大士、伝仏心印。帝悔遂遣使去取。誌公云、莫道陛下発使去取、合国人去、他亦不回。

所以雪竇道、当時不得誌公老、也是栖栖去国人。当時若不是誌公、為傅大士出気、也須是趕出国去。誌公既饒舌、武帝却被他熱瞞一上。雪竇大意道、不須他来梁土、講経揮案。所以道、何不向双林寄此身、喫粥喫飯、随分過時、却来梁土、恁麼指注、揮案一下、便下座。便是他惹埃塵処。既是要殊勝、則目視雲霄、上不見有仏、下不見有衆生。若論出世辺事、不免灰頭土面、将無作有、将有作無、将是作非、将𪊭作細、魚行酒肆、横拈倒用、教一切人明此箇事。若不恁麼放行、直到弥勒下生、也無一箇半箇。傅大士既是拖泥帯水、頼是有知音。若不得誌公老、幾乎趕出国了。且道、即今在什麼処。

「双林にこの身を寄せず、梁の地に埃を巻き起こした」。傅大士は、歯欠けおやじ(達磨)と同じように(武帝に)逢った。達磨は最初金陵に来て、武帝にまみえた。帝が問う、「聖諦第一義とは何か」。達磨「からりとしていて聖性すら無い」。帝「朕と向かい合っているのは誰か」。達磨「識らぬ」。帝にはピンと来なかった。そこで揚子江を渡って魏へ行った。武帝はこの話をして誌公に問うた。誌公「陛下はこの人が誰か識っていますか」。帝「識らぬ」。誌公「この人は観音大士で、仏心印を伝えたのです」。帝は後悔した。そこで使者をお迎えに派遣した。誌公「陛下がお迎えに使者を遣わされるのは言わずもがな、国中の人が呼びに行ったとしても、彼は戻りませんよ」。

そこで、雪竇は歌った、「あの時誌公おやじがいなかったなら、やはりセカセカ国を出た人であったのに」。この時、もし誌公が、傅大士のためにうっぷんを晴らしてくれなかったら、(傅大士も)やはり国から追い出さねばならなかった。誌公はおしゃべりであったので、武帝は彼にまんまとコケにされた。雪竇はおおよそこう言ったのだ、傅大士が梁の地に来て、経を講義してさっと机を払うまでもなかった、と。そこで、言ったのだ、どうして双林にこの身を寄せ、飯を食らい、身の程に応じて時を過ごさなかったのか、と。梁の地に来て、このように指さして、さっと机を払って、席を下りたのか、と。(これが、)彼の埃を巻き起こした点だ。この上ない境地に立とうとする以上、空を見上げて、上には仏の居るのを見ず、下には衆生の居るのを見ない。もし世俗を超脱することを論じるならば、頭に灰を被り顔を泥まみれにするのを避けられない。無を有とし、有を無とし、是を非とし、粗を細とし、魚屋酒屋を縦横に取り上げ、あらゆる人にこの大事を明らかにさせる。もしこのように思いのままやれなければ、弥勒仏が下生されるまで、(本性のわかる人は)一人も居ないだろう。傅大士は泥まみれになっているが、幸いに良き理解者がいた。もし誌公おやじがいなかったなら、すんでに国から追い出されるところだ。さて、いまどこにおるかな。

○没板歯老漢＝達磨を指す。迫害により前歯がなかったという伝説による。
○達磨初到金陵、見武帝…＝この問答は第一則本則に採られている。
○出気＝うっぷんを晴らす。
○熱瞞＝コケにする。熱謾とも書く。『雪竇語録』巻二「者僧被保福熱瞞」。
○殊勝＝他と全く掛け離れて優れている。『太平広記』巻五五引『集異記』蔡少霞「居処深僻、俯近亀蒙、水石雲霞、境象殊勝」。
○目視雲霄＝「至高の道」を見上げるのに譬える。第四三則頌評唱既出。
○灰頭土面＝俗世に身を置きながら人々を教化することを譬える。第四三則頌評唱既出。
○弥勒下生＝弥勒は五十六億七千万年の後に閻浮提に下生し、釈尊に次いで成仏するとされる菩薩。

第六十八則　仰山《きょうざん》が三聖《さんしょう》に名を問う

垂示云、掀天関、翻地軸、擒虎兕、辨竜蛇、須是箇活鱍鱍漢、始得句句相投、機機相応。且従上来什麼人合恁麼。請挙看。

天地をひっくりかえし、虎や兕《じ》を捕え竜と蛇を見分けるには、ぴちぴちとした奴であってこそ、句ごとに契合し、はたらきがぴったり合う。これまでの誰がこうできたであろうか。提起してみよう。

○掀天関、翻地軸＝第一一則本則著語に見える「掀天揺地」（堂々たる唯我独尊の闊歩）と同義か。「天関」「地軸」は、天地のもっとも肝要な処。
○擒虎兕、辨竜蛇＝「兕」はサイの一種。曠野をさまよう猛獣の一種。第一一則頌評唱「謂之定竜蛇眼、擒虎兕機」注を参照。
○句句相投、機機相応＝問答する者同志の相互の機鋒を言う。第二四則本則評唱に「機機相副、句句相投」と見える。

【本則】

挙。仰山問三聖、汝名什麼。〔名実相奪。勾賊破家〕
聖云、慧寂。〔坐断舌頭。攙旗奪鼓〕
仰山云、慧寂是我。〔各自守封疆〕

聖云、我名慧然。〔閙市裏奪去。彼此却守本分〕
仰山呵呵大笑。〔可謂是箇時節。錦上舗花。天下人不知落処。何故。土曠人稀、相逢者少。一似巌頭笑、又非巌頭笑。一等是笑、為什麼却作両段。具眼者始定当看〕

仰山《きょうざん》が三聖《さんしょう》に問うた、「お前は何という名だ」。〔名も実も奪い取っている。賊を引き入れ家財をやられた〕
三聖「慧寂《えじゃく》です」。〔舌をおさえこんだ。指揮の旗も太鼓も奪い取った〕
仰山「慧寂はわしだ」。〔各々自分の境界を守っている〕
三聖「私は慧然《えねん》という名です」。〔込み合う市場で奪い取った。あいつもこいつも自分の本来を守った〕
仰山は、カラカラと大笑いした。〔ぴったりの時と言える。錦の上に花を敷き詰めた。世界中の人には勘どころが分からない。どうしてか。土地が広いのに人が少なく、出会う人が少ないからだ。巌頭《がんとう》が笑ったのに似ているが、巌頭の笑いとは違う。同じく笑っているが、何故別々なのか。目のある者ならピタリ言い当ててみよ〕

○この本則は、『伝灯録』巻一二・聖院慧然章に見える。
○仰山＝仰山慧寂。第一八則本則評唱既出。
○三聖＝三聖慧然。第四九則本則既出。
○勾賊破家＝第四二則本則評唱にも見える。ここでは、仰山が三聖のはたらきを引き出したことを言う。
○慧寂＝瑞竜寺版・玉峰刊本ともに「恵寂」とあるのを改める。「慧然」も同様。「慧」と「恵」は通じて用いられる。
○攙旗奪鼓＝第三八則本則著語にも見える。三聖が仰山をやり込めたことを言う。
○可謂是箇時節＝「時節」はある決定的な時点。
○錦上舗花＝美しさの上に美しさを添える。ここは、この普通の意に取って良いであろう。第二一則垂示既出。

○一似巌頭笑＝第六六則本則参照。

【評唱】

三聖是臨済下尊宿。少具出群作略、有大機、有大用。在衆中昂昂蔵蔵、名聞諸方。後辞臨済、徧遊淮海。到処叢林、皆以高賓待之。

自向北至南方、先造雪峰便問、透網金鱗、未審以何為食。峰云、待汝出網来、即向汝道。聖云、一千五百人善知識、話頭也不識。峰云、老僧住持事繁。

峰往寺荘、路逢獼猴乃云、這獼猴各各佩一面古鏡。聖云、歴劫無名、何以彰為古鏡。峰云、瑕生也。聖云、一千五百人善知識、話頭也不識。峰云、罪過、老僧住持事繁。

後至仰山。山極愛其俊利、待之於明窓下。一日有官人、来参仰山。山問、官居何位。云、推官。山竪起払子云、還推得這箇麼。官人無語、衆人下語、倶不契仰山意。時三聖病在延寿堂。仰山令侍者持此語問之。聖云、和尚有事也。再令侍者問、未審有什麼事。聖云、再犯不容。仰山深肯之。

百丈当時以禅板蒲団付黄檗、拄杖払子付潙山。潙山後付仰山。仰山既大肯三聖、聖一日辞去、仰山以拄杖払子付三聖。聖云、某甲已有師。仰山詰其由、乃臨済的子也。

三聖は臨済門下の長老で、若くして人に抜きん出た手並を持ち、立派な言動があった。衆僧の中で意気軒昂として、四方にその名が知られていた。後に臨済のもとを辞去し、江蘇北部をくまなく歩いたが、どこの寺も皆一級の客としてもてなした。

北から南へ行き、まず雪峰《せっぽう》に至り、問うた、「網をくぐり抜ける金鱗の魚は、何を食べるのだろうか」。雪峰「お前が網から抜け出したら、言ってやろう」。三聖「一千五百人もの修行僧を指導する師匠が、問答のしかたすらご存知ない」。雪峰「わしは寺の仕事が忙しいでな」。

雪峰は寺の畑へ行き、道でサルに出くわした。そこで、「このサル、各々古鏡を身につけている」。三聖「長い時代を経て名も無かったのに、どうして古鏡と顕彰されるのですか」。雪峰「疵がついたぞ」。三聖「一千五百人を抱える師匠なのに、口のききかたも知らないのだな」。雪峰「悪かった。わしは寺の仕事が忙しいでな」。

更に仰山《きょうざん》に至った。仰山はその俊敏さを愛し、首座《しゅそ》の待遇をした。ある日、役人が仰山に参禅に来ることがあった。仰山が問うた、「お役は何のくらいですかな」。「推官です」。仰山は払子を立てて、「これを押せますかな」。役人は何も言えなかった。衆僧にコメントさせたが、みな仰山の意に適わなかった。この時三聖は病気で延寿堂《えんじゅどう》にいたが、仰山は侍者にこの語を持たせ問わせた。三聖「和尚一大事です」。(仰山は)もう一度侍者に「どんな一大事でしょうな」と問わせた。三聖「また罪を犯すとは許してはおけぬ」。仰山は心底これを是とした。

百丈《ひゃくじょう》はこの時、禅板と布団を黄檗《おうばく》に伝え、拄杖と払子を潙山《いさん》に伝えていた。潙山は、後に仰山に伝えた。仰山は三聖を大いに良しとしたので、三聖がある日辞去しようとすると、仰山は拄杖と払子を三聖に伝えようとした。三聖は「私には既に師がおります」と言った。仰山が問い詰めると、臨済の直弟子であった。

○少具出群作略＝「作略」は巧妙な活手段。
○有大機、有大用＝「大機大用」は、すぐれたはたらき、言動。第一一則本則評唱既出。
○昂昂蔵蔵＝「昂蔵」は人にたいして用いられるときは、意気軒高であるとか、気概が高らかであるの意。陸機「晋西平将軍李候周処碑」「汪洋廷闕之傍、昂蔵寮宷之上」。
○徧遊淮海＝「淮海」は江蘇省北部を指すか。『漢語大詞典』は「淮海戯」を採り、江蘇省北部に行われた戯曲とする。従来は「淮」を淮河あるいは淮安府(河南泌陽県)、「海」は海州(江蘇灌安県の西)を指すとする。

○先造雪峰便問、透網金鱗…＝この問答は第四九則本則として採られている。
○峰往寺荘、路逢獼猴…＝この問答は、ほぼ『伝灯録』巻一二・三聖章、同雪峰章の語を合わせたものである。
○古鏡＝本来面目、仏性などを喩える。第二八則頌評唱既出。
○明窓＝僧堂のあかり窓。首座の座の上に設けられていることから、首座の位。
○一日有官人、来参仰山…＝『広灯録』巻一二・三聖章に見える。
○推官＝地方官の属官。
○還推得這箇麼＝「推官」の「推」にひっかけた問い。
○延寿堂＝病気の僧が療養の為に休養する部屋または建物。
○和尚有事＝『種電鈔』によれば、推官は犯罪を追求する役目であるから、定めて和尚に何か事件が起ったと答えたものという。
○百丈当時以禅板蒲団付黄檗…＝この典拠は未詳。百丈は懐海。第二則頌評唱既出。黄檗は黄檗希遷。第一一則本則既出。「禅板」は座禅のとき背を寄せる道具。第二〇則本則既出。潙山は潙山霊佑。第四則本則既出。「的子」は嫡子。第二一則頌評唱既出。

只如仰山問三聖、汝名什麼、佗不可不知其名。何故更恁麼問。所以作家要験人得知子細。只似等閑問云、汝名什麼。更道無計較。

何故三聖不云慧然、却道慧寂。看佗具眼漢、自然不同。三聖恁麼、又不是顚、一向攙旗奪鼓。意在仰山語外。此語不堕常情、難為摸索。這般漢手段、却活得人。所以道、佗参活句、不参死句。若順常情、則歇人不得。看佗古人念道如此、用尽精神、始能大悟。既悟了用時、還同未悟時人相似。随分一言半句、不得落常情。三聖知佗仰山落処、便向佗道、我名慧寂。仰山要収三聖、三聖倒収仰山。仰山只得就身打劫道、慧寂是我。是放行処。三聖云、我名慧然、亦是放行。所以雪竇後面頌云、双収双放若為宗。只一句内、一時頌了。

仰山呵呵大笑、也有権有実、也有照有用。為佗八面玲瓏、所以用処得大自在。這箇笑、与巌頭笑不同。巌

頭笑有毒薬、這箇笑、千古万古、清風凜凜地。雪竇頌云、

ところで、「仰山が三聖に問うた、『お前は何という名だ』」。だが、名を知らないはずがない。何故、改めてこう問うたのであろうか。やり手が人を試してよく知ろうとしたからである。まるでのんびりとしているように問うた、「お前は何という名だ」。詮議だてがないと言ってるのだ。

何故、三聖は「慧然です」と言わずに、「慧寂です」と言ったのであろうか。ほら、目のある奴はおのずと違うのだ。三聖はこうしたが、気が狂ったのではない。ひたむきに指令の旗や太鼓を奪い取っているのだ。意は仰山の言外にあるのだ。この語は凡情に落ち込んでいない。なかなか探り当てられない。このような奴の手管は、人を生かすのである。そこで、「生きた言葉に参究して、死んだ言葉に参究しない」と言うのだ。もし、凡情に従っているならば、人を安息させることはできない。そら、古人はこのように道を思い、気力をはたらかせ切って、やっと大悟できたのである。悟ってしまってはたらかせるときは、まだ悟らないときの人と同じだ。分相応に一言半句して、凡情に落ち込まない。

三聖は仰山のつぼを知っていたので、彼に言った、「私は慧寂という名です」。仰山は三聖を取り押さえようとして、三聖がかえって仰山を取り押さえた。仰山は自ら身ぐるみ奪い去って、「慧寂はわしだ」と言うばかりだ。手を緩めているのだ。三聖が「私は慧然という名です」と言うのも手を緩めているのだ。そこで、雪竇は後で「互いに押え込んだり緩めたり、どんな宗旨なのだろう」と頌に歌ったが、一句の中に同時に皆頌してしまった。

「仰山は、カラカラと大笑いした」。方便と真実があり、知恵と行動がある。四方八方一点の曇りもないので、はたらきは自由自在だ。この笑いは巌頭の笑いとは違う。巌頭の笑いは毒をもっているが、この笑いは千年万年昔から清らかな風を凜々と吹き渡らせている。雪竇は頌に歌って、

○只似等閑問云、汝名什麼＝この部分、一夜本は「汝名什麼、只似等閑」に作る。
○更道無計較＝一夜本は「無道理計較」に作る。
○佗参活句、不参死句＝徳山の語。第二〇則本則評唱「須参活句、莫参死句」を参照。
○用尽精神＝「精神」は元気・精力・気力。第七則本則評唱「打辦精神」を参照。
○就身打劫＝身ぐるみ剝ぐ。第七則本則著語既出。
○八面玲瓏＝すべてのはたらきが明々白々に露呈している。第八則本則評唱既出。

【頌】

双収双放若為宗、〔知他有幾人。八面玲瓏。将謂真箇有恁麼事〕

騎虎由来要絶功。〔若不是頂門上有眼、肘臂下有符、争得到這裏。騎則不妨、只恐你下不得。不是恁麼人、争明恁麼事〕

笑罷不知何処去、〔尽四百軍州覓恁麼人、也難得。言猶在耳。千古万古有清風〕

只応千古動悲風。〔如今在什麼処。咄。既是大笑、為什麼却動悲風。大地黒漫漫〕

互いに押え込んだり緩めたり、どんな宗旨なのだろう。〔いったい幾人いるのであろう。四方八方一点の曇りもない。本当にこんなことがあると思っていたのに〕

虎に乗るにはもともと絶大な手並がいるものだ。〔もし頭のてっぺんに眼があり、脇の下にお札を付けているのでなければ、どうしてここにたどり着けようか。乗るのは構わないが、お前には降りられまい。こういう人でなければ、こういうことを明白にはできない〕

笑い終えて、どこへ行くのであろうか。〔世界中にこのような人物を探しても見付からない。言葉がまだ耳に残っている。遥か昔から清らかな風が吹いている〕

ただ永遠に寒々とした風を吹き渡らせるばかりであろう。〔今どこに居るのであろう。コラ。大笑いしたのに、何故寒々とした風を吹き渡らせるのだ。大地は黒々〕

○若為＝どのような。文言の「如何」に同じ。

○知他有幾人＝「知他」は反語的表現。「分からぬ」のニュアンスに近い。「有幾人」は、仰山や三聖のようなはたらきができる者はほとんどいない、の意。

○将謂真箇有恁麼事＝この著語、分かりにくい。本物と思っていたのに、八百長だ、ということか。「将謂」は、…と思っていたのに、実はそうではなかった、というニュアンス。

○由来＝もともと。『伝灯録』巻三〇・懶瓚和尚歌「多言復多語、由来反相誤」。

○千古動悲風＝「悲風」は凄まじさを覚えさせる寒々とした風。「古詩十九首」第十四首「白楊多悲風、蕭蕭愁殺人」。

〔評唱〕

双収双放若為宗、放行互為賓主。仰山云、汝名什麼。聖云、我名慧寂。是双放。仰山云、慧寂是我。聖云、我名慧然。是双収。其実是互換之機、収則大家収、放則大家放。雪竇一時頌尽了也。佗意道、若不放収、若不互換、你是你、我是我、都来只四箇字。因甚却於裏頭出没巻舒。古人道、你若立、我便坐、你若坐、我便立。若也同坐同立、二俱瞎漢。此是双収双放、可以為宗要。

騎虎由来要絶功、有如此之高風、最上之機要、要騎便騎、要下便下。拋虎頭亦得、収虎尾亦得。三聖・仰山、二俱有此之風。

笑罷不知何処去。且道、佗笑箇什麼。直得清風凜凜。為什麼末後却道、只応千古動悲風。也是死而不弔、一時与你注解了也。争奈天下人啗啄不入。不知落処。縦是山僧、也不知落処。諸人還知麼。

「互いに押え込んだり緩めたり、どんな宗旨なのだろう」。緩めれば互いに客と主人となる。仰山「お前は何という名だ」。三聖「慧寂という名です」。(これが)互いに緩めているのだ。仰山「慧寂はわしだ」。三聖「私は慧然という名です」。(これが)互いに押え込んでいるのだ。その実は互いに入れ代わるはたらきなのだ。押え込めば皆押え込む。緩めれば皆緩める。雪竇は同時に皆頌に歌いきった。彼のこころは、もし緩めたり押え込んだりしなければ、またもし互いに入れ代わらなければ、お前はお前、わしはわしで、ずっと四字のままだ。どうして(四字の)中で顕したり隠したり、巻いたりのばしたりできるであろうか。古人が言っている、「お前が立てば、わしは坐る。お前が坐れば、わしは立つ。もし一緒に立って、一緒に坐れば、二人とも盲だ」。これが「互いに押え込んだり緩めたり」だ。宗旨となっているではないか。

「虎に乗るにはもともと絶大な手並がいるものだ」。このような高く吹く風、最上のからくりがあれば、乗りたければ乗り、降りたければ降りる。虎の頭に寄り掛かるのも善いし、虎のしっぽを取り押さえるのも善い。三聖・仰山共にこの風格がある。

「笑い終えて、どこへ行くのであろうか」。さて、何を笑ったのであろうか。清らかな風が凜々と吹き渡ることになった。どうして、最後に、「ただ永遠に寒々とした風を吹き渡らせるばかりであろう」と言ったのであろうか。死んでも弔わないのだ。一気にお前のために注解している。世界中の人とても口をはさみようがない。ツボが分かっていない。例えわしでもツボが分らない。みんな分かるか。

○都来只四箇字＝この「四箇字」は、慧然・慧寂の四字を指す。
○古人道＝『種電鈔』によれば、首山省念の語というが未詳。
○要騎便騎、要下便下＝『伝灯録』巻一〇・長沙岑章「僧問、南泉遷化、向什麼処去。師云、東家作驢、西家作馬。僧云、此意如何。師云、要騎即騎、要下即下」。
○死而不弔＝すべての蹤跡が混然とした境地。『雲門広録』巻中「上堂、大衆集定、云、有理不伸、死而不弔、有理能伸、罕過奇人」。
○啗啄＝鳥や魚が口をぱくぱくする。第五三則本則著語既出。

第六十九則　南泉《なんせん》の一円相

垂示云、無啗啄処、祖師心印、状似鉄牛之機。透荊棘林、衲僧家如紅炉上一点雪。平地上七穿八穴則且止、不落寅縁、又作麼生。試挙看。

ぺちゃくちゃおしゃべりしなければ、祖師の心印は鉄牛のはたらきのようである。いばらの林を通り抜ければ、禅坊主は真っ赤に燃えた炉中の一片の雪のようである。平らな所で自由自在なのはさておき、しがらみに落ち込まないのは、またどうであろうか。提起してみよう。

○祖師心印、状似鉄牛之機＝風穴の語。第三八則本則既出。
○透荊棘林＝「荊棘林」は、祖師の関門を譬える。『雲門広録』巻二「平地上死人無数、過得荊棘林者是好手」。
○紅炉上一点雪 ＝ 全く跡を残さない。『会元』巻五・長髭曠章「潭州長髭曠禅師、曹渓礼祖塔回、参石頭。頭問、甚麼処来。曰、嶺南来。頭曰、大庾嶺頭一鋪功徳、成就也未。師曰、成就久矣。祇欠点眼在。頭曰、莫要点眼麼。師曰、便請。頭乃垂下一足、師礼拝。頭曰、汝見什麼道理、便礼拝。師曰、拠某甲所見、如紅炉上一点雪」。
○七穿八穴＝自由にどこへでも通じている。第六則頌著語既出。
○且止＝…はさておき。「且置」に同じ。「且置」は第五則本則評唱既出。
○寅縁＝「寅」は「夤」に通じ、「夤縁」は因縁と同意。まとわりつく。絡み付いて自由にさせないもの。左思「呉都賦」「夤縁山嶽之岊、冪歴江海之流」。『天禄閣外史』巻五・汚吏「寵嬖而私行、夤縁而釣誉」。

【本則】

挙。南泉・帰宗・麻谷、同去礼拝忠国師。至中路、〔三人同行、必有我師。有什麼奇特。也要辨端的〕

南泉於地上画一円相云、道得即去。〔無風起浪。也要人知。擲却陸沈船。若不験過、争辨端的〕

帰宗於円相中坐。〔一人打鑼、同道方知〕

麻谷便作女人拝。〔一人打鼓、三箇也得〕

泉云、恁麼則不去也。〔半路抽身是好人。好一場曲調。作家作家〕

帰宗云、是什麼心行。〔頼得識破。当時好与一掌。孟八郎漢〕

南泉《なんせん》・帰宗《きす》・麻谷《まよく》は、一緒に忠《ちゆう》国師に礼拝をしに出掛けた。途中まで来て、〔三人一緒に行けば必ず自分の師となる者がいる。別に変わったことではない。やはりズバリのところをはっきりさせなければいけない〕

南泉が地上に円を画いて言った、「言えたら行こう」。〔風が無いのに浪がたった。やはり人に知らせなければいけない。陸地で沈没した船を放り投げた。もし試さないならば、ズバリのところをはっきりさせられようか〕

帰宗は円の中に坐った。〔二人が銅鑼《どら》を打ったので、一緒の奴はやっと気付いた〕

麻谷は女性のする礼をした。〔二人が太鼓を打てば、三人ともよろしい〕

南泉「それなら行かないぞ」。〔途中で身を引くとはよい奴だ。よい調べだ。やり手だ、やり手だ〕

帰宗「何というやり口だ」。〔幸い見破った。ただちに一発くらわせばよかった。間抜けめ〕

○この本則は、『伝灯録』巻八・南泉章に見える。

○南泉＝南泉普願。七四八―八三四。馬祖道一の嗣。『祖堂集』巻一六、『伝灯録』巻八等に伝記が見える。第一二則頌評唱既出。
○帰宗＝帰宗智常。馬祖の嗣。『伝灯録』巻一三、『会元』巻一四等に伝が見える。第四四則頌評唱既出。
○麻谷＝麻谷宝徹。馬祖の嗣。第二〇則本則評唱既出。
○忠国師＝南陽慧忠。？―七七五。粛宗皇帝に招かれ、長安に上り教化に努める。第一八則本則既出。
○三人同行、必有我師＝『論語』里仁「三人行必有我師焉」。
○一円相＝円、または円を描くこと。禅では、しばしばこの円をもって真如・仏性・実相・法相などを表示する。第三三則本則「画一円相」注を参照。
○陸沈船＝「陸沈」は愚昧な人。型に嵌まり込んだ人。初出は、『荘子』則陽だが、『荘子』では、隠遁・隠居の意。ここは、『論衡』謝短「夫知古不知今、謂之陸沈」などの用例に近い。第二〇則本則著語などにも出るが、それとも少し異る。「船」はそのような人がたくさんいることを表わす。「攛却陸沈船」で常識を突破した南泉のはたらきを示す。
○女人拝＝女性がする、立ったまま膝を屈する礼。男性の拝礼と女性の拝礼は異なっていた。『事物紀原』『鶴林玉露』甲集巻四などを参照。また、『禅林象器箋』巻一〇を参照。ここは、南泉や帰宗のもっともらしいしぐさを揶揄したものか。
○抽身＝身を引く、引退する。
○心行＝やり口。批判的に言う。
○孟八郎漢＝人を罵る言葉。第三八則本則著語既出。

【評唱】

当時馬祖盛化於江西、石頭道行於湖湘、忠国師道化於長安。他親見六祖来。是時南方擎頭帯角者、無有不欲升其堂入其室。若不爾、為人所恥。

這老漢三箇、欲去礼拝忠国師。至中路、做這一場敗欠。

当時、馬祖《ばそ》は江西《こうぜい》で盛んに教化をし、石頭《せきとう》の教えは湖湘《こしょう》に行われ、忠国師は長安で教化していた。彼（忠国師）は親しく六祖に会って来た。この時南方の頭にすっくと角を生やした者は、皆忠国師の教えを受けようとしていた。そうでなければ、人から辱められた。この三人のおやじは、忠国師に礼拝しに行こうとし、途中でこのヘマをしでかした。

○馬祖盛化於江西＝馬祖道一（七〇九―七八八）は江西の洪州を中心に布教した。第三則本則既出。
○石頭道行於湖湘＝石頭希遷（七〇〇―七九〇）は湖南衡山に庵を構え、参禅を重ねた。第一一則本則評唱既出。
○他親見六祖来＝他は忠国師を指す。
○撃頭帯角＝頭からすっくと角が生えている。人に抜きん出ていること。第五一則本則著語「撃頭戴角」に同じ。
○升其堂入其室＝『論語』先進「由也升堂矣、未入室也」に基づく。「其」は忠国師を指す。

　南泉云、恁麼則不去也。既是一一道得、為什麼却道不去。且道、古人意作麼生。当時待他道、恁麼則不去也、劈耳便掌。看他作什麼伎倆、万古振綱宗。只是這些子機要。所以慈明道、要牽只在索頭辺撥著。点著便転、如水上捺葫蘆子相似。人多喚作不相肯語。殊不知、此事到極則処、須離泥離水、抜楔抽釘。你若作心行会、則没交渉。古人転変得好。到這裏、不得不恁麼。須是有殺有活。

　看他一人去円相中坐、一人作女人拝、也甚好。南泉云、恁麼則不去也。帰宗云、是什麼心行。孟八郎漢、又恁麼去也。他恁麼道、大意要験南泉。南泉尋常道、喚作如如、早是変了也。南泉・帰宗・麻谷、却是一家裏人、一擒一縦、一殺一活、不妨奇特。雪竇頌云、

南泉「それなら行かないぞ」。一々言い当てているのに、何故「行かない」などと言ったのであろう。さて、古人

の考えはどうであろうか。この時、「それなら行かないぞ」と言ったなら、耳に平手打ちを食らわすのだった。そら、どんな技《わざ》で永遠に核心を奮い立たせるのであろう。ただこの微妙な要訣だけだ。そこで、慈明《じみょう》は言っている、「引っ張ろうというのならば、縄の先を操れ」。押えれば、向きを変えてしまう。水のうえで瓢箪を押えるようなものだ。相手を認めない語であると言う人が多い。しかし、根本の大事が究極に達しているならば、泥や水から離れて、楔や釘を抜き取ってやらなければならない。おまえが「やり口」と解するならば、まるきり的外れだ。古人は身を翻すのが上手だ。ここに到ってはこうするより他ない。生かしもし殺しもするに違いないのだ。

そら、一人は円の中に坐り、一人は女性のする礼をしているが、大層よい。南泉「それなら行かないぞ」。帰宗「何というやり口だ」。でき損ないが、又、こうやった。こう言っているのは、南泉を試そうという意図なのだ。南泉はいつもこう言っている、「常在の真理と呼ぶならば、とっくに変わってしまっている」。南泉、帰宗、麻谷は同じ家の人だ。捕えたり放したり、殺したり生かしたり、なかなか見事だ。雪竇は頌に歌って、

○劈耳便掌＝第二六則頌評唱にも見えた。ここでは、「劈耳便掌」で句を断ち、「看他作什麼伎倆」を下に続けて解した。しかし、伝統的には「劈耳便掌」を「看他作什麼伎倆」に続け、「伎倆」の下で句を断っている。

○慈明道＝『禅林僧宝伝』巻二一「公為作牧童歌、其略曰、回首看平田闊、四方放去休欄遏、一切無物任意游、要収只把索頭撥」。慈明は、慈明楚円。第三八則本則評唱既出。

○要牽只在索頭辺撥著＝福本は「牽牛只在鼻頭」に作る。牧童歌は上記の通り「要収只把索頭撥」に作る。下文に水上の瓢箪を押える比喩が出る。この点から考えて「要牽云々」(引っ張ろうとして云々)に作るより、慈明の原詩通り「要収云々」(取り押さえようとして云々)の方が理解し易い。『種電鈔』は原詩に従って、「要収只把索頭撥」に字を改めている。

○離泥離水、抜楔抽釘＝煩悩を離れ、また、人々の苦しみを救う。

○南泉尋常道、喚作如如、早是変了＝『伝灯録』巻八・南泉章「南泉一日示衆云、道箇如如、早是変了也」。「如如」は、真如に

同じ。常住の真理、あるいはそれを体得した自由自在の境地。『金剛経』「不取於相、如如不動」。
○南泉帰宗麻谷却是一家裏人＝三人とも馬祖道一の弟子。

【頌】
由基箭射猿、〔当頭一路、誰敢向前。触処得妙。未発先中〕
遶樹何太直。〔若不承当、争敢恁麼。東西南北一家風。已周遮多時也〕
千箇与万箇、〔如麻似粟。野狐精一隊、争奈得南泉何〕
是誰曾中的。〔一箇半箇、更没一箇。一箇也用不得〕
相呼相喚帰去来、〔一隊弄泥団漢。不如帰去好。却較些子〕
曹渓路上休登陟。〔太労生。想料不是曹渓門下客。低低処平之有余、高高処観之不足〕
復云、曹渓路坦平、為什麼休登陟。〔不唯南泉半路抽身、雪竇亦乃半路抽身。好事不如無。雪竇也患這般病〕

養由基《ようゆうき》が猿に矢を射ると、〔真向から矢が来るのに誰が進もうとしようか。至るところで見事である。弓を射る前に当たっている〕
樹をぐるりと回って、何と真っすぐではないか。〔もしきちんと受け止めていなければ、こうしようとするであろうか。東西南北みな同じやり方。もう随分とくどくどしくしたな〕
千人万人いても、〔麻の実や粟粒のようだ。狐の化物がぞろぞろ来たが、南泉をどうできようか〕
誰が射当てたことがあろうか。〔一人ぐらいいそうだが、一人もいない。一人も役に立たない〕

互いに呼び交わして、「帰ろう、〔ぞろぞろ泥団子をこねるような奴。帰った方がよい。あと少しだ〕曹渓《そうけい》への道の途中で上るのを止めよう」。〔ご苦労だ。思うに曹渓門下の者ではないのだ。低いところも平らにしてみると飛び出した所があり、高いところもよく見るとへこんだ所がある〕また言った、「曹渓は道が平らなのに、何故登るのを止めるのだろう」。〔南泉が途中で身を引いただけではない。雪竇も途中で身を引いた。よいことなど無いほうがましだ。雪竇もこの病に陥っている〕

○由基箭射猿、遶樹何太直＝基づく説話は評唱及び評唱の注を参照。由基は、南泉・帰宗・麻谷の三人の手並をたとえたもの。
○周遮＝くどくどしている。第二四則頌評唱既出。
○曹渓路＝「曹渓」は六祖慧能のいた広東省韶州の地名。ここでは、慧忠国師のいる長安への道を意味すると同時に、禅の道、悟りの道を言う。
○低低処平之有余、高高処観之不足＝大雑把で凡庸な理解では、微妙な消息は見てとれない。「曹渓の路」(禅の道)の微妙な奥深さをいう。
○曹渓路坦平＝禅の道は特別のことはない。平常底、無事の境涯。
○好事不如無＝雲門の語。第八六則本則に見える。「曹渓の路は坦平」などという平易さこそ危険。

〔評唱〕

由基箭射猿、遶樹何太直。由基乃是楚時人、姓養、名叔、字由基。時楚荘王出猟、見一白猿、使人射之。其猿捉箭而戯。勅群臣射之、莫有中者。王遂問群臣。群臣奏曰、由基者善射。遂令射之。由基方彎弓、猿乃抱樹悲号。至箭発時、猿遶樹避之、其箭亦遶樹中殺。此乃神箭也。雪竇何故、却言太直。若是太直則不中。既是遶樹、何故却云太直。雪竇借其意、不妨用得好。此事出春秋。

「養由基が猿に矢を射ると、樹をぐるりと回って、何と真っすぐではないか」。由基は、楚の時代の人、養という姓で、叔と名乗り、由基と字《あざな》した。あるとき荘王が猟に出て、一匹の白い猿を見掛けた。人に矢を射掛けさせたが、猿は矢を攫み取っておもちゃにした。もろもろの臣下に命じて射させたが、当てるものがいなかった。そこで王はもろもろの臣下に問うたところが、臣下達は申し上げた、「由基が弓の名人です」。そこで、すぐに射させた。由基が弓を引き絞ると、猿は樹に抱き着いて悲鳴を上げた。矢が発せられると、猿は樹を回りこんで逃げたが、矢も樹を回って(猿に)命中して殺した。これは神秘の矢であった。

雪竇は何故「何と真っすぐ」と言ったのであろうか。もし真っすぐならば当たらない。樹を回り込んでいるのだから、どうして「何と真っすぐ」と言えようか。雪竇はこの話のこころを借りたが、なかなか上手にはたらかせている。このことは『春秋』に出ている。

○由基乃是楚時人…＝養由基が王命で猿を射た話は、『淮南子』説山訓、『呂氏春秋』博志篇に見える。ただ、それぞれに命令を出した王の名が異なっている。荘王とするのはこの評唱のみ。また、猿が木を回り込んだが、矢も回り込んで当たった話は前記の『淮南子』『呂氏春秋』には見えない。この評唱が何に拠ったかは後考を待つ。なお、養由基の名は『春秋左氏伝』成公十八年にも見えるが、この説話とは関係が無い。

有者道、遶樹是円相。若真箇如此、蓋不識語之宗旨、不知太直処。三箇老漢、殊途而同帰、一揆一斉太直。若是識得他去処、七縦八横、不離方寸。百川異流、同帰大海。所以南泉道、恁麼則不去也。

若是衲僧正眼覰著、只是弄精魂。若喚作弄精魂、却不是弄精魂。五祖先師道、他三人是慧炬三昧、荘厳王三昧。雖然如此作女人拝、他終不作女人拝会。雖画円相、他終不作円相会。既不恁麼会、又作麼生会。雪竇道、千箇与万箇、是誰曾中的。能有幾箇百発百中。相呼相喚帰去来、頌南泉道恁麼則不去也。南泉従此不去。故云、曹渓路上休登陟。滅却荊棘林。雪竇把不定、復云、曹渓路坦平、為什麼休登陟。曹渓路、絶塵絶迹、露裸裸、赤灑灑、平坦坦、翛然地。為什麼却休登陟。各自看脚下。

ある者は、樹をぐるりと回ったのは円のことであると言う。もし、本当にそうならば、言葉の真意が分からず、「何と真っすぐ」ということがわかっていないのだ。

三人のおやじ、別々に行きながら同じ道に出た。皆何とも真っすぐである。もし彼らが行くところが分かれば、自由気ままであっても、心を離れない。多くの川は別々に流れているが、同じく大海に流れ込む。そこで、南泉は、「こうなら行かないぞ」と言ったのだ。

もし坊主が正しい目で見るならば、狐つきをやらかしている。狐つきをやらかしていると言うならば、狐つきをやらかしているのではない。五祖先師が言っている、「この三人は智慧を輝かせる三昧、福徳や智慧に飾られた王者の三昧の真っ只中に遊んでいる」。この様に女性のする礼をしているのであるが、彼はつまるところ女性のする礼と理解してはいない。円を描いているのであるが、彼はつまるところ円と理解してはいない。

この様に理解してはいないのであるから、どのように理解するのか。雪竇は言っている、「千人万人いても、誰が射当てたことがあろうか」。百発百中が、何人いるであろうか。「互いに呼び交わして、帰ろう」。南泉が「こうなら行かないぞ」と言ったのを頌に歌ったのだ。南泉はここから行かなかった。そこで、「曹渓への道の途中で上るのを止めよう」。荊の林を消してしまった。雪竇は、しっかり把まえられなかったので、また言った、「曹渓は道が平らなのに、何故登るのを止めるのだろう」。曹渓への道は俗世と隔絶している。丸裸になって、ごく当たり前に俗気を抜け切っている。何故登るのを止めるのか。各々自分の足許を見よ。

○殊途而同帰＝『周易』繫辞下伝「天下同帰而殊塗」。
○一揆＝寸分のちがいもない。『孟子』離婁下「先聖後聖、其揆一也」。
○方寸＝心を指す。
○五祖先師…＝この語は、『宗門統要集』巻三のこの公案の条に見える。
○慧炬三昧、荘厳王三昧＝「三昧」は精神統一して得られた境地。「慧炬」は、智慧のたいまつ、「慧炬三昧」は炬により暗闇から逃れるように、智慧の光りによって一切の煩悩を断ち切る三昧。「荘厳王」は智慧や福徳に飾られた王者、「荘厳王三昧」は本来具有の徳を円満し、その徳の融通自在であることを言う。『法華経』妙音菩薩品に見える。
○翛然地＝「翛然」は、自然超脱の様子。『荘子』大宗師「翛然而往、翛然而来也」。「翛然」には疾速の意もあり、『種電鈔』は疾速の意で解している。

第七十則　百丈《ひゃくじょう》が喉を塞ぐ

垂示云、快人一言、快馬一鞭。万年一念、一念万年。要知直截、未挙已前。且道、未挙已前、作麼生摸索。請挙看。

優れた人間は一言で悟り、優れた馬は一鞭当てればよい。一万年が一瞬であり、一瞬が一万年である。ずばりのところを知りたければ、提起する前にある。さて、提起する前はどのように探り当てるのか。提起してみよう。

○快人一言、快馬一鞭＝『大智度論』巻三六に基づく語。第三八則垂示既出。
○万年一念、一念万年＝三祖『信心銘』の句。
○要知直截、未挙已前＝言葉にしようとすれば、既にずばりのところを失っていること。

【本則】

挙。潙山・五峰・雲巌、同侍立百丈。〔阿呵呵。終始諸訛。君向西秦、我之東魯〕
百丈問潙山、併却咽喉唇吻、作麼生道。〔一将難求〕
潙山云、却請和尚道。〔借路経過〕
丈云、我不辞向汝道、恐已後喪我児孫。〔不免老婆心切。面皮厚三寸。和泥合水、就身打劫〕

溈《い》山《さん》・五峰《ごほう》・雲巌《うんがん》が一緒に百丈《ひやくじよう》のお側に立って控えていた。〔はっはっはっ。どこまでもひねくり回した事を言う。君は西の秦に向かい、私は東の魯に向かう〕
百丈が溈山に問うた、「喉も唇もぴたっと閉じて、どう言うのだ」。〔将軍は求めがたい〕
溈山「どうぞ和尚言って下さい」。〔人のつけた道を通ろうとしている〕
百丈「わしはお前達に言ってやっても構わないが、将来わしの子孫を失うことが恐ろしい」。〔どうしても老婆心がある。面の皮が三寸も厚い。べとべと泥まみれだ。自ら身ぐるみ奪い去った〕

○この本則は、『伝灯録』巻六・百丈章に出る。評唱にある通り、五峰・雲巌の答とセットになっているが、本書ではそれを、第七〇・七一・七二則の三則に分ける。
○溈山＝溈山霊祐。百丈懐海の嗣。第四則本則既出。
○五峰＝五峰常観。生卒年不明。百丈懐海の嗣。
○雲巌＝雲巌曇晟。七四二―八四一。百丈懐海に参ずること二十年、後に薬山惟儼に投じ、その法を嗣ぐ。門下に洞山良价がいる。
○百丈＝百丈懐海。七四九―八一四。第二則頌評唱等に既出。
○君向西秦、我之東魯＝それぞれ勝手なことを言うと批判している。『普灯録』巻二一・玉泉章「開堂日、問答已、乃曰、…若是念話之流、君向西秦、我之東魯。於宗門中殊無所益」。『種電鈔』は、各々自分の素質・はたらきのままに打ち進むことと解釈している。
○借路経過＝第三七則頌著語既出。百丈の語を逆手にとって一発食らわしていることを指す。
○面皮厚三寸＝大した鉄面皮ぶり。『大慧語録』巻一五「雲門已是面皮厚三寸、分別為諸人説的」。
○和泥合水＝べとべとの泥まみれになる。方便をめぐらし人の為にはかることをいう。また、泥まみれのままで、自分の処理がすっきりできていないことを言うこともある。『圜悟語録』巻二「説妙談玄、和泥合水」。

〔評唱〕

潙山・五峰・雲巌、同侍立百丈。百丈問潙山、併却咽喉唇吻、作麼生道。山云、却請和尚道。丈云、我不辞向汝道、恐已後喪我児孫。百丈雖然如此、鍋子已被別人奪去了也。

丈復問五峰。峰云、和尚也須併却。丈云、無人処斫額望汝。

又問雲巌。巌云、和尚有也未。丈云、喪我児孫。

三人各是一家。古人道、平地上死人無数、過得荆棘林者是好手。所以宗師家、以荆棘林験人。何故。若於常情句下、験人不得。衲僧家須是句裏呈機、言中辨的。若是担板漢、多向句中死却、便道、併却咽喉唇吻、更無下口処。若是変通底人、有逆水之波、只向問頭上有一条路、不傷鋒犯手。

潙山・五峰・雲巌が一緒に百丈のお側に立って控えていた。百丈が潙山に問うた、「喉も唇もぴたっと閉じて、どう言うのだ」。潙山「どうぞ和尚言って下さい」。百丈「わしはお前達に言っても構わないが、将来わしの子孫を失うことが恐ろしい」。百丈はこうであるが、鍋はもう別の人に奪い取られてしまっている。

百丈はまた五峰に問うた。五峰「和尚も(口を)閉じなければいけません」。百丈「人の居ないところで手をかざしてお前を望もう」。

また、雲巌に問うた。雲巌「和尚、ありますか」。百丈「わしの子孫を失った」。

三人はそれぞれひとかどの人物であった。古人も言っている、「平地には数え切れぬほどの死人だ。いばらの林を通り抜ける者は、やり手だ」。そこで、人に師たる者はいばらの林で人を試す。何故か。普通の知的な言葉では人を試すことができない。禅坊主は、言葉に鋭いはたらきがあり、要所を言い当てなければいけない。融通のきかぬ奴は、たいてい言葉に死んでしまう。そこで、「喉も唇もぴたっと閉じて」と言い、口を開くことが無いのだ。もし、融通無礙の人物ならば、流れに逆らう波をたて、問いに一筋の道をつけ、刃先に触れて傷付くことは無い。

○鍋子已被別人奪去了＝「鍋子」は最も緊要なもの。「別人」は潙山を指す。
○丈復問五峰…＝『伝灯録』巻六に本則に続いて載る。また、第七一則本則として取られている。
○又問雲巌…＝『伝灯録』巻六に本則及び前記の百丈と五峰の問答に続いて載る。又、第七二則本則として取られている。
○古人道＝雲門の語。第四一則本則評唱既出。
○常情＝普通の知的理解。第四〇則本則評唱にも見えている。

潙山云、却請和尚道。且道、他意作麼生。向箇裏如撃石火、似閃電光相似。拶他問処便答、自有出身之路、不費纖毫気力。所以道、他参活句、不参死句。百丈却不采他、只云、不辞向汝道、恐已後喪我児孫。大凡宗師、為人抽釘抜楔。若是如今人、便道、此答不肯他不領話。殊不知、箇裏一路生機処、壁立千仞、賓主互換、活鱍鱍地。雪竇愛他此語風措宛転自在、又能把定封疆。所以頌云、

潙山「どうぞ和尚言って下さい」。さて、彼はどう考えているのであろうか。ここで、電光石火のようだ。ぐさっと問いに切り込んで答えた。超脱のやり方を心得ていて、僅かの精力も使わない。そこで、「生きた言葉に参究し、死んだ言葉に参究しない」と言うのだ。

百丈は取り上げず、ただ「わしはお前たちに言っても構わないが、将来わしの子孫を失うことが恐ろしい」と言った。師匠という者は修行者の為に釘や楔を引き抜いてやる者だ。もし今の人ならば、「この答えは彼がこの話を分かっていないのを認めなかったのだ」と言うであろう。だがしかし、ここに一筋の生き生きとしたはたらきが生じるのであり、千仞の壁のように立ちはだかり、客と主人は入れ代わりながら、ピチピチとしているのだ。雪竇はこの語のおもむきが自由自在でありながら、自分の世界をがっちり守っているのを好んだ。そこで、頌に歌って、

○風措＝「風韻」に同じ。おもむき。柳永「合歓帯」詞「身材児、早是妖嬈、算風措、実難描」。周邦彦「木蘭花令」詞「歌時宛転饒風措、鶯語清円啼玉樹」。
○把定封疆＝自分の世界をがっちり守る。第四九則本則評唱既出。

【頌】

却請和尚道。〔函蓋乾坤。已是傷鋒犯手〕
虎頭生角出荒草。〔可煞驚群。不妨奇特〕
十洲春尽花凋残、〔触処清涼。讃歎也不及〕
珊瑚樹林日杲杲。〔千重百匝。争奈百草頭上尋他不得。答処蓋天蓋地〕

「どうぞ和尚言って下さい」とは、〔すべてを覆い尽くしている。もう刃先に触れて手を傷付けている〕
頭に角を生やした虎が荒野から出て来た。〔ひどく皆を驚かせる。なかなか抜きん出ている〕
十洲に春は過ぎ去り花は凋み散り、〔至るところさっぱりとしている。誉めても足らない〕

珊瑚の林に日が燦々。〔十重二十重だ。とりどりの草の上にそれを捜し出すことはできない。答は、天地を覆っている〕

○函蓋乾坤＝雲門三句の一つ。第一四則本則評唱既出。
○十洲＝海上にある仙郷。評唱に詳しい。
○争奈百草頭上尋他不得＝雪竇が「珊瑚樹林」と言ったのを批判する。海上の仙郷は所詮悟りの世界とは無縁なことを言う。

【評唱】

此三人答処、各各不同。也有壁立千仞、也有照用同時、也有自救不了。

却請和尚道、雪竇便向此一句中呈機了也。更就中軽軽撥、令人易見云、虎頭生角出荒草。潙山答処、一似猛虎頭上安角。有什麼近傍処。

不見僧問羅山、同生不同死時如何。山云、如牛無角。僧云、同生亦同死時如何。山云、如虎戴角。

雪竇只一句頌了也。


この三人の答えは各々違っている。千仞の壁のように立ちはだかっていたり、観照と活動が同時であったり、みずからは救いおおせなかったりする。

「どうぞ和尚言って下さい」。雪竇はこの一句にはたらきを示した。さらにとりわけ軽く一発かませて、人に分かり易くして、「頭に角を生やした虎が荒野から出て来た」。潙山の答えは、全く猛虎の頭に角をつけるようなものだ。近附くことはできない。

そら、ある僧が羅山《らさん》に問うた、「一緒に生まれて、一緒に死なないならば、いかがでしょうか」。羅山「角の無い牛のようなものだ」。僧「一緒に生まれて、一緒に死ぬのならばいかがでしょうか」。羅山「虎が角をつけたようなものだ」。

雪竇はただ一句で頌に歌ってしまった。

○也有壁立千仞、也有照用同時、也有自救不了＝それぞれ、潙山、五峰、雲巌を指す。「照用同時」は、観照と活動が同時に行われること。第四則本則著語既出。「自救不了」は、第二則垂示にも見える。

○僧問羅山…＝この話は第五一則頌評唱既出。

佗有転変余才、更云、十洲春尽花凋残。海上有三山十洲、以百年為一春。雪竇語帯風措宛転盤礴。春尽之際、百千万株花一時凋残、独有珊瑚樹林、不解凋落、与太陽相奪其光交映。正当恁麼時、不妨奇特。雪竇用此、明佗却請和尚道。

十洲、皆海外諸国之所附。一祖洲、出反魂香。二瀛洲、生芝草、玉石泉如酒味。三玄洲、出仙薬、服之長生。四長洲、出木瓜・玉英。五炎洲、出火浣布。六元洲、出霊泉如蜜。七生洲、有山川、無寒暑。八鳳麟洲、人取鳳喙麟角、煎続弦膠。九聚窟洲、出獅子銅頭鉄額之獣。十檀洲〈一作流洲〉、出琨吾石、作剣切玉如泥。珊瑚、外国雑伝云、大秦西南漲海中、可七八百里、到珊瑚洲。洲底盤石、珊瑚生其石上。人以鉄網取之。又十洲記云、珊瑚生南海底。如樹高三二尺、有枝無皮、似玉而紅潤、感月而生、凡枝頭皆有月暈。〈此一則、与八巻首公案同看。〉

彼には身を翻す才能もあったので、さらに「十洲に春は過ぎ去り花は凋み散り」と言った。海上には三つの山と十の島があり、百年が一つの春である。雪竇の語はおもむきがあり、どこへでも自由自在である。春が過ぎ去るとき、何万株という花が皆凋み散るが、珊瑚の林だけは凋み散ることが無い。太陽から光を奪い取って、その光を輝かしぁっている。ちょうどこの時はなかなか見事である。雪竇はこれを使って、「どうぞ和尚言って下さい」を明らかにしている。

十洲(十の島)は、皆海外諸国に属している。一に祖洲《そしゅう》で、反魂香《はんごんこう》を産出する。二は、瀛洲《えいしゅう》で、霊芝が生え、玉石泉は酒の味がする。三は、玄洲《げんしゅう》で、仙薬を産出し、飲めば長生きする。四は、長洲《ちょうしゅう》で、木瓜と優れた玉を産出する。五は、炎洲《えんしゅう》で、火に燃えない布を産出する。六は、元洲《げんしゅう》で、蜜のような霊泉がある。七は、生洲《せいしゅう》で、暑さ寒さに無縁の山川がある。八は、鳳麟洲《ほうりんしゅう》で、鳳の喙や麒麟の角を集めて、続弦膠《ぞくげんこう》を煮て作っている。九は、聚窟洲《じゅくつしゅう》で、獅子や銅の頭で鉄の額の獣がいる。十は、檀洲《だんしゅう》〈或は流洲に作る〉で、琨吾石《こんごせき》を産出し、玉を泥のように切ることの出来る剣を作ることが出来る。

珊瑚は、『外国雑伝』に次のように書いてある。大秦の西南、漲海《ちょうかい》を七八百里ほど行くと、珊瑚洲に着く。洲《しま》の底は岩で、珊瑚はその岩の上に生えている。人は鉄の網でこれを取る。『十洲記』にはこうある。珊瑚は南海の海底に生える。木の如くで高さ六尺、枝はあるが樹皮は無い。玉に似ていて、紅く潤いのある色である。月に感じて生まれ、枝の先には皆月の暈がある。〈この一則は八巻の初めの公案と併せて読むこと。〉

○海上有三山十洲＝三山も十洲も海上にある神仙の島。三山は、既に『史記』封禅書に見える。十洲は、『十洲記』(伝東方朔撰)に見える。三山と十洲を併せて言う例としては、『雲笈七籤』巻二六が十洲三島となっている。十洲は、『雲笈七籤』巻二六に挙げる所と同じであるが、順は異なっている。尚、『雲笈七籤』では、檀洲が流洲になっている。また、『祖庭事苑』巻二の十洲の条は、この評唱と全く一致する。
○宛転盤礴＝自在にぐるぐる回る。第一則頌評唱に「向虚空中盤礴」という形が既出。
○一祖洲、出反魂香＝「祖洲」は東海にある。「反魂香」は、その香を聞くと死者が蘇るという香。反生香なども言う。尚、『雲笈七籤』巻二六によれば、反生香は聚窟洲に産する。ただし、祖洲には「不死の草」が有り、その草で死者を覆えば、蘇生するとされている。
○二瀛洲、生芝草、玉石泉如酒味＝「瀛洲」も東海にある。『雲笈七籤』巻二六によれば、「神芝仙草」が生え、高さ千丈の玉石があり、そこに泉があり、その水は酒の味がする。ただし、その名は玉醴泉となっている。ここでは「玉石泉」を泉の名と解したが、旧本は多く、「芝草、玉石、泉の酒の味の如きを生ず」と訓じている。
○三玄洲、出仙薬、服之長生＝「玄洲」は北海にある。『雲笈七籤』巻二六には、仙薬のことは見えない。或は、「饒金石紫芝」とあるのを指すか。
○四長洲、出木瓜・玉英＝「長洲」は南海にある。『雲笈七籤』巻二六に、「有仙草霊薬甘液玉英」とある。ただし、木瓜の名は見えない。木瓜の果実は、薬用にされる。玉英は、玉の精華。
○五炎洲、出火浣布＝「炎洲」も南海にある。『雲笈七籤』巻二六・炎洲に、「山中有火光獣、……取其獣毛、以緝為布、時人号為火浣布也。国人衣服之、若有垢汚以灰汁浣之、終不潔浄、唯以火焼両食、久振擺之、其垢自落、潔白如雪」。「火浣布」は、火に燃えない布。古く『三国志』魏斉王芳紀や『列子』湯王問篇にその名が見える。尚、『雲笈七籤』巻二六では、長洲と炎洲の順が逆になっている。
○六元洲、出霊泉如蜜＝「元洲」は北海にある。『雲笈七籤』巻二六に、「上有五芝玄澗。澗水如蜜漿」とある。
○七生洲、有山川、無寒暑＝「生洲」は東海にある。『雲笈七籤』巻二六に、「天気安和、芝草常生、地無寒暑」とある。尚、『雲笈七籤』では、第八に挙げられている。
○八鳳麟洲、人取鳳喙麟角、煎続弦膠＝「鳳麟洲」は西海にある。『雲笈七籤』巻二六に、「亦多仙家、煮鳳喙及麟角、合煎作膠、名之為続弦膠、或名連金泥、此膠能続弓弩已断之弦、連刀剣断折之金、更以膠連続之処、使力士掣之、他処乃断、所続之際、終無損益」。なお、鳳麟洲は『雲笈七籤』では九番目に挙げられている。

○九聚窟洲、出獅子銅頭鉄額之獣＝「聚窟洲」も西海にある。『雲笈七籤』巻二六に、「及有獅子辟邪鑿歯、天鹿長牙銅頭鉄額之獣」。なお、聚窟洲は『雲笈七籤』では十番目に挙げられている。

○十檀洲、出琨吾石、作剣切玉如泥＝「檀洲」は西海にある。『雲笈七籤』巻二六に、「上多山川積石、名為昆吾。治其石、成鉄作剣、光明洞照、如水精状、割玉如泥」。『雲笈七籤』は、「流洲」に作り、七番目に挙げられている。

○外国雑伝＝『初学記』巻六引『外国雑伝』に「大秦西南漲海中、可七八百里、到珊瑚洲、洲底大盤石、珊瑚生其上、人以鉄網取之」と見える。次に引く『十洲記』とともに、『祖庭事苑』巻二・珊瑚の条にも引かれ、語句も一致する。尚、「漲海」は南海の別名。

○十洲記云、珊瑚生南海底…＝待考。この件『雲笈七籤』所引『十洲記』には見えない。

■岩波オンデマンドブックス■

現代語訳 碧巌録 中

2002年3月22日　第1刷発行
2018年9月11日　オンデマンド版発行

編　者　末木文美士《すえきふみひこ》

訳　者　『碧巌録《へきがんろく》』研究会《けんきゅうかい》

発行者　岡本　厚

発行所　株式会社 岩波書店
〒101-8002 東京都千代田区一ツ橋2-5-5
電話案内 03-5210-4000
http://www.iwanami.co.jp/

印刷／製本・法令印刷

ISBN 978-4-00-730802-4　Printed in Japan